Mons abarim In quo sepultus dicit moyses

Mons phego

Mons nebo

Spelunca

palatiū quod xpianis constructū est palatium dauid appellant

hospitale Johannis precellentissima venetos reponitur

Templū gloriosum sepulchri

IHERUSALEM

Porta eadem se apta fuit ingenio

aurea p qua xps sedens in asino intrauit in die palmarum: que est Imperatori venetiis cu papa Imperiali reclusa prius miraculose postea hui am Et hodie clausa manet miraculose sarracenis ita q̄ negant pōt ea reparare quolq̄ quia id teptantes subito moriunt. Vn nullum sinunt eius usu ingredi vel egredi

ubi xpus orauit in orto
Torrens cedron
Sepulchrū mariē virgis
ubi lignū sce crucis iacuit

gabaon

Et hodie desolata ibi sci georgii quondā fuit decollatus

Rama

図説 世界文化地理大百科
新聖書地図

John Rogerson
シェフィールド大学聖書学教授

A *Macdonald* BOOK
Copyright © Equinox (Oxford)
Ltd 1985

First published in Great Britain
in 1985 by Macdonald & Co
(Publishers) Ltd
London & Sydney

A member of BPCC plc

All rights reserved
No part of this publication may
be reproduced, stored in a
retrieval system, or transmitted,
in any form or by any means
without the prior permission in
writing of the publisher, nor be
otherwise circulated in any form
of binding or cover other than
that in which it is published and
without a similar condition
including this condition being
imposed on the subsequent
purchaser.

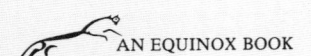

AN EQUINOX BOOK

Planned and produced by
Equinox (Oxford) Ltd
Littlegate House
St Ebbe's Street
Oxford OX1 1SQ England

Editor Graham Speake
Art Editor Andrew Lawson
Map Editors Nicholas Harris,
Zoë Goodwin
Picture Editor Linda Proud
Index Jennifer Drake-Brockman
Design Adrian Hodgkins
Production Clive Sparling

Macdonald & Co (Publishers) Ltd
Maxwell House
74 Worship Street
London EC2A 2EN

口絵　バンベルク大聖堂にある預言者と使徒の像(13世紀).

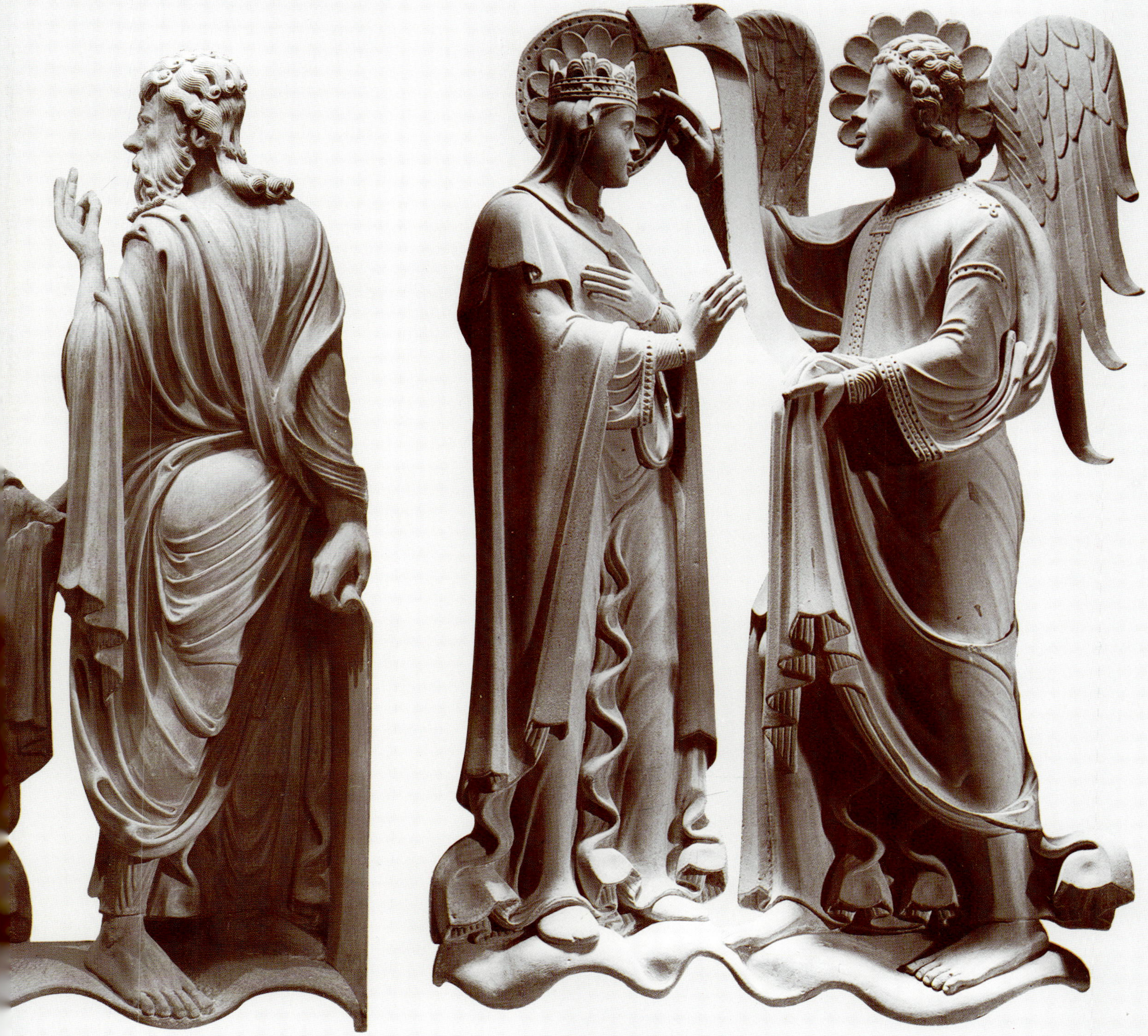

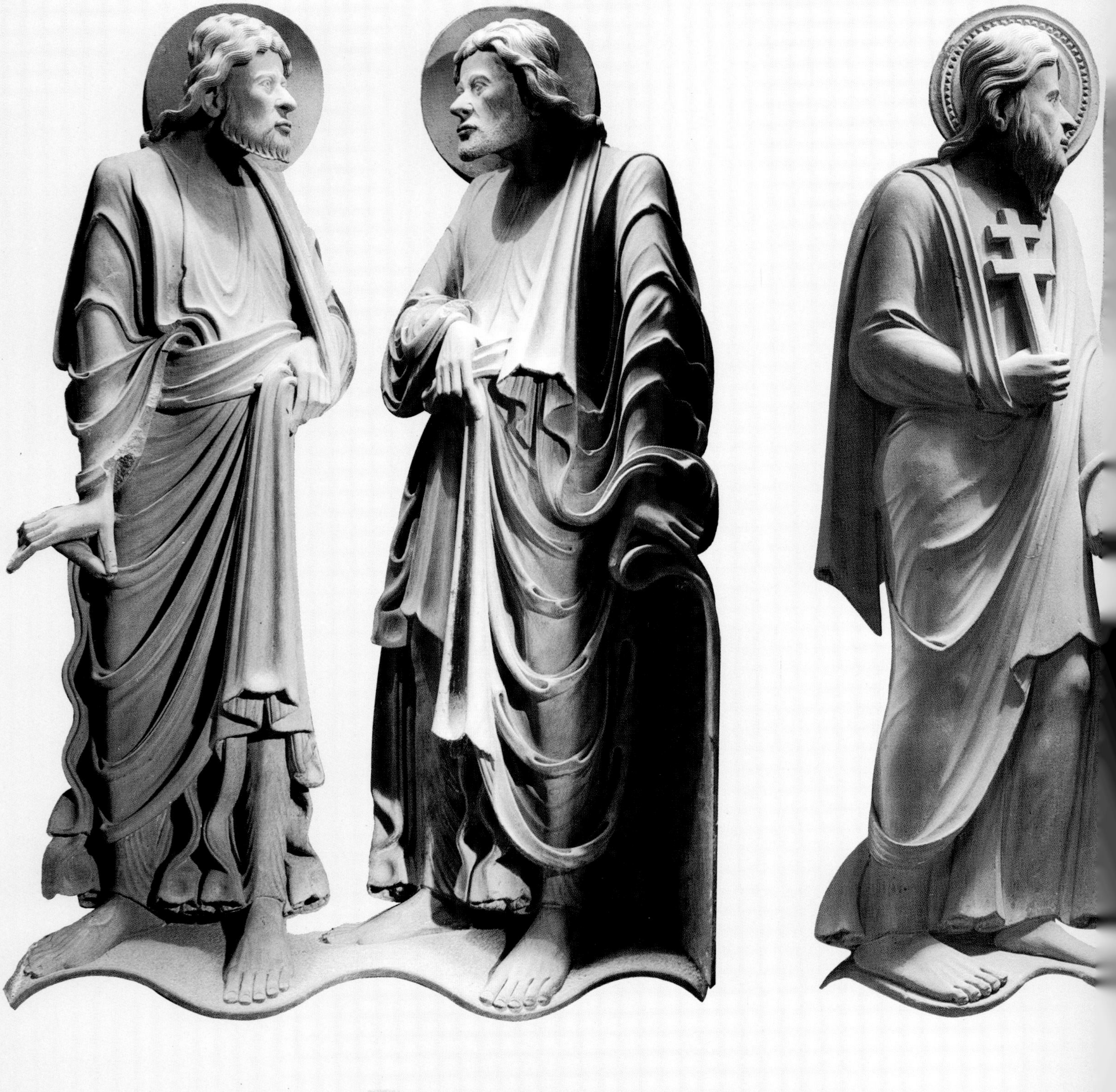

図説 世界文化地理大百科

新聖書地図

THE NEW ATLAS OF THE BIBLE

ジョン・ロジャーソン 著

三笠宮崇仁 監修
小野寺幸也 訳

朝倉書店

目　　次

8　年　表
12　序

第1部　聖書とその文書

14　聖書の構成と伝達

第2部　聖書と歴史

24　聖書の歴史の概説
43　美術に見る聖書

第3部　聖書と地理

58　古代イスラエルの地理
72　海岸平野：カルメル山の北方
76　海岸平野：カルメル山の南方
84　シェフェラ
94　ユダの丘陵地
104　ユダの砂漠
114　ネゲブとシナイ
128　ガリラヤ
146　ベテル，サマリア，カルメル，イズレエル
162　エルサレム丘陵
192　ヨルダン河谷と死海
202　トランス・ヨルダン
214　イスラエルを囲む諸帝国

225　図版リスト
227　参考文献
228　監修者のことば
229　訳者のことば
230　地名索引
233　索　　引

トピックス

- 16 古代世界の書法
- 18 シナイ写本
- 22 マルティン・ルーテル：宗教改革家にして聖書翻訳家
- 64 聖地の地図作り
- 66 聖書の鳥獣
- 68 聖書の植物
- 92 聖書における戦争
- 142 新約聖書時代の日常生活
- 160 同時代の他の宗教
- 174 旧約聖書時代のエルサレム
- 182 エルサレムのヘロデの神殿
- 186 イエスのころのエルサレム
- 190 受難にまつわる場所

遺跡

- 74 ティルスとシドン
- 82 カイサリア
- 88 ラキシュ
- 100 ベツレヘム
- 110 マサダ
- 113 クムラン
- 118 アラド
- 120 ベエル・シェバ
- 125 ティムナ
- 134 ハツォル
- 138 カファルナウム
- 157 メギド
- 196 エリコ

地図リスト

- 10 聖書の地
- 24 肥沃な三日月地帯
- 25 アブラハム，イサク，ヤコブの流浪
- 26 出エジプトの道程
- 28 ヨシュアの征服
- 29 ヨシュア記による諸部族の土地分割
- 30 士師時代の主な出来事
- 31 サウル，ダビデとペリシテ人の遭遇
- 32 ダビデの帝国
- 32 ソロモンの行政区
- 33 分裂王国の主な出来事
- 34 アッシリア帝国，およびユダとイスラエルに対するその影響
- 35 バビロニア帝国とユダに対するその影響
- 35 ペルシア帝国とユダに対するその意義
- 36 アレクサンドロスの征服
- 37 マカバイ戦争とその余波
- 38 ヘロデ大王の征服
- 38 ヘロデの息子たちによるパレスティナの分割
- 40 パウロの宣教旅行と初期キリスト教の拡張
- 59 イスラエルの地理
- 60 イスラエルの気候
- 61 イスラエルの地質
- 63 古代イスラエルの植生
- 63 現代イスラエルの土地利用
- 71 地域区分図
- 73 海岸平野：カルメル山の北方
- 77 海岸平野：カルメル山の南方〔北部〕
- 79 海岸平野：カルメル山の南方〔南部〕
- 84 シェフェラ
- 95 ユダの丘陵地
- 105 ユダの砂漠
- 114 ネゲブ
- 115 シナイ半島
- 129 ガリラヤ
- 147 イスラエルの中心地域：カルメル，イズレエル河谷
- 148 イスラエルの中心地域：ベテル，サマリア丘陵
- 162 エルサレム丘陵
- 192 ヨルダン河谷と死海
- 202 トランス・ヨルダン：アンモン，エドム，ギルアド，モアブ，ダマスコ
- 214 イスラエルを囲む諸帝国

年表

	紀元前3000	2000	1000	900
シリア／パレスティナ／トランス・ヨルダン	前期青銅器(EB) I 3150—2850 EB II 2850—2650 EB III 2650—2350 EB IV 2350—2200 中期青銅器(MB) I 2200—2000 この地域の特徴は，アラド，エリコ，メギドなどの小都市国家にある．	MB IIA 2000—1750 MB IIB 1750—1550 後期青銅器(LB) I 1550—1400 LB IIA 1400—1300 LB IIB 1300—1200 鉄器(IA) 1200—1150 IA IB 1150—1000 1750—1550 アブラハム，イサク，ヤコブエジプトに下る． 1390ごろ—1340ごろ エジプト宛書簡(アマールナ書簡)「ハビル人」の破壊活動を記述する． 1190ごろ ペリシテ人海岸平野南部に定着する． 1220—1020 イスラエル定着と士師の時代 サウル 1020ごろ—1000ごろ	ダビデ ペリシテ人を平定し，エルサレムを獲得する． ソロモン 神殿を建てる． ソロモンの死に伴い王国分裂 924ごろ ショシェンク ユダとイスラエルを侵略 ダビデ 1000ごろ—965ごろ ソロモン 967ごろ—928ごろ ユダ レホブアム 928—911 アサ 908—867 イスラエル ヤロブアム 928—907 バアシャ 906—883	オムリ ユダとモアブを支配 エリヤ アハブとイゼベルに対立 エリシャ イエフに授膏 ユダ エホシャパト 870—846 エホラム 851—843 アハジヤ 843—842 アタリヤ 842—836 ヨアシュ 836—798 イスラエル オムリ 882—871 アハブ 873—852 ヨラム 851—842 イエフ 842—814
エジプト	2920 初期王朝時代始まる． 第1王朝 2920—2770 2360 サッカラで最初の階段ピラミッドが建築される．	第15王朝 (ヒクソス時代)1640—1532 アマールナ時代 1352—1333 第19王朝 セトス1世(1306—1290) ラムセス2世(1290—1224) メル・エン・プタハ(1224—1214) 1300ごろ—1220ごろ ヘブライ人に対する抑圧．エジプトからの脱出．	ショシェンク1世(945—924)	シャルマネセル3世 859—824 アダド・ニラリ3世 810—782 カルカルの戦い 853 アハブ 対シャルマネセルの同盟軍に参加．
メソポタミア	2900—2340 初期王朝時代 ウルなどのような都市国家に特徴づけられる． アッカドのサルゴン王(2340—2198) セム的影響を広める． 2160—2000 ラガシュおよびウル市におけるシュメル文化の復活	ハンムラビ(1792—1750)はメソポタミアの大部分にバビロンの権勢を広める． ティグラト・ピレセル1世(1112—1074) 新アッシリア帝国を築く．この帝国は609年まで続く．		
エーゲ／アナトリア／イラン		1600ごろ—1450ごろ 古ヒッタイト王国 メソポタミアとシリアでもかなりの勢力を伸ばす． 1450ごろ—1200ごろ 大ヒッタイト王国		

前2900年ごろの楔形文字粘土板（メソポタミア出土）

前14世紀の粘土製仮面（ハツォル出土）

ソロモンの神殿，前10世紀

| 800 | 600 | 200 | 100 | 0 | 紀元後100 |

アダド・ニラリによるダマスコ平定はユダとイスラエルの繁栄をもたらす.

760 ごろ
アモス 宗教的社会的悪弊に対して預言する.

750 ごろ ホセア
735 ごろ イザヤ
722/1 サマリア(イスラエル)陥落
701 センナケリブ, ユダを侵略

ユダ
ウジヤ 785—733
ヨタム 758—743
アハズ 743—727
ヒゼキヤ 727—698

イスラエル
ヨアシュ 800—784
ヤロブアム II 789—748
メナヘム 747—737
ペカ 735—733
ホシェヤ 733—723

ユダ マナセの治世中の大半をアッシリアに服従

ネコ ヨシヤを殺し(609), 605年までユダを支配
598, 587 ネブカドネツァル, エルサレムを征服
587 神殿, 破壊される.
540 捕因から帰還
516 神殿の再建, 奉納
332 ヘレニズム支配の始まり
ユダ
マナセ 698—642
アモン 642—640
ヨシヤ 640—609
エホアハズ 609—608
エホヤキム 608—598
エホヤキン 597—560
ゼデキヤ 596—580

198 パレスティナ プトレマイオス朝の手からセレウコス朝の支配に移る.
167 エルサレム アンティオコス4世によって汚される.
マカバイ家の叛乱始まる.

ハスモン家
ユダス・マカバイオス 165—161
ヨナタン 161—142
シモン 142—134
ヨハネ・ヒルカーヌス 134—104
アリストブーロス1世 104—103

シリア/パレスティナのギリシア人支配(セレウコス朝)
アンティオコス3世 223—187
セレウコス4世 187—175
アンティオコス4世 175—164

63 ポンペイウス エルサレム入城 ローマ時代始まる.
? 6/4 ナザレのイエス生る.

ハスモン家
アレクサンドロス・ヤンナイオス 103—76
アレクサンドラ 76—67
アリストブーロス2世 67—63
ヘロデ王 37—4

28/9 イエスの公的宣教
30 イエスの十字架刑と復活
66—73 ローマに対するユダヤ人の叛乱と神殿の破壊(70)

ヘロデの息子たち
フィリポス 前4—後39
ヘロデ・アンティパス 前4—後44
アグリッパ1世

ユダヤのローマ人総督
ウァレリウス・グラトゥス 15—26
ポンティウス・ピラトゥス 26—36

ティグラト・ピレセル3世, 前8世紀のアッシリア浮彫り

イッソスの戦いにおけるアレクサンドロス大王, モザイクの部分

ヘロディウムの城砦, ヘロデ大王によって建築された.

神殿から捕獲されたメノーラー. 後70年にエルサレムが陥落した後, ローマで凱旋されている. ティトゥスのアーチ部分.

テルハカ (690—664)
ネコ2世 (610—595)

エジプト ペルシア支配下 525—404, 343—332
アレクサンドロス大王の支配下 332—323
次いでプトレマイオス家の支配下
アレクサンドリア建設 332
プトレマイオス1世 304—284

クレオパトラ7世 (51—30)は, アウグストゥス(オクタウィアーヌス)に対する抗争でマルクス・アントニウスを支援する.

ティグラト・ピレセル3世 745—727
シャルマネセル5世 727—722
サルゴン2世 722—705
センナケリブ 705—981
ニネベ陥落 612
ネブカドネツァル2世 605—562

キュロスによってバビロン落城 540

650 ごろ メディア王国成立

キュロス(559—529) ペルシア人とメディア人の帝国を建設.

アレクサンドロス イッソスでペルシアを撃退し(333), シリア, パレスティナおよびエジプトへの道を開く.

52 ポンペイウス ディカトールとなる.
45 ポンペイウス ユリウス・カエサルに敗れる.
44 カエサル暗殺
アウグストゥス 前30—後14

ティベリウス 14—37
カリグラ 37—41
クラウディウス 41—54
ネロ 54—69
ウェスパシアーヌス 69—79
ティトゥス 79—80
ドミティアーヌス 81—96

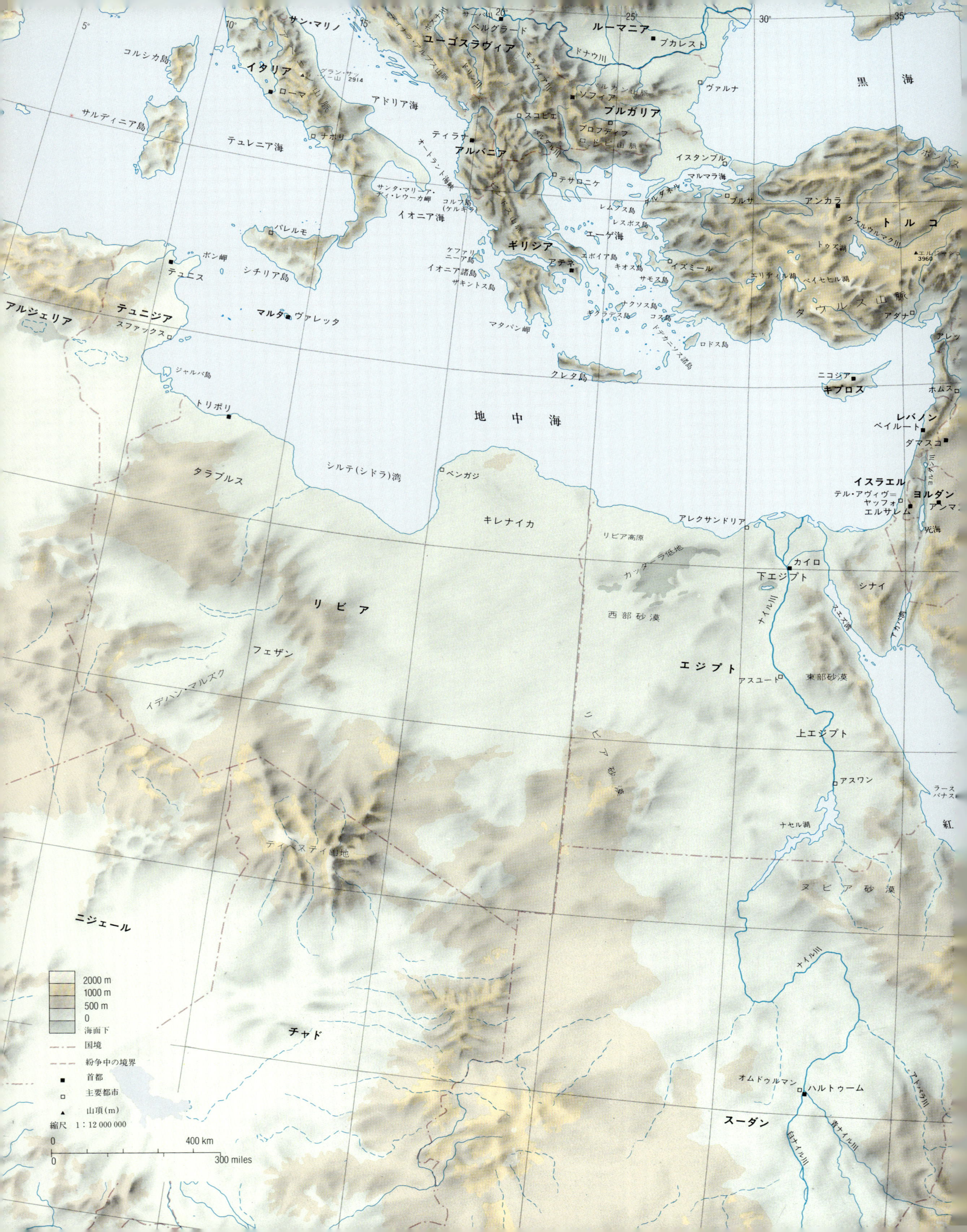

サン・マリノ
ベオグラード
ルーマニア
ブカレスト
ユーゴスラヴィア
コルシカ島
イタリア
ローマ
アドリア海
ドナウ川
ヴァルナ
黒海
ソフィア
ブルガリア
サルディニア島
スコピエ
プロブディフ
ナポリ
ティラナ
テュレニア海
アルバニア
イスタンブル
テサロニケ
マルマラ海
ブルサ
アンカラ
イオニア海
トルコ
パレルモ
レムノス島
レスボス島
エーゲ海
ギリシア
ボン岬
チュニス
シチリア島
エボイア島
アテネ
キオス島
イズミール
サモス島
イオニア諸島
ザキントス島
トゥズ湖
エリディル湖
ベイセヒル湖
タウルス山脈
アダナ
アルジェリア
テュニジア
マルタ
ヴァレッタ
スファックス
マタパン岬
ナクソス島
コス島
ロドス島
ドデカニソス諸島
ジャルバ島
クレタ島
ニコシア
キプロス
トリポリ
地中海
レバノン
ベイルート
ダマスコ
タラブルス
シルテ(シドラ)湾
ベンガジ
イスラエル
テル・アヴィヴ=ヤッフォ
エルサレム
ヨルダン
アンマン
死海
キレナイカ
アレクサンドリア
リビア高原
カッターラ低地
カイロ
下エジプト
シナイ
リビア
西部砂漠
ナイル川
スエズ湾
フェザン
エジプト
アスユート
東部砂漠
イデハン・マルズク
上エジプト
リビア砂漠
アスワン
ナセル湖
ラース・バナス
紅
ティベスティ山地
ヌビア砂漠
ニジェール
ナイル川
チャド
オムドゥルマン
ハルトゥーム
スーダン
白ナイル川
青ナイル川
アトバラ川
2000 m
1000 m
500 m
0
海面下
国境
紛争中の境界
首都
主要都市
山頂(m)
縮尺 1：12 000 000
0
400 km
0
300 miles

ソビエト連邦
カスピ海
カラ・クム砂漠
アム・ダリア
カフカス山脈
エルブルース
5633
トビリシ
クラ川
バクー
セバン湖
アララト山
5165
アラス川
ウァン湖
タブリーズ
レザーイエー湖
チグリス川
モースル
コペト山脈
アトレク川
マシャッド
エルブールズ山脈
ダマーバンド山
5604
テヘラン
パロパマイソス山脈
ハリー川
アフガニスタン
コム
カビール砂漠
シリア
メソポタミア
バグダード
イラク
ザグロス山脈
イスファハン
イラン
ザルド・クーフ山
4547
ルート砂漠
ヘルマンド川
マルゴ砂漠
シャガイ丘陵
チグリス川
ユーフラテス川
シリア砂漠
アフワーズ
アバダーン
バスラ
クーヘ・ハザラン山
4420
タフラブ砂漠
パキスタン
シラーズ
クウェート
アル・クワイト
アン・ナフド砂漠
ペルシア湾
ケシュム島
ホルムズ海峡
オマーン領
バハライン
マナマ
カタール
ドーハ
オマーン湾
アブ・ダビ
アラブ首長国連邦
ムスカト
リヤド
サウディ・アラビア
ナフド・アッ・ダヒ
オマーン
ジッダ
ルブ・アル・ハーリー砂漠
アラビア海
ダーラック諸島
サヌア
イエメン
ハドラマウト
南イエメン
エチオピア
アデン
アデン湾
ソコトラ島
インド洋
ジブティ
40°
45°
50°
55°
60°
65°
70°
35
30
25

序

　もう一冊の聖書地図がなぜ必要なのかと問う人がいたとしても，それはもっともなことである．だが，すでに多くの聖書地図がある中で，本書を世に出す正当な理由は，本書が他のすべての類書とは異なっていることにある．他の類書は，地理的というよりも，むしろ歴史的な側面に目を向けている．それらは，イスラエルの歴史とキリスト教の台頭を基本に置きつつ，それぞれの歴史場面にふさわしい地図と挿図を載せている．本書は主として地理的な面に注意を向けている．主要部分である第3部では聖書の地が地域ごとに考察され，それゆえ，聖書の主な出来事もまた，それらが起こった場所にしたがって扱われている．

　本書は，主として地理的な面に目を向けているため，従来の聖書地図とは異なることを目指している．他の聖書地図が考古学を含む現代の学問的なあらゆる資料を用いて，聖書の歴史を批判的に再構成しようとしているのは正当なことである．本書は聖書の歴史を再構成しようとはせず，その代わりに，聖書を書いた人々とその最初の読者たちが分かち合った地理的な様相を明らかにしようとするものである．たとえば，士師記16：1-3 にある，ガザの城門をヘブロンにかついで行ったサムソンの物語は，サムソンが実際にこの離れわざを行なったとわれわれが信じようと信じまいと，明白な地理的背景を持っているのである．

　聖書の中のさまざまな物語の地理的背景を明らかにしようという本書の目的は，これらの物語を額面どおりの物語として評価しようとする聖書学における最近の傾向を反映している．同時に，本書は歴史を学ぼうとする人々にとって何らの関心も引くものではないと考えてはならない．第2部では，聖書の歴史の簡単な，そしてわざと伝統的な概説が，従来の一連の歴史地図に組み合わされて示されている．これに続いて，中世および現代の画家による聖書のエピソードを描く挿し絵を選んで載せられているが，これは第3部で示されている（インスピレーションには欠けるにしても）もっと正確な地勢描写と対比するためである．現在の地勢に対して聖書時代のこの地がどんなであったのかを描写することにも細心の注意が払われた．

　本書の読者には次の三者が予想される．すなわち，イスラエルに行ったことはないが，その主要な地域が聖書時代にはどのようであったのかを知り，それによって聖書の物語をもっと生き生きと理解したいと願う人々，イスラエルを訪れたことはあるが，個々の場所について，そこに設定されている聖書の物語に関する記述を加えてほしいと思う人々，および，聖書学の文学的，歴史的，地勢的そして環境的な側面に関心を持つ学者および学生，である．

　聖書の地全体を指すのにイスラエルという名称を用いるのは，全面的に正確ではないにしても，便宜的な手段であって，非政治的なものである．現代の意味でイスラエルという語が用いられている場合，それは1949年の境界画定におけるアラブ領の現代名について用いられている．重要な例外は，聖書の中であげられている地名については，標準的な英語訳聖書におけるのと同じく，その語形が使われているということである．このことからいくつかの不規則が生まれる．ヘブライ語について言うと，原語を忠実に英語に翻字すると，たとえば（忠実な翻字である）「ヤッファ」は英訳聖書の「ヨッパ」と同じことであるというように，しばしば，英訳聖書でなじみ深い名称とは異なる．アラビア語について言えば，英訳聖書に現われる語形を使用すると，アラビア語名をヘブライ語名で言い換えていることになってしまう．たとえば，エル・ハリールはヘブロンになり，ベイティンはベテルに，セイルーンはシロになる．このようにするのは，単純に便宜上の理由からであって，政治的意味合いはいささかもないことを強調しておかなければならない．アラビア語名そのものが用いられている場合は，Student Map Manual〔学生用地図要覧〕で採用されている表記法に従う．

　本書の発行に——間接的にではあっても——貢献して下さった方々に感謝申し上げるにあたり，著者がその知己と友情を多としているユダヤ人，アラブ人，アルメニア人そして在外英国人のさまざまな共同社会のメンバーに言及しなければならない．著者は30年前に，現在キュプロスと湾岸諸国教区の聖公会主教であるが，当時はイラクのハッバニヤにおける英国空軍先任従軍牧師であったL・J・アシュトン師に導かれて，初めてエルサレムを訪れた．それ以来聖書の歴史地理についての著者の関心は失われず，何度も足を運ぶこととなった．過去5年間シェフィールド大学聖書学部の学生たちは，著者に伴って定期的にイスラエル研修旅行に行き，著者の研究と読書に多くの刺激を与えてくれた．著者はまた，編集顧問にして著者のかつての教師であるF・F・ブルース教授から受けた多くの有益な示唆にも感謝申しあげたい．オックスフォードの編集者の方々は常に理解深く，友好的であって，著者を手厚くもてなして下さり，かれらと共に仕事をするのは楽しいことであった．

第1部　聖書とその文書

THE BIBLE AND ITS LITERATURE

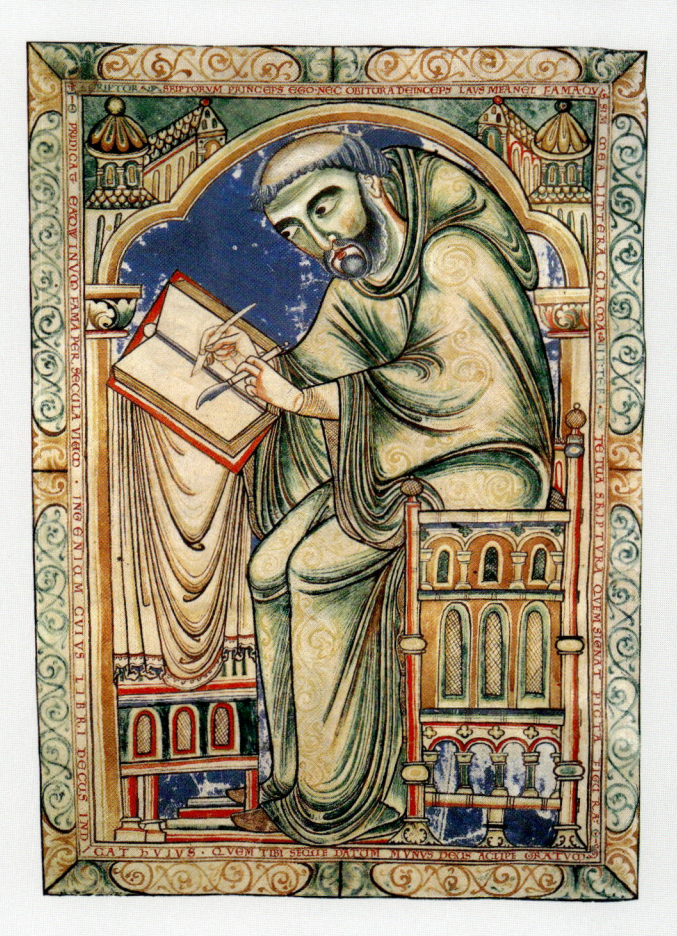

聖書の構成と伝達

聖書は，世界中で最も読まれることのないベスト・セラーであるとされている．聖書は，おそらく，他のいかなる書物よりも多くの言語に翻訳されてきたのであり，各地の「聖書協会」による世界中の年間頒布数は，完本聖書で1100万冊，新約聖書で1200万冊，そして聖書の本文の一部を含む小冊子あるいはリーフレットは4億部以上にのぼる．このような膨大な数字が可能になったのは，現代の印刷技術と頒布方法によることはもちろんのことであるが，15世紀に西洋で印刷技術が発明される前にすでに，聖書の流布の程度は他の書物をはるかに凌ぐものであった．さらに，聖書を生み出した共同体は，かれらの書かれた聖なる伝承に極めて大きな関心を抱いていたため，古代ヘブライ人は書物の民と呼ばれてきた．われわれはこの描写にもう一つの，本書の中心にあること，すなわち，かれらはまた同時に聖書の地，つまり聖地の民であった，ということを付け加えなければならない．書物と土地というこれら二つの要因は二人三脚を組んでいるのであり，本書の主たる目的の一つは，読者にこの土地にもっと親しんでもらうことによってこの書物をもっとよく理解していただくことにある．

聖書の構成

文字を書くこと（以下，「書法」とも言う——訳者）は，少なくとも紀元前（以下，単に「前」と記）4千年紀には古代世界で発明され，使用されていた．それは，当初，粗雑な絵を基にしていたが，やがて，われわれが知っているアルファベットの個々の文字の音（おん）とは違って，口に出して発音した場合，音節をなす記号へと形成されていった．音節文字体系は300から600までの記号を必要としたため，識字者は

右　聖マルコに神による霊感が降る．この12世紀のフランス語写本は，聖霊に鼓舞された福音書記者の姿を示す．周囲の円形模様は彼の生涯を描写する．インク壺を持っているのはエノーのリェシェの大修道院長ウェドリック．

下　旧・新約聖書は，創造物語，法律書，祭司のための規定，歴史，詩篇，格言，恋歌，預言書，福音書，書簡といった多様な66の書物からなる．新約聖書では福音書が先に載せられているが，多くの書簡のほうが先に書かれた．

旧約聖書

書名	略称
創世記	創
出エジプト記	出
レビ記	レビ
民数記	民
申命記	申
ヨシュア記	ヨシュ
士師記	士
ルツ記	ルツ
サムエル記上	サム上
サムエル記下	サム下
列王記上	王上
列王記下	王下
歴代誌上	代上
歴代誌下	代下
エズラ記	エズ
ネヘミア記	ネヘ
エステル記	エス
ヨブ記	ヨブ
詩篇	詩
箴言	箴
コヘレトの言葉	コヘ
雅歌	雅
イザヤ書	イザ
エレミヤ書	エレ
哀歌	哀
エゼキエル書	エゼ
ダニエル書	ダニ
ホセア書	ホセ
ヨエル書	ヨエ
アモス書	アモ
オバデヤ書	オバ
ヨナ書	ヨナ
ミカ書	ミカ
ナホム書	ナホ
ハバクク書	ハバ
ゼファニヤ書	ゼファ
ハガイ書	ハガ
ゼカリヤ書	ゼカ
マラキ書	マラ

新約聖書

書名	略称
マタイによる福音書	マタ
マルコによる福音書	マコ
ルカによる福音書	ルカ
ヨハネによる福音書	ヨハ
使徒言行録	使
ローマの信徒への手紙	ロマ
コリントの信徒への手紙一	1コリ
コリントの信徒への手紙二	2コリ
ガラテヤの信徒への手紙	ガラ
エフェソの信徒への手紙	エフェ
フィリピの信徒への手紙	フィリ
コロサイの信徒への手紙	コロ
テサロニケの信徒への手紙一	1テサ
テサロニケの信徒への手紙二	2テサ
テモテへの手紙一	1テモ
テモテへの手紙二	2テモ
テトスへの手紙	テト
フィレモンへの手紙	フィレ
ヘブライ人への手紙	ヘブ
ヤコブの手紙	ヤコ
ペトロの手紙一	1ペト
ペトロの手紙二	2ペト
ヨハネの手紙一	1ヨハ
ヨハネの手紙二	2ヨハ
ヨハネの手紙三	3ヨハ
ユダの手紙	ユダ
ヨハネの黙示録	黙

伝承上聖パウロによるとされる．

凡例：律法／前の預言者／諸書／後の預言者／福音書／書簡

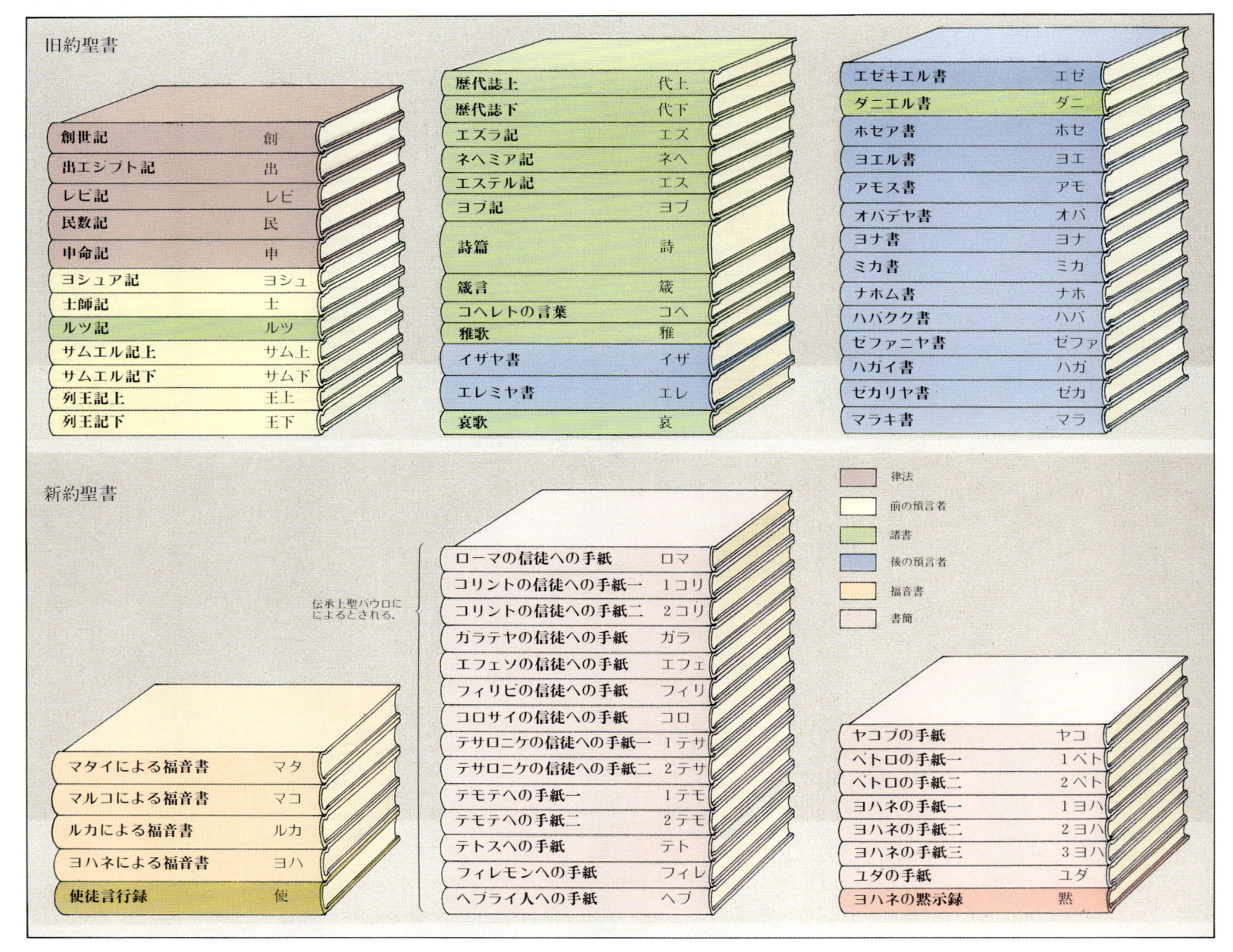

聖書の構成と伝達

古代世界の書法

　書法の発明は，人類の主要な文化的業績の一つであって，これはコンピューター技術によってデータを瞬時にして世界中に届くようにさせつつある現在進行中の革命に匹敵するものである．前4千年紀に由来する最古の書法の形態は音節文字によるものであって，われわれがある単語を発音する時の音節を表わしていた．音節文字を示す記号それ自体は自然物を絵画的に描写したものに起源したが，それらは間もなく，その後長く用いられるようになった記号へと変化した．月を表わす記号があって，これを見た人は「ツキ」と発音するとしよう．また太陽を表わす記号は「ヒ」と発音されるとしよう．とすれば，これら二つの記号を合わせて「つきひ」という単語を表示することができるはずである．ヘブライ人にとって幸運なことに，彼らが自分たちの聖典を書き下すようになるころには，少なくとも300からなる〔楔形文字による〕音節文字書法は，わずか24ないし32の記号からなるアルファベット書法に変化していた．前2千年紀後半になされたアルファベットの発明は，識字の可能性を大いに高めたはずである．一般の人々は，時に，ヘブライ語が主として子音のみを記し，多くの母音は表記されないと知ると驚く．実際は，母音のほとんどを欠く文字の読み方を学ぶのは極めて容易なことである．しかし，ヘブライ語聖書は，キリスト教の初期の数世紀間のうちに子音テクストに付された，線や点の組み合わせによって，表記された母音を持っている．これは，ヘブライ語が話しことばではなくなり，わずかに礼拝において，あるいは学者によって用いられるだけの言語になった時に，聖なるテクストを発音するのに役だったのである．

左下　聖書ヘブライ語文字は，フェニキア，アラム，ギリシアの各文字を経由して今われわれが用いているローマ字アルファベットの遠い祖先である．初期アラム文字と初期ギリシア文字を比較するこの表は，ローマ字発達の中間過程を示す．

右　ジャムダト・ナスルで出土した，前2900年ごろのこの粘土板は，音節文字が絵文字から生まれたことを示唆してくれる．

下　センナケリブの2人の書記が戦闘で得た戦利品と捕虜を記録している．前704–681年の浮彫りから，書記たちは，楔形文字と呼ばれる音節文字を用いていた．この職業は，学習を必要とする重要なものであった．

聖書の構成と伝達

下 ローマ時代のインク壺。古代では、インクは植物性で、これに鉄分を混ぜることがあった。それは必ずしも液体であるとは限らず、「固まり」のこともあり、これに濡らした葦ペン(スティルス)がひたされた。

上 このキュロスの円筒碑文は、メディア人とペルシア人の王キュロスが前540年にバビロンを破ったことを語る。聖書の研究にとって極めて興味深いのは、「わたしが元の聖なる町に据えなおしたすべての神々が、毎日わたしの長命のためベル神とネボ神に祈願してくれますように…」という一節である。これは、ユダヤ人がエルサレムに帰って、神殿を再建してよいとするエズラ記1:1以下にあるキュロスの勅令と一致する。

左 申命記25:1-3をギリシア語に翻訳したライランズ・パピルスの断片。後2世紀前半に由来。当時少なくともトーラー[律法書]のギリシア語版が存在したことを証明する。

下 エルサレムの神殿の山から出た碑文。「笛を吹く家に[属するもの]」と読める。

少数の専門家に限られていた。われわれの言うアルファベットが発明されたのは前2千年紀後半のことであった。これは、大体のところ、モーセがイスラエル人を率いてエジプトを出たころのことである。

アブラハム、イサクおよびヤコブが正確にはいつ生きていたのかということは議論されている問題である(伝統的な見解は、本書第3部で述べられているように、前1750年から1500年にかけてのことである)。これらの創始期の父祖たちに関する物語がもともとことばによって保存され、伝えられたことは疑いない(口伝伝承)。ダビデ王権の時代(前1000年)までのイスラエル人についての物語のほとんどに関してもたぶん同じことがあてはまる。といっても、この時よりも前のイスラエル人には書きとめられたものは一切なかったということではない。ただ、たとえば創世記、出エジプト記、士師記そしてサムエル記上といった書物の中にある物語は、口伝伝承によるものであって、書き下されたのは後代のことであることを示すあらゆる徴候がある。他方、古代世界から知られている法律集のいくつかは、旧約聖書よりもはるかに古いものであり、しかも、共同体の生活における法律の重要性からすると、法律がイスラエルで最古の文書伝承の中に入っていたということはあり得ないことではない。

ダビデとソロモンの治世下の社会情況は、古代イスラエルの文書活動を栄えさせ、10世紀以降になると文書資料および口伝資料が集成され始めて、「律法」(創世記から申命記まで)および「前の預言者」(ヨシュア記から列王記下まで)と呼ばれる旧約聖書の部分の形成へと向かって行った。前8世紀に「古典」預言者たちが台頭したことは、聖書の形成にいま一度の刺激を与えた。最近の研究が示唆するところによれば、預言者たちが語ったことばは、預言者団を構成し、多くの文学活動を行なった彼らの弟子たちによって収集され、書き下され、保存されたのであった。エレミヤ書36章によれば、書記バルクがエレミヤの口授からこの預言者のことばを書き記した。

エルサレムの陥落と、前597年と587年のバビロンへの捕囚に伴って(神殿は587年に破壊された)、イスラエルの中には真剣にこの壊滅の原因を求める気運が生じた。イスラエルは、はるかにずっと決定的に、書物の民の方向に進んだのであり、たぶんこの捕囚期(587-539年)に「前の預言者」(ヨシュア記から列王記下まで。基本的にはヨシュアによる征服から捕囚期に至るまでのイスラエルの歴史)が現在の形に近いところまで到達し、「律法」(創世記から申命記まで)は完成の途次にあった。後の預言者(イザヤ書、エレミヤ書、エゼキエル書および十二小預言書)として知られている部分もまた6世紀末には完成に近づいていた。ヘブライ語聖書の第3部をなす「諸書」は、たとえば詩篇の一部および箴言の一部のように、そのあるものは極めて古い資料を含んでいる。それにはまた、歴代誌、エステル記およびダニエル書のような、旧約聖書の中で最も若い部分も含まれているし、雅歌のような恋愛詩やヨブ記やコヘレトの言葉にある懐疑と不安との格闘も盛り込まれているのである。

前2世紀末には、われわれが英訳聖書で知っている旧約聖書(ただし、その中の各書の順序は異なっている)が、実質的に完成していた。これらの書物は羊皮紙の巻物に書かれた。実際のところ、現代ヘブライ語で「本」と翻訳されている単

聖書の構成と伝達

語は，聖書ヘブライ語では「巻物」を意味していた．キリスト教が成立したころには，旧約聖書はヘブライ語だけでなく，当初はエジプトに住むユダヤ人のために作成されたギリシア語版，およびイスラエルの北部丘陵地に住んでいたサマリア人社会のためのサマリア語版としても成立していた．旧約聖書の最初の五つの書物に限られていたサマリア語版もまたヘブライ語で書かれていたのであるが，エルサレムではなく，ゲリジム山が神によって選ばれた場所であるとするサマリア人の主張を補強するものを大部分とする興味深いテクスト上の異読を含んでいた．同様に，ギリシア語版には，旧約聖書の標準的ヘブライ語テクストとしてわれわれに伝わっているものとは異なる内容があった．たとえば，ギリシア語版のエレミヤ書は，伝統的なヘブライ語テクストに基づいている英訳聖書からわれわれが知っているものより著しく短かかった．クムランにおけるヘブライ語写本——いわゆる死海写本——の発見は，キリスト教時代の初めには，旧約聖書のテクストにはいくつもの異なる版が存在したことを示すが，これは，旧約聖書の知られているどの版にも対応しない引用が新約聖書の中でいくつかなされているということから示唆されていた事実である．少なくともクムラン共同体においては，一つの，そして一つだけのテクストを持つという関心は抱いていなかったようである．今日，われわれは印刷技術によって数千部もの同一のテクストが複製されることに慣れているため，すべてのものが手写されなければならず，しかもテクストの中の異読は誤りというよりは権威あるものと見なされることがあり得た社会もしくは共同体がどんなものであったのかを想像するのはむずかしいかもしれない．同時に，すべての印刷されたヘブライ語聖書が基となっている原型もまたクムランにおける出土物のうちで非常によく示されているということは強調しておかなければならない．

初代教会にとって，聖書は当初，ヘブライ語では残っていないいくつかの書物と，今日のプロテスタント教会によって外典とされている書物を含むギリシア語版の旧約聖書のことであった．旧約聖書の場合と同様に，後に新約聖書となる最古の伝承は，受難物語やイエスの語録や言行録のような，口伝伝承からなっていた．後50年ごろから，教会は指導的キリスト教徒たち，特にパウロによって書かれたかれらへの手紙を保存し始めた．これらの手紙は収集されて一つの集大成をなし始め，福音書と使徒言行録に加えられた．後者は，より以前の口伝および文書資料に基づいてはいるものの，後70年と90年の間のある時期に書かれたものである．われわれが知っている形での新約聖書は，実質上，1世紀末には完成していた．

聖書の写本

聖書の著しい特徴の一つは，その古代写本が極めて多く存在しているという事実である．ギリシアの戯曲，歴史書あるいは哲学書に関するわれわれの知識は，時として，原著者の死後数百年に年代づけられている（もちろんそれらは，もっと前からの写本の写しなのであるが）ひとつかみの写本にのみ依存しているのに対して，聖書の場合，そして特に新約聖書の場合，われわれは数千の写本を持っているのである．新約聖書の知られている最古の断片は，通常，後150年ごろのものとされるヨハネによる福音書のライランズ・パピルスの

シナイ写本

この「聖書アンシャル」〔大文字〕で書かれた4世紀のギリシア語パピルスには，数節の旧約聖書，新約聖書全体，そして，「バルナバの手紙」と「ヘルマスの『羊飼い』」という他の二つの書物が含まれている．それは，1844年にドイツ人学者コンスタンティーン・ティッシェンドルフによってシナイ山にある聖カテリーナ修道院で発見された．しかし，彼がそれを手に入れたのは15年後のことであった．それはまずロシア皇帝アレクサンドロス2世に贈呈され，1930年代に英国がこれを買い，大英博物館に収められた．

たぶんエジプトで筆写されたシナイ写本は4欄に分けて書かれ，4，6および7世紀の後代の書記たちによる訂正を含んでいる．同時代のヴァティカーヌス写本と並んで，それは新約聖書のテクストに関するそれ以降のあらゆる研究と翻訳に決定的な影響を及ぼしてきた．

コンスタンティーン・ティッシェンドルフ，1815-74年．

上　紫外線撮影によって，シナイ写本ではヨハネによる福音書は，21：25ではなく21：24で終わっていたことがわかる．後代の書記が21：24の次にあった非聖書的な締めくくりの文を抹消して，最後の節と新しい結語を加えたのである．

上中　綴じられる前のシナイ写本．このコーデックス〔つまり「本」〕という型体は，巻物の形で聖なる書物を持続したユダヤ人とは対照的なキリスト者の典型的な方法であった．

上　聖カテリーナ修道院の書庫．

シナイ山にある聖カテリーナ修道院の空中写真．約1660mの標高にある．ギリシアの隠修士たちの求めに応じて後6世紀に皇帝ユスティニアーヌスによって建てられた．かつて隠者などによって占められていた周囲の避難所の多くは放棄されたが，ここには今でもギリシア人修道僧が住んでいる．

聖書の構成と伝達

ものであるが，2世紀遅くに年代づけられる福音書とパウロ書簡のかなりの部分が存在する．これらはパピルスに書かれ，古代のパピルスの保存に適した環境を持つエジプトで発見された．4世紀からは，ギリシア語で書かれた旧新約聖書のほとんどを含む（大文字で書かれた）アンシャル書体からなる重要な写本がある．これらのうちで最も有名なのは，コーデックス・シナイティクスとコーデックス・ヴァティカーヌスである．これらの名称が示すように，ヴァティカーヌスとはローマのヴァティカン図書館の中にあり，シナイティクスは19世紀にシナイ半島のシナイ山にある聖カテリーナ修道院で発見され，現在はロンドンの大英博物館にある．このような写本のすべては本の形体（「コーデックス」は本を意味する）を取っているが，キリスト教会は一葉一葉をこの形で製本することを好んだようである．これに対し，ユダヤ教共同体は巻物として保存することを選んだ．

新約聖書の各々の版は手による写しによって初めて可能と

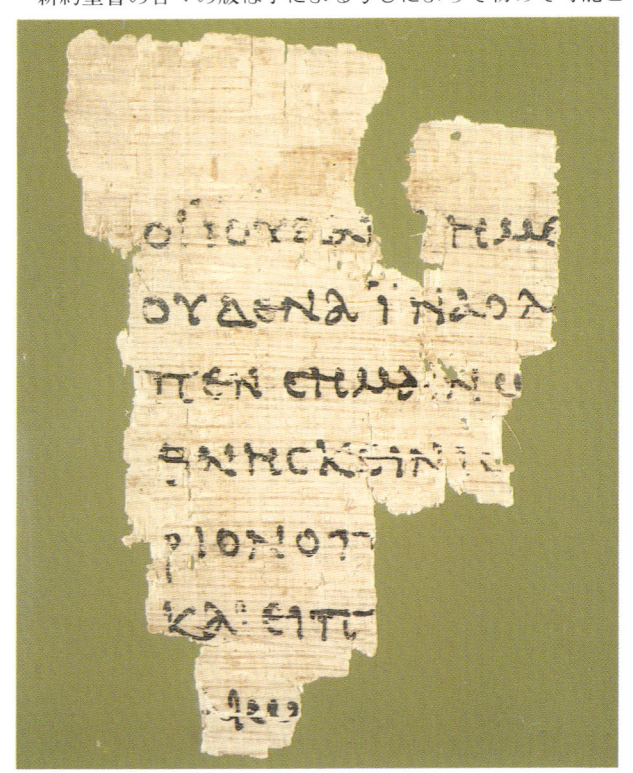

下左　後150年ころに由来するライランズ写本（第457）のヨハネ福音書（18：31-33，37-38）の断片．この福音書が2世紀初頭にはエジプトに流布していたことを示す．このライランズ写本の断片とリンディスファーンのマタイ福音書の見事な冒頭部（右）との対照は，600ないし700年間にわたる聖書の出版の発展を雄弁に語る．

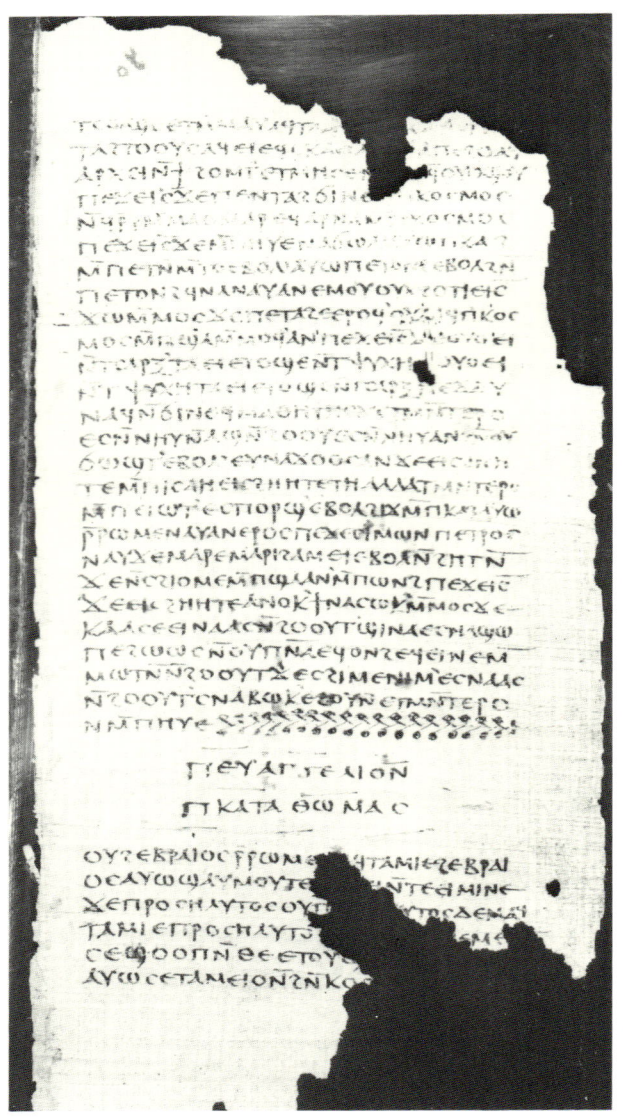

1945年にナグ・ハマディで発見されたトマスによる福音書は，イエスの言論集が，他の福音書とは別に，書かれた形で後1-2世紀には行き渡っていたことを示す．トマス福音書は新約聖書の主流からははずれているが，福音書の起源に光を与えてくれる．

上　トマス福音書の最初の頁．

左　ナグ・ハマディ文書の一部．この中にトマス福音書がある．

なったのであるから，多くの種類の誤りが写本の中に入り込むのは避けえないことであった．多種にわたる誤りをここで網羅するわけにはいかないが，好例として「主の祈り」があげられる．そのルカ福音書版（ルカ11：2—4）は，マタイ福音書版（マタ6：9—13）よりも短い．この祈りは，より長文のマタイ版で朗唱されたので（今もそうである），書記たちは，意図的にであれ，不注意からであれ，ルカ版をマタイ版に合致させる誘惑にかられたのであった．引用することのできるもう一つの例は，ルカ福音書が述べている「最後の晩餐」における長短両様のイエスのことばである．短い方（ルカ22：17—19）では，イエスはパンを祝福する前に杯を祝福する．長い方の版は，杯への祝福である19b—20節を加えているが，これはたぶん，イエスのことばをマルコとマタイにある伝承，および教会が「主の聖餐」を祝う慣例に合致させようとしたためである．アレクサンドリア，カイサリアおよびアンティオキアのようなキリスト教学の重要な中心地が確立すると，これらの地で新約聖書のテクストを標準化しようとの気運が生まれたらしく，その結果，地域的なテクストの類型が生じ始めたのであった．ただし，この最後の表現は，複雑な過程を大幅に簡略化したものである．今までに残っている重要な写本のうちに，ケンブリッジ大学図書館蔵のコーデックス・ベザがあるが，これはルカと使徒言行録にいくつかの通常とは異なる読み方と同時にいくつかの重大な削除を体している．

新約聖書のいくつかのギリシア語写本における差異がどんなものであれ，5世紀初頭になされたヒエロニムスによるラテン語訳聖書は，西方教会に，以後数世紀にわたって（変更を加えられながらも）標準的な旧新約聖書となった．修道院が聖書の手写される場所となり，いくつかの有名な写本が今日ダーラムの大聖堂図書館およびダブリンのトリニティー・コレッジの図書館で見ることができる．印刷術の発明は聖書の普及を一変させた．これにより，学者たちが印刷になるヘブライ語およびギリシア語聖書を所有することができるようになったばかりでなく，16世紀初頭の宗教改革は，一般民衆がかれら自身の言語で書かれた聖書を手にし得ることを目標としたのであった．英訳聖書に関して言えば，ティンデルによる新約聖書が1526年に出版され，旧約聖書の最初の五書の翻訳が1530年に出版された．1535年にはカヴァデルによる聖書が出版され，これに続いて1537年には「マシュー」聖書，1539年の「大聖書」，1560年の「ジュネーブ聖書」，1568年の「主教聖書」が世に出た．1611年になされた「ジェイムズ王聖書」あるいは「欽定訳聖書」の刊行は，英訳聖書の歴史における一里塚であった．これは，全面的な新訳というよりは，「主教聖書」に基礎を置くと同時に他のもっと古い英語版に依存した，改訂版であった．これは，第二次世界大戦以後数多くの翻訳がなされてきたにもかかわらず，英語圏の多くの所で現在でも使用されている．本書で採用されている「米国改定標準訳聖書」は「ジェイムズ王聖書」の改訂版をさらに改訂したものである．これは，後者の言語の威厳を保持しながらも，1611年以後になされた聖書学上の多くの発見を盛り込んでいる．

マルティン・ルーテル：宗教改革家にして聖書翻訳家

1521年4月末，ルーテルは，皇帝の面前で自分の意見を論じたヴォルムスからヴィッテンベルクへ帰る途中，「誘拐」された．この「誘拐」劇の目的は，彼の身を隠して，敵に襲われないようにするためであった．彼はあごひげをたくわえ，（僧であったが）平信徒の服装をし，ユンケル（騎士）・ゲオルクと名のり，アイゼナッハ近くのヴァルトブルク城に住んだ．ここで1521年12月に，字を知っている者なら誰でも読めるようにと，ギリシア語新約聖書をドイツ語に翻訳し始めた．彼はわずか11週間という驚くべき短期間にこの作業を完了し，1522年9月には，ルーカス・クラナハとその助手たちによる挿絵入りで出版された．それは高価だったにもかかわらずすぐに売り切れ，1522年には新版が出された．1523年には，別々のところで少なくとも12回印刷された．

旧約聖書全体の翻訳はそれよりいくぶん長く，1522年から1534年までの12年間かかった．しかし，最初の五つの書物（モーセ五書）は1523年に出版され，それ以後1ないし2年ごとに新しい部分が世に出された．ドイツ語による全聖書は1534年に現われたが，それは1546年におけるルーテルの死まで多くの改訂を受けた．ルーテルの試みは，聖書を読みたいと思うすべての人にこれを提供することが宗教改革の基本的な部分であることを証明した．宗教改革が聖書を重視し，それを読める人には手に入れられるようでなければいけないと強調したということは，宗教改革の神学が，聖者の生涯を従うべき模範として生活するよりは，聖書を信仰と希望の拠り所としてすすめたことを意味した．ルーテルに続いて，英国ではティンデル，カヴァデル，ロジャーズその他の多くの人々が出た．16世紀は聖書の翻訳と出版にとって偉大な世紀であった．

下　ルーテル．彼の友人ルーカス・クラナハによって1543年に描かれた．

下右　聖書の原理に基づいてキリスト教の教義と実践を改革しようとしたルーテルの試みは，1520年7月にローマ法王の教書によって非難された．ラテン語で「マルティン・ルーテルと彼に従う者たちの誤りに対する教書（ブッラ・コントラ・エッラ）」とある．

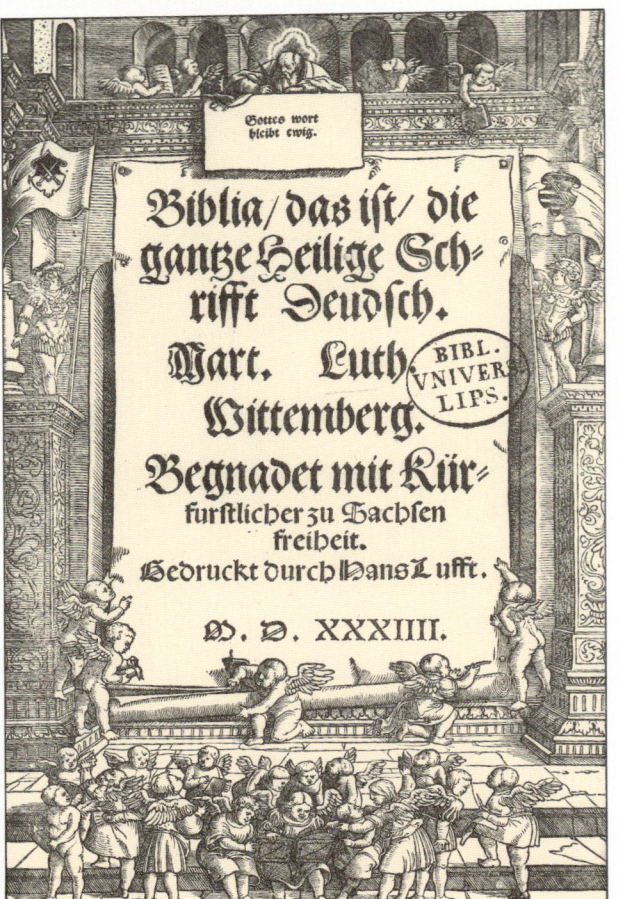

左　最初のドイツ語版聖書の完本のタイトル頁．1534年．

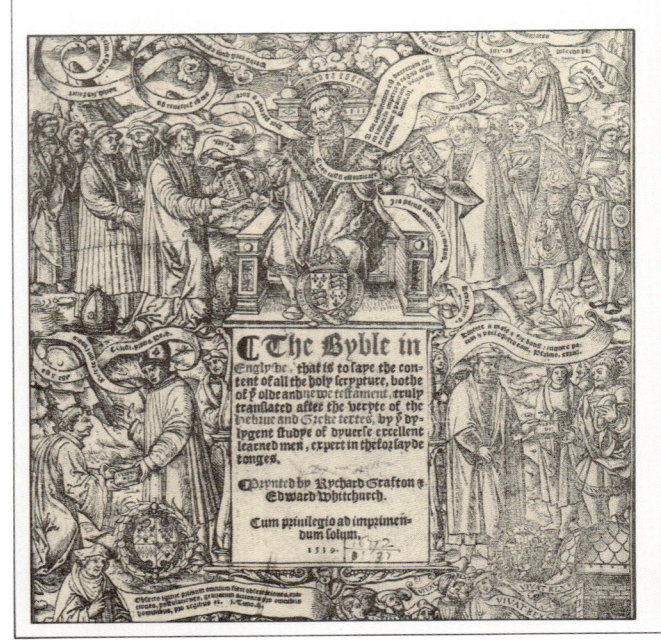

左端　1539年出版になるこの「大聖書」は，それより以前のティンデル，カヴァデル，ロジャーズの労作に基づいていた．ティンデルは，1524-25年にルーテルの町ヴィッテンベルクで新約聖書の翻訳の仕事に携わった．タイトル頁の木版画は，ヘンリー8世が神のことばを大主教トーマス・クランマーと下院議員トーマス・クロムウェルに伝え，この2人が聖職者と平信徒に仲介している図を描いている．

第2部　聖書と歴史

THE BIBLE AND HISTORY

聖書の歴史の概説

族長たち：アブラハム，イサクおよびヤコブ

ヘブライ人についての記述は，アブラハムに故郷を離れ，神が示す土地に向けて旅立つようにという呼びかけがなされる創世記 12：31—32 から，アブラハムの家族が南メソポタミアのウル（ただし，ある学者たちは北方にある別のウルを提唱している）から出発し，ハランに定着したことを明らかにする．創世記 12 章は，ハランからエジプトまでの長旅を描写し，途中でアブラハムがシケムとベテルに滞在したこと，そして（創 13：3 で）ベテルに戻ったことを述べている．

アブラハムの年代は，学者の間でまだかなり異なる見解の多い問題である．意見の幅は，彼を，なんらかの確信をもって前 1750 年ごろの時代に置くものから，歴史上の人物としては彼は古代の霧の中に隠れてしまっているという見解や，彼についての物語はイスラエル王国時代（前 10 世紀以降），あるいは，さらに捕囚期以後の時代（6 世紀以降）を反映するという見解に至るまで，多岐にわたっている．

五王の同盟に対するアブラハムの遠征（創 14 章）を別にすれば，アブラハムとイサクについての物語は，これらの族長をベテル，シケム，ヘブロンおよびベエル・シェバに置く．アブラハムが妻とすべき女性を求めて下僕エリエゼルを派遣する物語（創 24 章）で北メソポタミアが再び登場し，これが，エサウの怒りを避けるためハランに逃亡したというヤコブの話へのつながりとなっている．ヤコブの話は，ヨセフがエジプトに売られるエピソードと，次いで，ヨセフおよびその兄弟たちとの和解の後，ヤコブとその家族がエジプトに定住する原因となった，続いて起こった飢饉に関する記事で終わる．

最終的な形態における族長伝承には，いくつかの重要な神学的主題が含まれている．すなわち，アブラハムとその子孫に対するカナンの地の約束，奇蹟的なやり方でアブラハムに後継ぎが授けられたこと，サラ，リベカおよびヨセフが神意

肥沃な三日月地帯

古代のバビロニア，アッシリア，シリア，イスラエル，そしてヨルダン河谷の東にあった諸王国の際立った特徴は，沃地と砂漠の対比にある．バビロニアとアッシリアでは豊穣は主としてユーフラテス，チグリス両河およびそれらの支流に拠っていた．イスラエルとシリアでは天水と泉に拠っていた．人間の定住の型は豊穣の程度に依存していたので，イスラエルは南西のエジプトと北および東のアッシリアおよびバビロニアという強大な帝国の間にある陸橋となった．

によって守られたこと，である．これらの物語はまた，後代のイスラエルがその直接の隣人たちと，関係はしていたが別の存在であったことを示している．アンモンとモアブはロトの息子たちである(創19：37-38)．エドムはエサウによって創始されている．話が進むにつれて，ロトやエサウのような人物は周辺に押しやられ，アブラハムからイサクを経てヤコブに至る神の目的の主要な道筋が明らかになる．

族長たちは，しばしば，「半遊牧民」として描写されたり，現代のベドウィンと比較される．そのような比較は根拠不十分なものである．われわれは，族長物語には真正な情報が含まれていると考えるのであれば，アブラハムが都市住民であり，その彼が故郷を離れたのだとして描かれているという事実を真剣に受けとらなければならない．当然，彼は移動中に当時優勢であった情況に自分の生活を適応させたであろうし，そしてたぶん，前2千年紀のカナンの地は，今日とくらべた場合，いくぶん異なる様相を呈していたであろう．さらに，ベドウィンは彼ら自身の歴史を持っているのであって，「時間のない砂漠」の中で世界から隔絶されて生活してきたのではないのである．愚かな比較をするよりも，族長たちの生活についてはほとんどわからないと言うほうがよい．

出エジプトからカナン定着まで(前1300？-1100年)

(出エジプト――荒野――シナイ――定住という)この一連の出来事は多様な要素が組み合わされているため，ここでは一つのこととして扱うことにする．聖書の物語がこの時代について問題を伴わない映像を提供してくれると言うことはできない．表面的に読んだ場合，(後に12部族を創設することになる)ヤコブの12人の息子たちがエジプトに下り，その後強制奴隷とされ，一団となってエジプトを脱出して荒野を彷徨し，その途中シナイ山で律法を授与され，やがて武力によってトランス・ヨルダンのアンモンとギレアド(これらの地域についてはp.204を見よ)および西岸のかなりの地域に定着したということになる．

しかし，深層を見てみると，もっと複雑な映像を示唆する証拠を見出すことができる．ただし，この証拠を集めても，学者たちの意見の一致を見るのはどんなことをしてもむずかしいのであるが．上述の一節の中で概略した端的な映像に対して，次のような点が反論としてあげられている．いくつかの場合，それらは互いに矛盾することがあるし，それらを列挙したとしても，われわれがそれらを承認もしくは拒絶しなければならないことを意味するものではない．(1) 創世記34章は，出エジプト以前の族長時代にイスラエルがシケムを征

アブラハム，イサク，ヤコブの流浪
彼らの物語は，小家畜群と家財道具を持って場所を点々と移動する大家族を描写する．伝承はいくつかの箇所で，彼らが北メソポタミアの出身であり，その道筋には南メソポタミアがあったとする．カナン(後のイスラエル)の地と彼らの結びつきは恒久的なものではなく，最終的に彼らはエジプトに移住した．しかし，シケムとベテルに祭壇を築き，ヘブロンに墓地を買ったということは，この地の所有権の主張である．最近の研究は，ヤコブ族がエジプトに下ってそこに住んでいた時，族長たちの一部はカナンに留まっていたことを示唆する．

聖書の歴史の概説

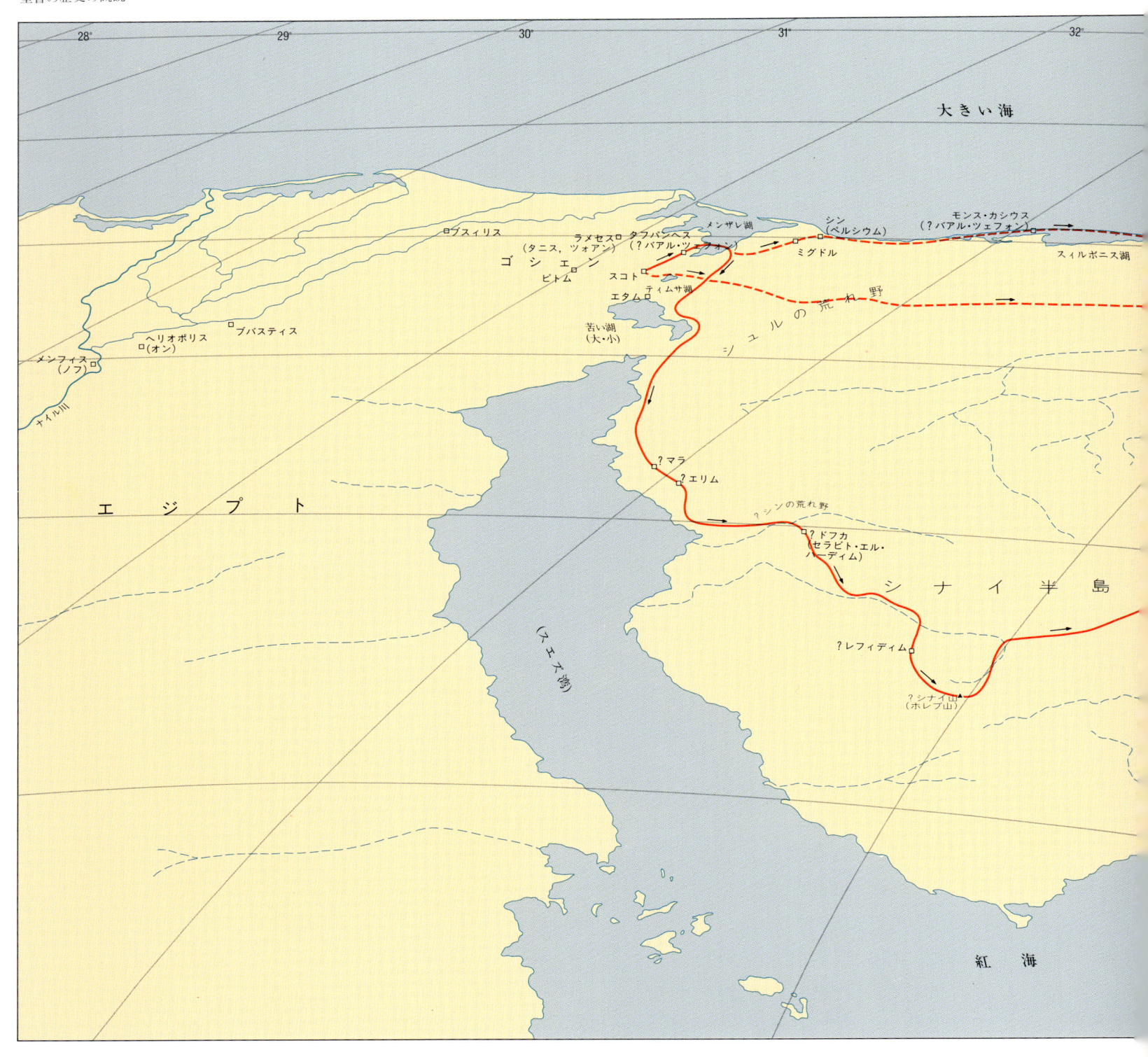

服したと述べている．ヨシュア記にはこの地域の征服についての明確な記述がない．(2) 創世記38章は，ユダがエジプトに下らず，カナンに留まっていたことを示す．(3) 民数記21：1－3は，イスラエルによるカナン侵略は，東からヨルダン川を渡ってではなく，南からなされたことを示唆する．(4) 民数記33：41－49は，出エジプトよりも前のイスラエル人の「波」が，14世紀にエドムとモアブをとおってカナンに旅をしていたことを示唆する．(5) 部族表には各種がある．たとえば，申命記33章にはシメオンは登場せず，ヨセフの家をエフライムとマナセに分割することによって，部族数を12としている．以上の諸点を付け加えておいたが，この問題をさらに追求したいと思う読者は，標準的で批判的なイスラエル史を参照されたい．

ここでの冒頭の節で示された表層の映像に従うならば，ヘブライ人はエジプトのゴシェンの地に定住し（創47：27），ヨセフの死後間もなくして奴隷集団に組み入れられ，ピトムとラメセスの町を再建するよう強制された（出1：11）．この奴隷時代は，通常，建築事業で知られるセトス1世（前1306－1290年）の治世下か，出エジプト記にラメセスがナイル・デルタ東部のピ・リアムセスと同定できるのであれば，ラメセス2世（前1290－1224年）の治世下に年代づけられている．ラメセス2世は，首都をこの地に移した人物であった．出エジプト時のファラオは「抑圧のファラオ」（出2：23）の後継者であって，これはラメセス2世あるいはメルネブタハ（前1224－1214年）のいずれかであった．ヘブライ人がゴシェンから紅海（あるいは一部の学者の好むところによれば，「葦の

出エジプトの道程

出エジプトの正確な道程はわかっていない．これに加えて，聖書の物語は，ヘブライ人たちは2波ないしはそれ以上に分かれてエジプトを発ったという見解を許す．しかし，この見解は，ユダヤ教の過越しの祭りで記念されている決定的な出発を排除するものではない．この地図は，いくつかの可能性を，したがって，それだけの不確実さを示すものである．

聖書の歴史の概説

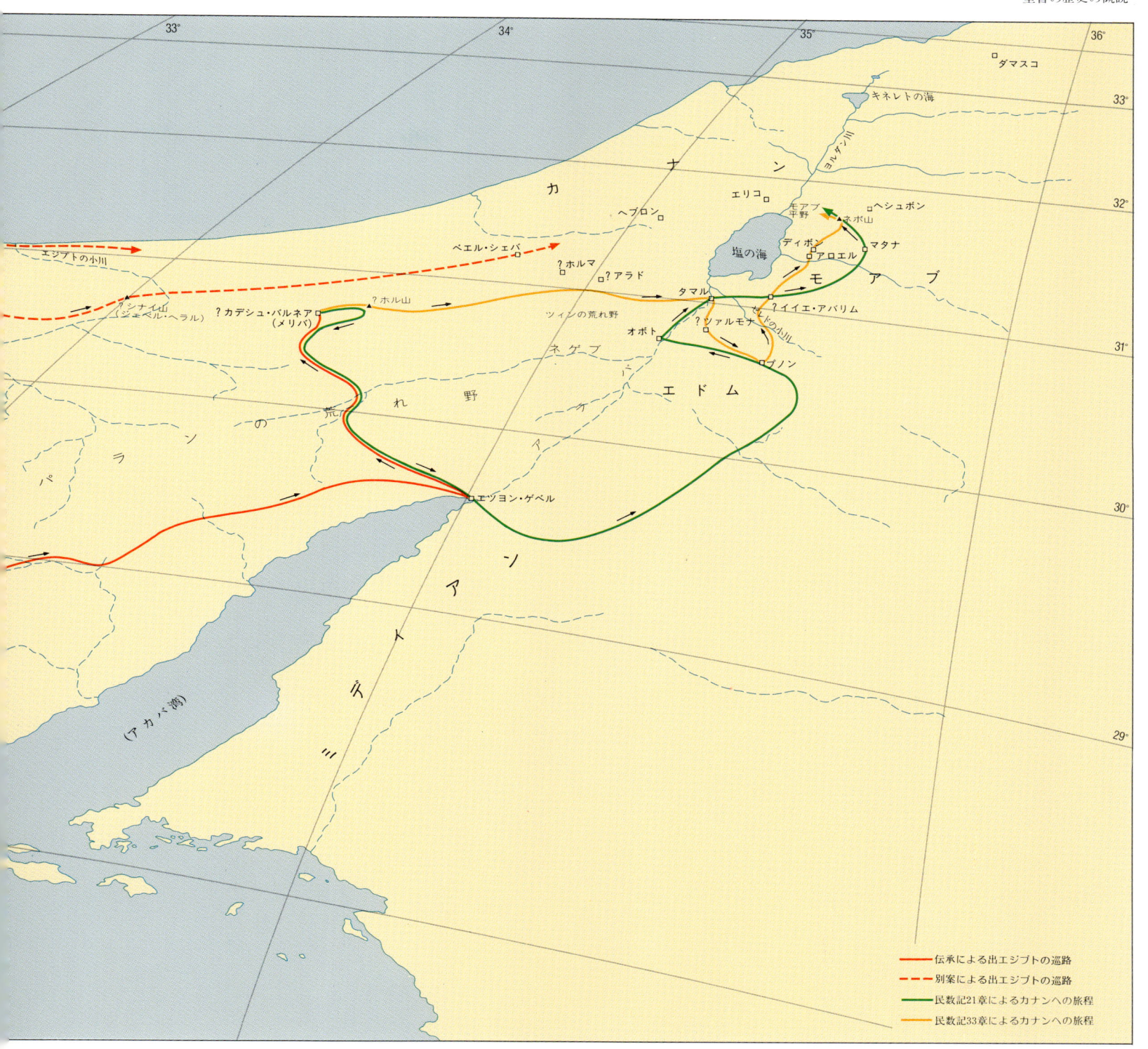

凡例:
- 伝承による出エジプトの巡路
- 別案による出エジプトの巡路
- 民数記21章によるカナンへの旅程
- 民数記33章によるカナンへの旅程

海」)に達するまでの道筋については論争がある．伝統的な考えによれば，ヘブライ人はメンザレ湖の南端を渡って，「苦い海」に達し，次いでスエズ湾東岸のやや東に沿う道を進んでから内陸に入り，通常ジェベル・ムーサにあったとされるシナイ山に着いた．

第2の想定は，ヘブライ人がティムサ湖を越えてまっすぐ東に進んだとし，ジェベル・ヘラルをシナイ山と見なす．第3の見解は，ヘブライ人が地中海とスィルボニス湖との間にあった隘路を通ったのであり，紅海でファラオの手から救出されたのはこの地においてであった，とする．

出エジプトと荒野の彷徨の際の道筋を再現することが困難なのは，言及されている数多くの地名をなんらかの確実性をもって同定することが不可能であるためである．ある専門家たちが，これらの道程は後代の巡礼路に由来するのであって，荒野彷徨の時代の名残りを留めるものではないと信じていることもまた事実である．

地理的に言えば，カナンの征服はほとんど問題を含まない．しかし，ヨシュア記の中で攻撃され，征服されたと記されている地域を実際に作図してみると，その図における齟齬にはまさに驚くべきものがある．ヨシュアは，まずエリコを攻撃し，その後アイを攻撃するためにベテルの丘陵に進軍してから，エルサレムの鞍部の北方にある平原に進んだ．彼はここで，彼と同盟を結んだがためにギブオンの町を懲罰しにやって来たユダの山地とシェフェラの王たちの連合軍を破った．ヨシュアはこの勝利に次いで，ユダの山地とシェフェラの他の町々を攻撃した（ヨシュ6-10章）．次の攻撃は，人が予期

聖書の歴史の概説

するように，エルサレム北方の丘陵地域ではなく，北ガリラヤのハツォルに対してなされた（ヨシュ11章）．これは，ヨシュアに率いられたイスラエルの遠征についての最後の明確な記述である．ただし，ヨシュア記12章にある，彼によって負かされた王たちの表は，一つないし二つの齟齬を埋めはするが，決してすべてを満たすものではない．こうしてヨシュア記は，その中にあるいくつかの全般的な概括によれば，いくつかの例外を除いて全土が征服されたということになるものの，細部においては，決して全土の征服を描写するものではないのである．

イスラエル人によるカナン占領の態様は現在，旧約聖書学における主要な論争の分野となっている．各種の意見は，この征服は考古学によって確認されているという見解から，ヨシュアによって率いられたイスラエル人は出エジプト以前に定着していた同族の民によって支援されたのだという理論を経て，イスラエルは，カナン諸都市国家の抑圧政策に対するこの地の住民の平等を求める抵抗運動の結果として生まれたとの示唆に至るまで，多様な広がりを見せている．イスラエル史のすべてを展開することが本書の目的ではないが，次のような観察をすることができる．(1) いくつかの考古学的所見は，複数の町がイスラエル人によって破壊されたとするヨシュア記の主張を支持するように思われる．このような証拠を即座に拒否することは，われわれが聖書以外のテクストを扱っているのであればたぶんなされないはずの用心深さを示すことになる．(2) いくつかの考古学的事実は，ヨシュア記の記述を支持せず，いくばくかの注意が必要であることを示す．(3) カナンにいた原イスラエル人集団が新参のイスラエル人集団と合流したという見解は，用心しながらも，受けいれることができる．定着の時代と鉄器時代初期における農耕の方法と生活様式に関する詳細な研究が期待される．前13世紀と11世紀との間にカナンにおいて，ヨシュア記の中で示されているよりももっと多くのことが起こっていたことは確かである．

士師時代と王国の成立（前1100―1000年）

士師時代は，士師記の中で描かれているように，近隣諸民

ヨシュアの征服

イスラエル人が征服した土地の面積は，ヨシュア記が告げるところによると，その総括箇所（たとえば10：40）を別にすれば，驚くほど小さい．これについては，ヨシュア記が元来の征服記事のごく一部しか載せていないのだとか，カナンの占領にはもっとずっと長時間を要したのであり，ヨシュア記を表面的に読むよりもはるかに複雑だったのだといったいくつかの説があげられている．この地の一部はすでにイスラエル人に近親の集団によって占領されていたので，征服する必要がなかった，という可能性もある．

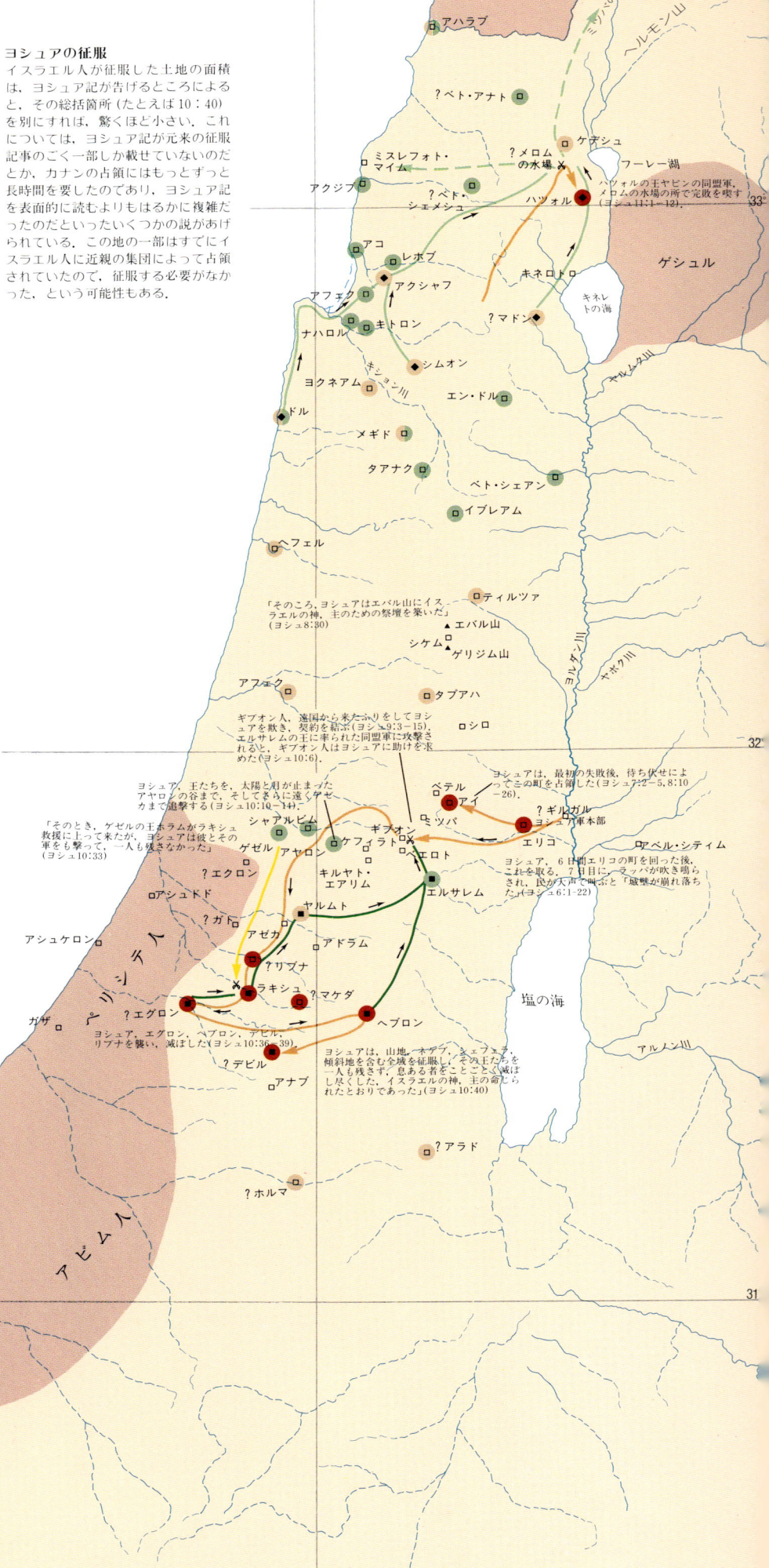

族による侵略によって支配されていたが，物語はこれをイスラエルが他の神々に目を向けたことに対する神の処罰であると見なしている．イスラエルを救うために選ばれた救済者たちは，全国民の支配者として示されているが，かれらが民を救いだした圧迫はたぶん地域的なものであった．イスラエルに対する内部からの大きな脅威は一度だけ述べられている．すなわち，デボラとバラクによって打ち破られたシセラとカナン人との同盟による脅威である（士4—5章）．

土師時代の終わりごろ，12世紀に陸と海からやって来て，南部の海岸平野に定着した非セム民族であるペリシテ人による圧迫がダン族にかけられた．ペリシテ人は，ダン族をずっと北方に移住させた後，注意を東方に隣接するユダ族に向けたらしい．ただし，ダビデとゴリアトとの対決がサウルの治世下ではなくこの時代に起こったのでなければ，聖書の物語の中にはこのことに関する言及はない．かれらがユダに対してはなんの実際的な進軍も行なわなかったと考えることが正しいならば，かれらは今やベニヤミン族とエフライム族に注意を向けた．アフェクの戦い（サム上4：1—11）で，ペリシテ人はイスラエル人を破り，おそらく少なくともベテルの丘陵を占領し，後にシロを破壊した．サウルが王位に就いたのは，ペリシテ人が日の出の勢いにあった時代のことである．

サムエル記上8—11章にはおそらく，王制の起源に関する三つの伝承が互いに織り合わされている．現代の歴史家が資料の中から一つの物語を再構成し，これらの資料については脚注で触れるはずのところを，聖書記者たちは，一貫した物語を作るのが難しい場合でも，種々の伝承を保存しようとした．こうして，サムエル記上8章で民はサムエルに王を求め，彼は民が神を王とすることを拒んでいると答えるのに対し，サムエル記上9：1—10：16では神自らが，イスラエルの支配者としてサウルに油を注ぐよう，サムエルに指示しているのである．サムエル記上11章は，サウルがギレアドのヤベシュの人々をアンモン人から救い出し，その後王権が「更新」されたことを記している．サウルの治世の開始と経過の多くのことはわからない．彼の治世期間もわからないし（意見は2年から32年まで種々にわたる），彼の支配がイスラエルにとって平和をもたらしたのか（サム上14：47—48参照），あるい

ヨシュア記による諸部族の土地分割

ヨシュア記による諸部族の土地分割部族間の境界は予想されるほど明確ではない．イサカル，シメオン，そしてヨルダン川東岸のルベン，ガドおよびマナセの場合，原資料（ヨシュ13—19章）はこれらの部族に割り当てられた町の名をあげているだけあって，境界については少しも触れていない．境界の一部は変動していたことも考えられる．ダンは，ペリシテ人の圧迫によって，エフライム領の西と南にあった場所から移住を余儀なくされたし，キルヤト・エアリムはユダ族とベニヤミン族の両者に割り当てられている．（たとえば創49章，申33章のような）部族表は，他に対するある部族の勢力が変化したことを示す．このような変化は，領土の調整をもたらしたことであろう．

― 確実な部族の境界
--- 想定上の部族の境界
― 本来のダンの領域
◇ 他部族が領有を主張する町
■ 逃れの町

縮尺 1 : 1 250 000

聖書の歴史の概説

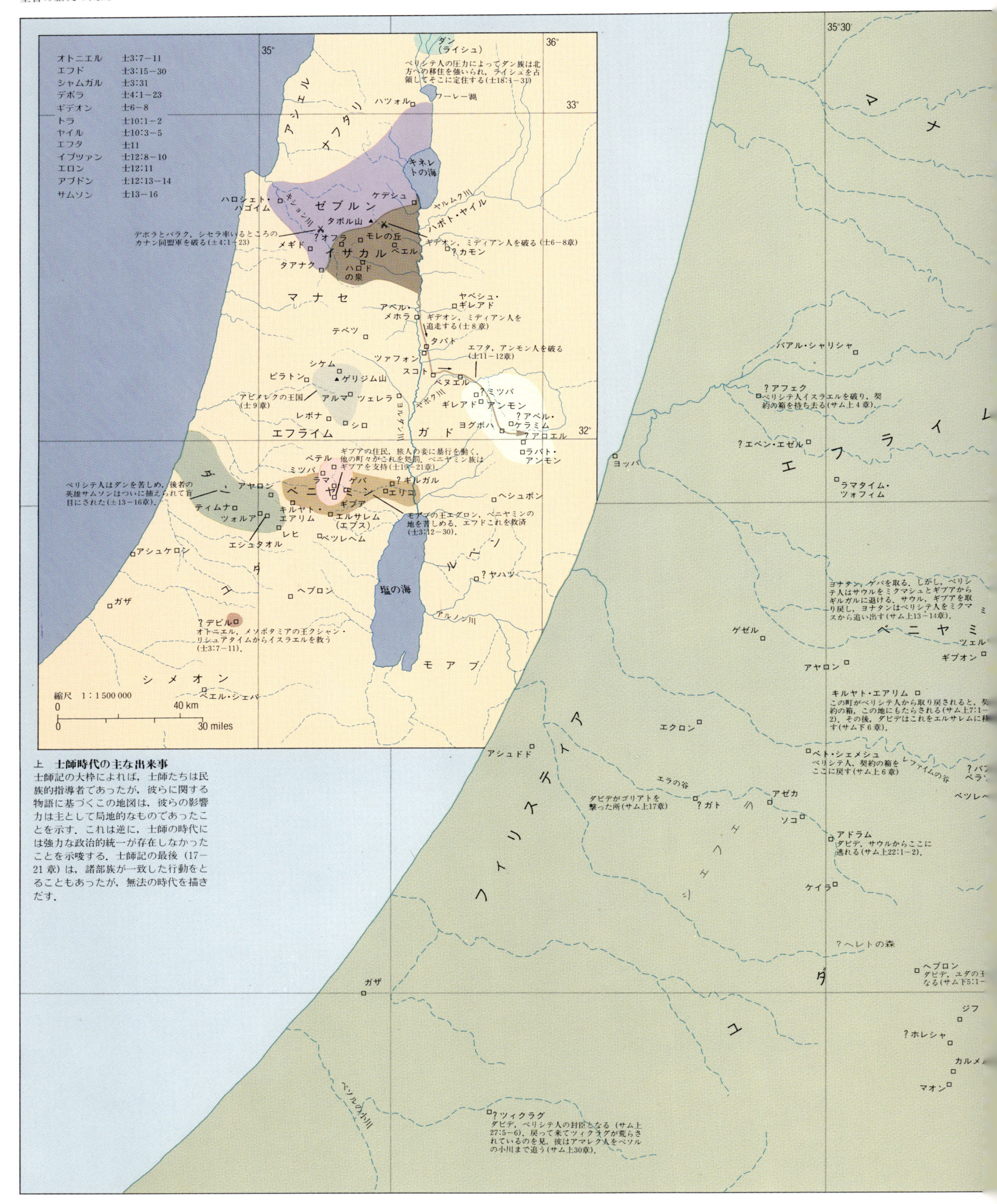

オトニエル	士3:7–11
エフド	士3:15–30
シャムガル	士3:31
デボラ	士4:1–23
ギデオン	士6–8
トラ	士10:1–2
ヤイル	士10:3–5
エフタ	士11
イブツァン	士12:8–10
エロン	士12:11
アブドン	士12:13–14
サムソン	士13–16

上 士師時代の主な出来事
士師記の大枠によれば、士師たちは民族的指導者であったが、彼らに関する物語に基づくこの地図は、彼らの影響力は主として局地的なものであったことを示す。これは逆に、士師の時代には強力な政治的統一が存在しなかったことを示唆する。士師記の最後（17–21章）は、諸部族が一致した行動をとることもあったが、無法の時代を描きだす。

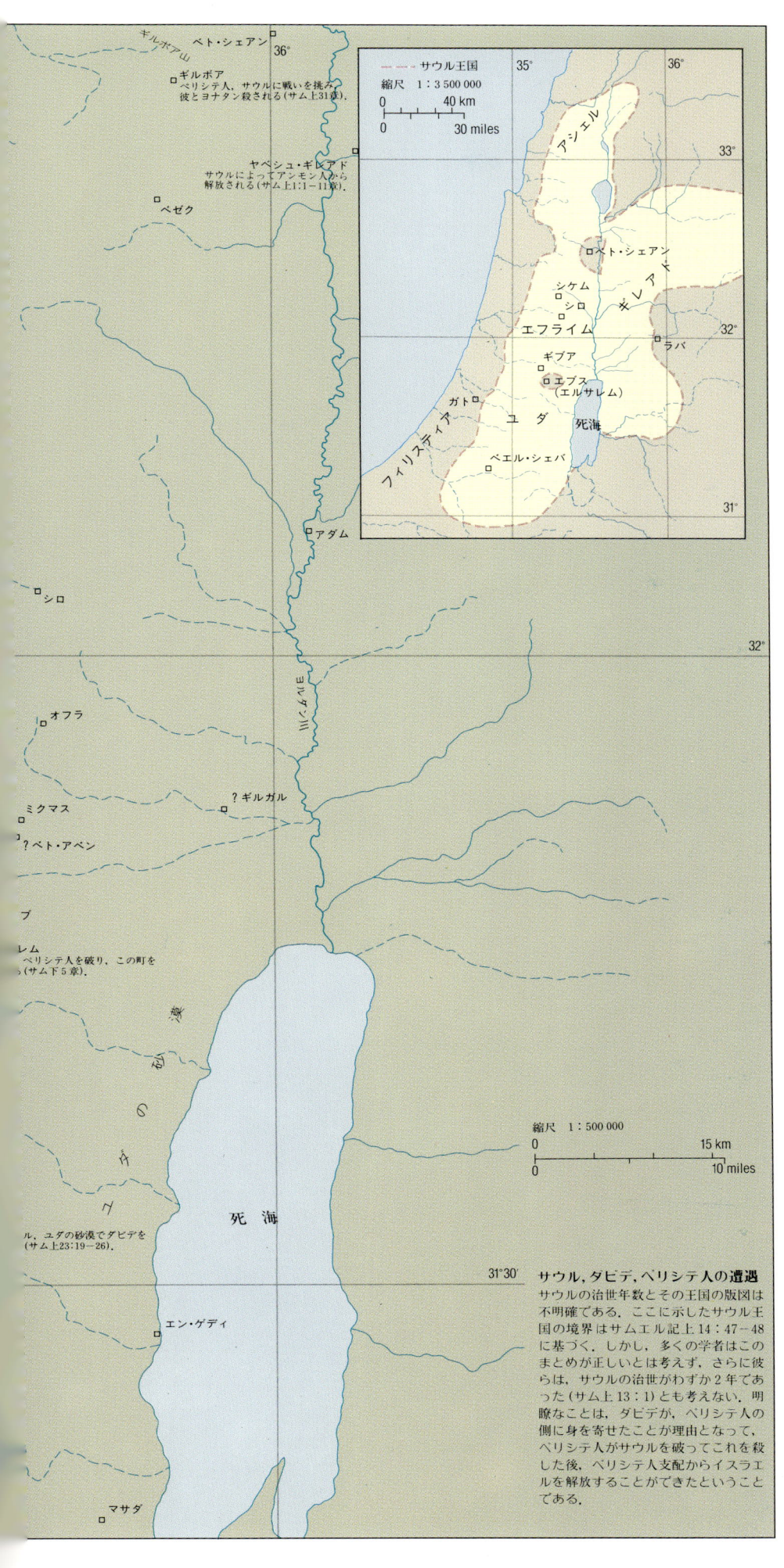

はサウルに率られたイスラエル人がペリシテ人に対していくばくかの抵抗を示しただけの短期間のエピソードにすぎなかったのか，についてもわからない．

最近の研究が，サウルははたして厳格な意味での王であったのかという疑問を提出し，もっと適切な称号として（首長制の）首長を提案していることには正当な理由がある．同時に，王国の成立には，ペリシテ人の脅威よりももっと多い要因がからんでいたとの議論もなされている．われわれは，この一般的論題を受けいれることができるとしても，ペリシテ人の脅威を社会学およびその他の要因の文脈において見ることがまだまだできないでいることを認めなければならない．

サウルとその息子たちは，イズレエルの谷の端にあるギルボア山の山上あるいはこの近くでの戦闘でペリシテ人に殺され，この挫折を成功に逆転させることはダビデにまかされたが，彼はイスラエルが小さな帝国を支配するまでに回復させた．ダビデは，モアブ人およびアンモン人と濃厚なつながりを持つ謎の人物であった．サウルが，ダビデは王位を奪おうと目論んでいると疑ったことを部分的な理由として，彼を宮廷から追放した後，ダビデは一団の不平分子を従える無法者としての生活を送った（サム上22：1－2）．サウルの追跡が耐えられなくなった時，ダビデはペリシテ人のもとに逃亡して，ガトの王アキシュの封臣となった．ダビデは，南方の町ツィクラグからひそかにユダの人々との関係改善を策した．サウルが死んだ時，ダビデはイスラエル人と戦う必要はもはやなく，サウルの死に続く時代に彼はユダの王となり，おそらくペリシテ人の承認を得てヘブロンで統治した．サウルの将軍アブネルとサウルの後継者イシュ・バァルの死後，ダビデは願われて全イスラエルの王となった．これ以後の出来事の正確な経過は不明であるが，かいつまんで言えば，ダビデがエブス人から手に入れたエルサレムへの遷都，ペリシテ人を徹底的に敗北させたこと，イスラエルの支配域をダマスコ，アンモン，モアブおよびエドムまで広げたことがあげられる．ダビデは，王としては，兵士としてほどの成功は収めなかったようである．その治世中，彼に対する反乱が二度あったが，そのうちの一度は息子のアブサロムによって率られたものであった．ダビデがどんな失敗を犯したにしろ，彼の偉大さを否定することはできない．彼は，民の軍事的，政治的運命を完全に逆転させたし，エルサレムを政治的，宗教的首都として選んだことにより，この町の恒久的な重要性を決定づけたのである．

ソロモンからエルサレムの陥落まで（前970ごろ－587年）

ダビデの後継者ソロモンは，父王が据えた基礎の上に築きあげ，イスラエルを多くの面で成功の頂点にもたらした．エルサレムは拡張されて，ダビデの町を見おろす北東の丘の上に神殿が建てられた．多くの町が再建された．ソロモンは周辺の諸国と交易を行ない，格言と歌の作者として名声を馳せた．宮廷の生活はぜいたくなものであった．これに対して，ダビデ帝国の諸所がほころび始め，ソロモンはその建築事業の支払いのためアコから北の海岸平野のイスラエルの町々をティルスに割譲することさえしなければならなかった．ユダの北に住むイスラエル人から徴集された奴隷集団がいた．

ソロモンが前928年ごろに死んだ時，北の諸部族は，ソロ

聖書の歴史の概説

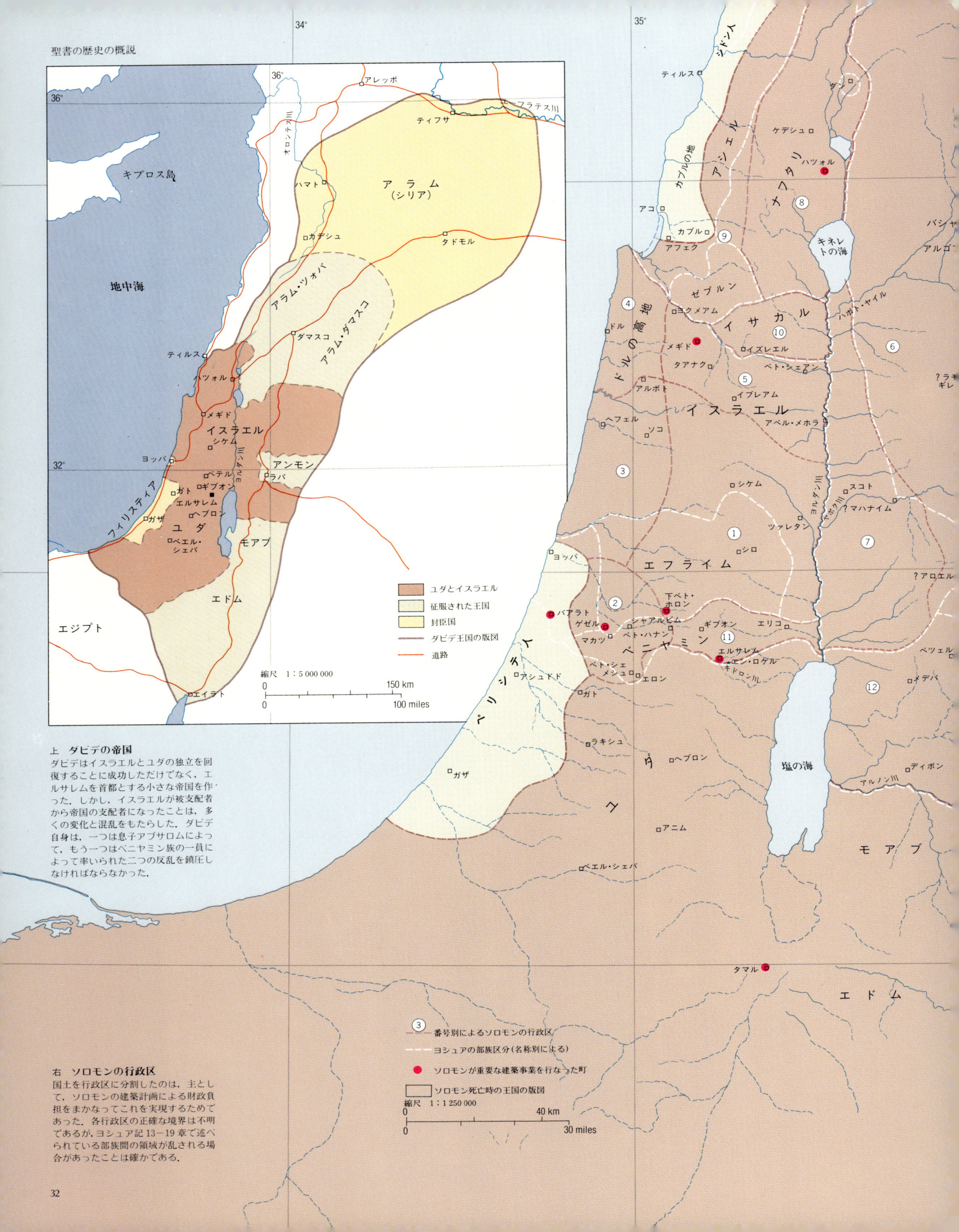

上 ダビデの帝国
ダビデはイスラエルとユダの独立を回復することに成功しただけでなく、エルサレムを首都とする小さな帝国を作った。しかし、イスラエルが被支配者から帝国の支配者になったことは、多くの変化と混乱をもたらした。ダビデ自身は、一つは息子アブサロムによって、もう一つはベニヤミン族の一員によって率いられた二つの反乱を鎮圧しなければならなかった。

凡例：
- ユダとイスラエル
- 征服された王国
- 封臣国
- ダビデ王国の版図
- 道路

縮尺 1:5 000 000

右 ソロモンの行政区
国土を行政区に分割したのは、主として、ソロモンの建築計画による財政負担をまかなってこれを実現するためであった。各行政区の正確な境界は不明であるが、ヨシュア記13〜19章で述べられている部族間の領域が乱される場合があったことは確かである。

凡例：
- ③ 番号別によるソロモンの行政区
- ヨシュアの部族区分（名称別による）
- ● ソロモンが重要な建築事業を行なった町
- ソロモン死亡時の王国の版図

縮尺 1:1 250 000

モンの息子レハブアムを王として受け入れず, 彼に不平をぶつけることを主張した. レハブアムは, 妥協してはならないと言いはる人々の忠告を聞き入れたため, 北の10部族がヤロブアムの指導のもとに反乱を起こして, 当初の首都をシケムに置くイスラエルという名の王国を設立した. 王国分裂の直接の原因は, ソロモンの治世が北方諸部族に課した困難な生活にあった. しかし, 諸部族の政治的統一が強固であったことは一度もなかったことを忘れてはならない. 彼らはペリシテ人による脅威に直面して団結していたのであって, ダビデでさえ二度の反乱を経験したが, その二度目のものは北方におけるものであった. 列王記上11章の記者の見解は, ソロモンがイスラエルの神からそむいて彼の多くの外国人妻の神々に帰依するという背教に分裂の原因があったとしている. そのような背教は, 確かに, イスラエルと神との関係のうちに含意されている社会正義の要求に対してソロモンを盲目にしたことであろう.

この新しい北王国が建国されたのは, ただ単に社会正義の名においてだけではなく, 宗教の名においてなされたものと思われる. ヤロブアムは二つの聖所を, 一つはベテルに, 他はダンに建て, 金の子牛を見えざる神の玉座として据えた. 彼は民に宣言した. 「見よ, イスラエルよ, これがあなたをエジプトから導き上(のぼ)ったあなたのエロヒム(神)である」と, (王上12：28). ヘブライ語の「エロヒム」は, 「神」とも, あるいは「神々」とも訳すことができる. 列王記上の記者は「神々」を意図していた. というのは, 南王国の見方からすると, 北王国は背教の実験材料だったからである. 預言者アヒヤに謀叛を起こすようすすめられたヤロブアム自身にとっては, この新王国はたぶん, エルサレムとその新しい神殿およびその王室イデオロギーの移行に伴って見失われてしまったと思われた, かつての出エジプト時の信仰を再確認しようとする企てであった.

南王国のユダ(これに加えてベニヤミン)とイスラエルとの境界は, だいたいのところ, エルサレムの鞍部とベテル丘陵との間にあったと思われるが, これら二王国が戦った数十年間のうちに, この境界線は移動した. 両国に大きな影響を与えた出来事に, 前924年ごろにエジプトの王シシャク(ショシェンク1世, 前945-924年)によってなされた遠征がある. これは明らかに, ユダとイスラエル両国の主だった防塁都市に対して向けられ, これらの弱体化をねらったものであった. シシャクはエルサレムに重い朝貢を課した. 彼の遠征が, ヤロブアムがその首都をシケムからトランス・ヨルダンのベヌエルに移した理由であったかもしれない.

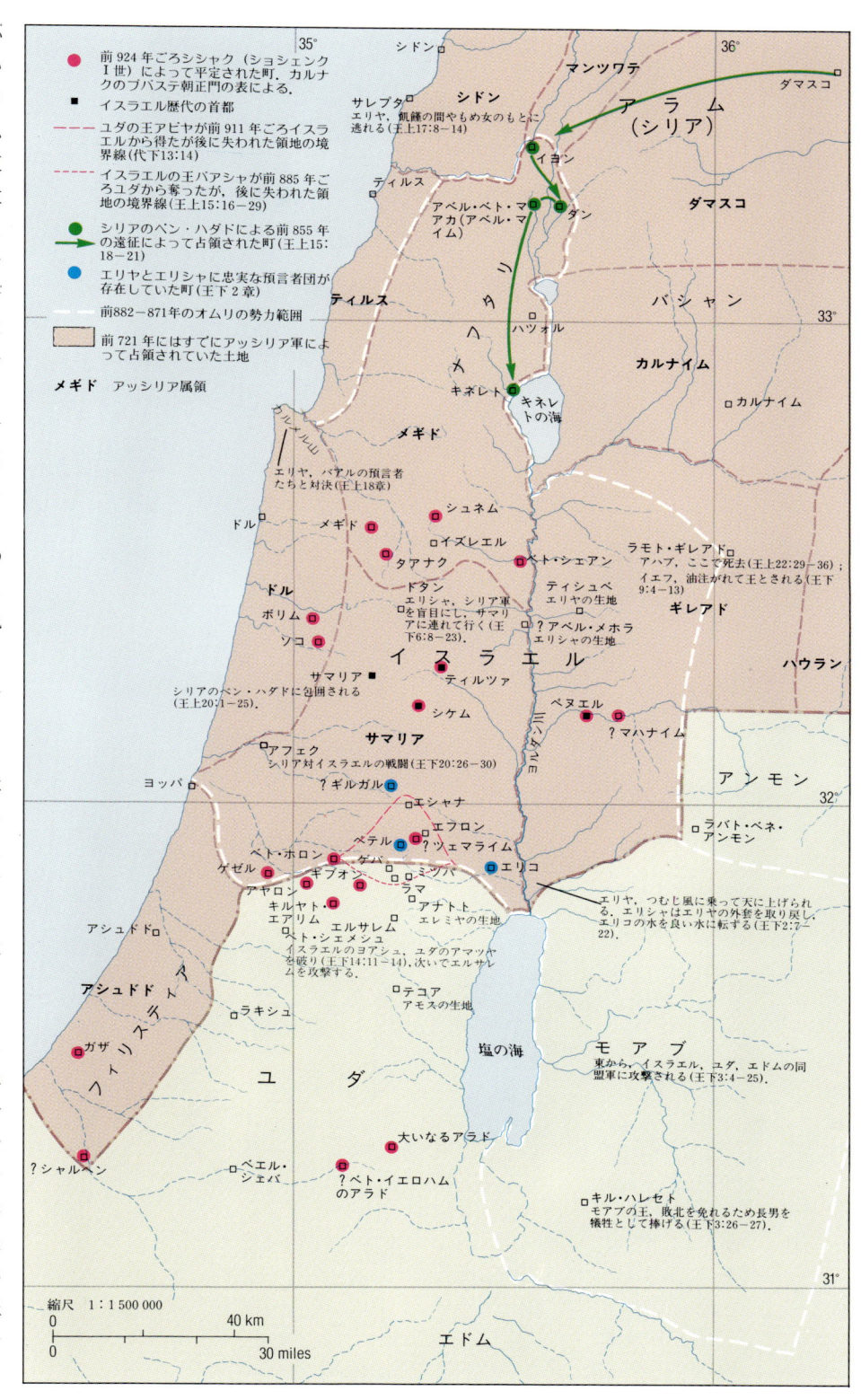

前9世紀初頭にユダはダマスコと同盟を結んで, イスラエルを凌駕した. ユダはイスラエルとの境界を固めることに成功し, ダマスコは北方の北ガリラヤにあったイスラエルの町を脅かした. 前882/1年ごろ, 北王国に内戦が勃発した. 勝利者オムリ(およそ前882/1-871年)はイスラエルをこの地域で最も強力な小国家に変容させ始めた. 彼は首都を新しいサマリアの地に移し, モアブの領土を抑え, ユダを自分の政策に従わせた. 彼とその息子アハブ(およそ前873-852年)の治世下で, イスラエルの神の宗教に代えて, アハブの妻イゼベルが熱心な信奉者であったティルスのバアルの宗教を採用しようとの強硬な試みがなされた. この公的な政策は, エリヤとエリシャによって率いられた預言者団からの激しい反対を受けた. アハブの治世はまた, 強力なアッシリアとダマスコの圧力を受けていたが, 彼はダマスコと数回の激しい戦闘を交わし, ついにラモト・ギレアドで戦死した. アハブの子ヨラムの治世の時, エリシャはオムリとアハブの家に対して謀叛を促し, 将軍イエフに油を注いで王とした. イエフ(前842-814年)は, オムリとアハブに関係する者すべてを殺し, バアル宗教を公的礼拝から追放することに成功した. しかし彼は, アッシリアに莫大な貢物を納めるよう強制され, 彼とその子ヨアハズは, シリア〔アラム〕の王ハザエルに大敗を喫した. オムリ家の出であった母后アタルヤに対してユダで起こった革命によって, ヨアシュが王位に就いた. 彼の治世

分裂王国の主な出来事

分裂王国の時代(前928ごろ-721年)には多くの浮沈があった. 北王国(イスラエル)はダマスコとアッシリアによって北からの脅威を受け, 前721年にアッシリア帝国によって吸収された. しかし, 9世紀の短期間, オムリとアハブが小さな帝国を支配し, その崩壊の直前にはヤロブアム2世がかつての栄光の一部を回復した. 南からはエジプトのシシャクが前924年ごろユダとイスラエルを襲い, 多くの町を破壊した.

聖書の歴史の概説

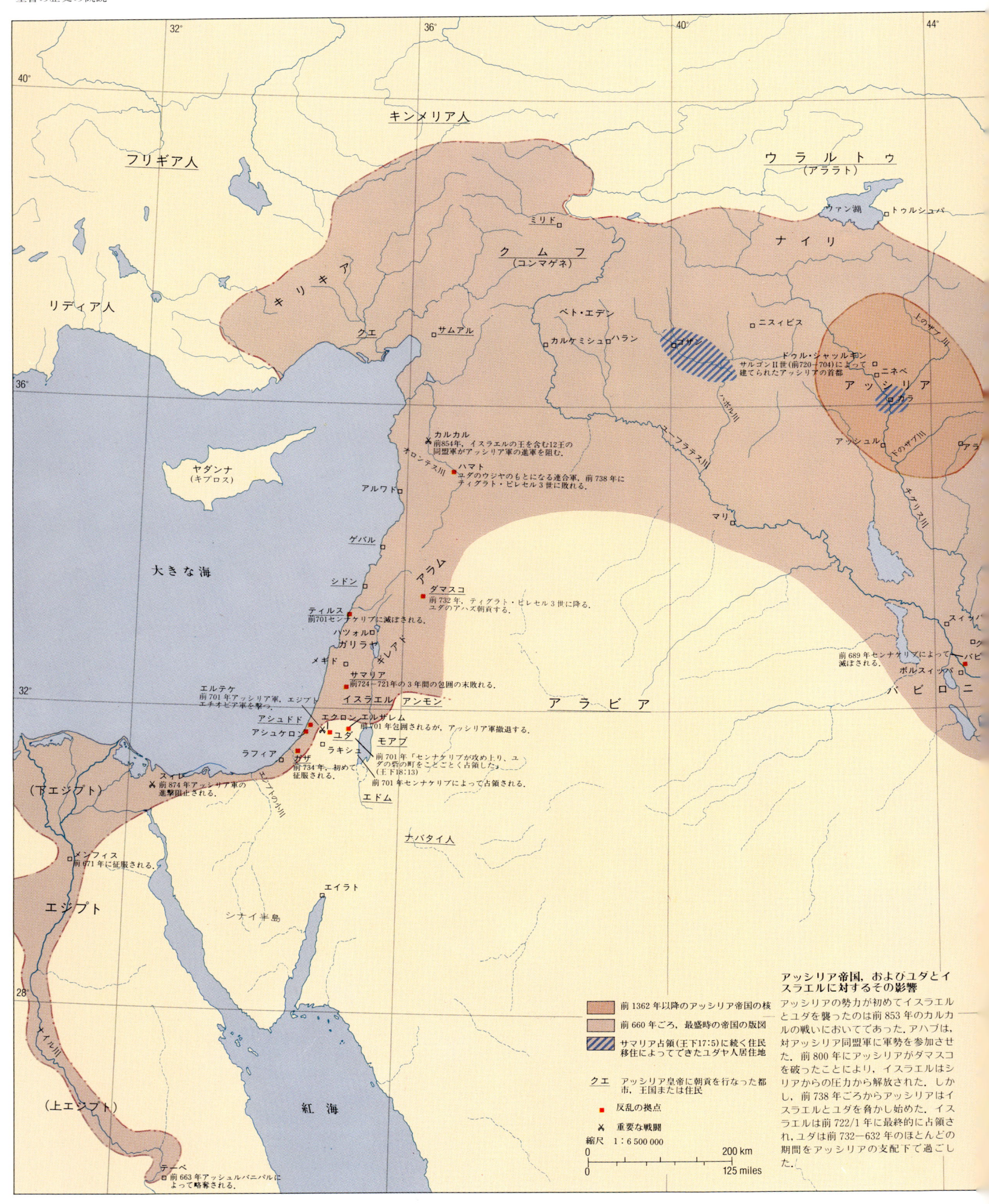

アッシリア帝国，およびユダとイスラエルに対するその影響

アッシリアの勢力が初めてイスラエルとユダを襲ったのは前853年のカルカルの戦いにおいてであった．アハブは，対アッシリア同盟軍に軍勢を参加させた．前800年にアッシリアがダマスコを破ったことにより，イスラエルはシリアからの圧力から解放された．しかし，前738年ごろからアッシリアはイスラエルとユダを脅かし始めた．イスラエルは前722/1年に最終的に占領され，ユダは前732-632年のほとんどの期間をアッシリアの支配下で過ごした．

凡例

- 前1362年以降のアッシリア帝国の核
- 前660年ごろ，最盛時の帝国の版図
- サマリア占領（王下17:5）に続く住民移住によってきたユダヤ人居住地
- クエ　アッシリア皇帝に朝貢を行なった都市，王国または住民
- ■ 反乱の拠点
- ✕ 重要な戦闘

縮尺　1：6 500 000
0　　　200 km
0　　　125 miles

地名（主要なもの）

北方・アナトリア方面：キンメリア人，フリギア人，リディア人，キリキア，クエ，ウラルトゥ（アララト），ミリド，クムフ（コンマゲネ），サムアル，カルケミシュ，ハラン，ベト・エデン，ニスィビス，ナイリ，ヴァン湖，トゥルシュパ

アッシリア中心部：ドゥル・シャッルキン（サルゴンⅡ世（前720-704）によって建てられたアッシリアの首都），ニネベ，カラ，アッシュル，アッシリア

シリア・パレスチナ：ヤダナ（キプロス），大きな海，アルワド，ゲバル，シドン，ティルス（前701センナケリブに滅ぼされる），ハツォル，ガリラヤ，メギド，ドル，サマリア（前724-721年の3年間の包囲の末敗れる），イスラエル，アンモン，エルサレム（前701年包囲されるが，アッシリア軍撤退する），エクロン，アシュドド，アシュケロン，ユダ，ラキシュ（前701年「センナケリブが攻め上り，ユダの砦の町をことごとく占領した」（王下18:13）），ラフィア，ガザ（前734年，初めて征服される），モアブ，エドム，エルテケ（前701年アッシリア軍，エジプト・エチオピア軍を撃つ），オロンテス川，ハマト（ユダのウジヤのもとになる連合軍，前738年にティグラト・ピレセル3世に敗れる），カルカル（前854年，イスラエルの王を含む12王の同盟軍がアッシリア軍の進軍を阻む），アラム，ダマスコ（前732年，ティグラト・ピレセル3世に降る．ユダのアハズ朝貢する．）

東方・メソポタミア：ユーフラテス川，マリ，上のザブ川，下のザブ川，ティグリス川，バビロン（前689年センナケリブによって滅ぼされる），ボルシッパ，バビロニア，アラビア

エジプト・紅海方面：（下エジプト），エジプト，メンフィス（前671年に征服される），ナイル川，シナイ半島，エイラト，紅海，（上エジプト），テーベ（前663年アッシュルバニパルによって略奪される），ナバタイ人，スエズ，前874年アッシリア軍の進撃阻止される．

(前836—798年)の時にもハザエルは強い圧迫を加え,朝貢を取った.

世紀の変わり目にアッシリア人がダマスコを粉砕した時,南北両王国にいくばくかの平安が訪れた.ユダではウジヤ(およそ前785—733年)が,イスラエルではヤロブアム2世(およそ前789—748年)が長く,かつ繁栄した統治を享受した.しかし,特に北王国においては,社会正義が無視され,この時代の終わりごろ,最初の「古典」預言者,アモスとホセアが活動し,改革がなされないなら審判がさし迫っているとのメッセージを語った.前745年にティグラト・ピレセルがアッシリアの王位に就くと,北からの脅威が再び両王国の上にさしかかった.数々の小国家がアッシリア王を追い払うことに失敗し,王は前733年ごろダマスコ,ガリラヤおよびイスラエル領トランス・ヨルダンを占領した.イスラエルとダマスコに対抗する援軍を(イザヤの忠告に反して)彼に求めていたユダの王アハズは,その封臣となった.前724年にイスラエルの王ホセアがアッシリアに対して謀叛を起こしたが,3年間の包囲の後サマリアは陥落し,北王国の独立は終わりをとげた.多くの人々が移封され,アッシリア帝国内のほかの所からの諸民族が代わりに移されて来た.ヒゼキヤ(およそ前727—698年)のもとで,ユダはアッシリア支配を排除しようとし,これが701年のユダ侵略とエルサレムの包囲を招いたが,町はかろうじてもちこたえた.しかし,アッシリアの支配に抵抗することはできず,マナセの治世(前698—642年)の大部分の間,ユダはアッシリアに服従していた.この当時,異教の宗教的慣習が再び台頭し,聖書記者たちはこの

左 バビロニア帝国とユダに対するその影響
特にヨシヤの治世(前640ごろ—609年)の時になされたアッシリアに対するユダの抵抗は,アッシリアがバビロンによって敗れたことに少しばかりの役割を演じた.しかしこんどはバビロンがユダに対する脅威となり,前597年にエルサレムを占領して,ユダの主だった人々1万人を移した.587年には,ゼデキヤの反乱の結果エルサレムとその神殿が破壊された.

下 ペルシア帝国とユダに対するその意義
前540年にバビロンがペルシアの王キュロスによって敗れると,ユダヤ人捕囚民の一部はエルサレムに帰ることができた.ユダヤ人社会を強く結束させたのはエズラとネヘミヤの働きのおかげであったが,彼らはペルシア王室の支持のもとに共同体の宗教的・日常的生活を再組織した.

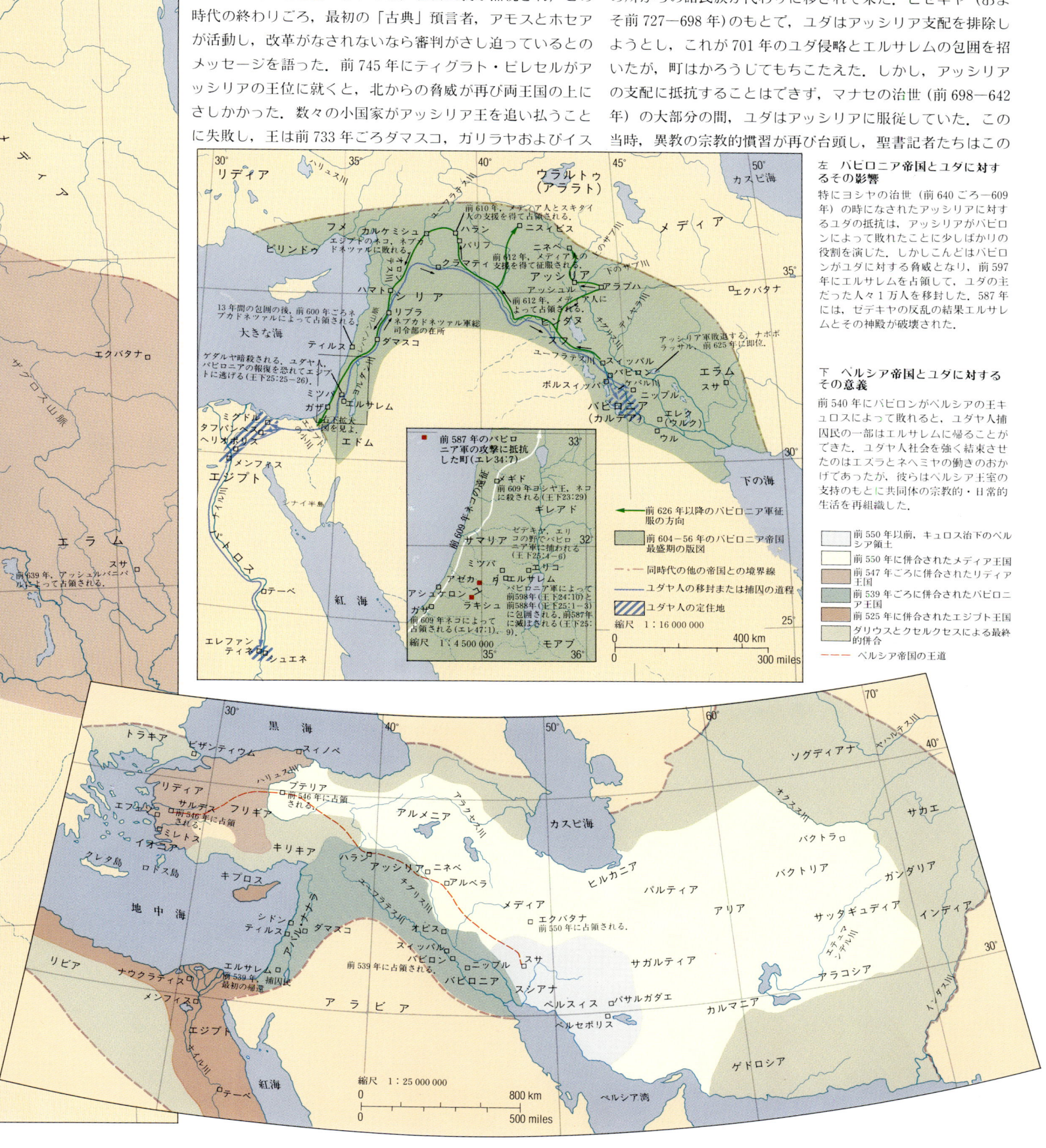

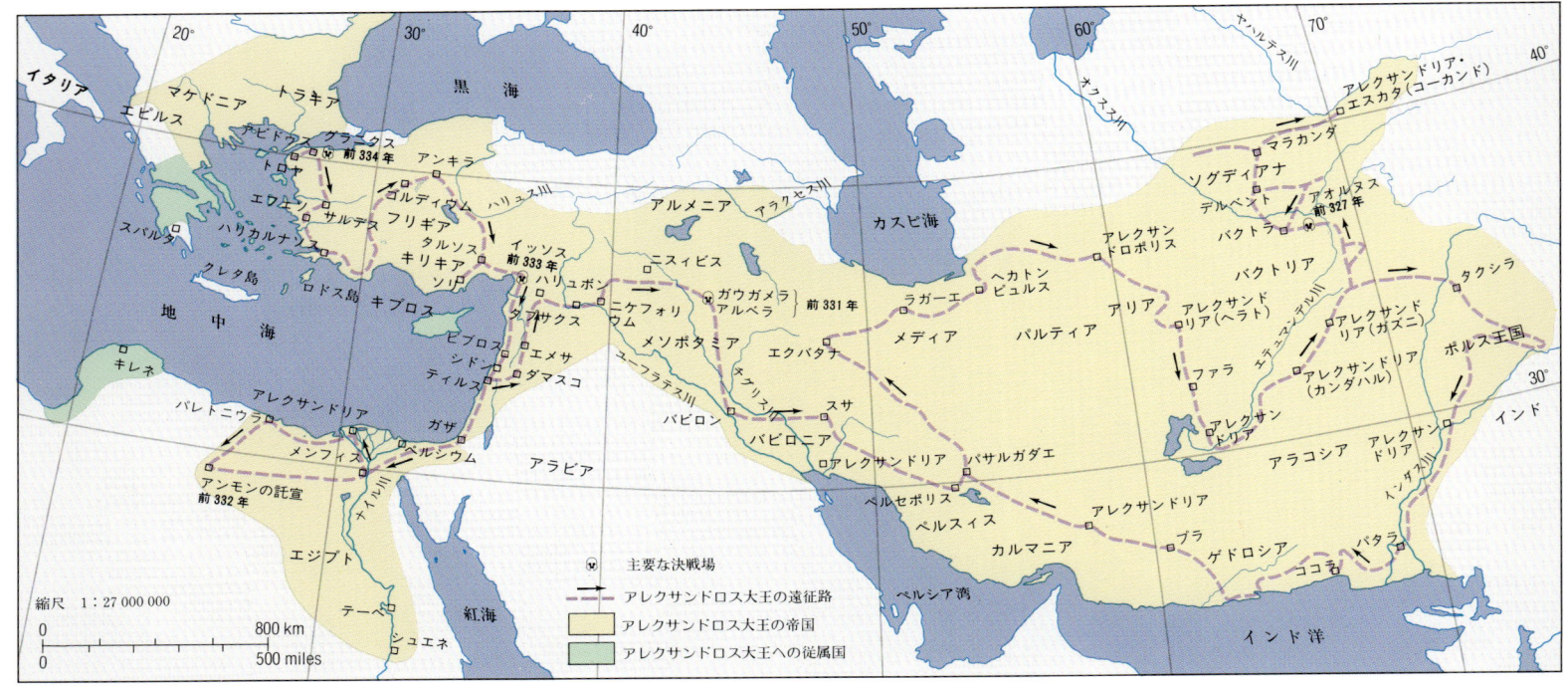

時代をユダにとって最暗黒時の一つと見なした.

マナセの死は，アッシリア勢力の衰退と時期を同じくした．彼の息子はその2年後に暗殺され，ヨシヤ（前640－609年）が，反アッシリア市民に支持されて，8歳にして即位した．彼の治世下で宗教改革がなされ，エルサレム以外のあらゆる祭儀の中心地が廃止され，神殿自体からは外国宗教の要素が排除された．ヨシヤはまた，その影響力の範囲をかつての北王国の諸所に広げた．彼の治世は，アッシリア軍がバビロニア人によって最終的に粉砕されたカルケミシュの戦いにエジプトのネコ（ネコ2世．前610－595年）が参戦するのを阻止しようとして，メギドの戦いで悲劇的な死をとげた時に，終わりを告げた．

ヨシヤが死ぬと，彼の改革はまもなく忘れ去られ，前627年に宣教を始めていた預言者エレミヤは再びさし迫った審判を警告し始めた．前597年にバビロニアの王ネブカドネツァルがエルサレムを占領したが，この時に，前597，587，582年の3回にわたった移封のうち，最も大規模なものが行なわれた．王ヨヤキンとエゼキエルがこの時に移された人々の中にいた．589年に597年以来統治していたヨヤキンのおじゼデキヤがネブカドネツァルに叛いた．エルサレムは包囲され，降伏が最良の方途であるとするエレミヤの忠告にもかかわらず，この町は18カ月間もちこたえ，ついに前587年に陥落した．この時，もう1回の（より小規模な）移封がなされ，町と神殿は破壊された．ゲダルヤの支配下になるミツパにおける新しい統治は，彼が王家の一員であるイシュマエルによって暗殺されるまで続いた．ゲダルヤに忠実であったユダヤ人たちは，バビロニアの報復を恐れて，エジプトのタパネス（たぶん，ナイル・デルタの北東部にあるテル・ダファナ）に，気のすすまないエレミヤを連れて逃亡した．

捕囚からローマ支配の開始まで（前587－63年）

移封されたユダヤ人は，バビロンとエレクの間の地域で，これら二つの町の間にあってエゼキエル書1：1がケバル川と呼ぶ運河のほとりに住まわされた．王（ヨヤキン）と他の貴族たちはバビロン市内に連行され，そこで投獄された．バビロン市内に身をおちつけた捕囚民は，瞠目すべき光景によってとり巻かれていることに気づいた．運河，庭園，そして大建築をそなえたバビロンは，多くの人々にとって，ユダで知られていたものにまさる文明と宗教を象徴していると映ったに違いない．しかし，捕囚期は，災難ではあるにしても，創造的な時期であった．信仰心の篤いイスラエル人はこの時代に宗教的反省をしきりに行なったし，旧約聖書の多くの資料が現在われわれが知っている形を取り始めたのもたぶんこの時代であった．捕囚期はまた，ユダヤ人（通常かれらは捕囚期以降このように呼ばれる）が真に世界の諸所に離散し始めた時であった．前540年にバビロンがペルシア王キュロスの手に陥ち，ユダヤ人はエルサレムに帰ってもよいとの許しを与えられた時，多くの者はその地に残った．前5世紀遅くのエジプトでもナイル川の第1瀑布の北方のエレファンティネにユダヤ人植民地があったこともまた知られている．こちらのほうのユダヤ人は，エジプトがペルシア人によって支配されていた時期に，ペルシア人によって雇われた傭兵であって，彼ら自身の神殿を所有していた．

539年ごろにユダに戻った人々は苦労を重ね，神殿の再建に成功したのはやっと前516年のことであった．前5世紀の中ごろ，ネヘミヤの見たエルサレムは，城壁が崩れ落ち，人口は稀薄で，社会的宗教的不正がはびこって不安定な状態にあった．彼は，エズラと共に，あるいはこれを後継者として，ユダの社会的宗教的生活に再び秩序をもたらし，その存続の基礎を築いた．

次の大きな変化は，前333年にイッソスの戦いでペルシア人に対して勝利を収めたアレクサンドロス大王がひき続いて行なった征服によってもたらされた．彼は，シリア，パレスティナおよびエジプトを自らの帝国に併合し，これらの地域にギリシアの文化と言語が広がる門戸を開いた．彼が前323年に死ぬと，ユダは，アレクサンドロスの将軍の一人によって建てられた王朝であるエジプトのプトレマイオス王朝の支配下に入った．ギリシアの町々が，特にトランス・ヨルダンに建てられ始めた．前200年と198年の間に，ユダがシリアのギリシア人支配者セレウコス朝によってエジプトから奪取

アレクサンドロスの征服

アレクサンドロス大王の征服はイスラエルの歴史に新しい章を開いた．ユダヤ人がペルシアの支配からアレクサンドロスの支配，次いで，最初にエジプトで，後にシリアで，彼の将軍たちとその子孫の支配に移っただけでなく，ギリシアの言語，文学，文化の流布はユダヤ人の宗教生活に深い影響を及ぼすこととなり，キリスト教の誕生と伝播を助けた．新約聖書が，ヘブライ語やアラム語ではなく，ギリシア語で書かれたという事実は，究極的に，アレクサンドロスの征服によってもたらされた変化に由来するのである．

された．ギリシア文化を歓迎する者たちとこれを拒絶する者たちとの間の敵意がエルサレムで激しくなり，大祭司職が，セレウコス朝の王から財政援助を受けて，最高の命令者に高められた．アンティオコス4世の治世（前175―164年）の時に，ユダヤ人の宗教を排斥しようとの企てがなされ，神殿は前167年12月にゼウス・オリュンピオスの祭儀が開始されたことによって汚された．

アンティオコスの行為は，マカバイ家の反乱をひき起こしたが，これは，モデインの祭司マタティアスによって始められ，彼の子らユダス（前167―160年），ヨナタン（前160―143年），そしてシモン（前142―135/4年）によって実行された．ユダヤ教の排斥以前に反乱が始まり，この反乱に対する対応がこの宗教の禁止であったという可能性がある．しかし，（ハスモン王朝として知られる）マタティアの家が主導的な役割を担ったのである．反乱の過程は複雑であったし，ユダヤ人の運命は大きな振幅を取った．次のような道標を示すことができる．前164年に神殿が再回復され，献堂式がやりなおされた．この出来事を毎年記念するのがハヌカーの祭りである．前152年にヨナタンが大祭司となり，前142年にはデメトリウス2世によってユダヤ人の自治権が認められた．しかし，この自治権授与はユダヤ人にとって困難の終わりではなく，真の平和らしきものが体験されたのは，ヨハネ・ヒルカーヌス（前135/4―104年）の支配下での前128年のことであった．

ヨハネ・ヒルカーヌスと，その後継者アリストブロス1世（前104―103年）は，イエスの時代に存在した情況を作り始めた．イドマヤ（捕囚の後にユダ南部に建てらてたエドム人の王国）は強制的にユダヤ教に改宗され，ガリラヤは圧倒的なユダヤ人の地域とされ，トランス・ヨルダンのペレアにユ

右 マカバイ戦争とその余波
前167年に始まったマカバイ戦争は，当初，ギリシア側からの反対に対してユダヤ教の信仰を守ろうとする闘争であった．この反乱は後にユダヤ人独立運動となり，ユダヤ人支配領域は後続の支配者たちによって拡大された．聖書の歴史にとって非常に重要な出来事は，前8世紀以来ユダヤ人の影響下からははずれていたガリラヤを再征服したことである．ガリラヤは，やがて，キリスト教運動の誕生地となる．

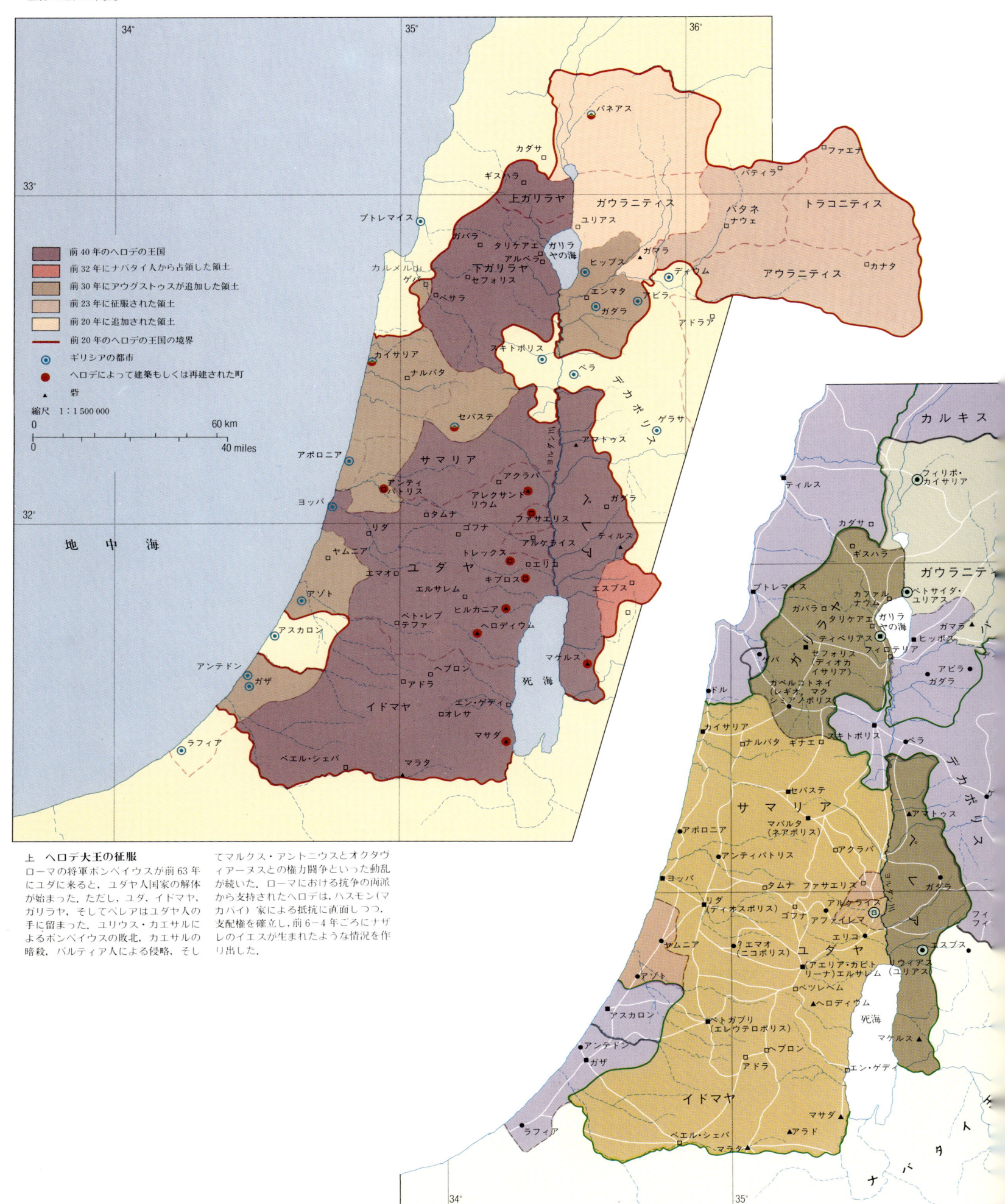

聖書の歴史の概説

上　ヘロデ大王の征服

ローマの将軍ポンペイウスが前63年にユダに来ると，ユダヤ人国家の解体が始まった．ただし，ユダ，イドマヤ，ガリラヤ，そしてペレアはユダヤ人の手に留まった．ユリウス・カエサルによるポンペイウスの敗北，カエサルの暗殺，パルティア人による侵略，そしてマルクス・アントニウスとオクタヴィアーヌスとの権力闘争といった動乱が続いた．ローマにおける抗争の両派から支持されたヘロデは，ハスモン（マカバイ）家による抵抗に直面しつつ，支配権を確立し，前6-4年ごろにナザレのイエスが生まれたような状況を作り出した．

凡例：
- 前40年のヘロデの王国
- 前32年にナバタイ人から占領した領土
- 前30年にアウグストゥスが追加した領土
- 前23年に征服された領土
- 前20年に追加された領土
- 前20年のヘロデの王国の境界
- ギリシアの都市
- ヘロデによって建築もしくは再建された町
- 砦

縮尺 1:1 500 000

ダヤ人の居住が固められた．アレクサンドロス・ヤンナイオス（前103―76年）とその妻サロメ・アレクサンドラの治世の後，支配王朝内部での確執がハスモン家を没落させ，前63年のローマ将軍ポンペイウスの到来を招いた．

ローマ支配から使徒時代の終末まで（前63―後100年ごろ）

ユダヤにおけるローマ支配の最初の数十年間は，ローマ自体の内部における覇権争い（ポンペイウスはユリウス・カエサルによって敗れ，後者が暗殺されると，マルクス・アントニウスとオクタヴィアーヌスとの間で抗争があった）およびハスモン家における権力奪取の試みによって複雑なものとなった．前40年に，イドマヤ人のヘロデがローマ人によってユダヤの王に任命され，前37年から同4年まで支配した．彼の治世は平和時であって，大規模な建築事業がなされた．領内の主要な都市としてカイサリアが建築され，エルサレムはイエスのころと同じ町に変えられた．神殿もまた拡張され，事実上，改築された．ヘロデが死ぬと，王国は彼の3人の息子の間で分割された．ヘロデ・アンティパス（洗礼者ヨハネを投獄し処刑した，福音書に出てくるヘロデスのこと）はガリラヤとペレアを支配し，後39年に退けられた．フィリポは北東領を統治し，アルケラオスにはユダヤ，イドマヤおよびサマリアが与えられた．アルケラオスは後6年に退けられ，彼の領地は，ポンティオ・ピラト（後26―36年）を含むローマの総督によって統治された．これら総督たちによる統治は，後39年にガリラヤとペレアの支配者としてヘロデ・アンティパスの後を継いだヘロデ・アグリッパ1世がユダヤ，イドマヤおよびサマリアの王とされた時に，短期間中断された．こうして彼は後41年から44年に死ぬまで統治したが，その後政権はローマの総督の手に戻った．総督たちの統治は多くの場合腐敗して，暴君的であったため，社会不安が増大し，ついに後66年に第一次ユダヤ人反乱が勃発した．これへの対策としてローマ人は遠征軍を送り，エルサレムとその神殿は後70年に破壊され，反乱軍の最後の生き残りたちは，降服をいさぎよしとせずに，マサダで自決した．

イエスの宣教

第1世紀パレスティナの歴史の概略の中に，今ではキリスト教の起源と最初期の発展を組み込む必要がある．ナザレのイエスはヘロデ王の時代に生まれた．その年代は一般にヘロデが死んだ年である前4年とされている．マタイ福音書2：1―23にある記述は，数字をあげてはいないが，イエスがヘロデの治世の終わりごろに生まれたことを意味する．マタイは，イエスの両親が，ヘロデによってなされたベツレヘムにおける児童虐殺から逃れるため，彼をエジプトに連れて行ったこと，および，彼らがヘロデの死の知らせを聞いた時，アルケラオが支配していたユダヤではなく，ガリラヤに戻ったとの説明をしている（マタ2：22―23）．マタイの記述は，イエスの誕生の年が前6年と4年との間にあったことを示唆する．その家族がユダヤではなくガリラヤに戻ったという情報は，彼らがずっとベツレヘムで生活し続けたことを示すものであろう．

ルカによる福音書の記述（2：1―7）によれば，イエスの生誕は，キリニウスがシリアの総督であった時になされた住民登録の時のことであった（ただし，このギリシア語にはいくつかの解釈が可能である）．キリニウスは，後6年にシリアの総督となったのであるが，この箇所の翻訳と歴史的正確さについては多くの議論がなされてきた．ルカの記述は，イエスの家族がずっとナザレに住んでいたこと，ベツレヘムを訪れたのは住民登録のためであって，その後，エルサレムで必要な犠牲の義務を全うしてナザレに戻ったことを示す．マタイとルカの記述は，住民登録のためナザレからベツレヘムを訪れた後，ヨセフとマリア，そして生まれたばかりの息子はベツレヘムにより恒久的な住まいを得，エルサレムを訪れ，東方から王たちが来た時，まだベツレヘムにいたと考えれば，合成することができる．次いでエジプトへの逃亡が起こり，ナザレへの帰還はヘロデの死後なされた．

福音書の物語の本体は洗礼者ヨハネの宣教で始まるが，ルカ（3：1―2）はこれをティベリウスの治世第15年すなわち後28/9年に年代づける（別の示唆は，ユダヤ人による治世の数え方に従って，後27年とする）．ヨハネの活動の舞台はたぶんエリコ近くのヨルダン川地域であった．イエスはガリラヤから来て，ヨハネによって洗礼を受け，ヨハネ福音書によれば（1：35―51），後に彼が弟子とする人たちの幾人かと接触を持った．ヨハネの逮捕（ヨハ3：24）の前に，イエスはすでに自分の周りに幾人かの弟子を集め（ヨハ2：1―2, 11），エルサレムを訪問し（ヨハ2：13―3：21），ユダヤで時を過ごしていた．

おそらく後28年になされた洗礼者ヨハネの投獄は，ガリラヤにおけるイエスの公然の宣教の開始の予兆であった（マコ1：14）．この宣教はたぶん1年間続いたが，その実際の過程は，福音書にあるこの時代の資料の配列が主題別であって，年代順ではないため，再構成することができない．まず間違っていないと思うのだが，イエスはカファルナウムを宣教の拠点とし（マタ4：13），12人の弟子を任命し，かれらを2人一組で説教と治癒のために派遣し（マコ6：7―13），ガリラヤ湖のほとりで教え，しばしばこれを渡り，婦人たちの集団に支持されて，そのうちの一部とは結びつきが密接であった（ルカ8：2―3）と言うことができる．

ガリラヤ宣教の時期の終わりごろ，イエスは，最初はティルスとシドンの地域に（マコ7：24―30），次にデカポリスに（マコ7：31―37），そして最終的には，ペトロがイエスはメシアであるとの信仰を宣言したフィリポ・カイサリア（マコ9：1―8）の地域に退いた．

イエスとその弟子たちはガリラヤを離れてユダヤとペレアに行ったが（マコ10：1），かれらは重要な祭のため折にふれてエルサレムを訪問したかもしれない．イエスがどのくらいの間ユダヤとペレアに留まっていたかはわからないが，幾人かの権威者は「聖なる1週間」の前の6カ月であったとの示唆を出している．

「聖なる1週間」自体は，一般に後30年の4月に年代づけられているのであるが，それはイエスとその弟子たちにとってはしゅろの日曜日におけるエルサレムへの勝利の入城で始まった．続く数日間を神殿での説教と議論に費やし，夜はベタニアで過ごした．木曜日の夕方にイエスは過越しの食事を弟子たちと共にする手配をした（マコ14：12―16）．これが，公式の過越しの夜のことであったのかどうかには議論の余地がある．ヨハネ（18：28）は，これが公式の過越しの夕方の少

下　ヘロデの息子たちによるパレスティナの分割
イエスが育ち，宣教したパレスティナは，彼が生まれたころのパレスティナとは大きく異なっていた．ヘロデが死ぬと，国土は残った3人の息子の間で分割された．しかし，ユダ，イドマヤおよびサマリアを治めた息子は後6年にローマの行政長官に代えられた．福音書に登場するヘロデ，すなわちヘロデ・アンティパスはガリラヤとペレアを支配した．

- 前4年ヘロデ死亡時の王国の境界線
- アンティパス領
- アルケラウス領
- フィリプ領
- サロメ領（アルケラウスの監視下）
- サロメ領（アルケラウスの罷免後）
- シリア属州
- ナバタイ王国
- 後44年アグリッパ1世死去時の王国境界
- ■ 主要ローマ都市
- ● 他の町
- □ 町
- ▲ 砦
- ○ ヘロデの息子たちによって築かれた都市
- 主要なローマの道

縮尺　1：1 250 000
0　　40 km
0　　30 miles

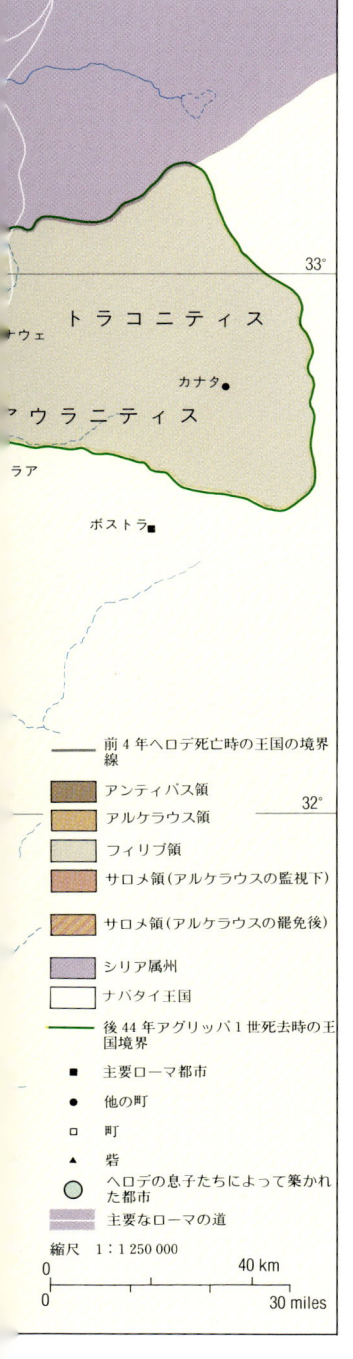

聖書の歴史の概説

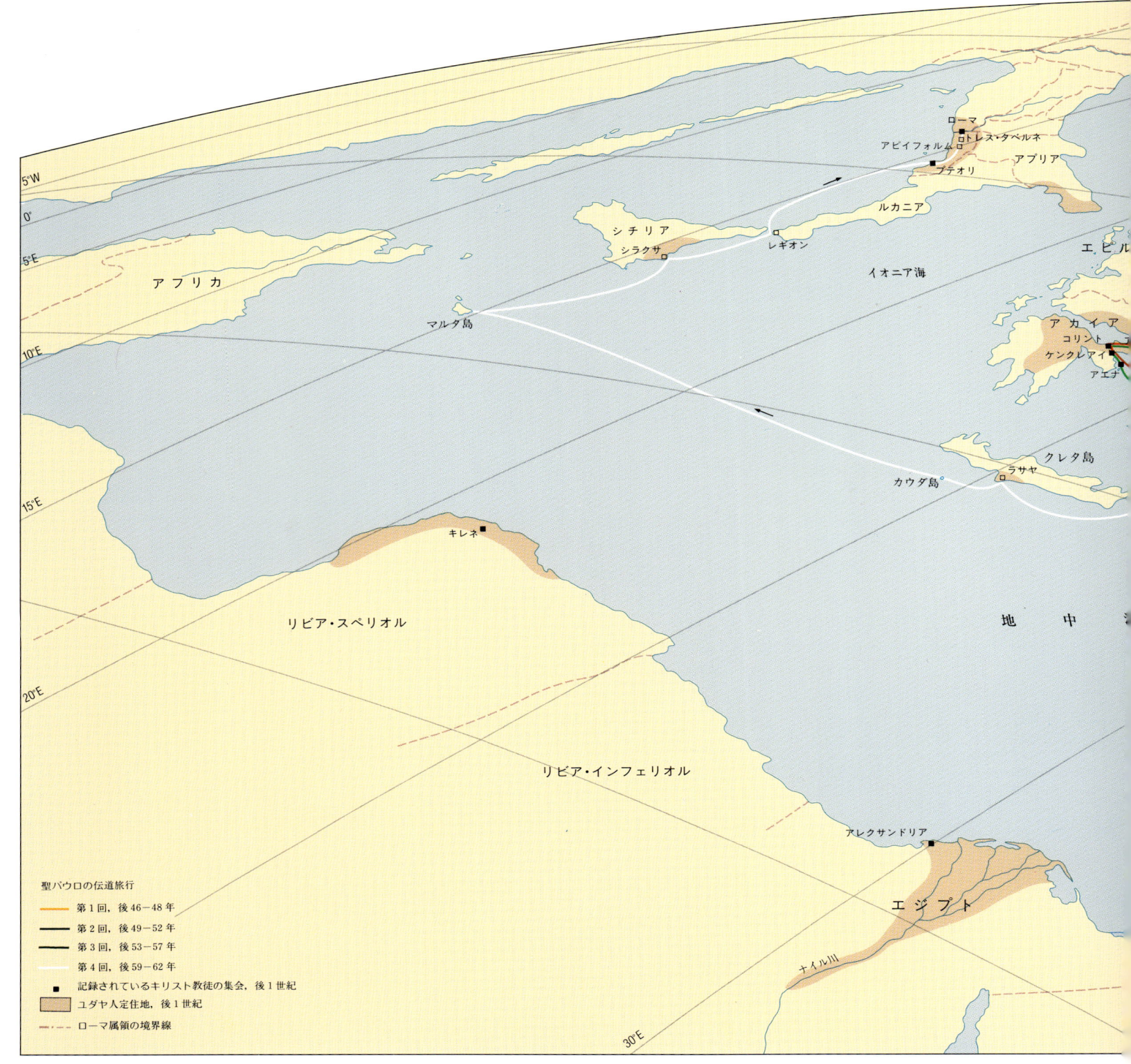

聖パウロの伝道旅行
- 第1回，後46—48年
- 第2回，後49—52年
- 第3回，後53—57年
- 第4回，後59—62年
- ■ 記録されているキリスト教徒の集会，後1世紀
- ユダヤ人定住地，後1世紀
- —・—・— ローマ属領の境界線

なくとも1日前のことであると明言している．問題は，イエスが弟子たちと共にとった「最後の晩餐」の日付ではない．福音書は，これがある木曜日であったという点では一致しているようである．重要なのは日取りに関わることであり，その木曜日が公式の過越しの日取りでもあったのかどうかということである．もしそうでなかったとしたら，イエスは，公式の過越しの祭りの前に処刑されるだろうということを知っていて，生涯の最後の晩に代わりの食事を用意したのだと考えなければならない．食事のあと，ユダヤ人，ローマ人双方の当局者は，彼をこの祭りが始まる前に処刑してしまうために裁判にかけ，有罪を宣告したのである．

彼の死の2日後，弟子たちは墓穴が空になっているのを知り，イエスがさまざまな折に彼らに現われた時，彼が生きていると確信した（1コリ15：3—11）．顕現はエルサレム，ガリラヤ両地で起こったが，無制限に続いたのではなかった．それは，マタイ（28：16—20）がガリラヤで，ルカ（24：44—53，使1：1—11）がエルサレムの近くでなされたとする弟子たちの任命をもって終わった．

教会の伸展からパウロの伝道旅行まで（後30—46年）
最初のキリスト教社会はエルサレムに生まれた．その成員たちは神殿で規則正しく礼拝し，一種の共同生活を営んで，

パウロの宣教旅行と初期キリスト教の拡張
キリスト教は，さまざまな手段によって，パレスティナからローマ帝国の多くの地点にひろまった．しかし，パウロの宣教は，それが覆った面積もさることながら，ユダヤ人の律法とキリスト教徒となった非ユダヤ人の律法との関係問題を惹起した点で重要である．異邦人キリスト教徒には最少限の要求だけを課そうという決定は，非ユダヤ人へのキリスト教の伝播において重要な要因であった．

聖書の歴史の概説

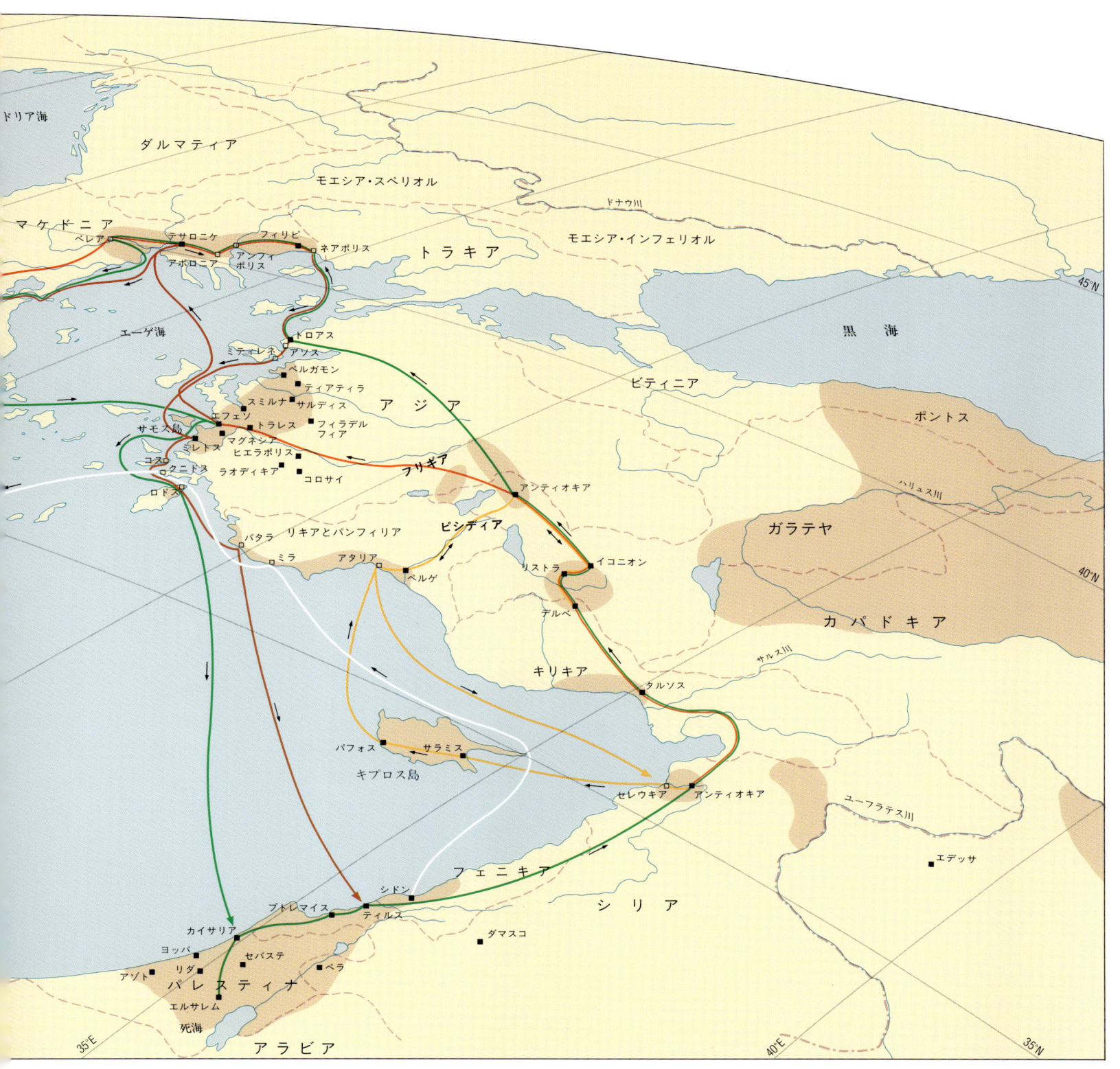

財産を共有した（使4：32—36）．かれらの中には，アラム語を話すユダヤ人とギリシア語を話すユダヤ人の両方がいた．後者のうちで目立つのがステファノであったが，その大胆な説教のゆえに彼は間もなく殉教してしまった．

殉教に続いた迫害のためエルサレム教会は散りぢりになり，指導的なヘレニズム主義者フィリポはサマリアに行き，そこでかれの説教は成功を収め，エルサレムの指導者たちの支持を受けた（使8：4—17）．今やヨッパに住んでいたペトロがカイサリアで百人隊長コルネリウスとその家族に説教した時（使10章），キリスト教の宣教はさらに広がった．後44年にヘロデ・アグリッパ1世は使徒ヤコブを殺し，ペトロを投獄した（使12：1—19）．このころ，キリスト教は，アンティオキアの教会がユダヤ人だけではなく，非ユダヤ人にも説教し始めるまでに伸展していた．

この宣教活動の中で卓越していたのがタルソスのサウルであったが，彼はパウロという名のほうでよく知られている．当初彼は教会の熱心な迫害者であったが，後32/3年ごろ，ダマスコにいるキリスト教徒を捕えようとして出かけている途中で見た幻の結果，キリストの信者となった．ダマスコから逃げ出した後，パウロはアラビア，たぶんナバタイ王国に行き，ここで彼は説教し，その支配者の敵意を買って，もはや歓迎されなくなった時，ダマスコに戻ったらしい（2コリ

41

11：32—33)．彼は回宗の3年後，エルサレムを2週間訪れ，そこでペトロとイエスの兄弟ヤコブに会った（ガラ1：18—19)．彼の伝道旅行の開始時か，その途中，エルサレムを再訪問するまで（ガラ2：1以下）の8ないし9年間における彼の動きについては何もわかっていない．

パウロの伝道旅行

使徒言行録の主題の一つは非ユダヤ人に福音を広めることである．明らかに二つの問題が初期キリスト教徒の前に立ちはだかった．すなわち第1に，イエスはユダヤ人だけでなく非ユダヤ人のためにも油注がれた神の僕であるのか，第2に，キリスト者となった非ユダヤ人はモーセの律法の全部あるいは一部を守るべきであるか，であった．使徒言行録で示されているように，情況はこれらの問題を焦眉のものとした．第1に，ペトロは，神による幻に従って，カイサリアでローマの百人隊長コルネリウスに福音を説いた．第2にステファノの石打ち刑の後，エルサレムを離れることを余儀なくされた（使6—7章）信者の一部は，アンティオキアに着いて，ここで非ユダヤ人に福音を説いた（使11：20—21)．これによって，アンティオキアはユダヤ人キリスト者と非ユダヤ人キリスト者が混じり合った会衆となった．パウロは，バルナバの発意に基づいて，この会衆の一員となった（使11：25—6)．小アジアとの関係におけるアンティオキアの位置およびそのキリスト教徒社会の国際的な特徴によって，この町は以降のキリスト教の伸長のための基地となった（使13：1—3)．

バルナバはキブロス生まれであったので（使4：36)，伝道師たちが最初にこの島に赴き，次いで，ピシディアのアンティオキア，イコニオン，小アジアのリストラとデルベに歩を進めたのは当然のことであった（後47—48年)．いずれの場合でも，かれらは最初にこれらの町々のシナゴーグにおいてユダヤ人に説教したが，結果はユダヤ人だけでなく，異邦人も福音を受け入れたのであった．いくつかの場合，これらはユダヤ教に同情的で，正式の会員ではなかったにしても，シナゴーグに関係を持つ異邦人であった（使14：1参照)．他の場合，セルキウス・パウルスのように，福音は異邦人に直接説かれた（使13：7—12)．パウロとバルナバは，かれらのやり方を踏襲し，回宗者を訪問して，かれらに教会組織の枠組を教えた（使14：23)．かれらはアタリアから海路まっすぐアンティオキアに行き，キブロス島の再訪はしなかった．

福音の伝道に対する非ユダヤ人の対応は，イエスがユダヤ人にとっても油注がれた神の僕であるのかどうかという問題への解答であった．非ユダヤ人キリスト教徒がどの範囲までモーセの律法を守るべきかという問題が今や主要課題となり，エルサレム会議で扱われた（使15章)．この会議は異邦人キリスト教徒に，偶像に捧げられた肉や血抜きしていない肉を避けること，また未婚者との私通を避けることを義務づけた（使15：20, 29)．パウロとバルナバの伝道が支持された．第二次伝道旅行（後49—52年）への道が開かれたのである．

この旅行の目的は第一次旅行の諸教会を再訪することであったが，その発端で，パウロとバルナバとの間に意見の対立が生じた．第一次伝道旅行を全うすることができなかったヨハネ・マルコを同行させるべきかどうか，についてであった（行13：13, 15：37—38参照)．この結果，バルナバとヨハネ・マルコはキブロスに渡り（使15：39)，パウロとシラスは陸路を，おそらくパウロの故郷タルソスを経て，デルベ，リストラそしてイコニオンに旅した．

イコニオンからのかれらの行動については，かれらが「フリギア・ガラテヤ地方を通って行った」こと，および聖霊がアジアにおいてもビティニアにおいても伝道するのを禁じたことしかわからない（使16：6—8)．次にパウロとその仲間が登場するのはトロアスであり，ここでパウロは，マケドニアの男が助けを求めている幻を見，エーゲ海を渡って，ネアポリス，フィリピ，テサロニケ，ベレア，アテネ，そしてコリントに行くことになった．フィリピでは，パウロとシラスは投獄されたが，看守長を回宗することができた（使16：25—32)．テサロニケでは，かれらをもてなした人の家が攻撃され（使17：5)，アテネでは，パウロがアレオパゴスで哲学者たちに説教した．パウロは，後49年にクラウディウスの命令によってローマを離れざるを得なくなったアキラとプリスキラと共に（使18：2)，コリントにある期間滞在しようとしたようである（使18：18)．パウロがコリント滞在中，キリスト教の宣教は「非合法ではない」と非公式に認められた．ローマの地方総督ガリオンは，パウロが（モーセの）律法に対立する神を礼拝するよう民衆に説いているとして告発された時，彼を糾弾することを拒んだ（使18：12—17)．パウロは，コリント滞在後，エフェソとカイサリアを経由して，アンティオキアに移った．

パウロは，第三次伝道旅行を始めた時（後53—57年)，第二次旅行の跡をたどり，ガラテヤとフリギアの諸教会を訪れ，かれらを補強し勇気づけた（使18：23)．しかし，彼は第二次旅行の時にエフェソの町の再訪を約束していたので（使18：19—21)，この時これを実行し，そこに2年間滞在した（使19：10)．パウロはアポロに教えられたエフェソの一部の信者が，聖霊のことも，イエスの名による洗礼のことも知らないことを知った（使18：24—19：7)．使徒言行録は，彼のエフェソ滞在が集中的な説教と治癒のなされた時であったこと，パウロの伝道の成功により，その生計を女神ディアナの礼拝に頼っていた工人たちが粗暴な反応を示したことを伝えるのみである．コリント人への第1の手紙1：32には，パウロがエフェソの闘技場で野獣と戦わされたかもしれないことを示唆する一節があるが，これは彼が比喩的に話しているということであるかもしれない．

エフェソから以降のパウロの動きは確かではなく，その再構成は，コリント人への手紙が彼の旅行とどのように符合するかという問題と絡み合っている．一般には，パウロはエフェソからテサロニケに船旅をし，コリントに行き，テサロニケへの路を繰り返し，次いでフィリピに進み，そこからティルスに帆行し，その途中いくつかの短い訪問をしたと考えられている．明白な理由により，彼はエフェソには寄らなかったが，ミレトスでエフェソ教会の長老たちに語った（使20：1—21：17を見よ)．彼はティルスからカイサリアを経てエルサレムに行った．

美術に見る聖書

昇天．ルマン大聖堂のステンド・グラスの部分．1145年ごろ．

　聖書に描かれた出来事が，無名な者から有名な画家に至るまで，いかに多くの美術を鼓舞してきたかは，容易に見ることができる．教会がなん世紀にもわたって果たしてきた力と，それが男女の思考に及ぼした影響を全く別にしても，聖書の物語は固有の魅力を持ち，あらゆる芸術家にとって大きな挑戦となっているのである．はっきりした例をあげれば，武装した巨人ゴリアトと羊飼いの少年ダビデとの対決があり，また，戻って来た放蕩息子のみじめさとことばに尽くせない父親の喜びの対比がある．聖書が一般の人にはそう簡単に入手できなかった時代には，これらの物語の描写は，教会の教えと伝道において重要な役割を果たしたに相違ないのだ．

　われわれが聖書地図の中に，聖書のエピソードの美術的描写のうち代表的なものとは言えない断片のみを含める理由は，それが第3部と対照をなすからである．第3部では，これらのエピソードは，時には航空写真の助けを借りて，正しい地理的脈絡の中に組み入れられている．教会が存在してきた大部分の期間，そのような設備は入手できなかった．ほとんどの美術家は，聖地がどんな様子をしていたかについて知識が乏しかったため，かれら自身が親しんでいた風景や服装の脈絡の中でそれを描くのがふつうであった．聖書のエピソードをその真正な地理的背景に照らして想像することができることは，われわれにとって極めて有利なことである．他方，この有利さはわれわれの独占物ではない．われわれは，放蕩息子が戻って行った場所を知らないし（それが実際の出来事であって，見事にできた物語ではないとしてのことだが），もし知っていたとしても，このたとえ話がわれわれに教えることの理解には役立たないであろう．こうして，以下にある美術による描写は，単に第3部の引き立て役なのではない．それらは，聖地の地理について知ることが，聖書をよりよく理解するための手段であることを気づかせてくれるものである．聖書に触発されて作品を描いたこれら偉大な芸術家ほど，聖書の物語の意味を強力に表現した者はほとんどいないのである．

美術に見る聖書

エジプト人はそこで，イスラエルの人々の上に強制労働の監督を置き，重労働を課して虐待した．イスラエルの人々はファラオの物資貯蔵の町……を建設した．
　　　　　　　　　　　　　　　　（出1：11）　▷

シナイ山上のモーセ．中世の写本．

主はモーセに仰せになった．「直ちに下山せよ．あなたがエジプトの国から導き上った民は堕落し，……若い雄牛の鋳像を造り，それにひれ伏し，いけにえをささげた．」
△　　　　　　　　　　　　　　　　（出32：7－8）

エジプトのイスラエル人．エドワード・ポインター画（1836－1919年）．

ロトの妻は後ろを振り向いたので，塩の柱になった．
◁　　　　　　（創19：26）

塩の柱に変えられたロトの妻．14世紀のヘブライ語写本．

美術に見る聖書

そのとき、天から主の御使いが、……呼びかけた。
「その子に手を下すな。何もしてはならない。あなたが神を畏れる者であることが、今、分かったからだ。」
（創 22：11―12）▷

ヨセフは、そばで仕えている者の前で、もはや平静を装っていることができなくなり、「みんな、ここから出て行ってくれ」と叫んだ。……ヨセフは、声をあげて泣いた。
◁　　（創 45：1―2）

ヨセフが兄弟たちを迎える。6世紀の写本。

イサクの犠牲。レンブラント（1606―69 年）のエッチング。

美術に見る聖書

彼女は膝を枕にサムソンを眠らせ,人を呼んで,彼の髪の毛七房をそらせた.彼女はこうして彼を抑え始め,彼の力は抜けた.
(士 16：19) ▷

サムソンは父母と共に,ティムナに向けて下って行った.ティムナのぶどう畑まで来たところ,一頭の若いライオンがほえながら向かって来た.
(士 14：5) ▷

彼は,真新しいろばのあご骨を見つけ,手を伸ばして取り,これで千人を打ち殺した.
△ (士 15：15)

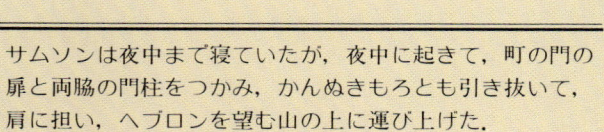

サムソンは夜中まで寝ていたが,夜中に起きて,町の門の扉と両脇の門柱をつかみ,かんぬきもろとも引き抜いて,肩に担い,ヘブロンを望む山の上に運び上げた.
(士 16：3) ▷

サムソン物語からの諸場面.13世紀フランスの写本.

美術に見る聖書

それからサムソンは，建物を支えている真ん中の二本を探りあて，一方に右手を，他方に左手をつけて柱にもたれかかった．
（士 16：29）

美術に見る聖書

ダビデはあのペリシテ人の首を取ってエルサレムに持ち帰った．
　　　　　　　　　　　　　　　　　　（サム上 17：54）

水を求められてヤエルはミルクを与えた．貴人にふさわしい器で凝乳を差し出した．彼女は手を伸ばして釘を取り，職人の槌を右手に握り，シセラの頭に打ち込んで砕いた．
　　　　　　　　　　　　　　　　　　（士 5：25—26）

ゴリアトの首級を持つダビデ〔部分〕．ロレンツォ・ギベルティ（1378—1455年）による青銅板浮彫り．

ヤエルとシセラ．フレマーユの画家（1430年ごろ）の作品に基づく．

彼女は極めて大勢の随員を伴い，香料，非常に多くの金，宝石をらくだに積んでエルサレムに来た．ソロモンのところに来ると，彼女はあらかじめ考えておいたすべての質問を浴びせた．
　　　　　　　　　　　　　　　　　　（王上 10：2）

シェバの女王のソロモン訪問．ピエロ・デラ・フランチェスカ（1410ごろ—1492年）．

美術に見る聖書

さて，主は巨大な魚に命じて，ヨナを呑み込ませられた．
◁　　　（ヨナ 2：1）

彼女は，力いっぱい，二度，首に切りつけた．すると，頭は体から切り離された．……侍女にホロフェルネスの首を手渡すと，侍女はそれを食糧を入れる袋にほうり込んだ．そして二人は，いつものとおり祈りに行くかのようにして出て行った．
（ユディ 13：8—10）　▷

ヨナとくじら．15世紀ヘブライ語写本．

ユディト．ボッティチェッリ（1445—1510年）．

49

美術に見る聖書

この息子は，死んでいたのに生き返り，いなくなっていたのに見つかった．
▽　　　　　　　　　　（ルカ 15：24）

天使は言った．「……あなたは身ごもって男の子を産むが，その子をイエスと名付けなさい．」
◁　　　　　　　（ルカ 1：30—31）

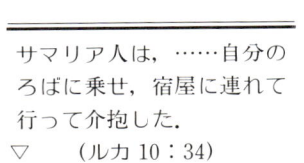

サマリア人は，……自分のろばに乗せ，宿屋に連れて行って介抱した．
▽　　　　　　　（ルカ 10：34）

放蕩息子．レンブラント（1606-69 年）によるエッチング．

受胎告知．オットーボイレンのマイスターによる木製浮彫り（1520 年ごろ）．

善いサマリア人．レンブラント（1606—69 年）．

50

美術に見る聖書

キリストのエルサレム入城. ピエトロ・ロレンゼッティ (1320―48 年に活動).

大勢の群衆が自分の服を道に敷き,また,ほかの人々は木の枝を切って道に敷いた.そして群衆は,イエスの前を行く者も後に従う者も叫んだ.
「ダビデの子にホサナ」
（マタ 21：8―9）　△

唾を吐きかけ,葦の棒を取り上げて頭をたたき続けた.
（マタ 27：30）　▷

キリストに対するあざけり. フラ・アンジェリコ (1387―1455 年).

次頁　マイェスタ（部分）. ドゥッチオ (1278―1319 年に活動).

ナザレの人イエスこそ,神から遣わされた方です.神は,イエスを通してあなたがたの間で行われた奇跡と,不思議な業と,しるしとによって,そのことをあなたがたに証明なさいました.……このイエスを……あなたがたは律法を知らない者たちの手を借りて,十字架につけて殺してしまったのです.しかし,神はこのイエスを死の苦しみから解放して,復活させられました.イエスが死に支配されたままでおられるなどということは,ありえなかったからです.
（使 2：22―24）　▷

51

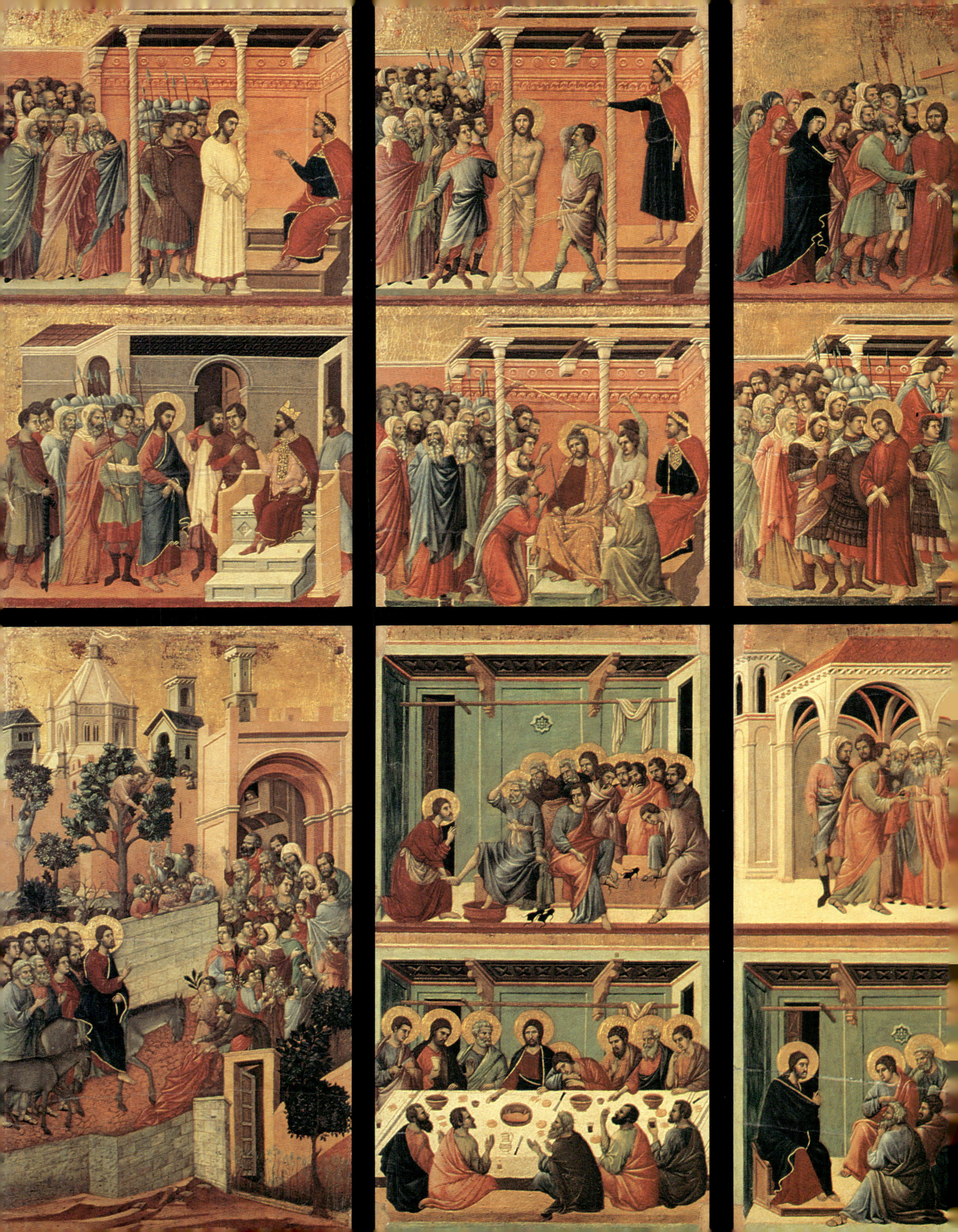

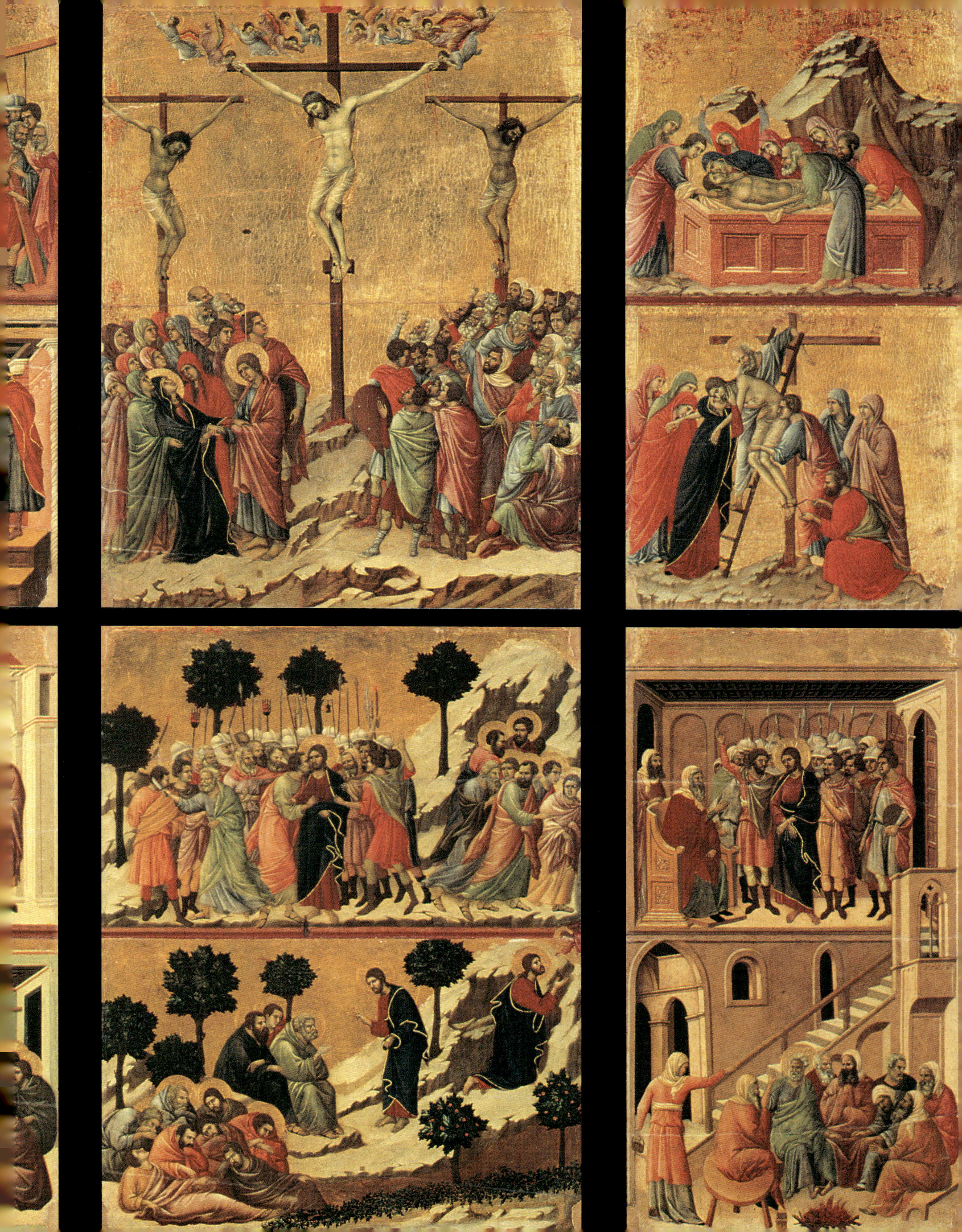

美術に見る聖書

> 彼らはイエスの遺体を受け取り，ユダヤ人の埋葬の習慣に従い，香料を添えて亜麻布で包んだ．
> (ヨハ 19：40)

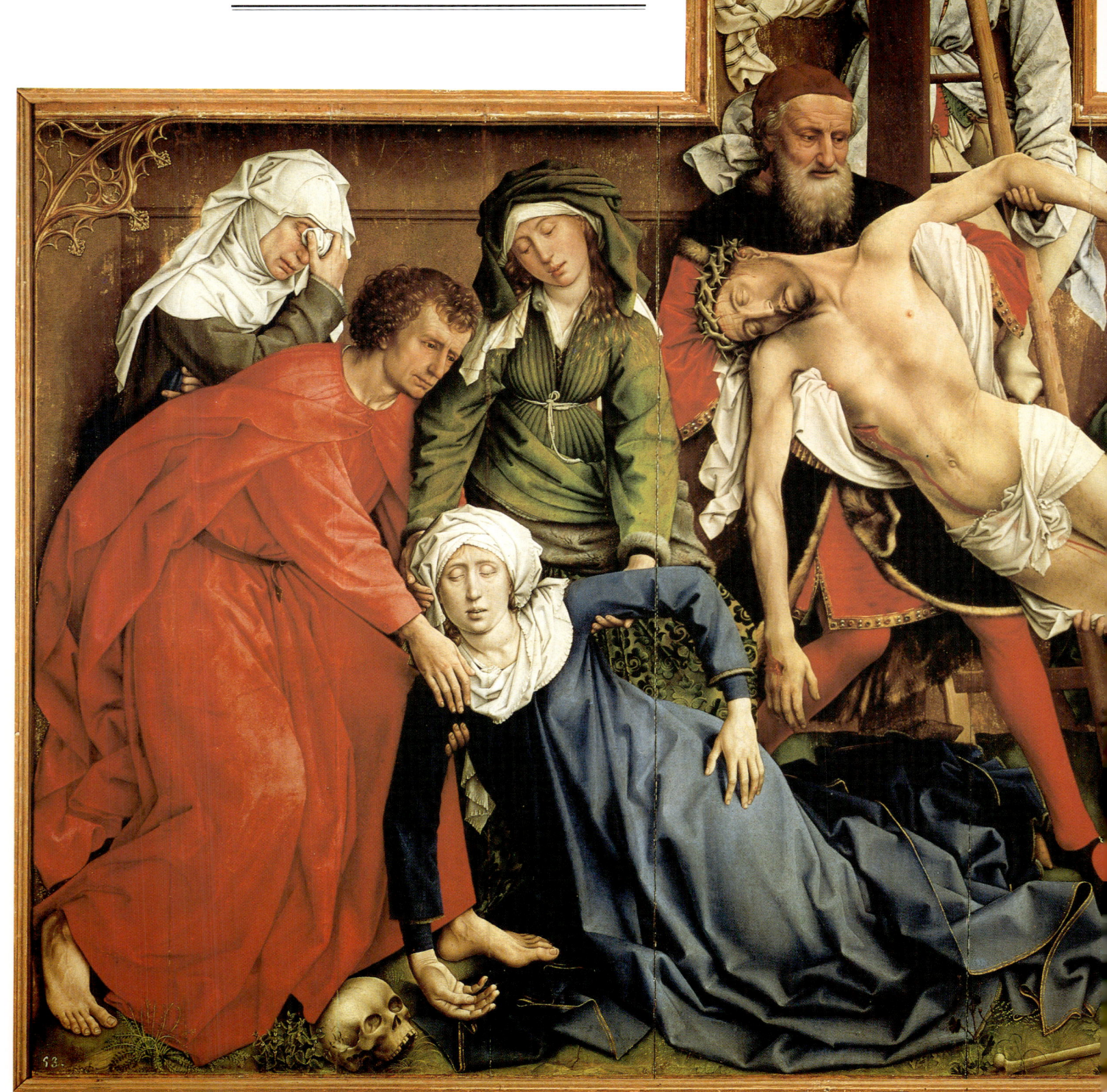

キリストの降架．ロヒール・ヴァン・デル・ウェイデン（1400 ごろ―64 年）．

美術に見る聖書

> マリアは墓の外に立って泣いていた．
> （ヨハ20：11）

悔悟するマグダレーナ．ドナテッロ（1386—1466年）による木彫り．

美術に見る聖書

そして,炎のような舌が分かれ分かれに現れた.……すると,一同は聖霊に満たされ,"霊"が語らせるままに,ほかの国々の言葉で話しだした.

(使 2:3—4) ▷

ペトロの悲嘆.17世紀エティオピアの写本.

ペトロは,「鶏が二度鳴く前に,あなたは三度わたしを知らないと言うだろう」とイエスが言われた言葉を思い出して,いきなり泣きだした.

(マコ 14:72) △

聖パウロの回宗.9世紀の写本.

「こうして,私は……ダマスコへ向かったのですが,その途中,真昼のことです.王よ,私は天からの光を見たのです.それは太陽より明るく輝いて,私とまた同行していた者との周りを照らしました.……『サウル,サウル,なぜ,わたしを迫害するのか.……』と,私にヘブライ語で語りかける声を聞きました.私が,『主よ,あなたはどなたですか』と申しますと,主は言われました.『わたしは,あなたが迫害しているイエスである.起き上がれ.自分の足で立て.わたしがあなたに現れたのは,あなたがわたしを見たこと,そして,これからわたしが示そうとすることについて,あなたを奉仕者,また証人にするためである.』」

(使 26:12—16) △

聖霊降臨.エル・グレコ(1541—1614年).

第3部　聖書と地理

THE BIBLE AND GEOGRAPHY

古代イスラエルの地理

聖書の土地は，それぞれが北から南に走り，互いに隣接する六つの地帯によって考えるのが最もよいとされている．第1の地帯は海岸平野である．北から言うと，それはハイファ湾の北端にあるアコの北20kmの所から始まる．最初の所では，およそ5kmの幅を持つが，ハイファ湾に近づくにつれてほぼ13kmまで広がる．これは，カルメル山脈によってハイファ湾の南端で完全に分断され，カルメルの南で再び始まるが，30kmの距離にわたって幅はわずか4kmかそれ以下である．ナハル（細流の意）・タンニニムの南で広がり始め，アヤロンの谷が中央丘陵地への道を提供するあたりでは20km以上の幅をとる．この地点の南では，平野は東側でシェフェラすなわち低地と称する第2の地帯（といっても，実は，一つの地帯の半分にすぎないのだが）と合流する．ガザの南で海岸平野はネゲブに合体し始める．

聖書時代，ハイファ湾の海岸線は現在よりも東に位置し，湾の北端と南端は沼沢地となっていた．カルメルの南では，海岸に近い地域は砂地または沼沢地からなっていたが，特に川や冬期細流の河口は定住が可能であった．ナハル・タンニニムの南には落葉性のオークあるいはイナゴマメの木からなる森林があり，平野の東端，中央丘陵地の麓には定住があった．

第2の地帯（あるいは地帯の半分），すなわちシェフェラは，海岸平野と中央丘陵との移行地を形成し，平野から東に向かう数本の道路を持つ一連のなだらかな丘と広い河谷からなる．北から南に走る谷は，この両方向での重要な道路となっており，かつシェフェラを西部と東部に分けている．

第3の地帯は中央丘陵である．それは北ガリラヤの北部から始まって，1000m以上の高度に達し，東側で複雑な隆起を伴う中央山塊からなる．ここの山々には，どの方向でも交通は容易でなく，古代の道路はこの地を避けていた．南ガリラヤでは中央丘陵は，ほぼ西から東に流れる数本の極めて広い谷によって分断され，海岸平野からガリラヤ湖の地域に至る道路を提供してくれる．

中央丘陵は，大まかに言って北西から南東へ，海岸平野からヨルダン河谷へ走り，最大幅（北から南へ）25kmをなす広大な平野である三角形のイズレエルの谷によって中断されている．イズレエルの谷の南で丘陵は広い谷で中断されながら高度を増し始め，サマリア丘陵の中心部は900mくらいの高さまで達する．ナブルスの南を大まかに言って北から南に走る長くて狭い谷がさらに丘陵の中央部に達し，ついにはベテル丘陵として知られる地域に至る．ここには谷はほとんどなく，主要道路は非常に曲がりくねった道筋をとる．中央丘陵の次の地区はエルサレムの鞍部であって，その北では小さな高原，東と西では西から東への旅を可能にする谷を特徴とする．ベツレヘムの南で丘陵は高度を増して1000m以上に達し，やがてネゲブに向かって下降し始める．

第4の地帯は地溝帯であって，これは東アフリカにまで延びる断層の一部である．ガリラヤ湖の水面がすでに海面下210mである．この地点から下降し始めて死海の水面はマイナス400mに達するが，この湖の最深部はさらに400m低い．地溝帯の状況は，ヨルダン川に直接隣接する地域を除いては，半乾燥地，乾燥地，そして砂漠にまでわたる．

第5の地帯は，地溝帯の東に立ち上がる丘陵地である．ガリラヤ湖の北東，ダマスコにまで達する高原の手前で高度1100mまで昇る．ガリラヤ湖の南は，西岸の中央丘陵に似た山がちの地域である．さらに南には，高さ800-900mの高原がある．この東部丘陵の特徴は，東西に沿って深い谷を刻む数本の川によって区分されていることである．さらに東に進むと，この第5の地帯は，第6の地帯すなわちシリア砂漠に溶け込んでしまう．

以上，簡単に述べたように，聖書の地は大きな対照を示す．それぞれの「地帯」は独自の特別な特徴を持っており，これを西から東に辿れば，著しい高低差が一目瞭然である．海岸平野は，ほぼ海面の標高にあり，その次の中央丘陵は1000mに達するが，この上昇の度合が南部ではシェフェラによって緩められている．1000mから険しく落ち込んで，最深部の水面で海面下400mをなす地溝帯になる．その後，東部丘陵は1100mあるいはそれ以上まで立ち登り，やがて砂漠に溶け込んでしまう．他の顕著な特徴には，カルメル山地が海岸平野を切っていること，そしてイズレエルの谷が中央山岳地を切っていることである．

気温にはかなりの差があり，最も著しい対照がヨルダン川の西側のユダ丘陵と死海の沿岸との間にある．文書記録のあるすべての時代において，夏と冬の別荘を持ちうるほどの権力または財力を持った者は，冬を死海の近くで，夏を中央丘陵で過ごしたのは当然である．トランス・ヨルダンの東部丘陵でも気候は変化に富み，夏は涼しい風が吹くが，冬は西部の丘陵よりも寒い．

右 **イスラエルの地理**
断面図（下図）自体はこの地全体の複雑さを表わさない．立体地図を見ると，本文で述べた「地帯」間の関係の一部とその基をなす土地構造の一部がわかる．たとえば，シェフェラは，北方の中央丘陵地の特徴をなす小さな谷と共に，はっきりとわかる．

下 東西を切る断面図は，地域による高低の大きな変化を示す．最も顕著なのは，両岸に高い山地を持つ地溝帯である．

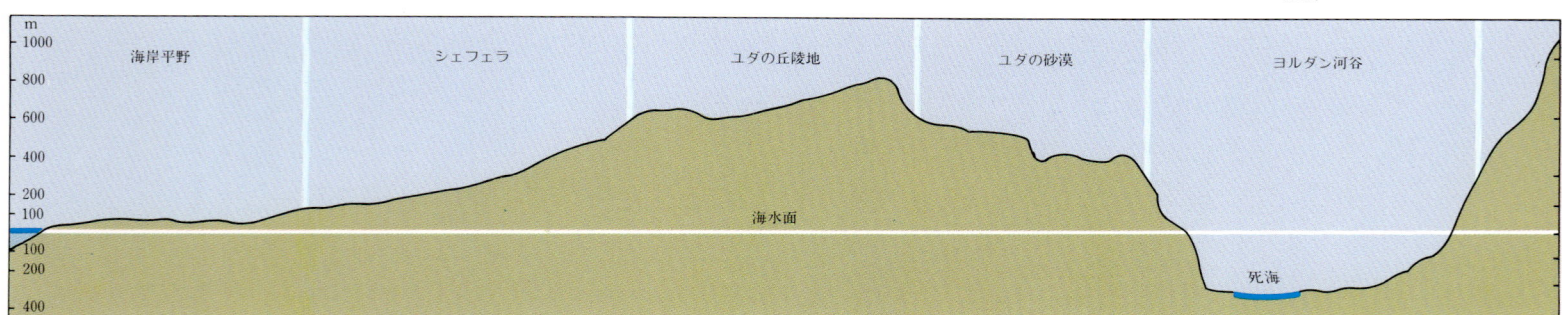

古代イスラエルの地理

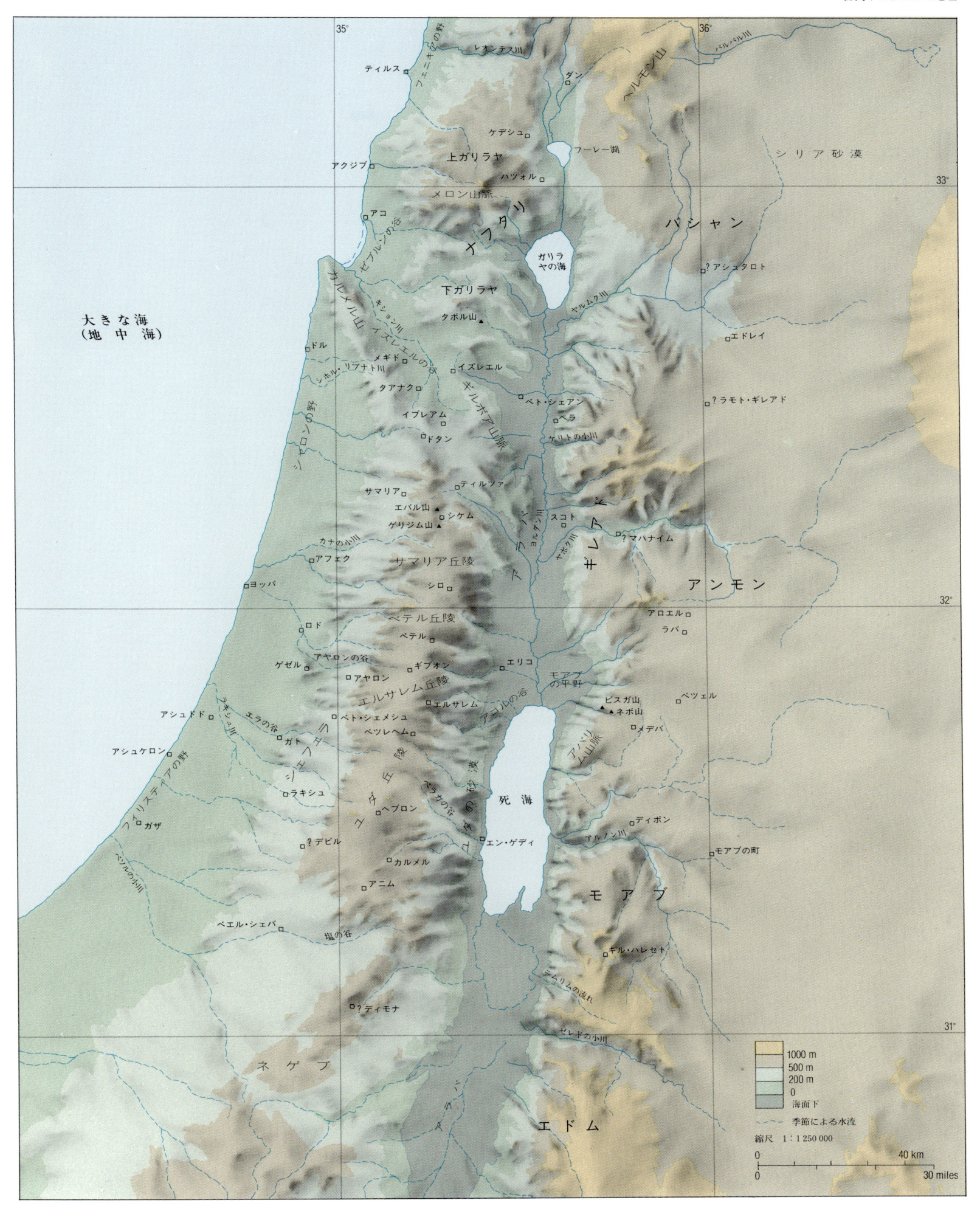

古代イスラエルの地理

さらに，西部の中央丘陵のような特定の地帯の内部においてさえ，旅行もしくは定住の可能性を大きく左右する変化が存在する．最も著しい相違は，エルサレムの鞍部とベテル丘陵とサマリア丘陵の間にあり，ここを北に向かうと，人は小さな高原からまっすぐな道路を進み，次に丘の中腹を果てしもないように回りくねってでなければ前に進めない地域に入り，突然見事な小さな谷が丸い丘々を分ける地域に至る．

聖書時代の景観

今日のイスラエルと西岸を訪れる者は，過去60年間かそこらでいくつかの所の景観が大幅に変化したことを即座に認めることであろう．変化は，海岸平野，ガリラヤ湖のすぐ南の地域およびエルサレムの周辺で極めて顕著である．しかし，訪問者がこの明らかな都市化，工業化，そして最近導入された集約農業から目を離せばすぐに，彼は聖書時代の土地を見るのであろうか？たとえば彼がベテル丘陵をめぐって曲りくねった道を進んだり，あるいはベツレヘムの南のユダ丘陵や北ガリラヤの丘陵部に分け入ったりすれば，彼は聖書時代の景観に接するであろうか？

第1に言っておかなければならないことは，聖書時代が，イスラエル人のカナン定住からキリスト教の最初の世紀までの1300年間，しかし，族長たち(アブラハム，イサク，およびヤコブ)を前1750年から1500年におく保守的な年代づけによるならば，それよりもっと長く続いたということである．そのような長期間のうちには，そして特にダビデとソロモンの時に起こった都市化を伴った場合，景観に変化が生じないはずはなかった．しかしながら，聖書時代の初め（便宜上，前1200年としておこう）のこの地の景観は，われわれが今日見る地肌をむき出しにした丘，あるいは農耕のために段々にされたり，木立ちや籔で覆われた丘に似ていたという見解が一般的である．

（たとえば前4000年ごろの）古代における聖書の地が今日のような景観を呈していなかったことは，今や常識である．当時，ヘブロンの南から北に向かってヨルダン川の西にかけては常緑のオークとその類縁種の森で覆われていたのであり，海岸平野とカルメル山地の一部では落葉性のオーク（タボル・オーク）とその類縁種が見出された．これらの森林が失われたことが，（近年に緑化されていないところで）今日一目瞭然の慢性的土壌流失の理由であることもまた一般に認められている．おおよそ10月から4月にわたる雨期は，極めて強い土砂降りをもたらすことがある．常緑樹があるところでは雨の勢いは遮断され，樹根と周囲の下生えが水分を保持してくれる．木々が無くなると，土壌が丘陵から洗い出されて谷に流れ込むのを防ぐものがほとんどない．木々の喪失によってもたらされた浸食による以外，聖書時代以来，気候の基本的な変化はないのである．

上に述べたことがすべて一般的な認識であれば，論争されているのは，聖書時代の初め（およそ前1200年）ごろまでにどの程度木々が失われ，土壌が浸食されていたかということである．この問題への解答（といっても，実は，与えられた知識に基づく推測にすぎないのだが）の試案を提出する前に，現在問題となっていることについて考えることが有益であろう．最も緊急の問題は，カナン定着とその時のイスラエル社会の構造である．これをもっと簡単に言えば，大規模な浸食によって近づきやすかった強力な都市国家のある所から遠く離れた丘陵地帯に定着するほうが，まだ濃密な森林に覆われて，定着しようとすれば組織的な焼却とその整理を必要とした土地に定着するよりも容易だったろうということである．さらに，もしも定着するのに組織的共同作業が必要だったとしたら，これは間違いなく，諸集団が放牧しながら「空白」な丘陵地帯に入り込むよりも，ずっと複雑な社会組織を要求したであろう．今世紀になってイスラエルの定着に関して書かれた多くの著作は，定住者が主として牧羊者であり，権力が家族の長の間で分担されるような社会組織を持ち，今世紀の近代化を免れた土地でわれわれが今日見るような所を動き回っていた，と想定している．しかし，全く異なる映像が要求されていることもまた論証されうるのである．定住者は，地形のゆえに，森林地帯に住みついて農耕者となり，あるいはそうならざるを得なくなり，共同作業を計画，実施するに際し，個人にかなりの権限を与えるような社会組織を営んでいた．本書を書いている現時点において，鉄器時代初期（前

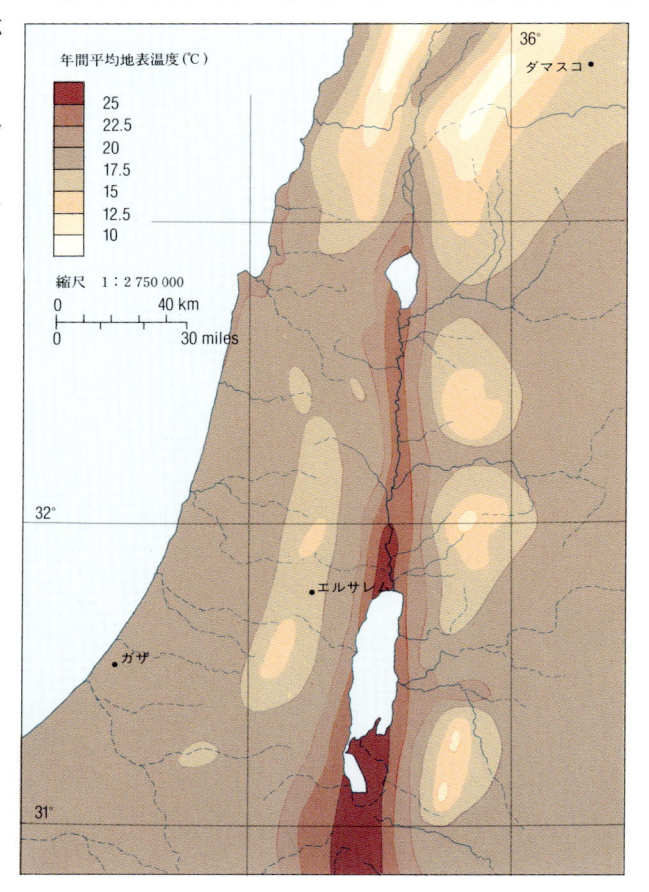

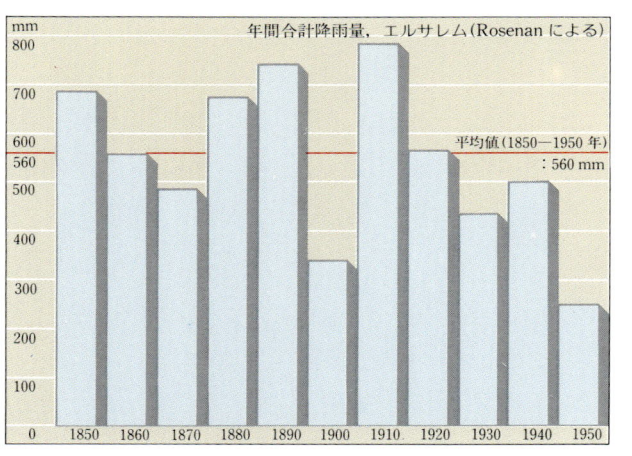

右奥　イスラエルの地質
この地の基をなす地質上の特徴は，pp.58-59で述べた地理的特徴を大まかな点で裏付け，照らし出してくれる．

右と左　イスラエルの気候
降雨量図と気温図は，聖書の地における生活の複雑な自然環境をさらによく説明してくれる．降雨量は北部において最多であり，南では少なくなる．それはまた地溝帯の近くで減少する．雨期（大体，10-3月）は，気温図が示すように，年間のうち低温期にあたる．こうして，一般的に言うと，温暖な乾期と寒冷な雨期がある．しかし，時によってこれには大きな変化が伴うのであり，旱魃の周期はこの地に住む古今の人々にとって等しく特別な関心事であった．

凡例

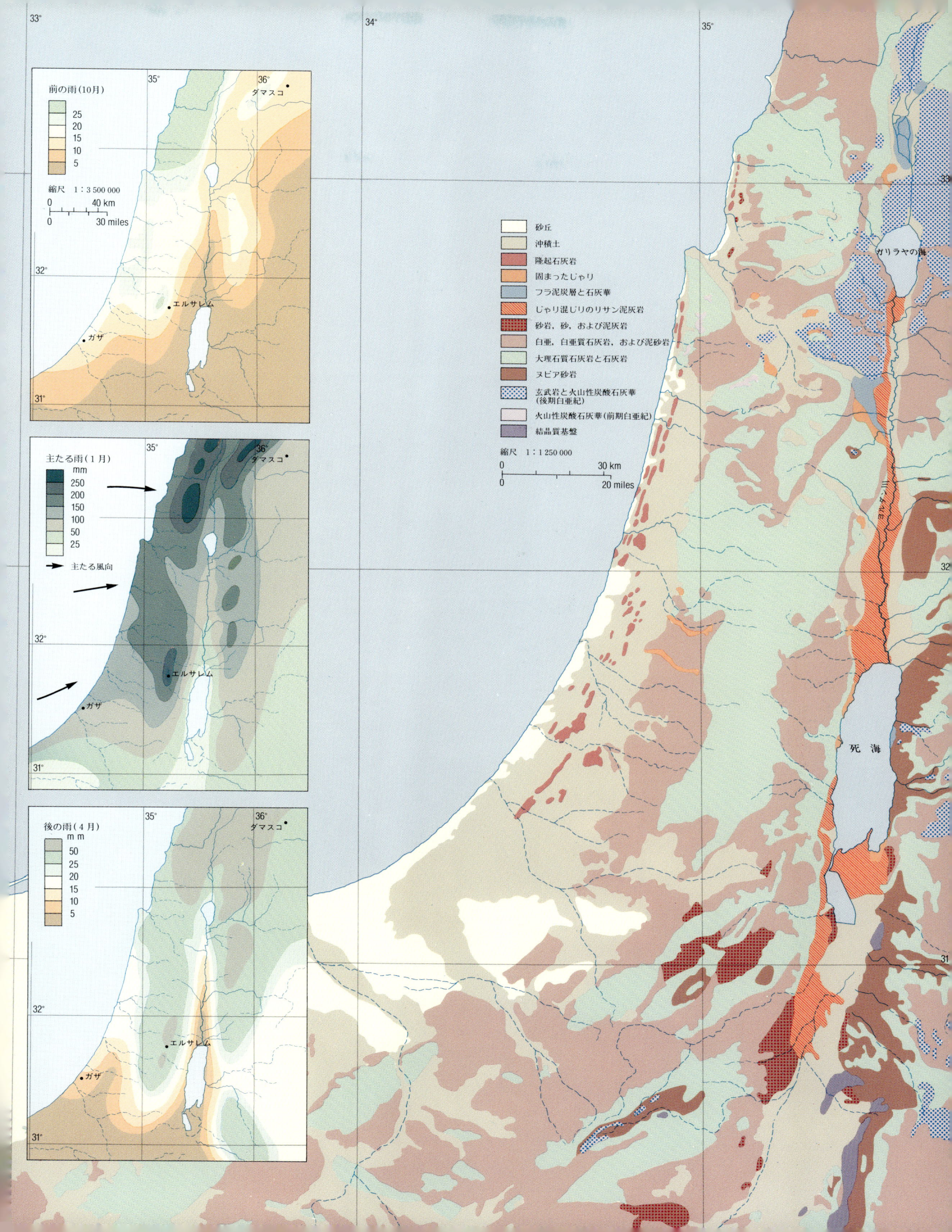

- 砂丘
- 沖積土
- 隆起石灰岩
- 固まったじゃり
- フラ泥炭層と石灰華
- じゃり混じりのリサン泥灰岩
- 砂岩，砂，および泥灰岩
- 白亜，白亜質石灰岩，および泥砂岩
- 大理石質石灰岩と石灰岩
- ヌビア砂岩
- 玄武岩と火山性炭酸石灰華（後期白亜紀）
- 火山性炭酸石灰華（前期白亜紀）
- 結晶質基盤

縮尺 1：1 250 000

0　　　　30 km
0　　20 miles

前の雨（10月）
mm
- 25
- 20
- 15
- 10
- 5

縮尺 1：3 500 000
0　　40 km
0　　30 miles

主たる雨（1月）
mm
- 250
- 200
- 150
- 100
- 50
- 25

→ 主たる風向

後の雨（4月）
mm
- 50
- 25
- 20
- 15
- 10
- 5

地名: ダマスコ、ガリラヤの海、エルサレム、ガザ、死海

古代イスラエルの地理

1200年以降)の生態系，食物生産の方法，社会組織，人口規模そして定住のパターンの問題は集中的に研究され議論されていることがらであって，これからの数年間にわたっても聖書学の主要な論点であり続けそうである．議論がこのような初期の段階にある時点で，本書は，より広範な目標に加えて，これらの問題に対して一つだけ貢献したいと思う．それは，前1200年ごろの森林の範囲についてわれわれはどんな推測ができるか，ということである．

本書のための地図を準備することにあたって，大雑把に前2千年紀と呼ばれている期間に知られているすべての主要な定住地が拾いあげられた．「前2千年紀」という表現は厳密なものではない．というのは，定住地の多くは3千年紀初期にまで遡るからである．示された定住地が必ずしも継続的に，あるいは長期にわたって占領されたわけではないし，2千年紀には定住のパターンに重要かつ全般的な変化があった．しかし，定住地を拾いあげることの利点は，たとい限られた期間であっても2千年紀にどこに定住することが可能であったかを示してくれる点にある．これらを地図に配置してみると，その全体像は，わずかのしかも常に顕著な例外はあるものの，定住が丘陵地の縁辺，谷を見おろす丘の上，あるいは丘の麓の平原で営まれたことを示す．丘の多い地域の中心部，そして多くの場合極めて広範囲にわたる丘陵地は定住のないままであった．その理由の一部に水の供給を欠くことがあげられるが，いずれにしても農耕の困難なところであった．しかし，これらの土地もまた木々が生え，森をなしていたと推測できる．この点は，以下に続く各地域の詳細な扱いのところで展開されるであろうし，そこでは聖書時代における森林の存在を示す文献上の証拠もまた引用されよう．

今日聖書の地を訪れる人は，比較的小さな国土の中で多くの異なる種類の景観に接して驚いてしまう．しかし，彼は，聖書の物語の中にその生活が記されている人々は今よりも多くの森や林のある土地に住んでいたことを忘れてはならない．これらの地域は，最も恐しいものをあげればライオン，ひょう，熊などの野獣の棲息地であった．森や林はまた，ふつうの人々にとっては恐怖と神秘の場所，生活に秩序と規則を持ち込もうとする試みを包囲していた混沌と不確実の勢力を代表する場所であったかもしれない．この問題について本書で試みられていることは注意深く準備された推量にすぎないということは十分にありうることであるが，聖書の読者は，敏感かつ細心に読めば，森林からなる景観と危険な野獣の存在が聖書時代の生活と文学上の象徴に影響を与えた範囲を自分で検証しうるはずである．

人工衛星による偽色映像は，数百マイル上空から見た地表面の特徴を明らかにしてくれる．死海を中心としたこの写真は，植生のある所は赤色で表わされ，その中央に聖書時代以来ほとんどまったく裸にされた森林のあとである焦熱の丘陵と谷がある．

下 古代イスラエルの植生

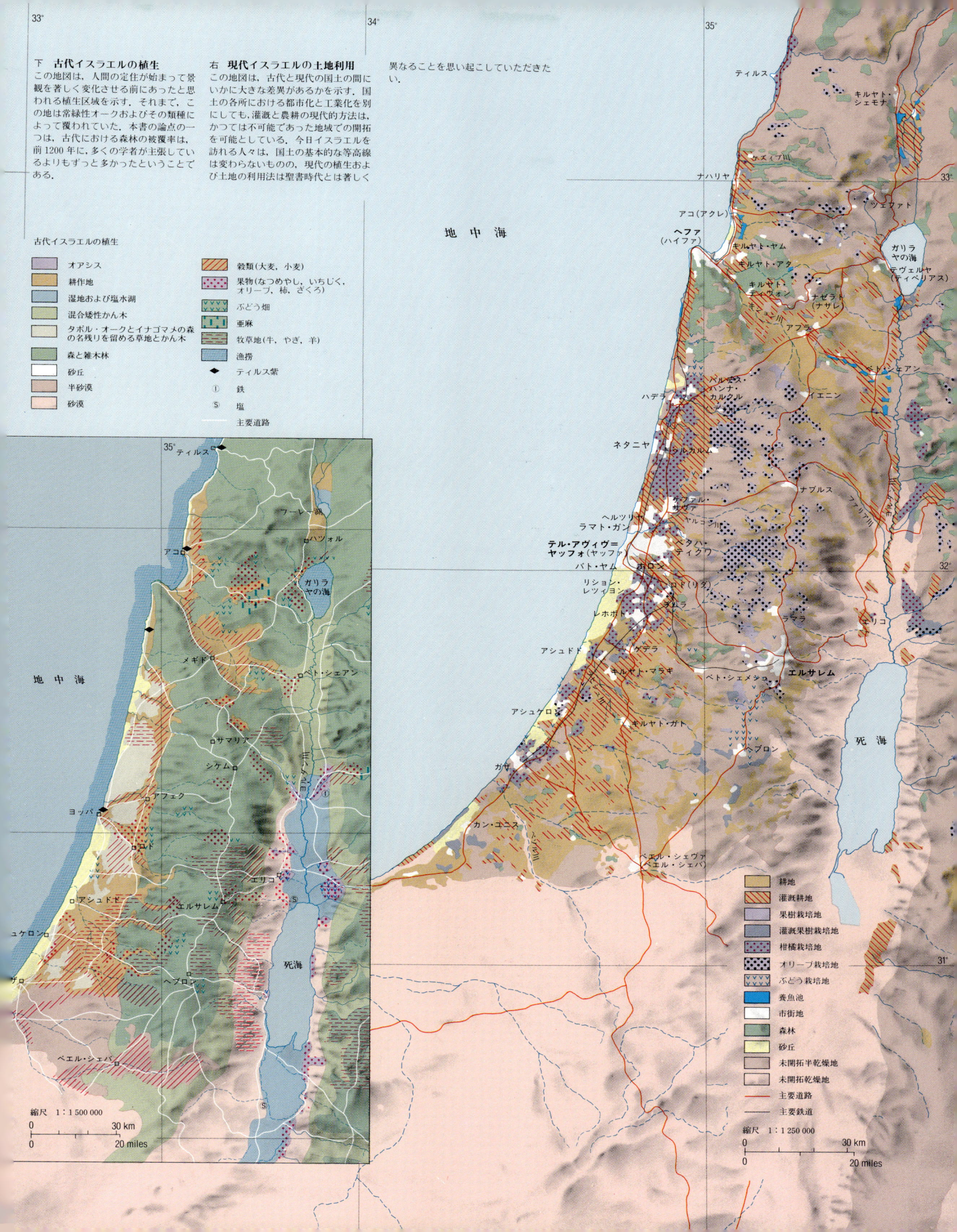

この地図は、人間の定住が始まって景観を著しく変化させる前にあったと思われる植生区域を示す。それまで、この地は常緑性オークおよびその類種によって覆われていた。本書の論点の一つは、古代における森林の被覆率は、前1200年に、多くの学者が主張しているよりもずっと多かったということである。

右 現代イスラエルの土地利用

この地図は、古代と現代の国土の間にいかに大きな差異があるかを示す。国土の各所における都市化と工業化を別にしても、灌漑と農耕の現代的方法は、かつては不可能であった地域での開拓を可能としている。今日イスラエルを訪れる人々は、国土の基本的な等高線は変わらないものの、現代の植生および土地の利用法は聖書時代とは著しく異なることを思い起こしていただきたい。

古代イスラエルの植生

- オアシス
- 耕作地
- 湿地および塩水湖
- 混合矮性かん木
- タボル・オークとイナゴマメの森の名残りを留める草地とかん木
- 森と雑木林
- 砂丘
- 半砂漠
- 砂漠
- 穀類（大麦、小麦）
- 果物（なつめやし、いちじく、オリーブ、柿、さくろ）
- ぶどう畑
- 亜麻
- 牧草地（牛、やぎ、羊）
- 漁撈
- ティルス紫
- ① 鉄
- ⑤ 塩
- 主要道路

縮尺 1:1 500 000
0　30 km
0　20 miles

現代イスラエルの土地利用

- 耕地
- 灌漑耕地
- 果樹栽培地
- 灌漑果樹栽培地
- 柑橘栽培地
- オリーブ栽培地
- ぶどう栽培地
- 養魚池
- 市街地
- 森林
- 砂丘
- 未開拓半乾燥地
- 未開拓乾燥地
- 主要道路
- 主要鉄道

縮尺 1:1 250 000
0　30 km
0　20 miles

聖地の地図作り

聖地は世界のおそらくどの部分よりもしばしば地図に作成された．4世紀初頭のローマ帝国におけるキリスト教の勝利から638年のムスリムの征服の時まで，聖地は巡礼の地であった．10世紀から12世紀にかけての十字軍は，1世紀間かそこらにわたって，この地を再び西方キリスト教界の支配のもとに戻したし，19世紀には，西方からの旅行者の数は劇的な増加を見せた．全期間を通して，ユダヤ人社会はこの地の研究に深い関心を持ち続けた．多くの巡礼者や旅行者が旅行記を残したのであるが，いずれにせよ，聖地の地勢学的研究は常に聖書学の不可欠な部分だったのである．15世紀以降，この地，あるいはその重要な部分，たとえばエルサレムを描写しようという試みが数多くなされたが，この地の科学的調査が行なわれたのは19世紀になってからのことであることを忘れてはならない．現代以前の聖書の読者に聖地がどのように紹介されたかを以下に概観しよう．

聖地の地図作り

下　13世紀の世界地図．エルサレムを中心とする．諸国家間の地理的関係だけでなく，それぞれの特徴的な動物，風景および住民を描写しようとしている．このころは，創世記10章にある諸国民についての記述が世界の地理とその民に関する主要な情報源であった．

13世紀英国人の僧マタエウス・パリスは，その歴史的著作である『クロニカ・マヨラ』〔大年代記〕の中に英国から聖地に至る巡礼者と十字軍の道程の地図を入れている．この地図の部分（下図）には，パレスティナ海岸に沿って点在する港と，そこから離れて城壁で囲まれたエルサレムを示す．城壁内には——奇妙なことだが——神の神殿とソロモンの神殿がある．城壁内右下の円形状のものは聖墳墓教会を指す．

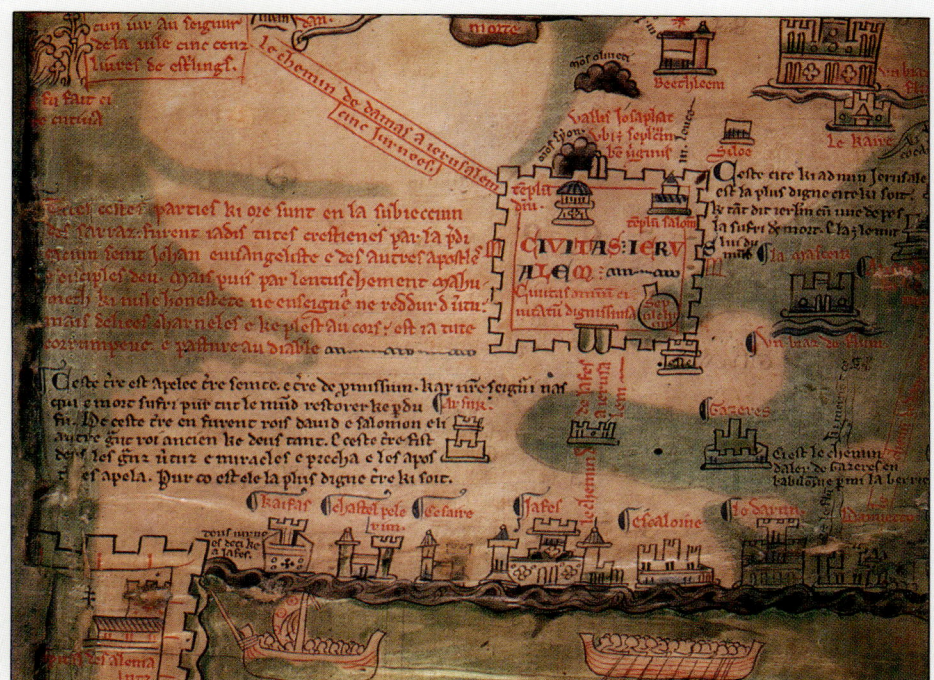

左端上　これは聖地ではなく，前600年ごろに描かれたバビロンとその帝国の地図である．首都が世界の中心であるという考えは，中世の例（左）にも再現する．

左端下　死海の東側の教会で1884年にマダバで見つかったこのモザイクは，後600年ごろの聖地とエジプトを描く，東西を主要方位としているため，北は左に置かれている．細部はかなり破損しているが，当時のエルサレムの姿はよく保存されており，聖なる地点を同定することができる．イエスの復活教会の伝承上の地点が，町の下半分の中央に見られる．

右　1880年にパレスティナ調査基金によって出版された地図は，それ以後の聖地のあらゆる科学的な地図作製の基礎となった．その作業は1873年以来英国王立工兵隊の隊員によってなされた．この計画の指導者の1人が，H・H・キッチナー中尉，後のハルトゥームのキッチナー卿であった．

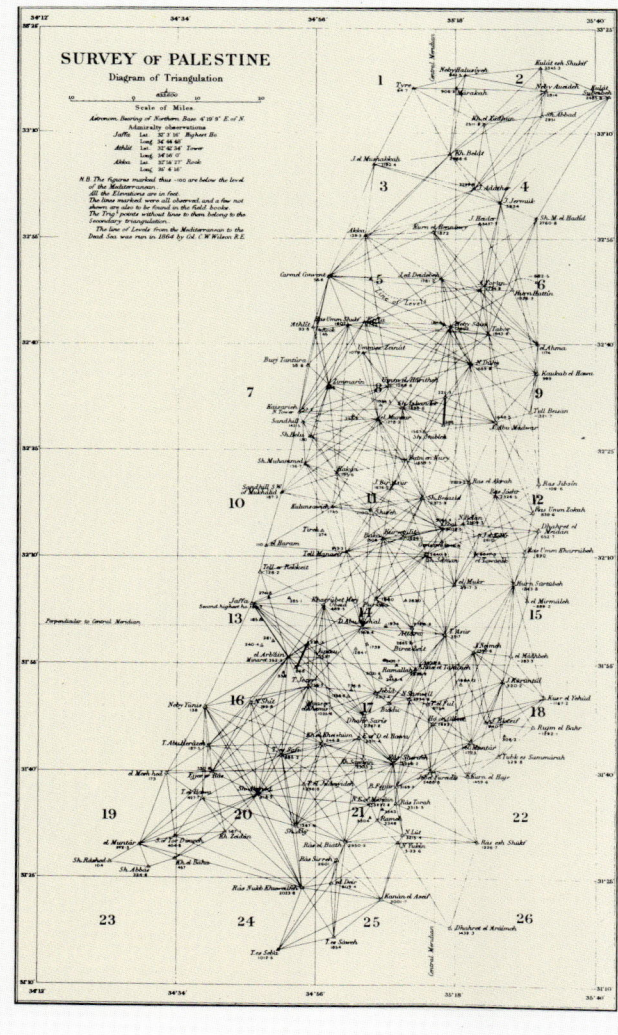

聖書の鳥獣

聖書には多くの獣と鳥が登場し，それらの行動から多くの教訓が引き出されている．イザヤは，主人に対する動物の忠誠を神に対するイスラエルの不誠実と対比させている．「牛は飼い主を知り，ろばは主人の飼い葉桶を知っている．しかし，イスラエルは知らず，わたしの民は見分けない」（イザ1：3）．箴言は怠け者に「怠け者よ，蟻のところへ行って見よ．その道を見て，知恵を得よ」とすすめる（箴6：6）．羊，やぎ，牛，ろばなどの家畜は聖書時代の日常生活にとって重要であった．これに対し，ライオン，熊，いのしし，雄牛の群れを含む野生動物は危険であった．羊飼いは，人けのない場所で群れの番をしている時には特に襲われやすかった．

聖書記者たちが正確にはどの動物を指しているのかを知ることは必ずしも容易ではない．聖書の現代訳はこの点でしばしば古い翻訳とは異なる．こういうわけで，以下の描写では，いわだぬきの説明では欽定訳が用いられているのに対し，くじゃくに言及している箇所への米国標準訳の脚注は，別の翻訳としてひひを示唆しているのである！ ここに登場する動物は，現代の写真ではなく，聖書の動物の同定と現代の種属に対するそれらの関係をめぐるあいまいさを想起してもらうため中世美術で例示することにした．

くじゃく

3年に一度，タルシシュの船団は，金，銀，象牙，猿，くじゃく〔ひひ〕を積んで入港した．
（王上 10：22） △

犬

しかし，食卓の下の小犬も，子供のパン屑はいただきます．
△ （マコ 7：28）

逃れよ，バビロンの中から．カルデア人の国から出よ，群れの先頭を行く雄やぎ〔羊〕のように．
▽ （エレ 50：8）

ふくろう

わたしは……廃墟のふくろうのようになった．
△ （詩 102：6—7）

若獅子は餌食を求めてほえ，神に食べ物を求める．
（詩 104：21） ▷

ライオン

雄やぎ

聖書の鳥獣

神は言われた。「地は、それぞれの生き物を産み出せ。」
（創1：24）

父上とその軍がどれほど勇敢かはご存じのとおりです。その上、彼らは子を奪われた野にいる熊のように気が荒くなっています。
（サム下17：8）

わたしはまたお前に……美しく織った服を着せ、いわだぬきの革を掛けてやった。
（エゼ16：10）

彼は……あのライオンの屍を見ようと脇道にそれたところ、ライオンの死骸には蜜蜂の群れがいて、蜜があった。
（士14：8）

雄牛が群がってわたしを囲み、バシャンの猛牛がわたしに迫る。
餌食を前にした獅子のようにうなり、牙をむいてわたしに襲いかかる者がいる。
（詩22：13—14）

動物の創造

熊

いわだぬき

蜜蜂

雄牛

67

聖書の植物

聖書の中の植物を特定することは必ずしも簡単ではない．たとえば，アダムとエバがりんご（但し，果実の名そのものはあげられていない）を食べたという伝承は，聖書時代のイスラエルで実際にりんごが知られていたかどうかという論議を呼び起こした．また，「野のゆり」は今日では通常アネモネであるとされている．100種以上の植物が聖書の中で言及され，多くの用途を持っていた．木は，果実，樹脂，建築材，燃料を提供した．ぶどうはぶどう酒となり，オリーブは油となった．ボスウェリア・サクラ（*Boswellia sacra*）のような植物からは香料や香水が作られた．樫の木（*Commiphora gileadensis*）は病気の治癒に用いられ，ヘンナ（*Lawsonia inermis*）からは染料が取られた．聖書の時代に生きた人々は，植物とそれらの特性について，現代の普通人よりもはるかに広い知識を持っていた．

> 野の花がどのように育つのか，注意して見なさい．……栄華を極めたソロモンでさえ，この花の一つほどにも着飾ってはいなかった．
> ▽ （マタ6：28—29）

野の百合

いちじく

聖書の植物

彼は林の中で力を尽くし，樅を切り，柏や樫の木を選び，また，樅の木を植え，雨が育てるのを待つ．
（イザ44：14）▽

ざくろも，なつめやしも，りんごも，野の木はすべて実をつけることなく……．
（ヨエ1：12）▽

オーク

ざくろ

いちじくの木から教えを学びなさい．枝が柔らかくなり，葉が伸びると，夏の近づいたことが分かる．
◁（マタ24：32）

あざみ

茨からぶどうが，あざみからいちじくが採れるだろうか．
（マタ7：16）△

彼らは……黄金，乳香，没薬を贈り物として献げた．
（マタ2：11）▷

乳香

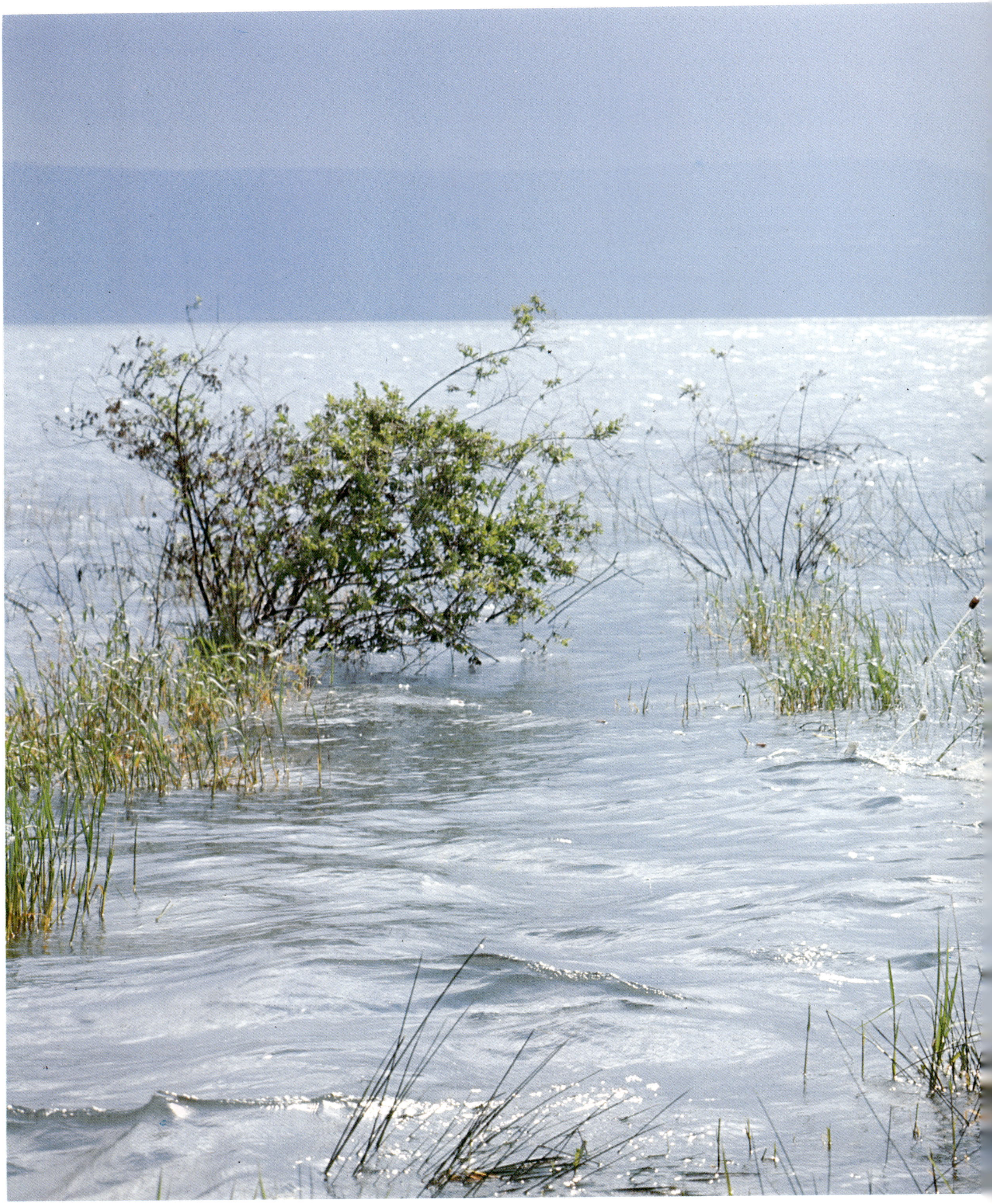

本書では聖書の地を，下図のように12の地域に分ける．いずれの項目も，聖書時代におけるその地域を描写する地図で始まる．次に，聖書の主要な出来事が，それが起こった地域にしたがって扱われる．

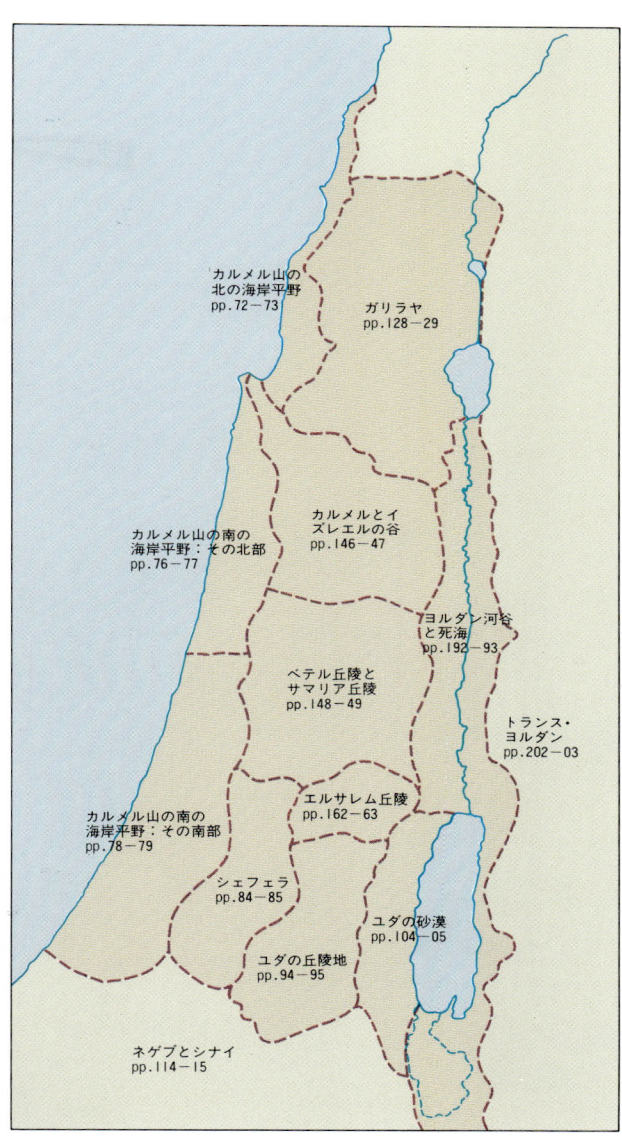

カルメル山の北の海岸平野 pp.72-73
ガリラヤ pp.128-29
カルメル山の南の海岸平野：その北部 pp.76-77
カルメルとイズレエルの谷 pp.146-47
ヨルダン河谷と死海 pp.192-93
ベテル丘陵とサマリア丘陵 pp.148-49
トランス・ヨルダン pp.202-03
カルメル山の南の海岸平野：その南部 pp.78-79
エルサレム丘陵 pp.162-63
シェフェラ pp.84-85
ユダの砂漠 pp.104-05
ユダの丘陵地 pp.94-95
ネゲブとシナイ pp.114-15

天の国は次のようにたとえられる．網が湖に投げ降ろされ，いろいろな魚を集める．

(マタ13：47)

海岸平野：カルメル山の北方

地域の概観

カルメル山とロシュ・ハ・ニクラとの間の地域を訪れる現代人は，工業の発展，海沿いの保養地，そして果実，特にバナナの集約栽培を目にする．カルメル山地のすぐ南には，石油精錬所を含むハイファの工業地域がある．ハイファとアコを結ぶ幹線道路の半分には，小工場が立ち並び，これらは西方では海岸にまで達するほど発達している．ハイファからアコまでの後半の道筋で，東側に見られる最も顕著な特徴は，集約的養魚場として用いられる連綿と続く池である．アコの北には1934年に農業開拓地として始まり，今では重要な海岸保養地となったナハリヤの町がある．

19世紀にこの地域を訪れた人には，景観はいくぶん異なっていた．アコの北東には，オレンジ，ざくろ，レモン，いちじく，そして各種の野菜を栽培する畑があった．アコの南には，ナハル・ナアマンとナハル・ヒラゾンが合流し，この川が増加した水流を運びきることができないために形成された大規模な沼地があった．アコとハイファの間の砂浜の多くは馬に乗って早駆けするのに理想的であったが，カルメル山地のすぐ北では，ナハル・キションが海に流れ込んでいたので，馬は泳ぎ，騎手は舟で渡らなければならなかった．キション川が海に流れ込む所の南にはデルタが形成された．デルタは排水されてハイファ工業地が建設され，ナアマンの沼地は養魚池に転換された．

地形そのものは，ハイファからアコに延びるハイファ湾と，アコから北へロシュ・ハ・ニクラに至るガリラヤ海岸に分けることができる．およそ5kmの幅をなす海岸平野はロシュ・ハ・ニクラで，大体西から東に走る丘陵によって突然に断ち切られる．ほとんどの土壌は深くかつ地味に富み，東から西に向けて灌漑する6水路および600mm以上の降雨によって十分な水が与えられている．ゼブルンの谷として知られるアコからハイファまでの地域は，長さおよそ20km，幅は6km

右　アクジブ出土の妊婦を描くこのテラコッタ製小像（前7世紀ごろ）は，この地域へのフェニキアの影響の証拠である．この像が示す豊穣への関心は，イスラエルの預言者たちによって忌み嫌われた傾向であった．

下　キション川の河口近くから見たこの19世紀の風景は，現代の訪問者が見聞するものとは大きな対比をなす．今日では，この地域は製油所および工業団地によって占められているし，遠方のカルメル山の斜面には集合住宅や家屋がひしめいている．

上　1839年にデイヴィッド・ロバーツによって描かれたアコ．この地は，ハイファ湾の北端に位置することを主たる理由として，シリアの支配者たちにとって常に重要であった．

記号 (U)：位置不明

アクジブ　ヨシュ 15:44；19:29；士1:31；ミカ1:14　**B3**

アクシャフ　ヨシュ 11:1；12:20；19:25　**B4**

アコ（プトレマイス）　士1:31　**B4**

アフェク（アフィク）　ヨシュ 19:30；士1:31　**B4**

アブドン（エブロン）　ヨシュ 21:30；士12:13, 15；代上6:59　**B3**

アフラブ（マハレブ）　士1:31　**C2**

アムアド　ヨシュ 19:26 (U)

アヤロン　士12:12 (U)

アラメレク　ヨシュ 19:26 (U)

ウツ　→ホサ

エブロン　→アブドン

オキナ　ユディ 2:28 (U)

カブル　ヨシュ 19:27；士4:9, 13　**C4**

キション（川）　士4:7, 13；5:21；王上18:40　**B5**

サレプタ→ツァレファト

ツァレファト（サレプタ）　王上17:9, 10；オバ20；ルカ4:26　**C1**

ツロ（ティルス）　サム下5:11；24:7；王上5:15；7:13, 14；9:11, 12；代上14:1；22:4；代下2:2, 10, 13；エズ3:7；ネヘ13:16；詩45:13；83:8；87:4；イサ23:1, 5, 8, 15, 17；エレ25:22；27:3；47:4；エゼ26:2, 7, 15；27:2, 3, 32；28:2, 12；29:18；ヨエ4:4；アモ1:9, 10；ゼカ9:2, 3；1マカ4:18；使12:20；21:3, 7；マタ11:21, 22；15:21；マコ3:8；7:24, 31；ルカ6:17；10:13, 14　**C2**

ナハラル　ヨシュ 19:15；21:35；士1:30　**B5**

ネイエル　ヨシュ 19:27　**C4**

ハモン　ヨシュ 19:28；代上6:61　**B3**

ハリ　ヨシュ 19:25 (U)

プトレマイス　→アコ

ベアロト　王上4:16 (U)

ベト・エメク　ヨシュ 19:27　**B4**

ヘルバ　士1:31 (U)

ホサ（ウツ）　ヨシュ 19:29　**C2**

マハレブ　→アフラブ

ミシュアル　ヨシュ 19:26；21:30　**B4**

ミスレフォト・マイム　ヨシュ 11:8；13:6　**B3**

レホブ　ヨシュ 19:30；21:31；士1:31；代上6:60　**B4**

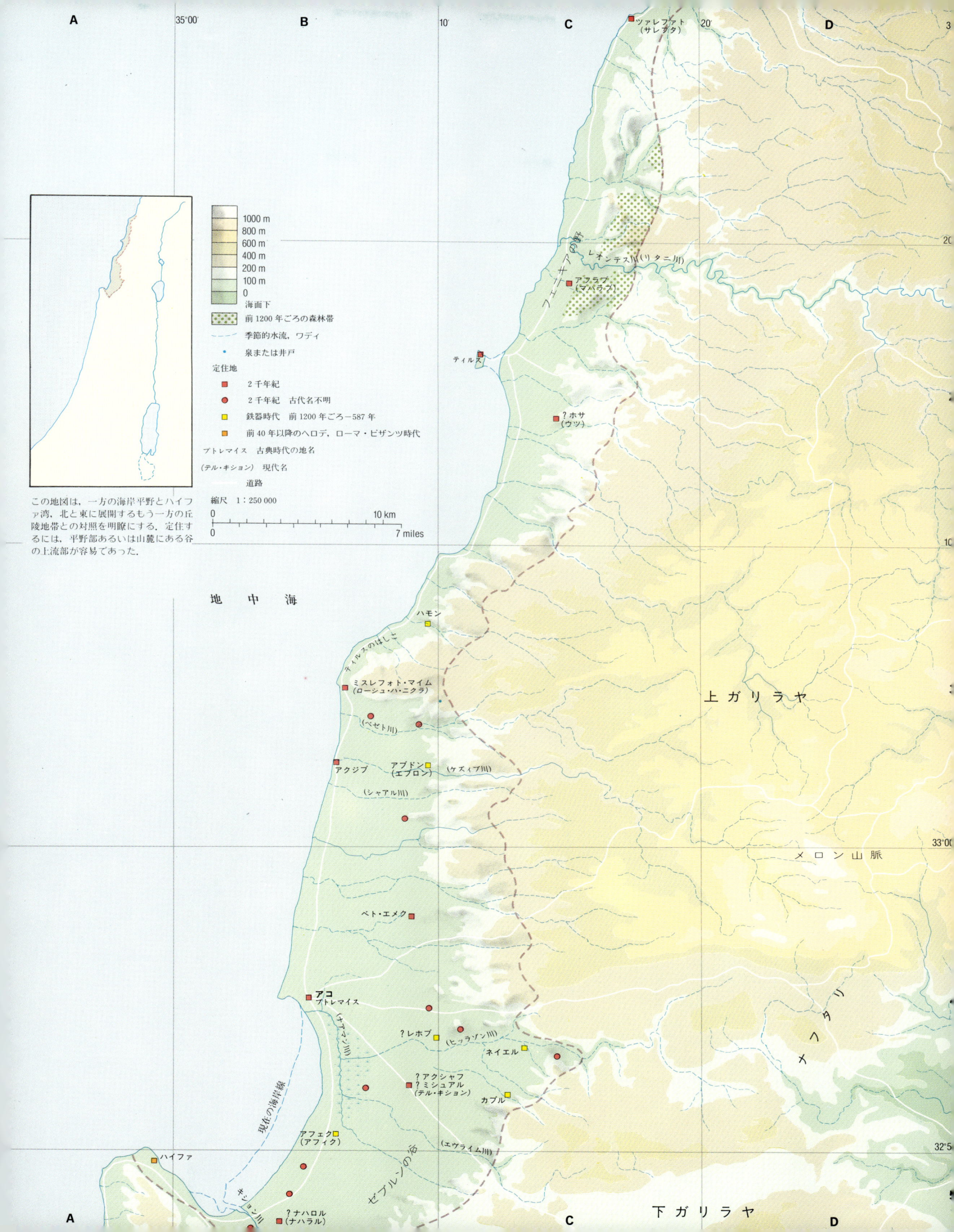

凡例:
- 1000 m
- 800 m
- 600 m
- 400 m
- 200 m
- 100 m
- 0
- 海面下

前1200年ごろの森林帯
季節的水流, ワディ
泉または井戸

定住地
- 2千年紀
- 2千年紀 古代名不明
- 鉄器時代 前1200年ごろ－587年
- 前40年以降のヘロデ, ローマ・ビザンツ時代

プトレマイス 古典時代の地名
(テル・キション) 現代名
道路

縮尺 1:250 000
0　　10 km
0　　7 miles

この地図は，一方の海岸平野とハイファ湾，北と東に展開するもう一方の丘陵地帯との対照を明瞭にする。定住するには，平野部あるいは山麓にある谷の上流部が容易であった。

地中海

上ガリラヤ

下ガリラヤ

メロン山脈

ツァレファト (サレプタ)
レオンテス川 (リタニ川)
アフラブ (マハラブ)
ティルス
?ホサ (ウツ)
ハモン
ミスレフォト・マイム (ロージュ・ハ・ニクラ)
ティルスのはしご
(ベゼト川)
アクジブ
アブドン (エブロン)
(ケズィブ川)
(シャアル川)
ベト・エメク
アコ プトレマイス
?レホブ
(ヒブラゾン川)
ネイエル
?アクシャフ (テル・キション)
?ミシュアル
カブル
アフェク (アフィク)
(エウライム川)
ゼブルンの谷
ハイファ
現在の海岸線
キション川
?ナハロル (ナハラル)

海岸平野：カルメル山の北方

ティルスとシドン

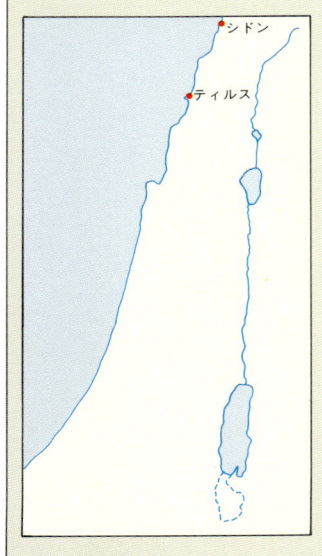

ティルスは聖書時代の主要な海港であり，アレクサンドロス大王がこの町を包囲するために土塁を築くまでは，島であった．それは同時に，大規模な交易センターであって，ここからソロモンは神殿建築用の材料の一部を調達した．この町の富は有名であり，そのゆえに芸術と文化の典型となった．ティルスは，シドンと並んで，スペインに至るまでの植民地を地中海域の各地に広めたフェニキア海洋帝国の中心地であった．

シドンは北フェニキアの海港であって，水の豊富な地点を占め，海に張り出した小さな島で守られた港を持っていた．シドンは，その長く変化に豊んだ歴史のうちで，時々隣接のティルスによって支配されたし，この地帯を侵略した主な征服者たちにとって常に大きな獲物であった．ティルスとは異なって，シドンはアレクサンドロス大王を歓迎した．

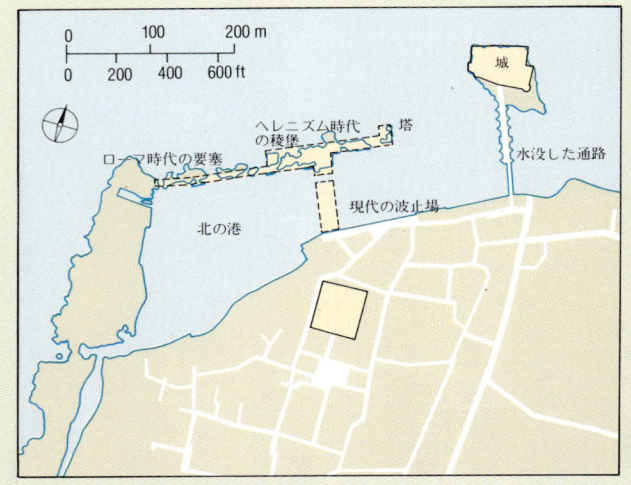

上　ティルスの北約 35 km にあるシドンは，交易と文化の中心地として前者と同様に重要であった．このフェニキア式人型石棺はこの地の墓で発見された．

左　ティルスはローマ人を含む多くの支配者の手を経た．ローマ人による遺構の一部は今でも見ることができる．パウロは，第三次宣教旅行からエルサレムへの帰途，ここに 1 週間滞在した．

左端　古代シドンの平面図．

から 9 km である．

聖書時代のアコーハイファ間の海岸線が今日と同じであったどうかは明らかでない．ほぼ今日の海岸線に沿ってはいるが，およそ 3.75 km 東にずれたところに，前 2 千年紀の主要な定住地があったことを示す証拠が存在する．これらの定住地は海岸沿いにあったか，航行可能な沼地で海から隔てられていた．ナハル・キションと潮流の合成力がハイファ湾の海岸線に沿ってかなりの量の砂を堆積させたことは明らかである．

2 千年紀の主要な定住地は，海に容易に接近することができるか，それより東であれば泉や井戸に近い所にあった．定住者は漁撈か農耕によって生計を立てたと思われる．アコとロシュ・ハ・ニクラの間の海岸からおよそ 15 km の線より東の丘陵地は，パレスティナ・オーク（クエルクス・カリプリノス；*Quercus calliprinos*）とその類縁種の常緑林で覆われていたと考えることができよう．

聖書の記録

この地域に対する聖書の最初の主要な言及は，アシェル部族が，合計で 22 の町とそれらに付属する村々からなるカルメルからティルスまでの地域を割り当てられたとするヨシュア記 19：24—31 にある．この割り当てが実際のものというよりは理論上のものであったことは，「アシェルは，アコの住民，シドンの住民，マハレブ，アクジブ，ヘルバ，アフィク，レホブを占領しなかった」という士師記 1：31 に示されている．しかし，これらの町のほとんどはダビデの治世末までにはイスラエルのものになったと思われる．ヨアブの人口調査旅行（サム下 24：4—8）にはこの地域が含まれていたと思われるし（7 節を見よ），ソロモンがエルサレムに神殿を建てるに際してヒラムに余分の支払いをしなければならなかった時，カルメル山から北方にマハレブまでの海岸地域にあったすべてのイスラエルの町を含んでいたと想定されるガリラヤの 20 の町をヒラムに割譲したのである．

現在ハイファはイスラエル北部で最も重要な海港である．聖書時代ハイファの地域はたぶん，キション・デルタの沼地のゆえに東からは近づくことができなかった．これとは対照的に，アコへの接近は容易で，これが北の主要な海港の役を果たした．それは，聖書の中では使徒言行録 21：7 でプトレ

海岸平野：カルメル山の北方

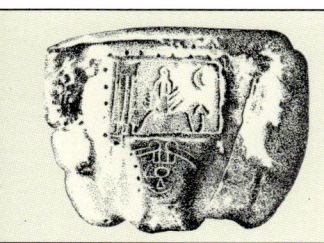

左 シドン出土の石製刻文鉢．たぶんメルカルト神の祭儀を描写する．もしも，この祭儀の中で王が神の役を演じたとしたら，それはエゼキエル書28章が隣接のティルス王を神のようにふるまっているとして批判したことの説明となるかもしれない．

下 このティルスの鳥瞰図は，それが島であった時の様子の一部を示してくれる．陸から離れ，内湾の奥にあったことは自然の防護となり，前6世紀にバビロニア王ネブカドネツァルによる13年間の攻囲に耐えることができた．

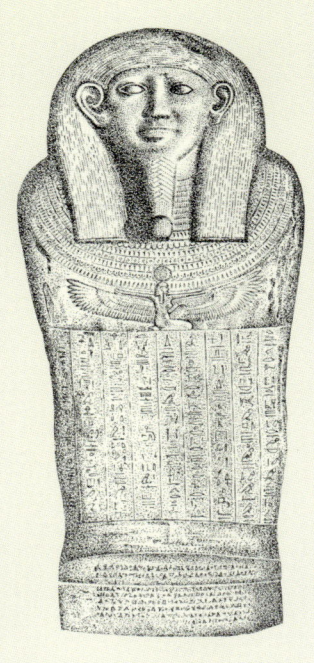

上 シドンの王タブニトのこの棺は，元来エジプトの将軍ペンプタハのために作られたことは明らかであり，次いでタブニトのために再利用された．前6世紀に由来する底部のフェニキア語碑文は，この棺を開くことは誰にも許されないと警告している．

マイスというヘレニズム期の名称で言及されている．聖書時代のアコは現在の海岸線よりもほぼ2km東にあった．

ロシュ・ハ・ニクラの北には「ティルスのはしご」として知られる一連の丘陵がある．ティルスの南約8kmのところまでは事実上まったく砂浜がなく，それ以後小規模なものがあるだけである．ロシュ・ハ・ニクラから北に向けてティルスに行くためには，丘陵を登らなければならなかった．ティルス自体は旧約聖書の時代，海岸から600ないし750m離れた島であって，最も重要な南部フェニキア都市であった．それは交易と通商のための偉大な貨物集散地であって，ソロモンがエルサレム神殿建設のための資材を必要とした時（王上9：11），ティルスの王ヒラム（前969－936年）に目を向けたのであった．ティルスの富と美の生き生きとした描写は，エゼキエル書28章にあるティルスの豪族に対する叱責のうちに見られる．ティルスは，アハブ（およそ前873－852年）の妻イゼベルをとおして北王国の歴史において運命的な役割を演じた．彼女は，イスラエルの神の礼拝に替えて，彼女自身の神を導入しようと精力的に働いた．しばしばティルスと共に言及されているのが，ティルスから海岸沿いに35kmほど上ったフェニキア都市のシドンである．シドンの南約15kmの海岸にツァレファト（サレプタ）があるが，これはエリヤが，アハブおよびイゼベルと厳しい闘争を行なっている間に起こった飢饉の際に行くようにと命令された町である（王上17：8）．エリヤは，はっきりと，「シドンに属するツァレファト」に行くよう命令されているのであり，この預言者が，多くのイスラエル人が飢饉にあえいでいた時に非イスラエル人寡婦とその息子に食物を与えたという事実には意図的な皮肉があることは疑いない．同様なモティーフが新約聖書に見出される．マタイによる福音書15：21－28（マコ7：24－30）で，イエスは「ティルスとシドンの地方に行」き，娘が悪霊憑きである非イスラエル人女性のために奇跡を行なうのである．

海岸平野：カルメル山の南方

地域の概観

カルメル山地が海に接する地点から南の海岸平野は，通常三つの主要な地域に区分される．カルメル海岸として知られる第1の地域は，ほぼ30 kmの長さをなし，平均してわずか3 kmほどの幅を持つにすぎない．それは，東方ではカルメル山地と北方の丘陵地が境をなしており，その南限はナハル・タンニニムにある．

シャロン（たとえば，イザ35：2に見出されるヘブライ語名）として知られる第2の地域は，ナハル・タンニニムからテル・アビブのすぐ北で海に注ぐヤルコン川に至る（一部の権威者たちは，境界線をナハル・アヤロンとナハル・ナーションとの間に認めようとしている）．それは，だいたいにおいて，長さ50 km，平均幅15 kmをなす．ナハル・タンニニムのすぐ南で，平野は急激に2 kmから12 kmに広がる．ヤルコン川の南にユダ平原として知られる平原が広がり，これが北部と南部に分かれる．およそ85 kmの長さを持つ北部は，アシュドドのすぐ北で海に注ぐナハル・ラキシュにまで達する．南部の領域を決定することは，境界線が変化する半乾燥地帯によって囲まれているため，もっとむずかしい．通常，アシュケロンとガザの中間で海に注ぐナハル・シクマがネゲブ海岸との境界をなすと考えられている．

19世紀にこの地域を訪れた人は，現在の姿を見てこれが往時の地であるとはほとんど思わないであろう．ハイファからカイサリアまでの地区についてトムソンは1857年に「この地を馬の背に乗って旅するよりも，想像によって9時間を過ごすほうが同じ位に有益であるし，はるかに快適である」と書

アルバタ 1マカ5:23 **B2 C2**
アルボト 王上4:10 **C3**
オフラ 士6:11,24; 8:27,32; 9:5 **C4**
カイサリア(ストラトンの塔) マタ16:13; マコ8:27; 使10:1,24; 11:11; 12:19; 18:22; 21:8,16; 23:23,33; 25:1,4,6,13 **B3**
シホル・リブナト(川) ヨシュ19:26 **B2**
シャロンの野 代上5:16; 27:29; 雅2:1; イザ33:9; 35:2; 使9:35 **B3 B4**
ストラトンの塔 →カイサリア
ソコ 王上4:10 **C3**
タントゥラ →ドル
ドル(タントゥラ) ヨシュ11:2; 12:23; 17:11; 士1:27; 王上4:11; 代下7:29 **B2**
ナファト・ドル ヨシュ11:2; 王上4:11 **C2**
ヘフェル ヨシュ12:17; 王上4:10 **B3**
ヤシュブ 民26:24 **C3**

左 海岸平野の西端をなすクルカル尾根（降起石灰層）が防壁となって，水流がそのまま海に流入しにくくしている．いくつかの地点で現出する沼地がこの写真でも見られる．

右 この地図で最も著しい特徴は，カルメル山地のすぐ南の地帯がいかに狭いかということである．それの広まり具合はまことに劇的である．定住様式は，一般にこの平原の広がり具合に従う．

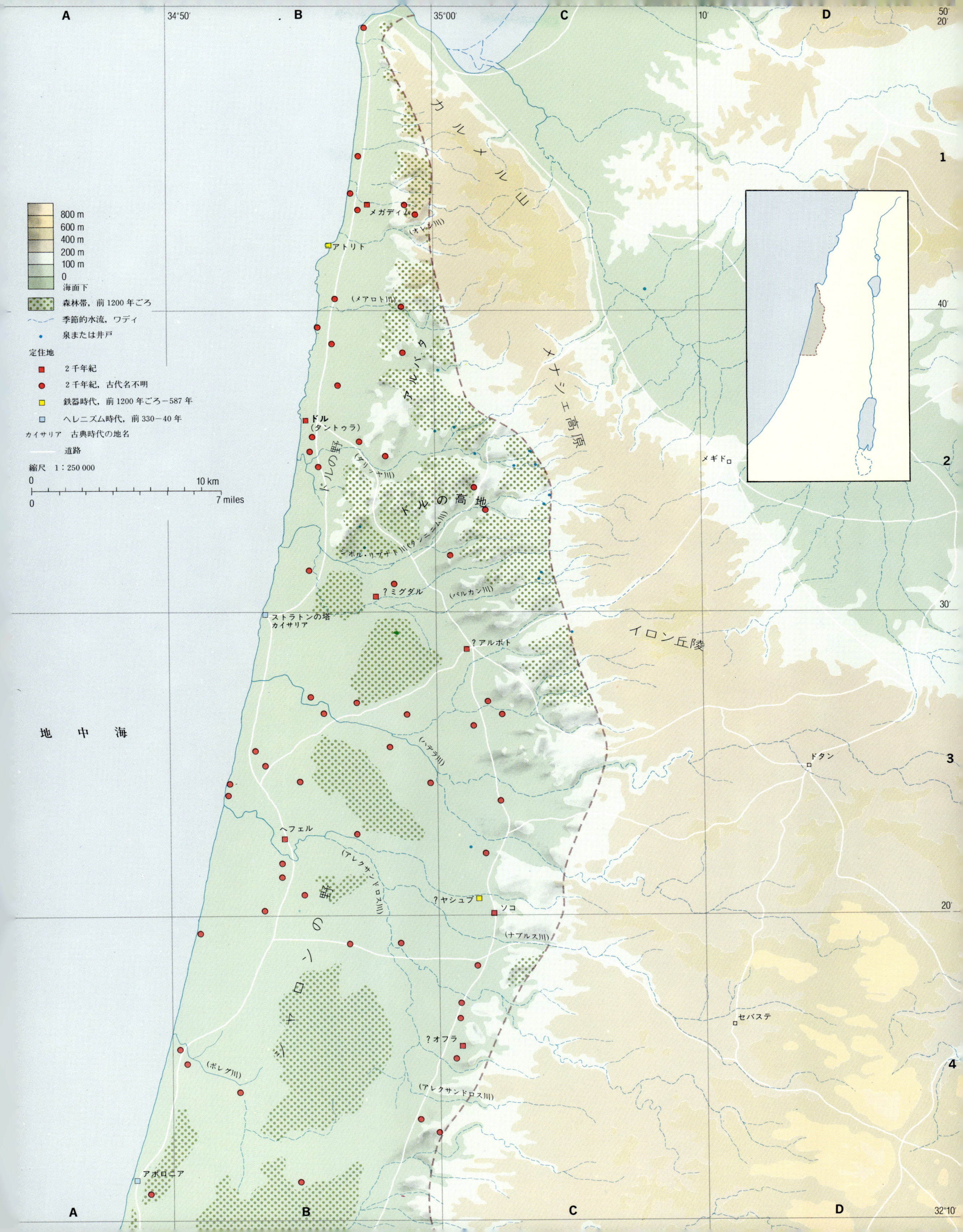

A
B
C
D
34°50'
35°00'
10'
50'
20'
40'
30'
20'
32°10'
1
2
3
4
カルメル山
メナシェ高原
ドルの高地
イロン丘陵
ドルの野
地中海
メガディム
(オレン川)
アトリト
(メアロト川)
ドル
(タントゥラ)
(ダリヤ川)
(バルカン川)
?ミグダル
ストラトンの塔
カイサリア
?アルボト
(ハデラ川)
ヘフェル
(アレクサンドロス川)
?ヤシュブ
ソコ
(ナブルス川)
?オフラ
(ポレグ川)
アポロニア
メギド
ドタン
セバステ
800 m
600 m
400 m
200 m
100 m
0
海面下
森林帯，前 1200 年ごろ
季節的水流，ワディ
泉または井戸
定住地
2 千年紀
2 千年紀，古代名不明
鉄器時代，前 1200 年ごろ－587 年
ヘレニズム時代，前 330－40 年
カイサリア　古典時代の地名
道路
縮尺　1：250 000
0
10 km
0
7 miles

海岸平野：カルメル山の南方

いた．彼はアトリトまで重要な村落や遺跡を何一つ見なかった．しかし，G・A・スミスは，彼が引用した以前の多くの権威者たちと同じく，オークの森と林の名残りを認めた．タントゥラ（ドル）はトムソンには「この地と東方の丘陵地の麓との間に横たわる湿地ふうの平地にある無防備の海岸にある……侘しげなやつれた小村」として映った．彼は，カイサリアからガザまで達する広大な砂丘に驚かされたが，それはいくつかの所で5kmもの幅を持っていた．今日ネタヌヤと呼ばれる所の東には，砂地に繁る松の林，「われわれがパレスティナで目にした最も良い標本」を認めた．ヤルコン川の南，特に「ロド盆地」（後述）では，G・A・スミスは，「さらに進んだ農耕――穀草とメロンの畑，庭園，オレンジの木の繁み，そしてなつめやしの繁み」を報告した．今日でもこの地域は集約農耕地の一つであるが，これにロドにある国際空港と，特にテル・アビブをめぐる主要道路および鉄道の連絡網が加わっている．

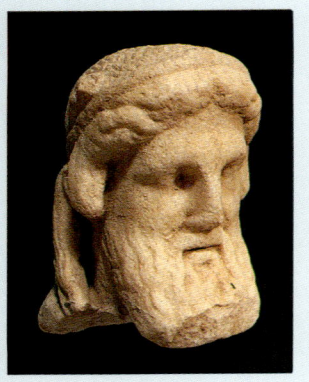

左端 ドルは，おそらく後期青銅器時代に築かれた海港である．それはダビデ治世下でイスラエルの手中に入り，ソロモンの行政区の一つの中心であった．ペルシア時代（前540年以後）には，ギリシア植民地がここに築かれた．ユダヤ人のハスモン家支配者たちはその主権を打破したが，ポンペイウスが前63年にその自治権を取り戻した．ドル出土の石製男子頭像（左）はヘレニズム時代のものである．

記号（U）：位置不明
アシュケロン（アスカロン）士1:18; 14:19; サム上6:17; サム上1:20; エレ25:20; 47:5,7; アモ1:8; ゼファ2:4,7 **B4**
アシュドド（アゾト）ヨシュ11:22; 15:46,47; サム上5:1,3,5-7; 6:17; 代下26:6; ネヘ13:23-24; イザ20:1; エレ25:20; アモ1:8; ゼファ2:4; ゼカ9:5; 使8:40 **B3**
アゾト →アシュドド
アゾル（アゾル）ヨシュ19:45; マタ1:13,14 **C1**
アッカロン →エクロン
アディダ →ハディド
アフェク（アンティパトリス）サム上4:1; 29:1; 使23:31 **D1**
エクロン（アッカロン）ヨシュ13:3; 15:11,45,46; 19:43; 士1:18; サム上5:10; 6:16,17; 王下1:2,3,6,16; エレ25:20; アモ1:8; ゼファ2:4; ゼカ9:5,7 **D3**
エフド ヨシュ19:45
エベン・エゼル（アフェク）サム上4:1; 5:1 **D1**
エラの谷 サム上17:2,19; 21:10 **C3 D3**
エルテケ ヨシュ19:44; 21:23 **D2**
エロン ヨシュ19:43(U)
オノ 代上8:12; エズ2:33; ネヘ6:2; 7:37; 11:35 **D1**
ガザ 申2:23; ヨシュ13:3; 15:47; 士1:18; 6:4; 16:1,21; サム上6:17; レ25:20; 47:1,5; アモ1:6,7; ゼファ2:4; ゼカ9:5; 使8:26 **A4**
ガト（メテグ・アンマ）ヨシュ11:22; 13:3; サム上5:8; 6:17; 17:4,23; 21:11,13; 27:2-4; サム下1:20; 8:1; 21:20,22; 王上2:39,40; 王下18; 代上8:13; 18:1; 20:6,8; 代下26:6; アモ6:2; ミカ1:10 **D3**
ガト・リモン ヨシュ19:45; 21:24; 代上6:54 **C1**
キタイム（ガト）サム下4:3; ネヘ11:33 **D2**
ギベトン ヨシュ19:44; 21:23; 王上15:27; 16:15,17 **C2**
ギムゾ 代下28:18 **D2**
ギルガル **D1**
ケドロン 1マカ15:39,41; 16:9 **C3**
ケドロン（ベルス）（川）1マカ16:9 **C2**
シクロン ヨシュ15:11 **C3**
ツェファタの谷 代下14:9 **C4**
ツェボイム サム上13:18; ネヘ11:34 (U)
ネバラト ネヘ11:34 **D2**
バアラ山 ヨシュ15:11 **C2**
バアラト ヨシュ19:44; 王上9:18; 代下8:6 **C2**
ハディド（アディダ）エズ2:33; ネヘ7:37; 11:34; 1マカ12:38; 13:13 **D1**
ベト・ダゴン ヨシュ15:41 **C1**
ベネ・ベラク ヨシュ19:45 **C1**
ベルス（川）→ケドロン（川）
メテグ・アンマ →ガト
メ・ヤルコン ヨシュ19:46 **C1**
ヤブネエル（ヤブネ，ヤムニア）ヨシュ15:11; 代下26:6 **C2**
ヤムニア 2マカ12:8,9 **C2**
ヨッパ ヨシュ19:46; 代下2:15; エズ3:7; ヨナ1:3; 使9:36,38,42,43; 10:5,8,23,32; 11:5,13 **C1**
ラコン ヨシュ19:46 **C1**
ロド（リダ，ディオスポリス）代上8:12; エズ2:33; ネヘ7:37; 11:35; 使9:32,35 **D2**

凡例

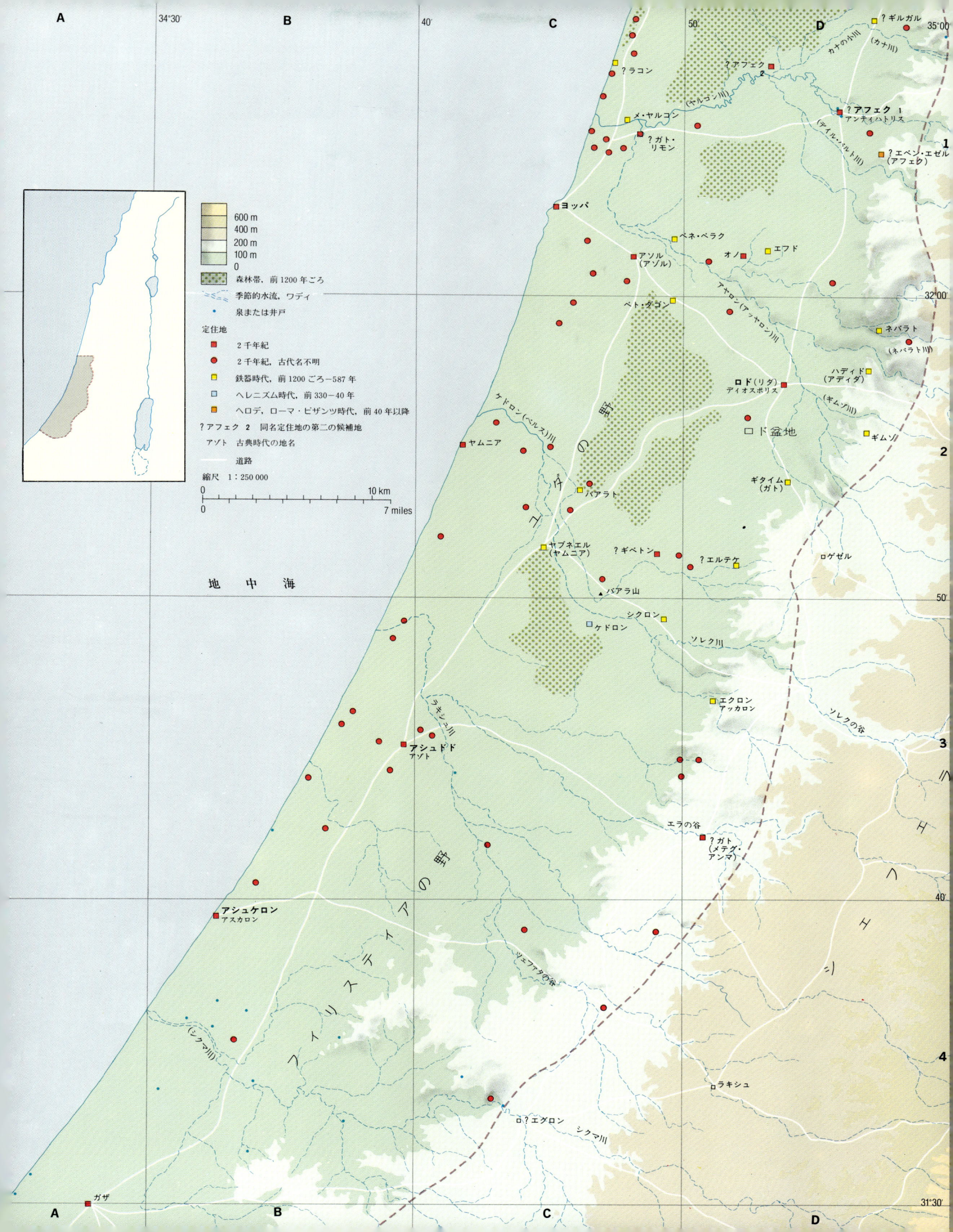

標高
- 600 m
- 400 m
- 200 m
- 100 m
- 0

森林帯，前1200年ごろ
季節的水流，ワディ
・ 泉または井戸

定住地
- ■ 2千年紀
- ● 2千年紀，古代名不明
- □ 鉄器時代，前1200ごろ－587年
- □ ヘレニズム時代，前330－40年
- □ ヘロデ，ローマ・ビザンツ時代，前40年以降

?アフェク 2 同名定住地の第二の候補地
アゾト 古典時代の地名

道路
縮尺 1:250 000
0　　10 km
0　　7 miles

地名

- ?ギルガル
- ?ラコン
- メ・ヤルコン
- (ヤルコン川)
- ?ガト・リモン
- ?アフェク 2
- ?アフェク 1（アンティパトリス）
- (テイル・ベルト川)
- ?エベン・エゼル（アフェク）
- ヨッパ
- ベネ・ベラク
- アソル（アゾル）
- オノ
- エフド
- ベト・ダゴン
- アヤロン（アッヤロン川）
- ネバラト（ネバラト川）
- ロド（リダ）ディオスポリス
- ハディド（アディダ）
- (ギムゾ川)
- ロド盆地
- ギムゾ
- ケドロン（ベルス）川
- ヤムニア
- ギタイム（ガト）
- バアラト
- ヤブネエル（ヤムニア）
- ?ギベトン
- ?エルテケ
- ロゲゼル
- ▲バアラ山
- シクロン
- ケドロン
- ソレク川
- ソレクの谷
- エクロン／アッカロン
- ラキシュ川
- アシュドド／アゾト
- エラの谷
- ?ガト（メテグ・アンマ）
- アシュケロン／アスカロン
- ツェファタの谷
- ラキシュ
- ?エグロン
- シクマ川
- 地中海
- ガザ

海岸平野：カルメル山の南方

　この地域が聖書時代にどんな様子だったかを理解するためには，その地質，生態系および定住様式といった側面を考慮に入れなければならない．地質時代に，海は進出と後退を数度繰り返し，そのたびに標高を低くした．これによって3本の並行するクルカル尾根（水その他の要素によって固められた一種の砂岩）からなる海岸線ができた．これらの尾根のうち最も西にあるのが現在の海岸線であるが，アトリトから北は海によってほとんど完全に浸蝕されている．ヤルコン川の南でクルカル尾根は広大な砂丘によって海から守られている．ヤルコン川とナハル・ハデラの間で尾根は，ネタヌヤの近くで最高50mから60mに達する断崖からなる一連の山地となっている．この山地は，主要な数本の川と（アレクサンデル，ポレグ，ヤルコンの）ナハルが海に注ぐ所で分断されている．ナハル・ハデラからアトリトまでの断崖はいろいろな程度の浸食を受けている．

　第1のクルカル尾根の東およそ1kmのところに，平均300mの幅で，シャロンの北部で20ないし30m，南部で40ないし50mの高さをなす第2の尾根がある．第3の尾根は，第2の尾根の東およそ3kmのところにあり，10ないし20mの砂に覆われ，シャロンの北で50m，南で60mの高さに達する．第3の尾根とその砂は，いくつかの地域でおよそ8kmの幅を持つ．この尾根は，これを横切って海に注ぐ数本の川とナハルによって，そして「ロド盆地」によって広く分断されている．この尾根は，ナハル・ソレクの南に続く砂地に連続してはおらず，「ロド盆地」の南から半乾燥地が中断するまでの平野に典型的な肥沃な土壌で覆われている．

　古代におけるこれら三つの尾根の影響は次のようなものであった．第1の尾根（海岸線）と第2の尾根の間には砂の地帯があり，川やナハルの土手やその近くで定住が可能であった．第2と第3の尾根の間には，川やナハルが完全に海に注ぎ込むことができないために生じた沼地があった．「赤い尾根」と呼ばれる第3のものは，落葉性のオークの林およびトムソンが観察した松の林で覆われていた．落葉性のオークの林（タボル・オーク，クウェルクス・イタブレンシス；*Quercus ithaburensis*）の名残りは第一次世界大戦まで留まっていたが，トルコ人が蒸気機関車の燃料に使ってしまった．この「赤い尾根」とその林の東には山麓にまで達する肥沃な土壌の平原があった．この平原は農耕に理想的であった．

　2千年紀の定住様式は，「赤い尾根」がその縁辺を除いてはどこでも占住がなかったことを示す．この事実は，森林が存在したことを強く支持し，「赤い尾根」が，谷がこの尾根を分断する所を除いては，海岸部での定住と丘陵地縁辺の定住を分ける障壁となっていたことを示すのである．丘陵地縁辺の定住は，通常の場合水源近くの「赤い尾根」と山麓の間の平原の肥沃な土壌で営まれる農耕定住地であった．海岸部の定住もまたたぶん，海に注ぎ込む川による灌漑の助けを借りて第1と第2の尾根の土壌を耕作する，主として農耕によるものであった．しかし，漁業と交易もまたある程度行なわれていた．豊かな土壌を持つ小さな三角形の平原である「ロド盆地」では，その全域で定住地が確立された．ここで強調しておきたいことは，地図に表示してある定住のほとんどは，2千年紀のうちごく一部しか存在しなかったということである．本書におけるそれらの機能は，現地の地質と生態系との関連で定住可能な地域を示すことにある．これらの定住地は，2千

海岸平野：カルメル山の南方

ヨッパ，アシュドド，そしてガザは海岸平野の南部で，海に面するかこれに近い最も重要な町のうちの三つであった．ヨッパ（下右）はこの地域での主要な自然港であって，前15世紀にはすでにエジプトの史料の中で言及されている．3千年間にわたって定住がなされ，多くの増改築がなされたにもかかわらず，現在の景観からしてもその自然の利は明らかである．

アシュドドとガザは，前12-11世紀に「海の民」の侵略に伴ってペリシテ人の町となった．ここに示した小像（左）は過去20年間にわたる発掘で見つかったものであるが，これは椅子に座った女性で，たぶん前12世紀に由来する．

海岸平野の町のうちで最南端にあるガザ（上）は戦略上重要であり，エジプトに至る沿岸の門戸となっていた．エジプトは，可能な時は常にこの町を治めた．聖書の記録ではペリシテ人勢力の中心地として現われ，サムソンが死んだ場所である．

年紀の主要な交通網との関連で考えられなければならない．エジプトから北方への道路は，ガザとアシュドドを通ってヨッパに至る海岸路をとり，ここで北東に曲がってヤルコンの谷を経てアフェクに達し，次いで丘陵の縁辺に沿って進むのであった（p.26を見よ）．しかし，全面的に海岸地域に沿って進む道路も存在したのであり，このこともまた定住様式に影響を与えた．

聖書の記録

旧約聖書の中では，現在扱っている地域はユダ，エフライム，マナセの各部族に配分されている．正確な境界を決定することは不可能であるが，ユダには大雑把にいってナハル・ソレクの南（ヨシュ15：11-12），エフライムにはナハル・ソレクとヤルコン川の間（ヨシュ16：8．カナの小川がワディ・カナであって，これがヤルコン川に合流すると想定してのことだが），そしてマナセにはこれより北，カルメル山までの海岸平野の残りが配分されている．同時に，ダンにはヨッパの港とそれに達する「回廊」が与えられたということも，もしもこれがヨシュア記19：46の意味するところであれば，考えうることである．

実際には，上にあげた諸部族はこれらの地域に対してほとんど支配力を行使しなかったらしい．士師記1：18-19は，ユダがガザ，アシュケロンおよびエクロンを敗ったにもかかわらず，ユダは「平野の住民は鉄の戦車を持っていたので，これを追い出すことはできなかった」と述べている．士師記1：29もまた「エフライムは，ゲゼルに住むカナン人を追い出さなかった」と述べているし，マナセはドルを征服できなかったのである（士師1：27）．事実，エフライムとマナセは，丘陵地と森林を持つ「赤い尾根」との間の海岸平野の東部よりも広い地域を支配したとはほとんど考えられないのであり，しかもこの地帯にはエジプトから北に向かう主要な国際道路が含まれていたのであるから，前8世紀にアッシリアの勢力が台頭するまではエジプトがこの地域を支配していたと考えられる．ユダに配分された地帯の北部は前12世紀にはペリシテ人によって占領されていた．ダビデとソロモンのもとでペリシテ人は平定されたが，ユダが，ソロモンの死後，この地域に対して何らかの有効な支配権を行使したとは考えにくい．例外は，ガト，ヤブネおよびアシュドドの城壁を破り，ペリシテの領土内にいくつもの町を建設したウジヤ（代下26：6，前785-733年ごろ）と「ペリシテ人を，ガザとその領域まで，見張りの塔から砦の町まで攻撃した」（王下18：8）ヒゼキヤ（前727-698年ごろ）の治世下であった．

海岸地域に対する旧約聖書の言及は，ペリシテ人とダン部族の英雄サムソンとの闘争の物語において群を抜いて多くなされている．サムソンはアシュケロンで30人を殺して，30組の衣服を得たが，彼のペリシテ人妻がライオンの死骸の中に

81

海岸平野：カルメル山の南方

ある蜂の巣についての謎の意味を明かした時にこれらの衣服を失ってしまった（士14：5―20．特に19節）．ガザはその門を，サムソンがこれらをヘブロンに持ち去った時に失ったし（士師16：1―3），盲目にされたサムソンが連れて行かれた所はガザであって，そこで彼は大きな建物の柱を倒して自らと共に約3000人のペリシテ人を殺したのであった（士16：23―30）．サウルの治世以前のペリシテ人とイスラエル人との戦争では，ペリシテ人はアフェクでの闘いを強いた．彼らは幹線道路を用いて軍勢を結集することができ，勝利を占めることによって，ワディ・カナをとおって丘陵地に達する道が開かれた（サム上4：1―11）．この闘いで奪われてしまった「神の箱」は，最初アシュドドに，次いでガト，エクロンへともたらされ，やがてイスラエル人のところに戻された（サム上5：1―12）．ガトはまた，ペリシテ人の巨人ゴリアトの故郷でもあったし，ダビデがサウルによって殺されようとした時にはこの町の王の所に逃げ込んだのであった（サム上27：1―12）．ペリシテ諸都市の北の町のうちでは，ヨナが，神に命じられた方向とは反対の方向に向けて出帆した海港として（ヨナ1：3），そしてまたエルサレムの第1，第2両神殿のための資材が搬入された港として（代上2：16，エズ3：7）ヨッパが言及されている．

新約聖書には，前63年のローマによる占領に続いて，この地域に起こった重要な変化が反映されている．圧倒的に重要な変化はカイサリアの建設であった．この地点の近くにはペルシア時代の終わり（前340年ごろ）以来海軍基地があったのであるが，新約聖書時代になって知られるこの町は，前22年にヘロデ大王によって建て始められ，前10―9年に竣工した．後6年にカイサリアはローマ支配のユダ州の首都にしてローマ人総督の居所となった．カイサリアにおける最も目覚ましい建築上の業績は，港と水道の施設であった．大きな弧を描く長さ600mほどの防波堤が南側にあったことは明らかである．250mほどある北の防波堤と合わせて，港の水面面積は約3.5エーカーであった．水の供給施設は2本の水道からなり，そのうちの高いほうはヘロデの治世下に建設された．それは長さ9kmで，カルメル山の南斜面にある泉から水を導いた．

ペトロがカイサリアでローマの百人隊の長コルネリウスに対して説教しようと向かっていた時（使10：1―48），彼は実際には，属州内の最も名声の高い異邦人の都市に向かっていたのである．それ以後，カイサリアのキリスト教社会は使徒言行録の中で数回言及されている．パウロは，最後の伝道旅行から戻ると，ティルスからカイサリアに帆船で（あるいは陸路を）赴き（使21：8），福音宣教者フィリポと共にそこに滞在した．パウロが2年間投獄され（使24：27．しかし各種の注解書を見られたい），フェストゥスの前で，そしてヘロデ・アグリッパ2世とその姉妹ベルニケの前で自己弁明を行なった（使25―26章）のはこのカイサリアにおいてであった．

カイサリア

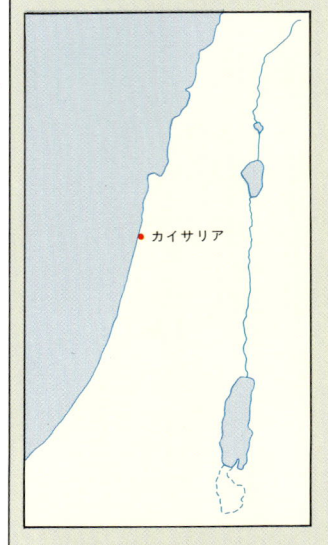

　カイサリアの建設は，前1世紀の終わりまでになされた偉大な技術的進歩を証明するものであった．ヨッパやドルのような古代都市はその生活を海岸に位置していることと真水が得られることに頼っていた．カイサリアは技術の勝利を証しするものであり，自然的に見た場合，州都になるにはふさわしくない海岸の一部に位置していた．そこには，数百年も前に小さな沿岸基地が存在していたが，前22―9年にカイサリアを建設したのはヘロデ大王であって，彼はこれをこの地域の主要港とし，ユダヤ人の王およびユダヤを支配したローマの行政長官の主たる居住地とした．後者には，イエスの十字架刑の時の総督であって，この地に後26年から36年まで住んだポンティオ・ピラトや，パウロをこの町に2年間投獄し，自身は後50年から52年まで住んだフェリックスがいる．新約聖書の時代から十字軍の時代まで，カイサリアはその戦略上の重要性を持ち続けた．考古学者によってたえず明らかにされつつあるその古代の遺構は，現代の訪問者にとって魅力的であり，この町のかつての偉大さを語る雄弁な証言である．

海岸平野：カルメル山の南方

下中央　カイサリアで，トラヤーヌス・デキウスによって鋳造された貨幣．「フラウィウス・アウグストゥス・カエサルの第一の植民地」の銘文．

下　カイサリアの海中で見つかったテッセラ（すなわち鑑札用小片）で，そこにあった古代の港を描いている．

下　港の傍で古い石柱が，かつてフェニキア海軍の基地があった地点で，海水に洗われた城壁から突き出している．

下中央　十字軍時代の町の中にある，13世紀の，角を持つこのアーチは南東隅に通じている．

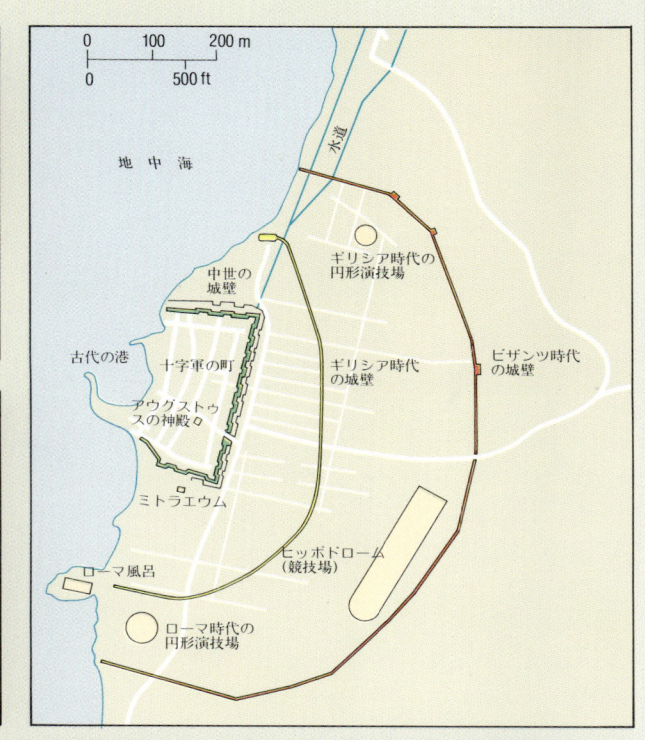

左　右が防護となっているという点を除けば，カイサリアの最も必要としたものは水の供給であった．これは2本の水道によってなされたが，ここに示した高いほうの水道は町から9km離れたカルメル山南腹から水を運んだ．この水道はヘロデの治世下に築かれた．

上　この空からのカイサリアは，主として中世都市（後11－13世紀）の遺構を示す．このころには町の規模はかなり縮小していた．前景の土地は，最盛期であったころの町の一部であったろう．

シェフェラ

地域の概観

「シェフェラ」とは低地を意味するヘブライ語であり，旧新約両聖書に見出される．ヨシュア記15：20—63では，この語は「南端域」（ヘブライ語でネゲヴ negev. 21節）と「丘陵地」（ヘブライ語でハル har. 48節）とで区別されている．

「シェフェラ」によって示される正確な地域を画定することは容易ではない．その北境は，通常，アヤロンの谷にあるとされているが，これは「ロド盆地」まで続く地質上の断層の一部をなすであろう．東側では，シェフェラは，ほぼ北から南へタルクミヤ（イフタ）まで達し，その後はほぼ南西に走る一連の谷によって分断されている．これらの谷と，それらがもっと高度のある東部丘陵との境界を形成するあたりはG・A・スミスによって生き生きと記述されている．南限についてはナハル・シクマに置くのが最良であろうし，西限は丘陵が海岸平野に出合うあたりである．しかし，この最後にあげた境界線は，あまりはっきりと識別することができない．というのは，幅広い谷が海岸平野から延びて，いくつかの地点で丘陵地にまで進入し，これらの丘は平野に属するのであるかもしれないという印象を与えるからである．以上のようにして規定された全域は，長さおよそ45 km, 幅およそ15 kmをなす地帯である．

シェフェラの西半分には，高さが大体 120 m から 350 m をなす丘陵が連なって，軟らかい石灰岩と白亜層からなっている．シェフェラのほぼ中央を北から南に流れる一連の短い谷が，この地域を西と，より高度のある東側に分ける．これらの丘は，1 ないし 2 m の厚さをなす硬質の石灰層で覆われている．これらは，西部におけるよりももっと表面が洗われており，それだけ農耕には適さない．

北から南に移るにつれて降雨量は減少する．シェフェラの北端では平均 500 mm の降雨量があり，その中央部で 350

記号（U）：位置不明

アクジブ（ケジブ）創38:5; ヨシュ15:44; 19:29; 士1:31; ミカ1:14　**C3**
アシャン ヨシュ15:42(U)
アシュナ ヨシュ15:43　**C3 D2**
アセカ ヨシュ10:10,11; 15:35; サム上17:1; 代下11:9; ネヘ11:30; エレ34:7　**C2**
アディタイム ヨシュ15:36(U)
アドラム 創38:1,12,20; ヨシュ12:13; サム上22:1; サム下23:13; 代上11:15; 代下11:7; ネヘ11:30; ミカ1:15; 2マカ12:38　**D3**
アネム 代上6:58(U)
アヤロン（エロン）ヨシュ10:12; 19:42,43; 21:24; 士1:35; 王上4:9; 代上6:54; 代下11:10　**D1**
アヤロンの谷 ヨシュ10:12　**C1 D1**
イトラ ヨシュ19:42(U)
イフタ（トリコミアス）ヨシュ15:43　**D3**
イル・シェメシュ →ベト・シェメシュ
イル・ナハシュ 代上4:12(U)
エグロン ヨシュ10:3,23,34,37; 12:12; 15:39　**B3 C4**
エシュタオル ヨシュ15:33; 19:41; 士16:31; 18:2,8,11　**D2**
エテル ヨシュ15:42　**C3**
エナイム 創38:14,21(U)
エナム ヨシュ15:34(U)
エフェス・ダミム（パス・ダミム）サム上17:1; 代上11:13(U)
エマオ（ニコポリス）1マカ3:40,57; 4:3; 9:50　**C2**
エラム エズ2:31; ネヘ7:34　**C3**
エロン ヨシュ19:43　**C2**
エロン・ベト・ハナン 王上4:9(U)
エン・ガニム ヨシュ15:34　**C2**
ガザラ →ゲゼル
カボン ヨシュ15:40　**C3**
キトリシュ ヨシュ15:40　**B3**
ケイラ ヨシュ15:44; サム上23:1—13; ネヘ3:17,18　**D3**
ケジブ →アクジブ
ゲゼル（ガザラ）ヨシュ10:33; 12:12; 16:3,10; 21:21; 士1:29; サム下5:25; 王上9:15—17; 代下6:52; 7:28; 14:16; 20:4; 1マカ4:15　**C1**
ゲデラ（ゲデロト）ヨシュ15:36; 代上4:23; 12:5　**C2**
ゲデル 代上12:13(U)
ゲデロタイム ヨシュ15:36　**C2**
ゲドル 代上4:17—18,39(U)
ザノア ヨシュ15:34; ネヘ3:13; 11:30　**D2**
ソコ ヨシュ15:35; サム上17:1; 代下11:7; 28:18　**C2**
ソレクの谷 士16:4　**C2**
タプア ヨシュ15:34(U)
ツェナン ヨシュ15:37　**B3**
ツォラ ヨシュ15:33; 19:41; 士13:2,25; 16:31; 18:2,8,11; 代下11:10; ネヘ11:29　**C2**
ティムナ ヨシュ15:10; 19:43; 士14:1,2,5; 代下28:18　**C2**
ディルアン ヨシュ15:38　**B3**
デビル ヨシュ10:38,39; 11:21; 15:7,15; 21:15; 士1:11; 代上6:43　**C4 D4**
トリコミアス →イフタ
ナアマ ヨシュ15:41(U)
ナハシュ 代上4:12　**C3**
ニコポリス →エマオ
ネツィブ ヨシュ15:43　**D3**

パス・ダミム →エフェス・ダミム
ハダシャ ヨシュ15:37(U)
ハリム エズ2:32,39; ネヘ7:35,42　**C3**
ハル・ヘレス →ベト・シェメシュ
ベエル 士9:21　**C2**
ベト・シェメシュ（ハル・ヘレス，イル・シェメシュ）ヨシュ19:41; 士1:35; サム上6:9,12,13,14,15,18,19,20; 王上4:9; 王下14:11,13; 代上6:44; 代下25:21,23; 28:18　**C2**
ボツカト ヨシュ15:39　**C3**
マカツ 王上4:9　**C2**
マグビシュ エズ2:30　**C3**
マケダ ヨシュ10:16,17,21,28,29; 15:41　**C3**
マレシャ（マリサ）ヨシュ15:44; 代下11:8; 14:8,9; 20:37; 1マカ5:66; 2マカ12:35　**C3**
ミグダル・ガト ヨシュ15:37　**C3**
ミツパ ヨシュ15:38(U)
モレシェト（・ガト）エレ26:18; ミカ1:1,14　**C3**
ヤルムト ヨシュ10:3,5,23; 12:11; 15:35; ネヘ11:29　**C2**
ヨクテエル ヨシュ15:38(U)
ラキシ ヨシュ10:3,5,23,31—35; 12:11; 15:39; 王下14:19; 18:14,17; 代下11:9; 25:27; ネヘ11:30; イザ36:2; エレ34:7; ミカ1:13　**C3**
ラフマス ヨシュ15:40　**C3**
リブナ 民33:20,21; ヨシュ10:29,31,32,39; 15:42; 21:13; 王下8:22; 19:8; 23:31; 代上6:42; 代下21:10; イザ37:8　**C3**

左 ツォラとエシュタオルの地域は，ダンの最初の領土の，そしてこの部族の英雄サムソンの根拠地である．現代の広範囲にわたる植林は，この地が旧約聖書の時代にどのようであったかを思わせてくれる．

右 シェフェラは，イスラエルの南部にあって移行的地域を形成し，西では海岸平野と，東では中央山地と重なる．ここは，旧約聖書におけるいくつかの最も大きな事件の場となった．

地図凡例

標高
- 1000 m
- 800 m
- 600 m
- 400 m
- 200 m
- 100 m
- 0

- 森林帯，前1200年ごろ
- 季節的水流，ワディ
- 泉または井戸

定住地
- ■ 2千年紀
- ● 2千年紀，古代名不明
- ■ 鉄器時代，前1200ごろ－587年
- ■ ペルシア時代，前537－330年
- □ ヘレニズム時代，前330－40年

?エグロン 2　同名定住地の第二の候補地
マリサ　古典時代の地名
(テル・ハスィ)　現代名
　　　　道路

縮尺 1：250 000
0 ── 10 km
0 ── 7 miles

地名（北から南へ、おおよその配置）

- ロド，ロド盆地
- ゲゼル（ゲザラ），ベト・ハナン
- ?エマオ ニコポリス，アヤロン（エロン），アヤロンの谷
- ?マカツ，ゲデラ（ゲデロト），エルサレム丘陵
- ?ティムナ，エクロン，?アシュナ
- ツォルア，エシュタオル
- ?ベエル，ソレク川
- ?エン・ガニム，ベト・シェメシュ（ハル・ヘレス，イル・シェメシュ），?エロン，レビ
- ザノア
- ヤルムト
- アゼカ，?ゲデロタイム
- ?ガト，ソコ，エラの谷
- ハリム，アクジブ（ケジブ），アドラム
- ?リブナ 1（ホルバト・ラウニン），モレシェト・ガト，?リブナ 2
- エテル，?ナハシュ，ケイラ
- ?ツェナン，マレシャ（マリサ），?マクビジュ，ネツィブ，?エラム，?プタ，トリコミアス
- ラキシュ，ララマス，?カボン，?アシュナ 2
- ?エグロン 2（テル・ハスィ），?ミグダル・ガド，?マケダ
- キトリシュ，シャフィル
- ディルアン，ヘブロン
- ?エグロシ 1（エル・エロン）
- ?デビル 1，?ゴシェン 2（テル・ベイト・ミルスィム）
- ?デビル 2（ホルバト・ラブド）
- ?ゲラル 1（テル・ハロル），?ゲラル 2（テル・セラ）
- ?ツィクラグ 1，?ゴシェン 1，?ツィクラグ 2（テル・ハリフ）

西部 / 東部

シェフェラ

mm, その南端では 250 mm である. 南に行くにつれて減少するこの降雨量は北部が明瞭に優先されるという定住様式に反映されている.

前2千年紀の定住様式は, シェフェラの東端に沿う線 (アドラム, ケイラ, エグロン, デビル) と西部と東部を分ける境界に沿う線 (ベト・シェメシュ, ヤルムト, モレシェト・ガト, マレシャ, ラキシュ) からなる定住域を示す. 東部シェフェラでは, その東端と西端を除いて, 定住はほとんどなされなかったようである. このことから, 東部シェフェラは聖書時代に, 東側では常緑性のオークとその類縁種, 西側では常緑性のイナゴマメ, コショウボク類によって森林を形成していたか, 木々が繁茂していたと結論づけることができる.

高度の低い西部シェフェラの古代の植生は知られていない. そこは, その多くの谷で豊かな土壌を含んでおり, 古代においても広範な開拓がなされていた. 旧約聖書はソロモンについて, 彼が「レバノン杉をシェフェラのいちじく桑のように大量に供給した」(王上 10:27) と言っている. このいちじく桑とは, たぶん, フィクス・スィコモルス Ficus sycomorus (シコモア種いちじく) である. 歴代誌上 27:28 に, ダビデがバアル・ハナンを「シェフェラのオリーブといちじく桑」の管理者に据えたとある. したがって, 西側斜面の各所には, オリーブとシコモア種いちじくの濃密な栽培地, そしてぶどう畑があったと考えられる (士 14:5).

聖書時代におけるこの地域の主要道路は, 東から西に流れる谷と, シェフェラの東端と中央丘陵の間および東西のシェフェラの間で北から南に走る分割線に沿っていた. こうして, ラキシュは, ベト・シェメシュから通ずる北から南への通路沿いにあっただけでなく, ナハル・ラキシュ沿いにヘブロンに至る東西路との交差点に位置していた. サムソンがガザの門を約 70 km 隔てたヘブロンまで運ぶという離れ業をやった時, この道を通ったことはほとんど間違いない (士 16:1—3). その戦略的位置と優れた自然的立地条件のゆえに, ラキシュはユダにおいて第2に重要な町となった. 前 701 年になされたアッシリア王センナケリブによるこの町の占領は, 現在大英博物館にある有名な浮彫りの中で記念されている.

聖書の記録

シェフェラについて広く触れた最初の言及はヨシュア記 10 章にある. エルサレムの王は, ギブオンの町がイスラエル人と同盟を結んだことを警戒して, ヘブロン, ヤルムト, ラキシュおよびエグロンの王に援助を求める (ヨシュ 10:3). これらの町の戦略的位置に着目すると興味深い. ヘブロンはエルサレムから南方へネゲブに至る道を支配し, ラキシュとヤルムトはシェフェラを東西に分ける道路に沿っており, エグロンは (これが, ペリシテのエグロン〔テル・ハスィ Tel Hasi ?〕ではなくて, ユダのエグロン〔テル・エトン Tel Eton ?〕だとしてのことだが) 東部シェフェラを中央丘陵から分ける道路上にある. これらの町の同盟は, これらの道路を支配することから得られる収入を確保するために結ばれた相互援助条約の一部であったかもしれない.

次に起こった戦闘で五王は決定的な敗北を喫したが, ヨシュアは自分の勝利をできるだけ完全なものとするため, 日を長くするよう神に頼んだ (ヨシュ 10:12—14). 敗北した敵軍はワディ・ミケティ (ナハル・ベト・ホロン) 沿いにアヤロンの谷の中に逃げ込んだ. たぶんラキシュに戻ろうと目論んだ軍勢は, そこからナハル・ナションとナハル・メイルに沿って, ベト・シェメシュにある大きな谷ナハル・ソレクの中に入り, ラキシュに通ずる道に進んだ. しかし, 彼らはアゼカまでの全道中にわたって雹の嵐に妨げられ, イスラエル人の刃によるよりも多くの人々が殺された (ヨシュ 10:11).

この地域の主要道路を支配していた王たちと彼らの軍隊に対するこの勝利によって, ヨシュアはこれらの王がやって来た町々に注意を向けることができた. リブナ (ヨシュ 10:29—30. もしもアゼカの南東約 7 km の町であるホルバト・ラヴニンとの同定が正しいなら) を平定した後, ヨシュアはラキシュに進み, 北に 35 km 以上離れたゲゼルからラキシュのための支援があったにもかかわらず, この偉大な町を征服した (ヨシュ 10:31—33). 次にヨシュアはエグロンに注意を向けた (ヨシュ 10:34—35). エグロンとテル・エトンとの同定が正しいならば, ヨシュアはおそらくナハル・ラキシュに沿って南東方向に東部シェフェラと中央丘陵との間の道に進み,

広い谷となだらかな丘からなるシェフェラの典型的な風景. サムソンの多くの偉業はこのような所でなされた.

次いで東からエグロンに接近した．ヨシュアは，こうして側面を固めたために，東北東のヘブロンに対して行動を起こすことができ（ヨシュ10：36―37），それから「戻って」（ヨシュ10：38）デビル（テル・ベイト・ミルスィムあるいはホルバト・ラブド）に向かった．ヘブロンとデビルの町はカレブによって占領されたとも記録されている（ヨシュ15：13―17）．これは，（ヨシュアが，カレブ人にヘブロンとデビルに対して戦わせることによってこれらの町を勝ち取ったとする）ヨシュア記10：36―39に記録されているのと同一の出来事であるかもしれないし，あるいは，ヘブロンとデビルが再占領された後の時代を指しているのであるかもしれない．詳細は士師記1：10―13で繰り返されている．

シェフェラは次に，サムソンとペリシテ人との闘争の物語の中で述べられている．ダン部族の領土には17の町が含まれていたが，そのうちのいくつかは，（たとえばベネ・ベラクとキヴアト・ハ・ラダル，ガト・リモンとテル・ゲリサ〔ヨシュ19：45〕のような）同定が正しいならば，ナハル・ヤルコンが海に注ぐ所の南の海岸にあった．他の町々は，ナハル・ソレクの広い谷沿いや，谷を見おろす丘の上や，「ロド盆地」の中にあった．この領地は地理的には意味をなすにしても，実際的にはダン人はベト・シェメシュの西の小さな地域，ナハル・ソレクの広い谷を見おろす丘に限られていた．その中のツォルアの地でサムソンは生まれた（士13：2）．

成人したサムソンの記録されている最初の出来事は，彼がペリシテ人の女に魅惑されるティムナで起こる（士14：1）．ティムナにペリシテ人がいたというこの言及は重要である．それは，ペリシテ人がナハル・ソレクの谷深くまで広がり，すでにダン族の領地を占領していたことを示す（ティムナがダン族の町であったことについてはヨシュ19：43を見よ）．サムソンのティムナ妻は，彼からライオンの死骸の中にある蜜についての秘密を聞き出した女であった（士14：5―20）．サムソンと彼女の家族との間の不幸な関係は，サムソンがティムナ地域の穀物とオリーブ畑に火をつけるという結果をもたらした（士15：1―8）．士師記15：9―20はユダに対するペリシテ人の略奪のことを述べているが，これにはサムソンも巻き込まれていた．この出来事が起こったレヒの位置は不明である．しかし，この出来事はペリシテ人の勢力が増大しつつあったことと，彼らがダン族に対して与えた圧力を示している点で重要である．この圧力によって，ダン族はヨシュア記19：40―46で彼らに割り当てられた地域から出ることを余儀なくされた．士師記18：2は，ダンがツォルアとエシュタオルの二つの町に縮小されたことを意味していると解されるのであり，やがてこの部族は，はるか北に向けて移動し，ヨルダン川の水源近くのライシュに根拠を据えた（士18：27―29）．サムソンとデリラの物語については，それが「ソレクの谷」で起こったとしか語られていない（士16：4）．

ダビデとペリシテの巨人ゴリアトとの遭遇場所は大体確定することができる．サムエル記上17：1によれば，ペリシテ人はソコとアゼカの間の，未同定のエフェス・ダミムに陣営を張った．しかし，ソコとアゼカは両者ともナハル・ハ・エラの同じ側にあるのであり，17：3から，敵軍はナハル・ハ・エラ〔エラの谷〕の反対側に陣を張ったことは明らかであり，こうして，奇襲を避け，同時に眼下でなされた勇士の一騎討ちを見守る位置にいたのである．ゴリアトが敗れると，イスラエル人はペリシテ人を追走してナハル・ハ・エラを下り，ガトとエクロンまで達したのであった（17：52）．

シェフェラの町々は，次に，サウルがダビデを殺そうとした時，ダビデがサウルから逃れようとした試みの物語の中で言及されている．サムエル記上22：1によると，ダビデは「アドラムの洞穴」に400人の家来からなる郎党を集めた．アドラムは，シェフェラ東部と中央丘陵の間の路上にある古いカナンの町であった（ヨシュ12：15）．それはまた，西部と東部の両方への近道であったナハル・ハ・エラに近かった．ダビデがこの地点を選んだのは，それが十字路に位置していたこと，しかし，彼の一団が周辺の森林の中に速やかに身を隠すことができたことによることは疑いない．サムエル記上の終わり近くで（23：13―17），ダビデが，ベツレヘムにペリシテ人の駐屯兵が配置されていた時に，井戸から水を持って来させるために，3人の戦士をアドラムからベツレヘムに遣わしたとの記事がある．この出来事は，ダビデがサウルから逃亡中で，しかもペリシテ人がその支配をユダの中心部まで延ばしていた時期に最もよくあてはまる．ダビデの戦士たちは，明瞭な道筋を辿ったとしたら，ナハル・エズヨナに沿って行き，次いで小さな谷を通ることによって，容易にベツレヘムに達することができたはずである．しかし，この明瞭な道筋は防備もまた堅かったはずであり，ダビデの勇士たちは予期されない行動を取るのにたけ，ペリシテ人よりもはるかによく間道に通じていたのである．ペリシテ人たちがケイラの地域を略奪していた時（サム上23：2），ダビデはこの町の支援に出かけた．この町は，シェフェラ東部を中央丘陵から分ける道路に沿って，アドラムから近距離にあった．

ダビデの時代以降は，彼の孫レハブアムの治世（前928―911年）まで，シェフェラに対する重要な言及はなにもない．この王はユダの一部を要塞化し，シェフェラに関する限りでも，彼の事業はソコ，アドラム，マレシャ，ラキシュ，アゼカ，ツォルアおよびアヤロンといった今ではなじみ深い町々に及んだ（代下11：6―10．ガトもまた言及されているが，その正確な所在は不明であるとしても，あげられている他の町々とは異なる位置にある．このことは，シェフェラの東部と西部を分ける道路は要塞化された前線となったことを意味する．しかし，これらの準備をもってしても，レハブアムが前924年にエジプトの王シシャク（ショシェンク1世．前945―924年）による侵略から免れることはできなかった．

列王記上14：25―27はシシャクの関心がエルサレムに限られていたとしているが，エジプトの記録は，ファラオがレハブアムの要塞線の西側から幹線南北路を北上し，次に東転して二派に分かれてエルサレムを攻撃したことを示唆する．シシャクはエルサレムには行かず，ギブオンで貢物を受けてから北進してイスラエルの要塞諸都市を攻撃したらしい．

8世紀初め（前786年ごろ），ユダの王アマツヤとイスラエルの王ヨアシュの衝突がシェフェラの中のベト・シェメシュで起こった（王下14：8―14）．アマツヤはその前にユダの南東でエドム人と戦って勝利を収め（王下14：7），今やこの地域での覇権を求めてヨアシュに挑戦したのである．ヨアシュは，「レバノンのあざみがレバノンの杉に，『あなたの娘をわたしの息子の嫁にくれ』と申し込んだが，レバノンの野の獣が通りかかって，あざみを踏み倒してしまった」（王下14：9）という有名な寓話を用いて，愚かなことをするなとアマツヤ

シェフェラ

に警告した．アマツヤはこれにひるまず，戦闘がベト・シェメシュでなされたのである．

　エルサレムの北に首都サマリアを構えていたイスラエル王がなぜ，エルサレムの西南西にあったベト・シェメシュにいたユダの王と闘ったのかという疑問が当然生ずる．この疑問への答えは，たぶんこの戦闘が馬と戦車を使ってなされ，そのため，ベト・シェメシュが見おろす広い谷で展開されたのであろうということである．イスラエル王は，海岸平野の丘陵に沿って走る幹線道路を下って戦車を引き連れたことであろう．彼はベト・シェメシュに軍勢を結集して，アマツヤに対して困難な戦術上の問題を課した．アマツヤがベト・シェメシュにおいて交戦しないならば，ヨアシュはベト・シェメシュからラキシュに至る道にある町々を略奪することができたであろう．アマツヤがベト・シェメシュでヨアシュと交戦して敗れたとしたら，ヨアシュはその軍勢をナハル・レファイム沿いにエルサレムまで登らせることができたであろう．そしてこれが実際に起こったことであった．アマツヤはベト・シェメシュで敗れ，ヨアシュはエルサレムに進んでその城壁の一部を破壊したのであった（王下14：13）．

　西方から接近する敵からシェフェラをどのようにして防衛するかという戦略上の問題は，エルサレムの王たちを数度にわたって悩ませた．アハズの治世中（前743─727年ごろ），ペリシテ人がシェフェラを襲ってベト・シェメシュ，アヤロン，ゲデラ，ソコおよびティムナの町々を占領した(代下28：18)．この後退はたぶん，アハズの後継者で，ペリシテ人をガザまで追走した（王下18：8）ヒゼキヤ（前727─698年ごろ）によって逆転された．しかし，ヒゼキヤの成功は長続きしなかった．ペリシテ人に対する彼の攻撃は，アハズがティグラト・ピレセル3世に保護を求めて以来（王下16：7─8），この地域全体に対する宗主となっていたアッシリア人に対する反乱の一部をなしていたのである．ヒゼキヤはこの時センナケリブの怒りにふれた．

　アッシリア人は，二派に分かれ，一つは北から中央丘陵地に沿ってエルサレムを（イザ10：27b─32を見よ），他はユダの西側を降ってラキシュを攻撃した．有名な浮彫りに描写されているラキシュの陥落に伴い，このアッシリア王が，この地域にあってまだ同定されていない他の町や村に加えて，マレシャ，モレシェト・ガトおよびアドラムの町々を占領する道が開けたのである（ミカ1：10─15）．この西の道は，たぶん，前587年にネブカドネツァルが2回目の遠征をエルサレムに対して行なった時にも選ばれた．エレミヤ書34：7から，エルサレムを除いては，要塞化された場所のうちではアゼカとラキシュだけが残ったことが知られるし，アゼカとラキシュの間にあったまだ同定されていない監視所からラキシュに宛てられた，いわゆる「ラキシュ書簡」の第4のものは，アゼカ陥落の瞬間を記録して「われわれは〔火/煙による〕……ラキシュの信号を今かとばかりに見守っています．……われわれはアゼカを見ることができません」と書いている．

　バビロンの捕囚（前597─540年）後の，旧約聖書でのシェフェラへの言及は1回だけである．ネヘミヤ記11：29─30は，ユダの人々が住んでいる村としてツオラ，ヤルムト，ザノア，アドラム，ラキシュおよびアゼカをあげている．新約聖書ではシェフェラは使徒言行録9：35で言及されている．

ラキシュ

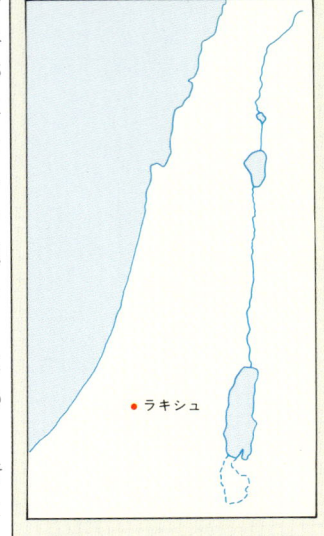

　ラキシュは，エルサレムに次いで2番目に重要なユダの町であった．ヘブロンとは異なって，それがユダの首都となったことはなかった．しかし，それは，南北路，東西路双方を抑える戦略上の要衝地を占めていた．それが最初の定住を受けたのは前3千年紀後半のことであり，それ以来多くの定住がなされた．ヨシュア記10：32は，ヨシュアがこの町を破ったと言っている．それは確かに城砦化された重要なイスラエルの町となったのであり，その包囲と占領（前701年）は，現在大英博物館にある有名なセンナケリブの浮彫りに描かれている．この町は，587年にはバビロニア人によって攻囲・占領されたが，捕囚の後ユダヤ人は戻ってここに住んだ．たぶん，ここは，この地帯担当のペルシア人行政官の居住地でもあったであろう．この地の定住は前2世紀のある時期に停止した．

上　テル（遺丘）の北西麓に，エジプト支配時代（前1450ごろ─1250年ごろ）の神殿の遺構がある．この象牙製アヒル頭部はこの神殿で発見された多数の物件のうちの一つであった．

下　ラキシュにおける最近の発掘には，前701年の包囲の際に築かれたアッシリア軍の攻城用斜路の調査も含まれた．

右　この風景は，周囲の景観および道路との比較で，このテルの規模と重要性を示す．それは3方向を睥睨する．

シェフェラ

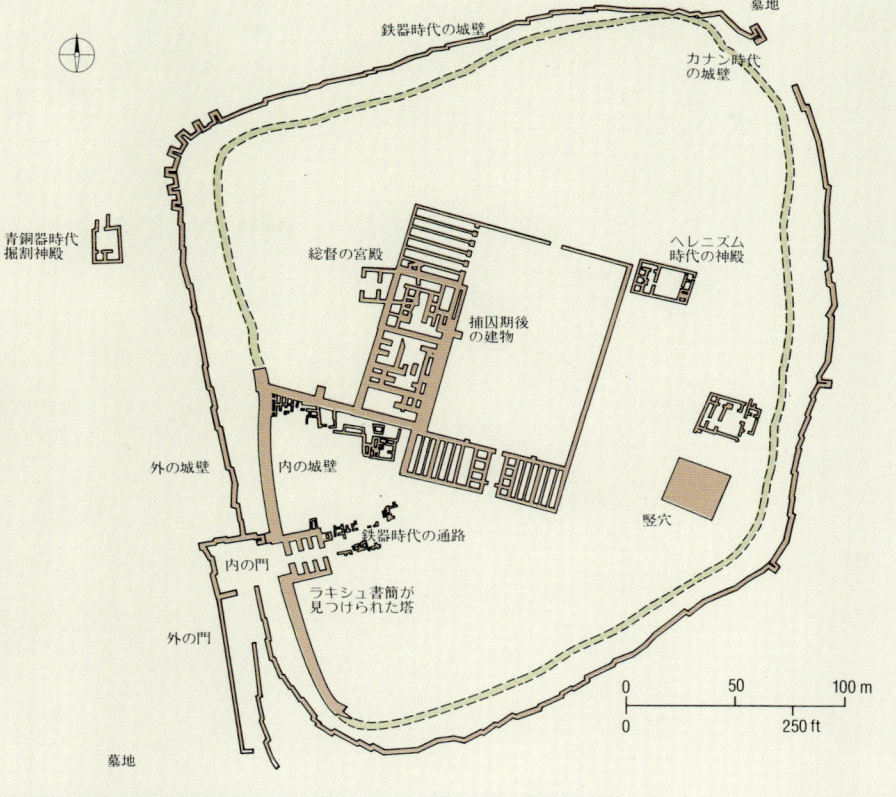

下　ラキシュで発見された小壺，ランプ，鉢および壺．ここでの出土物には他に，三股の鉄製フォーク，および前9世紀の儀礼用の器があったが，これはこれほど遅い時代にまでカナンの祭儀が生き残っていたことを示唆する．

上　いわゆるラキシュ書簡は，1935年と1938年の発掘で，町の入口の守衛室の中で発見された．これらは，たぶん前588/7年に，ラキシュとアゼカの両方を見ることができた砦からこの町に宛てられた．ここに描かれている第4書簡の結びは，監視兵はもはやアゼカののろしを見ることができないと言っている．おそらくこれは，この町がバビロニア人の手に陥ちてしまったからである．

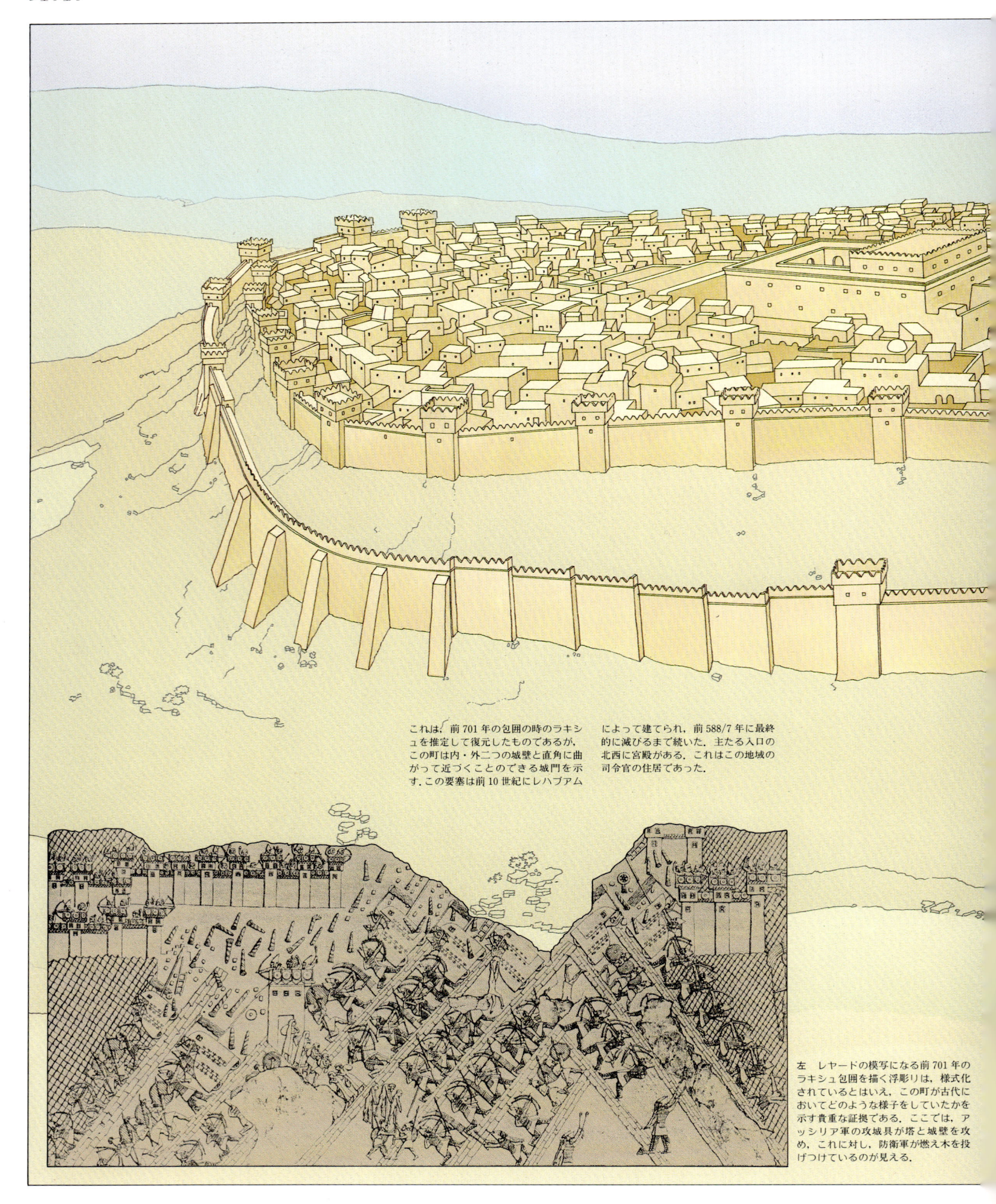

シェフェラ

これは，前701年の包囲の時のラキシュを推定して復元したものであるが，この町は内・外二つの城壁と直角に曲がって近づくことのできる城門を示す．この要塞は前10世紀にレハブアムによって建てられ，前588/7年に最終的に滅びるまで続いた．主たる入口の北西に宮殿がある．これはこの地域の司令官の住居であった．

左 レヤードの模写になる前701年のラキシュ包囲を描く浮彫りは，様式化されているとはいえ，この町が古代においてどのような様子をしていたかを示す貴重な証拠である．ここでは，アッシリア軍の攻城具が塔と城壁を攻め，これに対し，防衛軍が燃え木を投げつけているのが見える．

シェフェラ

右 これは，センナケリブが山岳地で入念な造りの玉座に座し，面前に引き出された捕虜を検分している様を示す．王の頭上には銘文があり，これをレヤードは正確に読むことができた．いわく「アッシリアの王センナケリブはその玉座に座した．ラキシュの町の戦利品は彼の前をとおった」．

聖書における戦争

　戦争は，たとい不幸なことではあっても，聖書時代における際立った特徴であった．ヨシュア記は，イスラエルが国土を獲得したのは軍事的征服によるとしているのであり，イスラエルがペリシテ人によって絶滅の危機に瀕した時，ダビデという偉大な軍人が出て，戦争の術によって民を救ったのである．イスラエルとユダは，エジプト，アッシリアおよびバビロンといった大帝国，そしてシリアのような小国によってたえず脅かされていた．また別の時には，イスラエル人は軍事手段によって領土を拡大した．新約聖書時代になると，ユダヤ人はローマによる軍事占領下で生活し，後73年と135年のユダヤ人の反乱はローマ人によって厳しく粉砕された．戦争は，聖書時代の多くの人々がたち向かって生きた裏地だったのであり，その陰で，神が彼らをそうあれと召したと彼らが信じた聖なる民と王家の祭司職として自らを位置づけようとしなければならなかった．自分自身の武力にのみ頼ろうとする誘惑は時に抵抗しがたいものであった．ここにある絵はすべて，前701年に起こったラキシュの包囲を描いたアッシリアの浮彫りに基づくものである．

下　弓射手は古代の戦争で重要な人物であり，矢筒には殺傷力の強い飛び道具がはいっていた．イスラエルのアハブ王は戦闘中に受けた矢による傷がもとで死んだ（王上22：34）．

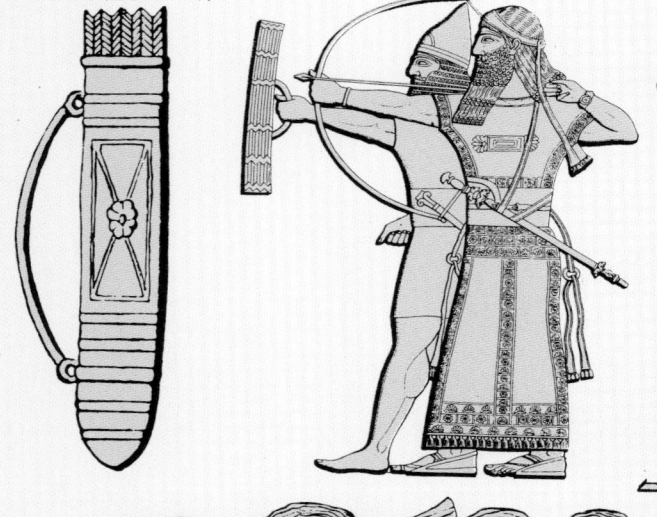

左　渡河の際，戦車は分解され，舟で運ばれた．人は，息を吹き込んで膨らした皮袋の浮きの助けを借りて泳いだ．

聖書における戦争

右 町が攻め入られたり、野戦での戦列が突破されると、掃討作戦の一端として白兵戦がよくなされた。ここでは、短剣が使われているのがわかる。

下 要塞化された町の城壁を突破するため、攻城具が開発された。それらは破城槌を運搬し、防衛軍の武器から先兵を守るように作られていた。防衛軍と交戦することは、彼らの戦意をくじくためにも必要なことであった。

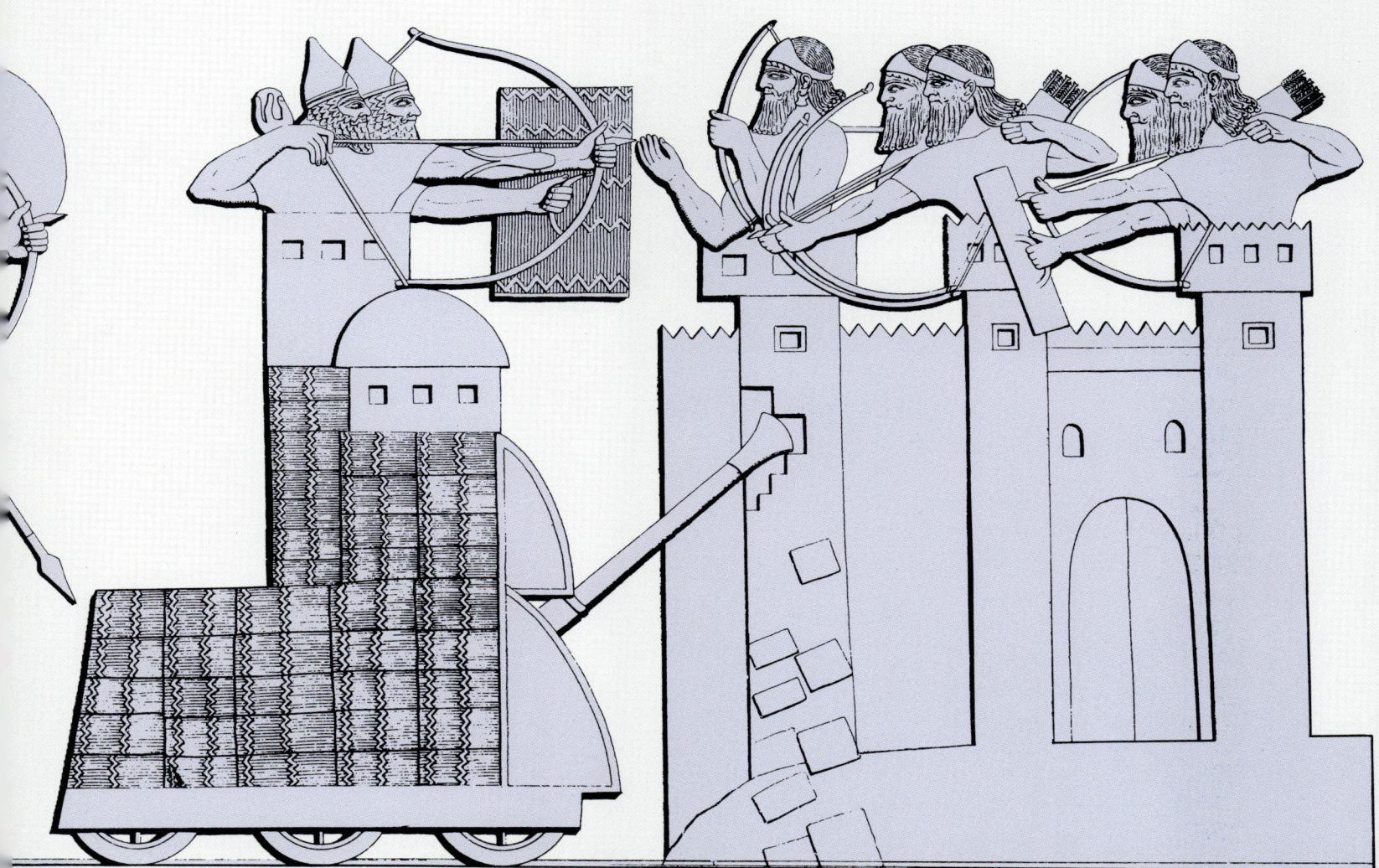

左 アッシリア軍は、森林地帯の中で軍を展開する時には数々の戦術を用いた。ここには、単独行動の視察兵と横隊陣形をとる兵士たちが見られる。

右 古代の戦争における騎兵隊は、騎乗した兵士ではなく、馬に挽かせた戦車からなっていた。これによって兵たちは速やかに地形の有利な所に展開することができ、しかも弓手を乗せることができた。

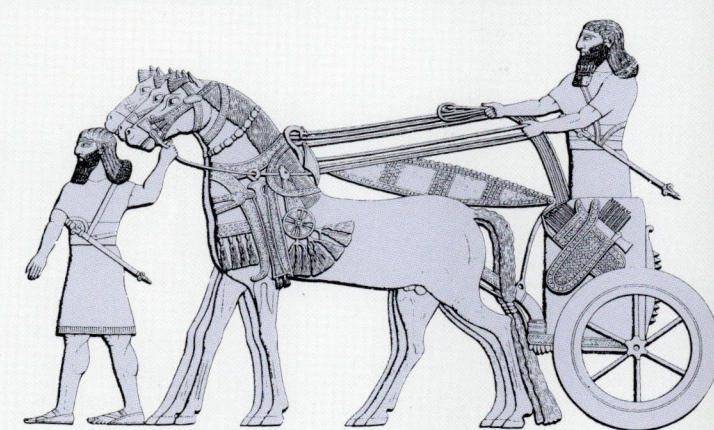

ユダの丘陵地

地域の概観

地理学者はユダ丘陵を，ヘブロンの南およそ 40 km のナハル・ベエル・シェバに始まりベツレヘムのすぐ南まで延びるヘブロン丘陵，大体ベツレヘムからラマラの南数マイルまでのエルサレムの鞍部，そしてワディ・セレダまで延びるベテル丘陵の 3 地域に分ける．ここではヘブロン丘陵とベツレヘムのみを扱うことにする．エルサレムとその北の丘陵は pp. 162–191 で記述する．

ヘブロン丘陵の西側は，東部シェフェラからこの丘陵を分ける谷が境界線をなす．南にはヨルダン河谷の乾燥した盆地とベエル・シェバ盆地があり，東では土地はユダの砂漠とヨルダン河谷に陥ち込む．しかし，ユダの砂漠の地理は複雑であり（p.104 を見よ），しかもヘブロン丘陵の各部とそれらに関する聖書の出来事を理解する上で重要である．

植生の面から見ると，ヘブロン丘陵は二つの区域に分けられる．ベツレヘムからヘブロンの南およそ 10 km のあたりまでは，古代の植生はおそらく常緑性オーク林からなり，これにアレッポ松の群落が点在していた．この南では古代の植生は，灌木と孤立する木々を伴う地中海性半草原からなっていた．ヘブロン丘陵の年間平均降雨量は，北端で 700 mm であるが，ヘブロン自体では 450 mm，ヘブロンの南の丘陵では 300 mm に減少する．

上 ユダの丘がシェフェラのものよりも大きく，谷がずっと狭いことがはっきりと見てとれる．旧約聖書の時代には，定住のなかった丘は常緑性オークの森で覆われていたであろう．

記号(U)：位置不明
アイン →エン・リモン
アイン・リモン →エン・リモン
アドライム（アドラ）代下11:9；1マカ13:20 C2
アトロト・ベト・ヨアブ 代上2:54(U)
アナブ ヨシュ11:21；15:50 B3
アニム ヨシュ15:50 C3
アフェカ ヨシュ15:53 C2 C3
アラブ ヨシュ15:52 C3
イエシュア ネヘ11:26 B4
イズレエル ヨシュ15:56；サム上25:43；27:3；30:5；サム下2:2；3:2 C3
イトナン ヨシュ15:23(U)
エカブツェエル（カブツェエル）ヨシ15:21；サム下23:20；代上11:22；ネヘ11:25 B4
エシュアン ヨシュ15:52 C3
エシュテモア（エシュテモ）ヨシュ15:50；21:14；
サム上30:28；代上6:42 C3
エタム 代上4:32；代下11:6 D1
エフラト →ベツレヘム
エルテコン ヨシュ15:59(U)
エン・リモン（アイン，アイン・リモン，エン・リモン，リモン）ヨシュ15:32；19:7；代上4:32；ネヘ11:29 B3
カイン ヨシュ15:57 C3
カブツェエル →エカブツェエル
カルメル ヨシュ15:55；サム上15:12, 25；2,5,7,40；27:3；30:5；サム下2:2；3:3；23:35 C3
ギブア ヨシュ15:57 C1
キルヤト・アルバ →ヘブロン
キルヤト・サナ →デビル
キルヤト・セフェル →デビル
ギロ ヨシュ15:51；サム下15:12；23:34(U)
グル・バアル →ヤグル
ゲドル ヨシュ15:58 C2
ケリヨト・ヘツロン ヨシュ15:25 C3
ゴシェン ヨシュ10:41；11:16；15:51 B3
コゼバ 代上4:22 C2
ザノア ヨシュ15:56 C3
サンサナ ヨシュ15:31 B3
ジフ ヨシュ15:55；サム上23:24；代上4:16 C3
ジフの荒れ野 サム上23:14,15；26:2 C3
シャミル ヨシュ15:48 B3
ソコ ヨシュ15:48 C3
ダンナ ヨシュ15:49 C3
ツァイル →ツィオル
ツィオル（ツァイル）ヨシュ15:54；王下8:21 C2
テコア サム下14:2,4,9；23:26；代上11:28；27:9；代下11:6；20:20；エレ6:1；アモ1:1 D2
デビル（キルヤト・サナ，キルヤト・セフェル）ヨシュ10:38,39；11:21；15:7,15；21:15；士1:11；代上6:43 C3
テレム（テライム）ヨシュ15:24；サム上15:4(U)
ドマ ヨシュ15:52 B3
ネトファ サム下23:28,29；王下25:23；代上2:54；9:16；11:30；27:13,15；ネヘ7:26；12:28–29；エレ40:8；エズ2:22 D1
ネボ エズ2:29；ネヘ7:33 C2
ハルフル ヨシュ15:58 C2
ハレト サム上22:5 C2
フムタ ヨシュ15:54(U)
ベセト →ベトザイト
ベツレヘム（エフラト，エフラタ）創35:16,19；48:7；士12:8,10；ルツ1:1,2,19,22；2:4；4:11；サム上16:4；17:12,15；20:6,28；サム下23:15；代上11:16,18；代下11:6；エズ2:21；ネヘ7:26；ミカ5:1；マタ2:1,5,6,8,16；ルカ2:4,15；ヨハ7:42 D1
ベト・アノト ヨシュ15:59 C2
ベト・エツェル ミカ1:11 B3
ベトザイト（ベト・ジタ，ベセト）1マカ7:19 C2
ベトザカリヤ 1マカ6:32,33 C2
ベト・ジタ →ベトザイト
ベトツル →ベト・ツル
ベト・ツル（ベツル）ヨシュ15:58；代上2:45；代下11:7；ネヘ3:16；1マカ4:29,61；6:7,31；10:14 C2
ベト・タプア ヨシュ15:53 C2
ベト・バシ 1マカ9:62,64 D1
ベト・マルカボト →マドマナ
ベトル（ベトエル）ヨシュ19:4；サム上ベテル；代上4:30 B4 C3
ヘブロン（キルヤト・アルバ）創13:18；23:2；35:27；民13:22；ヨシュ10:3,5,23,36,39；11:21；12:10；14:13–15；15:13,54；21:13；士1:10,20；16:3；サム上30:31；サム下2:1；3:2,5,19–20；15:7,9,10；代上6:40,42；11:1,3；29:27；代下11:10；ネヘ11:25；1マカ 5:65 C2
ボル・シラ サム下3:26 C1
ホレシャ サム上23:15,19 C3
ホロン（ヒレズ）ヨシュ15:51；21:15；代上6:53 C2
マアラト（マロト）ヨシュ15:59；ミカ1:12 C2
マオン ヨシュ15:55；サム上23:24,25；25:2 C3
マドマナ（ベト・マルカボト）ヨシュ15:31；代上2:49 B3
マムレ（テレビントス）創13:18；14:13；18:1；35:27；49:30；50:13 C2
マロト →マアラト
ヤグル（グル・バアル）ヨシュ15:21；代下26:7 B4
ヤティル ヨシュ15:48；21:14；サム上30:27；代上6:42 C3
ヤヌム ヨシュ15:53 C2
ユタ ヨシュ15:55；21:16 C3
ヨルコアム ヨシュ15:56 C3
リモン →エン・リモン

右 ヘブロン丘陵として知られるユダの丘陵地のこの部分は，ベツレヘムのすぐ南からヘブロンの南 40 km まで延びる．西側では，一連の谷によってシェフェラと分けられ，東側ではユダの砂漠に融合する．

地図凡例

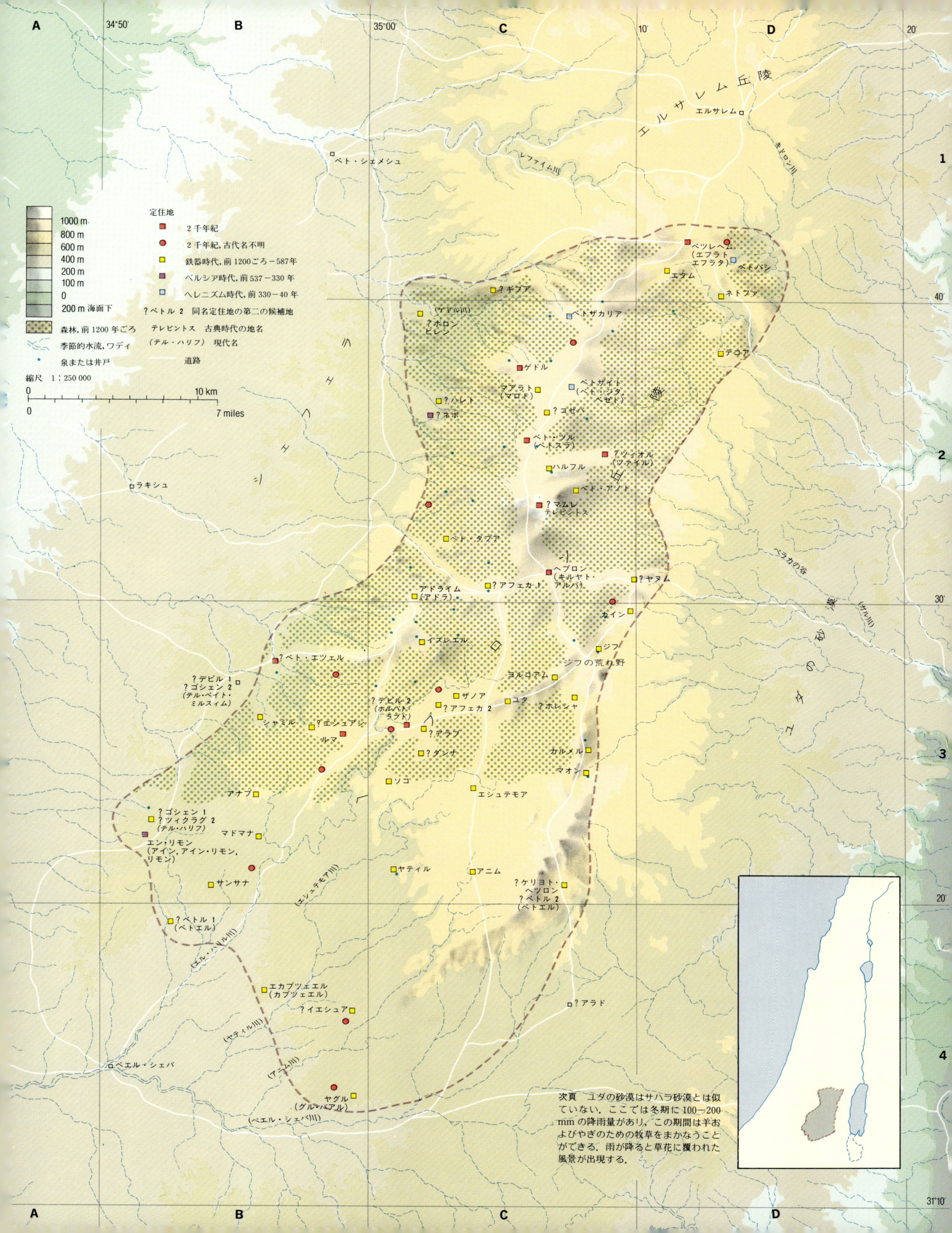

1000 m	
800 m	
600 m	
400 m	
200 m	
100 m	
0	
200 m 海面下	

定住地
- ■（赤） 2千年紀
- ●（赤） 2千年紀、古代名不明
- ■（黄） 鉄器時代、前1200ごろ–587年
- ■（紫） ペルシア時代、前537–330年
- ■（赤枠） ヘレニズム時代、前330–40年

? ベトル 2 同名定住地の第二の候補地

森林、前1200年ごろ　テレビントス　古典時代の地名
季節的水流、ワディ　(テル・ハリフ)　現代名
・ 泉または井戸　　　　道路

縮尺 1:250 000
0　　10 km
0　　7 miles

地名（主要）

エルサレム丘陵　エルサレム
ベト・シェメシュ　レファイム川　キデロン川
ベツレヘム（エフラト、エフラタ）　ベドバシ
エタム　ネトファ
?ギブア　?ホロン　ビレン　?ベトザカリア
(ゲドル川)　ゲドル　テコア
マアラト（マロド）　ベトサイト（ベト・ジタ、ベゼド）
?ハレト　?ネボ　ゴゼバ
ラキシュ　ベト・ツル（ベトスラ）　?ツィオル（ツテイル）
ハルフル　ベド・アノド
?マムレ　テレビントス
ベト・ダグア　ヘブロン（キルヤト・アルバ）
アドライム（アドラ）　?アフェカ 1　?ヤヌム
イズレエル　カイン
?デビル 1　ジフ　ジフの荒れ野
?ゴシェン（テル・ベイト・ミルシム）　ヨルロアム
シャミル　?エシュアン　ルマ　?デビル 2（ホルベト・ラブト）　?アフェカ 2　ユタ　?ホレシャ
ザノア　ダンナ　カルメル　マオン
アナブ　ソコ　エシュテモア
?ゴシェン 1　?ツィクラグ 2（テル・ハリフ）
エン・リモン（アイン、アイン・リモン、リモン）
マドマナ
サンサナ　ヤテイル　アニム　?ケリヨト・ヘブロン 2（ベトエル）
?ベトル 1（ベトエル）　(エル・ハルル川)
エカブツェエル（カブツェエル）　?アラド
?イエシュア
ベエル・シェバ　(アニル川)　(ベエル・シェバ川)
ヤグル（グル・バアル）

次頁　ユダの砂漠はサハラ砂漠とは似ていない。ここでは冬期に100–200 mmの降雨量があり、この期間は羊およびやぎのための牧草をまかなうことができる。雨が降ると草花に覆われた風景が出現する。

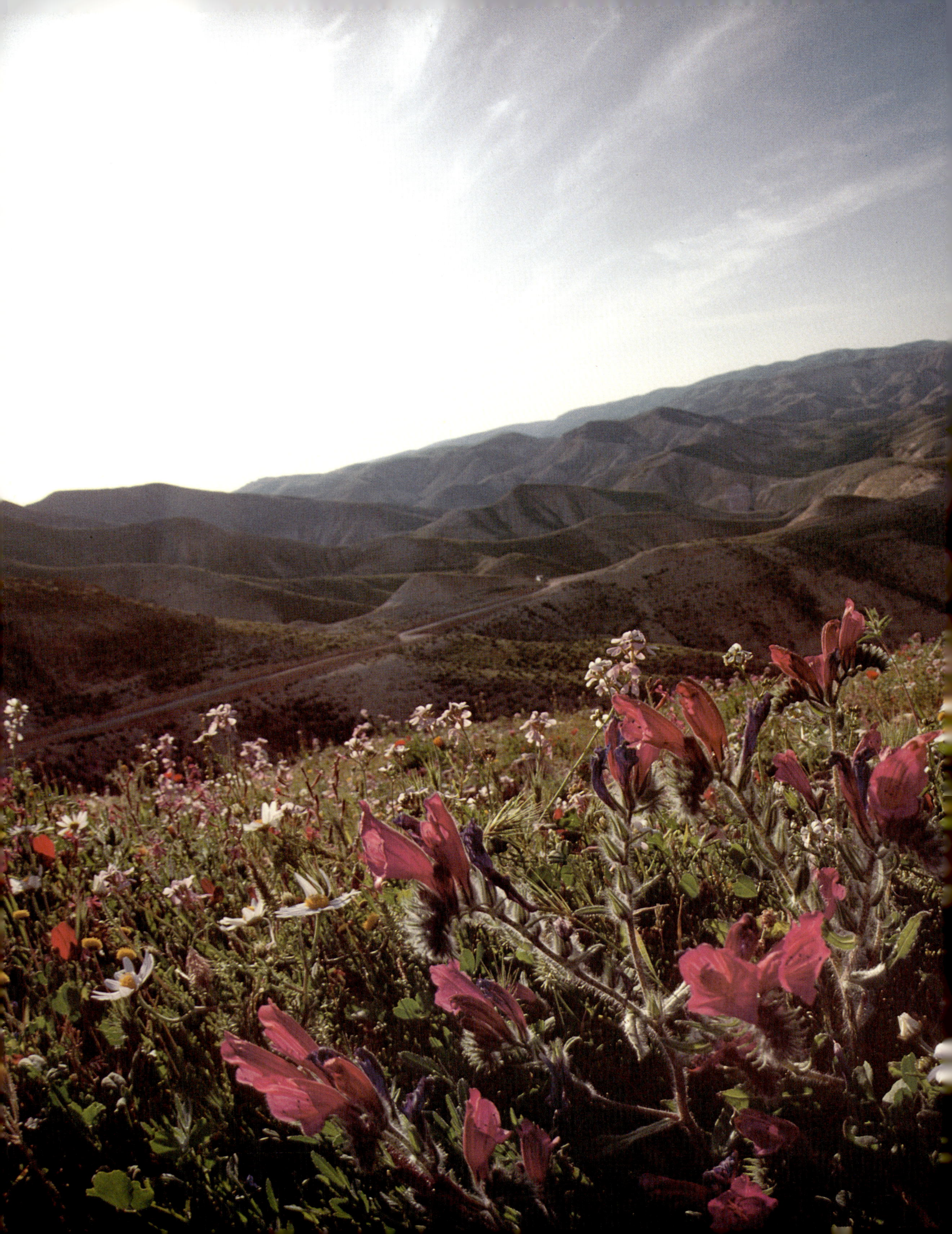

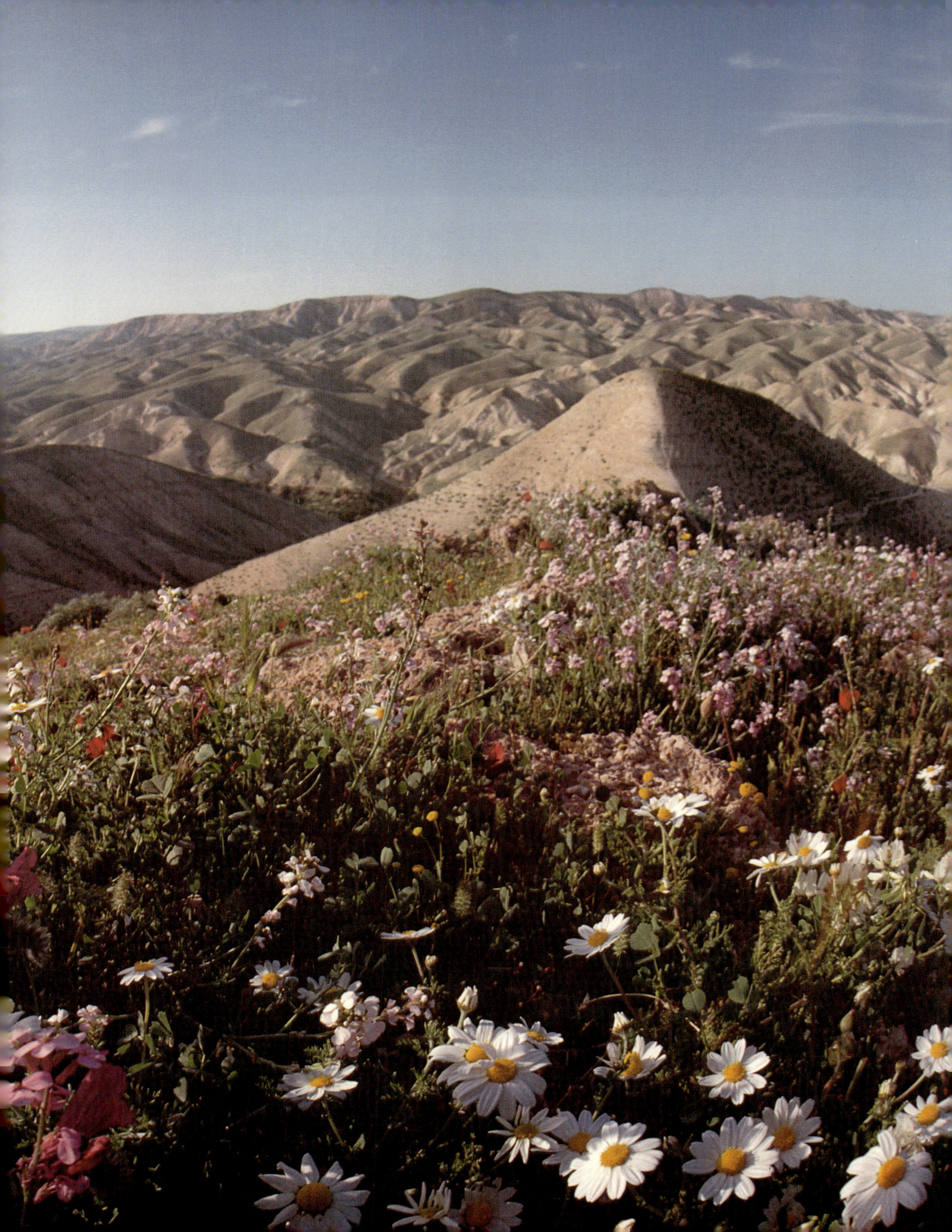

ユダの丘陵地

定住様式には極めて目立った特徴がある．2千年紀では，定住はベツレヘムからヘブロンを経てベエル・シェバに至る主要道路に沿うか，丘陵の西もしくは東の縁辺においてなされた．南部のエシュテモアあるいはアニムのような例外は谷の水源にあった．北から南に走る主要道路に沿う定住地のすべては，泉のある所にあるか，ワディ・エル・ハリルに沿っていた．ユダ部族によって設立された他の定住地もまた，そのことが判明しているかぎり，この姿を根本的に変えるものではなかった．おそらく，聖書時代のこの区域は，少なくともヘブロンの南10kmまでは森林を形成していたと見なすべきである．定住があった所では，森林は切り払われ，丘陵は段々にされて，特にぶどうの栽培に用いられたと思われる．創世記49：11にあるユダの風景ではそのぶどう畑が強調されている．

> 彼はろばをぶどうの木に
> 雌ろばの子を良いぶどうの木につなぐ．
> 彼は自分の衣をぶどう酒で
> 着物をぶどうの汁で洗う．

この地を偵察したスパイたちが，ヘブロン地域から一房のぶどうを持ち帰ったという伝承もある（民13：21—24）．

ユダは，農業に加えて，羊の飼育に依存していた．ベツレヘムの南数マイルの丘陵の東縁にあったテコアを出身地とするアモスは羊飼い（にして，いちじく桑の木を育てる者．アモ7：14）であったとされているし，サムエル記上25章には3千頭の羊と1千頭のやぎを所有する富者ナバルの話がある（もしもこれが彼の本当の名前なら，ヘブライ語は「愚か者」を意味し，そしてナバルはそのようにふるまったのである．サム上25：25を見よ）．ナバルはマオンの出身で，羊の仕事をヘブロンの南東，丘陵の東端にあったカルメルで営んだ．ヘブロン丘陵東端における牧羊は，ユダの砂漠が死海に向かって段々に落ち込み，険しい段丘を形成する所でなされた．ここでは，降雨に依存しつつ，冬には低いほうの段丘で，夏が近づくにつれて（降雨量の大きい）高いほうの段丘に移動して羊群を放牧することができる．ヨセフ物語の中で（創37：12—17），ヤコブの子らは家畜の群れをヘブロンから（直線距離で75kmの）シケムまで連れて行き，次いでシケムから（さらに35km離れた）ドタンに達した．おそらく，降雨量のゆえにヘブロンの東のユダの砂漠で群れを放牧することはできなかったため，兄弟たちは全般的にもっと肥沃な北方の丘陵に移動せざるをえなかったのである．ヨセフが兄弟たちによって押し込められた穴が干上がっていた理由は，この降雨不足にあるのかもしれない（創37：24）．

ヘブロン丘陵は連続的にしてそれ自体でまとまった区域を形成しているのであるから，これがユダという一つの部族の領土であった理由は容易に理解できる．これに対して，北の領土は多くの部族に分けられた．統一王国がユダとイスラエルの2国に分裂した時，なぜユダが（「エルサレムの鞍部」をユダと共有していたベニヤミンと共に）一つのまとまりとして留まり得たかということもこれと同様に理解できる．

ヘブロンがこの区域の首都となったのは，その位置からして当然の結果であった．この町は小さな谷間にあり，一種の交差点に位置する．それは，エルサレムからベエル・シェバに至る北から南への道を抑え，西に向けてはシェフェラとナハル・ラキシュを経て海岸平野に容易に接近することができる．東側では，ワディ・エル・ガルに結びつくいく本もの小さなワディが，ユダの砂漠に至り，最終的にはエン・ゲディのところで死海海岸に達する．

聖書の記録

アブラハムが，エジプトから戻って，ロトとの間で土地を分け合った後，本拠地としたのがヘブロンであった（創13：18および8—10節）．アブラハムが，4人の王に対する遠征を行ない（創14：1，13），彼に息子が生まれると約束した3人の不思議な訪問者を迎え，ソドムとゴモラを滅ぼさないように神に懇願した（創18：1—15，22—33）のもここにおいてであった．アブラハムの妻サラはヘブロンで死に，アブラハムはエフロンの近くに彼女を葬るための洞穴を買った（創23：1—20）．これはやがてアブラハム自身（創25：7—10），そして後にイサク（創35：27—29）とヤコブ（創49：29—33）の埋葬場所となった．ヘブロンはまた，イサクの死後ヤコブの

右　前2世紀には，アブラハムが墓所として買い，彼および他の族長たちが葬られたマクペラの洞穴の位置はヘブロンにあった．ヘロデ大王はこれを併合し，今日この遺跡の上にある大規模な建築物のための基礎を据えた．写真の前景にある物は，ガラス製造がヘブロンの特産であることを想起させてくれる．

ヘブロン近郊では，すきによる耕作（左）や土着の建物（左下）が今でも伝統を継いでいる．

主要な居所となったと思われるのであり，彼はここからヨセフを送り出して兄弟たちに従わせ（創37：14），ヨセフの兄弟たちが飢饉の時に穀物を求めてエジプトに行っていた間住んでいた所である（創42—44章）．ただし，ヨセフ物語の中では，ヤコブの居所は通常（たとえば創42：29で）「カナン地方」と記されている．

われわれが次にヘブロンのことを聞くのは，荒野の放浪の時，スパイたちがヘブロンにやって来て，この地から一房のぶどうを持ち帰った時であった（民13：21—24）．イスラエルによる征服に関する記述によれば，ヘブロンの王はヨシュアに対抗してエルサレムの王に加わった4人の王の1人であった（ヨシュ10：3—5）．上述したように（p.87），ヨシュア（ヨシュ10：36—37）とカレブ（ヨシュ15：14および士1：9—10）によるヘブロンの征服に関する三重の記事は，同じ出来事の異なる叙述であるのかもしれない．ヨシュア記21：12は，ヘブロン「とその村々」がカレブに与えらえたと伝えている．ここで村々に言及されていることは，この地域における経済生活の体制に関するY・カルモンの記述に照らした場合興味深い．彼は，防衛するのに容易な位置にある大きな村だけが安全保障の力を発揮できたのであり，しかも，この地の大部分が非生産的性格をしていたことは，開墾が広い面積にわたらなければならなかったこと，大規模定住地はかなりの数の一時的あるいは季節的定住地によって囲まれていたことを意味していたことを示した．この観察は，ヨシュア記21：12でヘブロンの「村々」が言及されていることに光を当て，社会組織について示唆するものを持っている．

ペリシテ人がサウルを敗って彼を殺した後（サム上31章），そしてダビデがまだペリシテ人の封臣であった時，彼はヘブロンに移って，そこでユダを治める王として油を注がれた（サム下2：1—4）．彼はヘブロンから，たぶんペリシテ人の承認を得て，アブネルによって率られたサウル軍の残党を掃討するために，彼の軍勢を派遣した．アブネル自身はヨアブの策略にあってヘブロンで殺され，こうして両者間の血讐は満たされた（サム下2：18—23, 3：22—30）．アブネルの死はサウル家に対する北方諸部族の支持の崩壊を早め，イスラエルの長老たちはヘブロンにやって来てダビデをユダのみならずイスラエルをも治める王として任命した（サム下5：1—5）．サムエル記下5：5によれば，ダビデは王としてヘブロンで7年

ベツレヘム

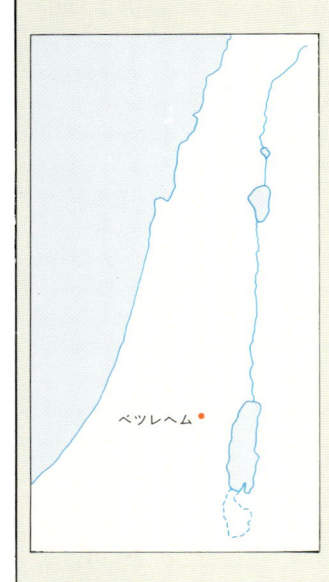

ベツレヘムはそれ自体聖書時代には重要な場所ではなかったが，ダビデおよびイエスの誕生との結びつきで名をあげた．この村はユダの荒野の西端にあり，いつの時代にあっても荒野からやって来る人々が歓迎される場所であった．しかし，ルツの物語（ルツ1：1）は，ベツレヘム自体が降雨量の少ない時には水不足に苦しむことがあったことを示している．ルツ記とサムエル記上は，古代ベツレヘムが放牧と農耕の混合生活を営んでいたことを証明する．ルツはボアズの畑の取り入れが終わった後，落穂を集め（ルツ2章），彼女の曽孫ダビデは父の羊の番をしていたのである（サム上16：11）．ダビデはその成年時代のほとんどをヘブロンとエルサレムで過ごしたが，誕生以来のベツレヘムとの結びつきは，将来の支配者がここから生まれるであろう（ミカ5：1）という預言者の希望を生じさせたのであった．この希望は，ベツレヘムにおけるイエスの誕生という新約聖書の伝承でとりあげられた．ただし，彼もまた成年となってからの大部分だけでなく，少年時代の全期間を別の場所でくらしたのであった．それにもかかわらず，ベツレヘムはやがて巡礼者の旅程にのぼり，330年にコンスタンティーヌス皇帝によって建てられたバシリカは彼らの訪問先の目玉となった．

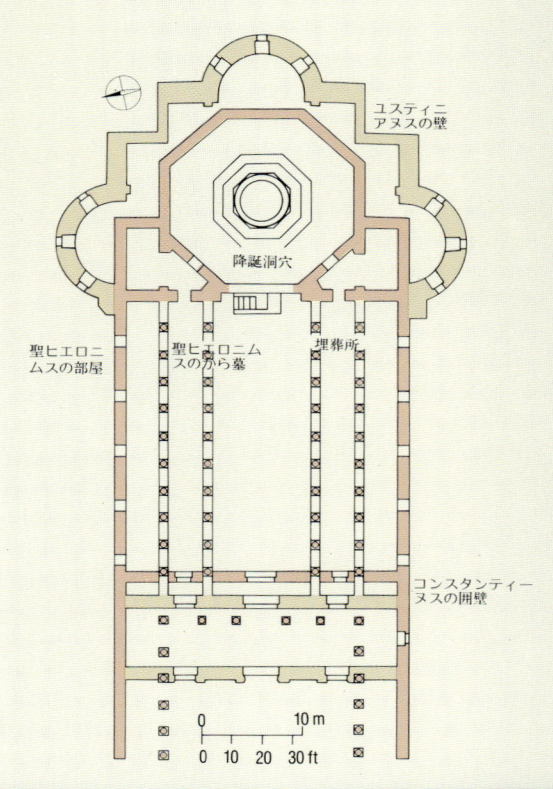

上　現在の聖誕教会は，かなりの遺構が残っている4世紀の教会の上に建てられたもので，6世紀に由来する．その唯一の低い入口を通るには，すべての人が腰を曲げるか，かがまなければならない．

右　ホルマン・ハントの絵になる19世紀ベツレヘムの北からの眺めは，この村の主たる建物が，伝承上イエスの誕生の場所を擁するとされる聖誕教会の側面に配された尼僧院であったことを示す．今日では前景部分のほとんどが住居で占められている．

ユダの丘陵地

右 ベツレヘムは，ユダの荒野の丘を背にしている．

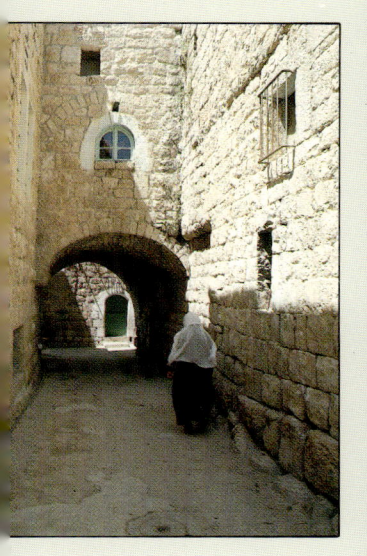

上 今日のベツレヘム中心街の典型的な光景．高い石塀，狭い通路そしてアーチを持つ．

左 聖誕教会の平面図．

101

ユダの丘陵地

半を過ごした．しかし，北と南の両方に対する権威を掌握したことにより，新しい統治本部が必要となった．ヘブロンは，北方諸部族に対する統治権を行使するには南にありすぎたため，ダビデはエルサレムを占領した．エルサレムは連合王国の首都となっただけでなく，ソロモンの死に伴って王国が分裂した後のユダ王国の首都となった（サム下5：6―10）．

権力がヘブロンからエルサレムに移ると共に，この町は聖書の記録からほとんど消えてしまう．例外はダビデの息子アブサロムの反乱であって，これはサムエル記下15：1―12に述べられている．反旗を揚げる町としてヘブロンを選んだことにより，アブサロムは疑いなく感情に強く訴えていたのである．ヘブロンの住民は，エルサレムが盗んでいった威信をこの町に回復することを承認するであろうし，他の人々はダビデがヘブロンから北と南を統治していた昔の，良かったと見える日々を，そして，彼が隣接諸国を征服することによってユダと北方のふつうの住民に大幅な社会的経済的改革をもたらす以前の日々をなつかしんだことであろう．

前587年にユダがバビロンの力に屈服した時，ヘブロンを含むヘブロン丘陵の南部はエドム人に与えられたらしい．捕囚後，一部のユダヤ人がヘブロンに住みついたが（ネヘ11：25はヘブロンにキルヤト・アルバというその古代名を与えている），この町はマカバイ時代にはイドマヤ州に属していたのであり，ユダス・マカバイオスがこれを前163年に攻撃して，その防塁を破り，その砦を四方から焼き払ったのであった（1マカ5：65）．前125年にはヨハネ・ヒルカーヌスが，ヘブロン丘陵の南部をユダヤ人の王国に取り戻し，その住民はユダヤ人となることを強制した．ヘロデ大王は前20年に族長たちの埋葬場所と伝えられた所をヘブロンのうちに含めた．この町は新約聖書では言及されていない．

聖書のテクストの観点からすると，ユダにおいてヘブロンの次に有名な町はベツレヘムであった（p.100を見よ）．それが大きな定住地であったことは一度もなかったが，これはたぶん，付近の泉が十分な水を供給できなかったためである．その主要な二つの生計手段は，羊と穀物であったが，ルツの物語は，飢饉がベツレヘムを激しく襲ったので，エリメレクとノオミはこの村を離れてモアブに旅しなければならなかった情況を描いている．旧約聖書において最も有名なベツレヘムの少年であるダビデは，父の羊群を飼育している間にライオンと熊に遭遇したが（サム上17：34―36），これらの動物はヘブロン丘陵の森やユダの砂漠の洞穴の中に棲息していたと考えられる．ダビデがサムエルによって油を注がれたのはベツレヘムであったし（サム上16：1―13），彼が，まだサウルから逃亡中に自分の両親をモアブに逃れさせたのもここからであった（サム上22：3―4）．ダビデの物語の後では，ベツレヘムは旧約聖書の中で，レハブアムによって要塞化された町として（代下11：6），また，そこから，

　　……わたしのために
　　イスラエルを治める者が出る

町として言及されている（ミカ5：1）．

新約聖書では，ベツレヘムはイエスが生まれ（マタ2：1，ルカ2：4―7），この新しく生まれた王を礼拝するために賢者たちが旅をした所として（マタ2：2―6）著名である．ここではまた，この新たに生まれた王を抹消しようという徒労に終わった試みを抱いたヘロデ王の命令によって，2歳以下の男児が虐殺されたのであった（マタ2：16）．

ヘブロン丘陵の他の部分については，テコアが預言者アモスの故郷であったこと，ダビデが略奪団を率いている時に，マオンからカルメルにかけての地域にいた富裕な羊の所有者と取引き関係を持った（サム上25：2―42）ことは前に触れた．ダビデの物語の中には，ジフとジフの荒れ野への言及もある（サム上23：15以下，26：1以下）．ジフはヘブロンの南東にあるテル・ジフと同定されているのであり，ダビデはサウルから逃れて，ジフの荒れ野の中のホレシャと呼ばれた所に身を隠したと思われる（サム上23：15―18）．ここでダビデとヨナタンは契約を結んだ．「ホレシャ」という名称をその通常の意味である「森」と解してよいかどうかは確かでない．それが「森」を意味しているならば，ダビデとその一団はジフの近くの森の中に住んでいたことになる．

ジフの住民はダビデの存在を明らかに嫌っていた．ダビデがジフ人に対して，彼がナバルに対してしたように行動し（サム上25：5―8），部下への配給のために物資を提供するよう求めたとしたら，ジフ人がダビデを嫌って，これを裏切り，サウルに通報したとしても理解できるのである．ダビデが最初に裏切られた時，サウルは今にも彼を捕えそうになったが，ペリシテ人の襲来の知らせが届いて，サウルが追跡を中止したため，ダビデはかろうじて助かったのであった（サム上23：24―24：1）．2度目の時は（サム上26：1―25），ダビデはサウルに対して優位を占めた．ダビデは，アビシャイを伴って，疲れきった追跡者たちの陣営に忍び込み，その猜疑心と妬みがダビデをしてついにはペリシテ人のもとに逃れて保護を求めるまでにした男を殺そうと思えばそうできるところまでいった．しかし，ダビデはこの好機を利用せず，サウルが命を狙った男から王を守らなかったことで，サウルの護衛たちを厳しく叱責したのであった．

左　ヘロデ大王によって建てられたヘロディウムの砦．エルサレムから12kmのところにあり，そこからはっきりと見ることができる．これは大規模定住の中心地であった．空中写真（上）は4本の塔を示す．ヘロデは，前4年に死ぬと北の塔（写真では右）に埋葬されたと考えられているが，ここはまだ発掘されていない．

ユダの砂漠

左　ユダの砂漠のベドウィン．「砂漠」という単語は厳密には誤解を招きやすい．というのは，1年のある時期には，この地は羊の放牧が可能だからである．

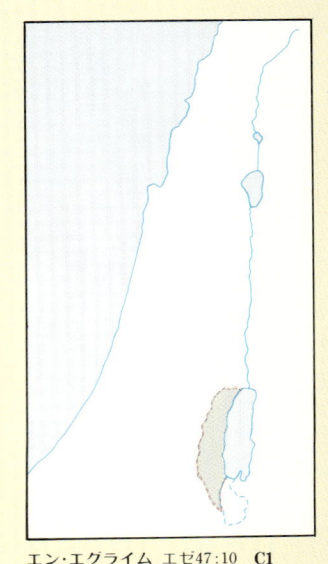

エン・エグライム　エゼ47:10　**C1**
エン・ゲディ(ハツェツォン・タマル)
　創14:7; ヨシュ15:62; サム上24:1,2;
　代下20:2; 雅1:14; エゼ47:10　**C3**
塩の町　ヨシュ15:62　**C1 C2**
セカカ　ヨシュ15:61　**C1**
ニブシャン　ヨシュ15:62　**C1 C2**
ベト・アラバ　ヨシュ15:6,61; 18:18,
　22　**D1**
ベラカの谷　代下20:26　**B2 B3**
ミディン　ヨシュ15:61　**C1**
ユダの荒れ野　ヨシュ15:61; マタ3:1
　B2 B3

下　ユダの砂漠の荒涼たる光景は，岩山が冬の雨によって浸食されたことによる．夏には岩山はほとんど裸地であるが，冬には草花で覆われる．

地域の概観

　ユダの砂漠は，ユダ丘陵（すなわち，ヘブロン丘陵，エルサレムの鞍部およびベテル丘陵）の東端から死海とヨルダン河谷に至る地域である．ここでは，ベツレヘムから南へ死海までの部分を扱うことにする（他の地域については p.184 および 194 を見よ）．初めに言っておかなければならないことがある．「砂漠」という語が，地平線までなんマイルも砂原が続くサハラ砂漠のようなものを指すとしたら，誤解を招きやすい，ということである．ユダの砂漠が，特に死海のすぐ近くで，半乾燥地を含んでいることはたしかであるが，ユダの砂漠の多くは，1年のうちの一定の時季には羊の放牧に適しているのである．

　ユダの砂漠はその西端で海抜 800 m から 1000 m に達し，そこから 20 km ほどで海面下 400 m まで降る．降雨量は，西端での平均 700 mm から死海沿岸での 150 mm まで減少する．西から東への降下は，それぞれがおよそ 2 ないし 3 km の幅を持つかなり平坦な高原をなす一連の段丘からなっている．死海の沿岸には，高さ 100 ないし 200 m の断崖があり，これはいくつかの地点ではほとんど湖水面に接している．最も低い段丘の基底をなすこれらの断崖は，無毛であり，各所で，分水嶺の東の雨を死海にもたらす峡谷によって分断されている．年間降雨量に応じて，家畜は冬期にまず下方の段丘から始めて順次上方の段丘へと放牧することができる．

次頁 ユダの砂漠を襲う嵐のこのみごとな眺めは、いったん雨が降るとそれは激しく、時には洪水を招くことがあることを示す。ヘレニズム時代後期およびヘロデ時代になると、クムランやマサダのような所で水路と貯水槽が築かれ、雨水が利用された。

凡例

- 1000 m
- 800 m
- 600 m
- 400 m
- 200 m
- 100 m
- 0
- 200 m 海面下

季節的水流、ワディ
泉あるいは井戸

定住地
- □ 鉄器時代、前1200ごろ〜587年
- □ ヘレニズム時代、前330〜40年

? ミディン 2 同名定住地の第二の候補地
(クムラン) 現代名
道路

縮尺 1:250 000
0　　10 km
0　7 miles

右 ここに示した地域の西端は海抜800 mから1000 mをなすのに対し、死海に達するや海面下400 mである。それは半乾燥地であるが、冬季には羊ややぎを放牧することができる。泉がある所、特に死海沿岸では、古代から定住が可能であった。

地図上のラベル：

- エルサレム丘陵
- エルサレム
- キドロン川
- ベツレヘム
- アコルの谷
- ? ミディン 1
- ? ミディン 3
- 塩の町 1
- セカカ 2 (クムラン)
- ? セカカ
- セカカ 3
- エン・エグライム
- ? ニブシャン 1
- ? ニブシャン 3
- ? ミディン 2
- エル・エルの荒れ野
- ? ニブシャン 2 (エイン・エル・グウェイル)
- 塩の町 2 (エイン・エッ・トゥラバ)
- ベト・アラバ (ルジュム・エッ・バフル)
- 死 海
- 塩の海
- アラバの海
- エン・ゲディ (? ハツェツォン・タマル)
- マサダ
- ? アラド
- ヘブロン
- ユダの丘陵
- 現在の湖岸線

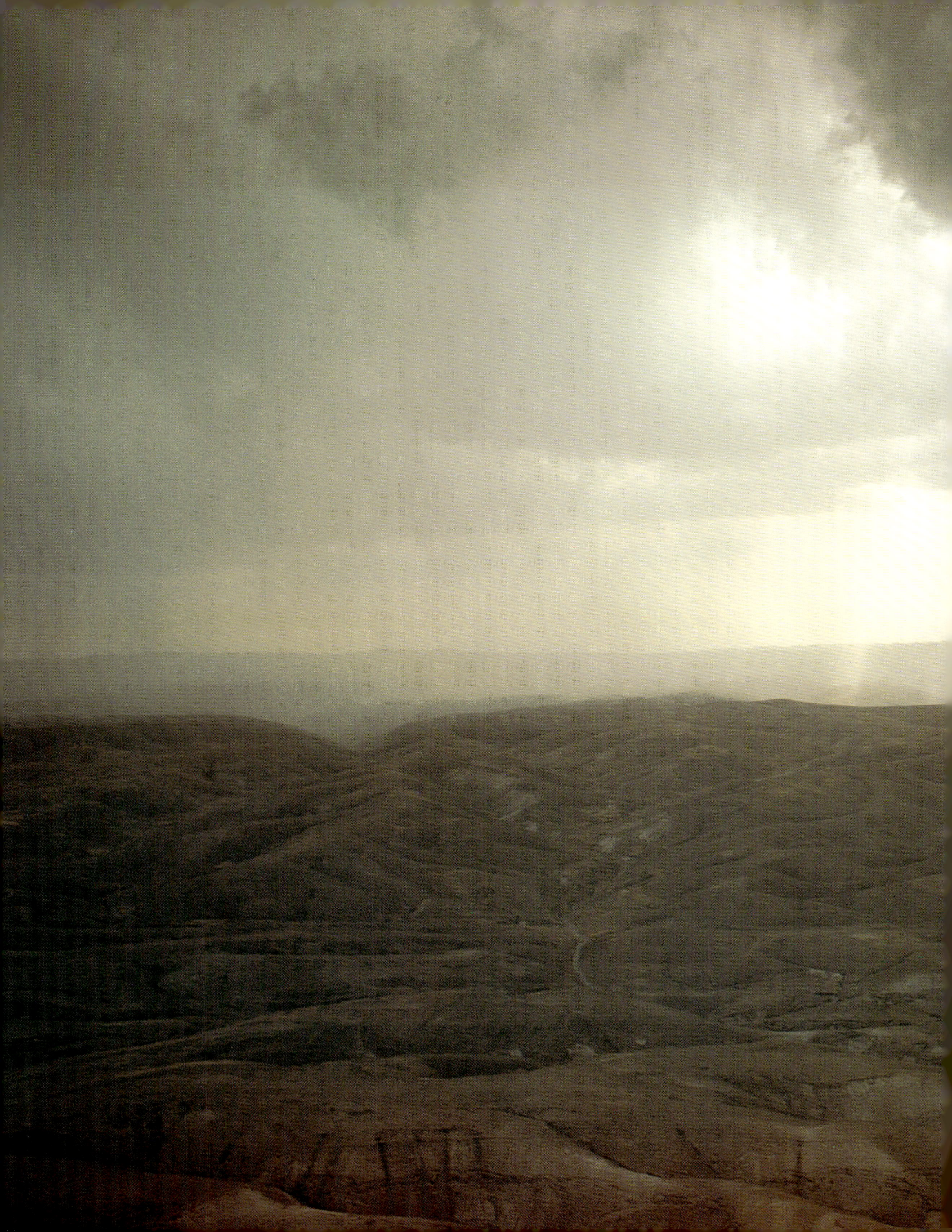

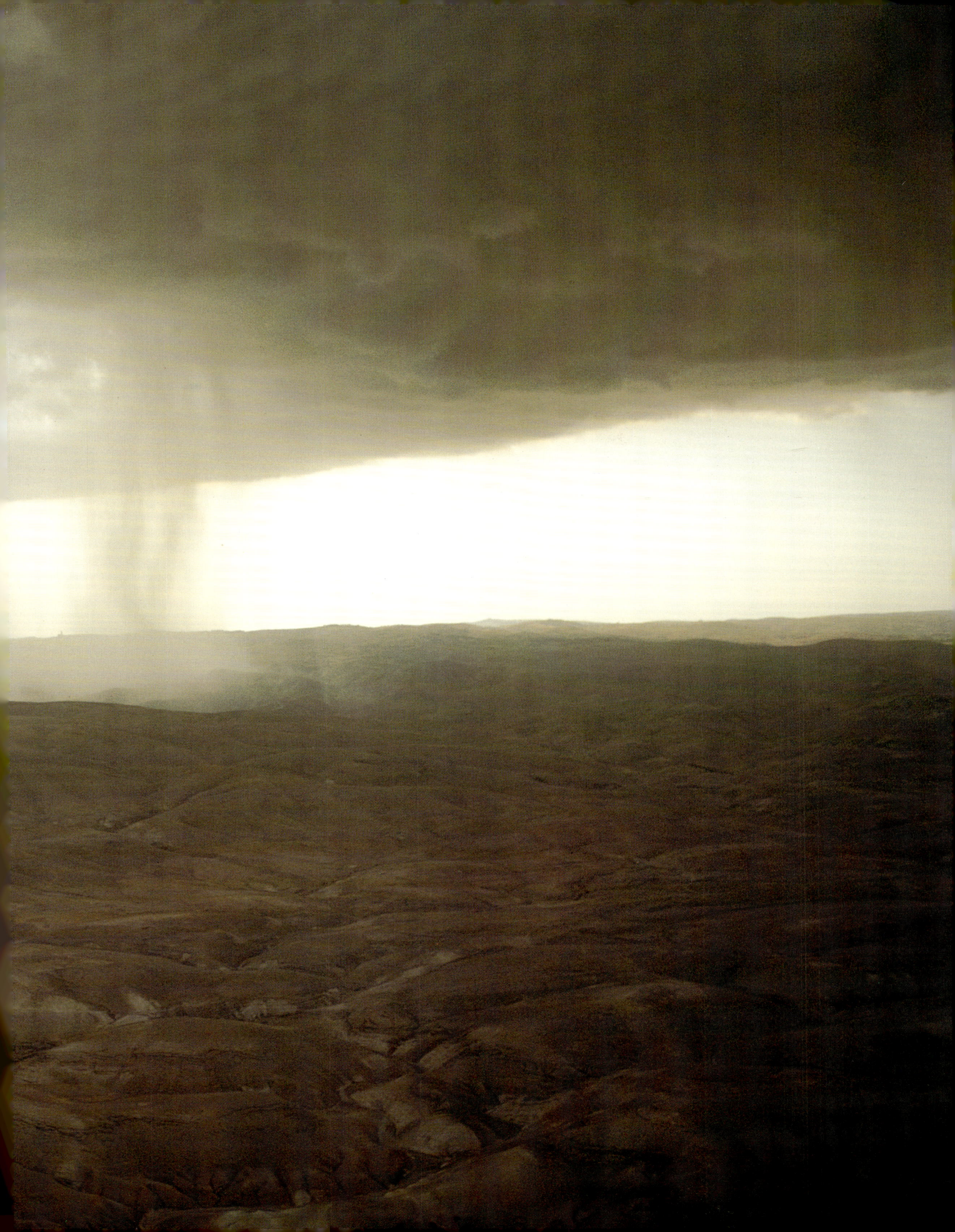

ユダの砂漠

エン・ゲディにはそれに望ましい条件が整い，しかも前4千年紀には神殿があったという事実にもかかわらず，2千年紀にこの地域になんらかの定住があったとは思われない．ヨシュア記15：61はユダの砂漠にある六つの町とその村々をユダ族に割り当てている．そのうちエン・ゲディは確信をもって同定することができるが，残りの場所についての確定度はやや落ちる（下記p.112を見よ）．

ナハル・ダウィドの河口にあるエン・ゲディ（テル・ゴレン）はいく本もの泉によって灌水されるオアシスに位置する．G・A・スミスが「わが惑星のうちで最も乾燥し，最も害された地域の一つ」を，ユダの砂漠を死海に向けて斜面を馬の背に乗って降りながら近づいたこのオアシスと対比させた時，彼は最上級のことばを並べたてたのであった．突然，絶壁の端から400フィート下に彼は「岩から緑の川が噴出し，アシ，灌木，木々，草が点在し，そしてさらに300フィート下方には青い海の浜辺まで1マイルにわたって広がる庭」を見る．旧約聖書ではエン・ゲディは，なつめやし（これがハツェツォン・タマル〔なつめやしのハツェツォン〕を代下20：2にあるエン・ゲディと同定する根拠である），ヘンナの花，ぶどう畑（雅1：14）で知られていた．

聖書の記録

ダビデがサウルから逃げていた時，彼は「エン・ゲディの要害」と「エン・ゲディの荒れ野」に難を逃がれた（サム上24：1，2）．ここにいう「要害」とは，サウルが休息のために入り込み，その最も奥にはダビデとその部下が隠れていたような洞穴（サム上24：4）を指しているのであろう．ダビデが洞穴の底からサウルのところによじ登り，サウルが休息している間にその衣服の一部を切り取ったというこの出来事は，ダビデが容易にサウルを殺しえたにもかかわらずその命を救った最初の例である（サム上24：2－8）．4節にある羊の囲い場への言及は，冬期羊飼いはその群れをユダの砂漠の底部の段丘で放牧し，夜には気温の高いエン・ゲディ地域まで降りて来て，粗雑な石で壁ができていた囲いの中に羊群を収容したことを示す．

死海の岸に沿ってエン・ゲディの南に有名なマサダの要塞がある．この見事な遺跡は，死海の水面よりおよそ410mの高さにあり，四方に急峻な斜面を持つ孤立した台地である．この台地自体は，最長でおよそ600m，最大幅320mをなす．したがってそれは事実上攻撃不可能であるが，自然給水の手段を持たないため攻囲戦には極めて弱体であった．

マサダは聖書の中で明確には言及されていないが，サウルからの逃亡中にダビデがここに来なかったかどうかということは考えてみる価値がある．ヘブライ語のメサダ *Mesada* は「要害」を意味するのであり，マサダという名称での最古の言及は前50年ごろに現われるが，古代においてユダの砂漠に逃げ込み，マサダを見た者はだれでもこれをメサダ「要害」と呼んだことであろう．ダビデのサウルからの逃亡記の中に，両者とも「要害」を意味するメサド *Mesad* およびメスダ *Mesuda* というヘブライ語が数回現われる．また，サムエル記上23：14で，ダビデは荒野の「要害」(*Mesadot*)〔複数形〕にいると記されているのである．

サムエル記上22：4－5には「モアブ王に託されたダビデの両親は，ダビデが要害に立てこもっている間，モアブ王の

ユダの砂漠

上　エン・ゲディの南 9 km のところにあるナハル・ミシュマルの洞穴の中で，前 4 千年紀末の銅石器時代エン・ゲディ神殿に属する宝物入れが見つかった．ここに示したのは，野生やぎの頭と角を持つ銅製の「笏」である．

左　自然の水流を持つエン・ゲディ（「若山羊の泉」の意）は，常に死海沿岸の泉としてあり続け，そのなつめやしで有名であった．

上　三月末の雨がマサダ近くの死海の端の崖を落下する様子を示すめずらしい写真．

上右　羊は時に困難な道を渡らなければならないが，冬のユダの砂漠には常に牧草がある．群れは洞穴の中や石で作られた囲いの中で夜を過ごした．

もとにとどまった．預言者ガドが，『要害にとどまらず，ユダの地に出て行きなさい』と言ったので，ダビデはハレトの森に移って行った」と述べられている．この所で言われている「要害」は，通常アドラムに位置づけられる（p. 87 を見よ）．その理由は，(1) この部分の導入部をなすサムエル記上 22：1 は，ダビデが「アドラムの洞窟」の中にいるとしている．(2) アドラムはサムエル記下 23：13—14 で「要害」(Mesuda) として記されている，ということである．しかし，「要害」をアドラムとする同定に対する反論としては，今引用したばかりの箇所でダビデは要害を離れてユダの土地に行くよう命じられていること，アドラムは，明確にすでにユダの土地の中にあること，があげられる．「要害」が死海の岸近くにあったことを支持するものはサムエル記上 22：1—5 と同 24：9—23 にある地理上の詳細な事柄である．最初の所では，ダビデは両親をモアブに連れて行ってから「要害」に行く．マサダは，ユダの砂漠から死海の南端を通ってモアブに至る幹線道路に極めて近かった．第 2 の箇所では，ダビデは，彼とその部下がたまたまいた洞穴にサウルがやって来た時，その命を助けた後「要害」に登って行く．この出来事は，死海の岸にあるエン・ゲディの地域で起こるのである．

以上の事柄のなにも，ダビデが隠れた「要害」がマサダであったことを証明しない．しかし，もしもダビデがマサダのことを知らず，そこへ行ったことがなかったとしたら驚くべきことであろう．マサダが，サムエル記上 22：4—5 の中でダビデが両親をモアブの王に渡した後に行った要害であったとしたら，これは，ダビデに要害を離れてユダの地に行くようにという預言者の警告に光を当ててくれることであろう．マサダの堅固さは同時にその弱点でもあった．それは露出し

ユダの砂漠

マサダ

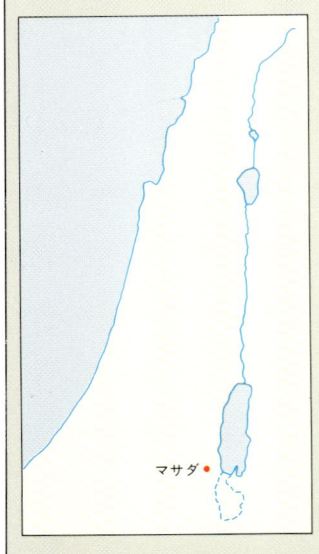

　マサダは，後67－73年にローマに対して起こったユダヤ人の反乱の指導者たちの最後の英雄的抵抗の場所として世界的に有名である．この地は聖書では言及されていないが，ダビデはたぶんそれを知り，逃亡の場として使ったであろうということは先に論じた(pp. 108－112)．聖書を学ぶ者にとって，マサダは，イエスが生まれたころのユダヤの技術と美術，それにこの地にいたローマ人支配者の決意と軍事的技能の両方への証人である．マサダは今では広範囲にわたって発掘されており，考古学的記録は，後1世紀の歴史家ヨセフスによるこの要害とその陥落の様子についての記述が事実であったことを示す．彼は，曲がりくねった蛇の道を除いては，死海側からここに接近することはできないことを指摘し，ローマ人は西側から，「白い崖」と呼ばれる岩だらけの尾根に斜路を築き，攻囲兵器を運び，この要塞を一気に攻め取った，と述べている．

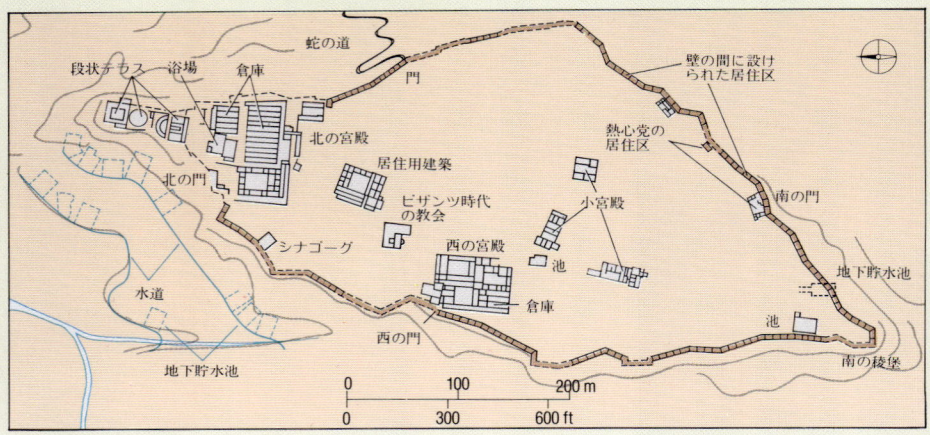

中　平面図は西から見たマサダを示す．死海はこの図の上方，蛇の道の向こうにある．縮尺線はこの高台がいかに広いかを示す．

上　マサダのシナゴーグは，この写真の中に見える丘の向こうにあるエルサレムに向けられている．ローマ包囲軍の陣営址が右手の谷の中に見える．

ユダの砂漠

下　南から見たマサダの景観．この遺跡が天然の要害であったことがわかる．右側に頂上まで達する蛇の道があり，左側には攻城のために築かれたローマ軍の斜路が見える．

中　反乱軍を鎮圧するため，包囲ローマ軍はバリスタ（発射機）から大きな石塊を発射した．

下　北の離宮の下のテラスにある柱とフレスコ壁画．

マサダの最後の防衛者たちが後73年に用いた家屋の中または下のケースメート城壁の中で発見された物には，ここで示したような革製サンダル，なつめやしの葉で編んだ籠，青銅製の鍋や小壺などがあった．

ユダの砂漠

ており，すぐに目につき，十分な兵力さえあれば容易に包囲することができた．頂上にとじ込められた人々は，気づかれないで下山し始めることは不可能であったろうし，彼らの退路は断たれていたのである（加えて，「マオンの荒れ野の岩場」の近くでサウルにあやうく捕われそうになったダビデについて述べるサム上 23：24—27 を見よ）．預言者ガドがダビデにマサダ（もしもこれが要害であったとして）を離れるよう警告した理由は，ダビデがここにいることがサウルに知られてしまったこと，そしてサウルは容易に彼を捕えるか，兵糧攻めにして餓死させることができたことであったかもしれない．ダビデが次に進んで行った「ハレトの森」を同定できないのは残念である．

ダビデがマサダにいたにしろ，いなかったにしろ，発見されている土器は，そこが前 10 世紀から同 7 世紀にかけて使われていたことを示す．それは，ハスモン家の王アレクサンドロス・ヤンナイウスによって前 100 年ごろ初めて部分的な建築を受け，要塞化された．しかしそれが栄光の頂点に達したのは，ヘロデ大王がそれを王家の居所とした時であり，名声の頂点に達したのは，後 73 年にローマに対するユダヤ人の反乱の最後の拠点となった時である．ヘロデの事業のうち顕著なものの一つに，分水線から来る冬の雨を集めるために作られた大きないくつもの貯水池がある．1963/4 年と 1964/5 年にマサダでなされた発掘の期間中，この地域では異常に多かった冬の雨は，峡谷から貯水池に通ずる水路がまだ残っていたなら，数時間でこれらの貯水池を一杯にしたことであろう．

ヨシュア記 15：61 で，エン・ゲディに加えて，荒野においてユダに属するベト・アラバ，ミディン，セカカ，ニブシャン，「塩の町」という 5 都市があげられている．「塩の町」はクムランに置かれてきたし，他の町のいくつかもクムランの南および南東数マイルに相互に接近して存在していたと考えられてきた．最近の示唆によれば，これらの町はエン・ゲディの北の死海海岸沿いにあって，それぞれが泉の近くに位置していた．こうして，「塩の町」はエイン・エッ・トゥラバに，ニブシャンはエイン・エル・グウェイルに，セカカはクムランに，ベト・アラバはルジュム・エル・バフルに位置づけられる．これらの地点では，ヨハネ・ヒルカーヌス（前 134—104 年）の時代の定住の証拠に加えて，前 8 世紀から 6 世紀に至るイスラエルの要塞の遺構が発見されている．両時代において，これらの定住地は東方の攻撃からユダを守る前線要塞の役割を担っていたとの示唆がなされている．

これらの遺跡のうち最もよく知られているのがクムランであって，その近くでは 1947 年以降「死海の巻物」が発見された．聖書の中でクムランが言及されているのは，セカカという名称で（この同定が正しければ，の話だが）一度だけであるが，クムランで生活し，そしてたぶん「死海の巻物」を生み出した共同体が，少なくとも前 4 年から後 68 年まで存在した．したがってそれは，洗礼者ヨハネとイエスの生涯の全期間，およびキリスト教拡張の最初期にこの地にあったのである．洗礼者ヨハネ（ルカ 1：80）とイエス（マコ 1：12—13）がある時期を過ごしたユダの砂漠は，通常エリコ地域に置かれるが（p. 196 を見よ），クムラン共同体の教えと洗礼者ヨハネおよびイエスの教えとの間にある類似点と相違点を考えてみるのは有益なことである．

しばしばエッセネ派と同定される死海共同体の起源はわかっていない．彼らはバビロンの捕囚（前 587 年）まで遡るかもしれないし，大祭司オニアス 3 世の廃位（前 175 年），あるいはマカバイ家のシモン（前 143—134 年）もしくはヨナタン（前 160—143 年）の治世に端を発するのであるかもしれない．クムランが前 160 年と同 134 年の間のある短期間占住されていたことは確かである．その後放棄され，ヨハネ・ヒルカーヌス（前 134—104 年）の治世下中に再定住され，前 31 年の大地震まで続いた．次いで前 4 年ごろまで占住はなされなかった．

この共同体の成員は自分たちのことを「光の子ら」と呼んだ．神が，その恩寵のゆえに自分たちのことを「光の子ら」として選び，神に奉仕し，これを礼拝し，「闇の子ら」に対抗するよう聖別なさったのだと彼らは信じた．彼らの信条には強力な二元論的要素があり，彼らの世は，神の許しのもとに闇の勢力によって支配されている，とされた．この勢力に対して配されたのが光の天使的な勢力であり，これらが神に奉仕しようとしている「光の子ら」を支援した．この共同体の成員は，財産を共有し，入会の審査と入会式という形式を整え，10 もしくは 12 の集団に分けて組織し，共同で食事した．彼らは，この共同体の設立はイザヤ書 40：3 にある「主のために，荒れ野に道を備えよ」という呼びかけの実現であると考えた．

クムラン共同体の信条と洗礼者ヨハネおよびイエスの信条との間には多くの興味深い類似点が存在する．たとえば，ヨハネはマルコ福音書 1：3 ではイザヤ書 40：3 の実現であると見なされている．イエスは周囲に 12 人の内弟子を集め，彼らは共同の食事をした．イエスの教えの中には，ルカによる福音書 10：18 の「わたしは，サタンが稲妻のように天から落ちるのを見ていた」という強調文にあるような，現世は邪悪な力によって支配されているという考えを示唆するものが見出される．光と闇の二元論は，第四福音書（たとえばヨハ 1：5，8：12）およびコリントの信徒への手紙二 6：14—7：1 にあるが，エフェソの信徒への手紙 6：12 は「わたしたちの戦いは，……支配と権威，暗闇の世界の支配者，天にいる悪の諸霊を相手にするものなのです」と述べている．

クムラン共同体とイエスおよび洗礼者ヨハネとの結びつきを探るのは興味をそそることである．通俗的な著作家の中には，イエスと洗礼者ヨハネがこの共同体の仲間であった，と断言する者もいた．しかしながら，イエスおよび洗礼者ヨハネとこの共同体との相違点もまた著しいということも指摘しておかなければならない．ヨハネによる，一度きりの洗礼によって悔い改めがなされるという教義とクムランとの間にはなんの並行例もないし，この共同体の成員は「光の子ら」を愛し，（この共同体に所属しない）「闇の子ら」を嫌悪すべしと教えられたのに対し，イエスは敵を愛することを教え（マタ 5：44），更正不能な罪人とみなされた人々と接触を持って物議をかもした（マコ 2：15—17）のであった．イエスがユダの砂漠に逗留した時に学んだものは，クムランとの接触というよりも，孤独でとっつきにくい土地で羊を飼うことに伴う危険についての洞察であったかもしれない．彼が心に何を抱いていたにしろ，ユダの砂漠は，羊飼いが 99 匹の羊を荒野（の中の囲い？）に残して，迷い出た 1 匹の羊を探しに行く（ルカ 15：4）という情景を思い描くのにうってつけの場所である．

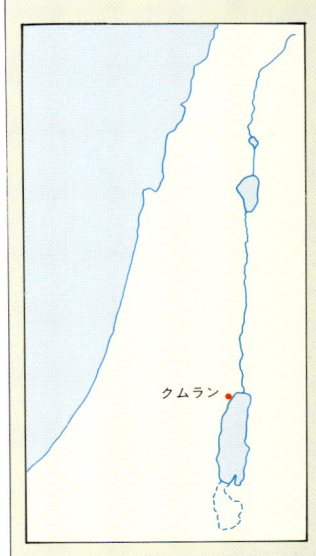

クムラン

クムランは，それがセカカもしくは「塩の町」（ヨシュ 15：61-62）でなかったとしたら，マサダと同様，聖書では直接言及されていない．しかし，マサダにおけるのと同じく，第二次世界大戦以降にこの地でなされた発見は，キリスト教が誕生したころの世界に多くの光を当てた．紀元前後の各 1 世紀にエッセネ派と呼ばれるユダヤ教徒の一団がいたことは，古代のユダヤ人やその他の人々による書き物から知られていた．たとえばヨセフスは，彼らの生活様式を詳細に記し，彼らを当時のユダヤ教徒の三教派のうちの一つであると述べている．他の二派はサドカイ派とファリサイ派であり，これらは両者とも福音書の中で言及されている．クムランの近くの洞穴の中，および居住区そのものでなされた発見は，エッセネ派に類似する集団がいたことを証明する文献的・考古学的証拠を出しているのであり，この集団はしばしばエッセネ派と同定される．発見された文書の中には，前 1 世紀ごろに由来する旧約聖書の一部のヘブライ語写本があり，「死海写本」として知られる．

写本が見つかった洞穴のあるものはクムランからかなり離れていた．これに対し第 4 洞穴（下）は，この教団の主な建物があった高台のすぐ下にあった．写本のいくつかは保存のための壺に入れられていた（右中）．ここに示した写本（右下）はイザヤ書からのもので，イザヤ書 34：14-36：2 を含んでいる．書記は 34：17 の最後の数語と 35：1-2 の全部を書き落としてしまい，これらを細書きで後から書き加えた．

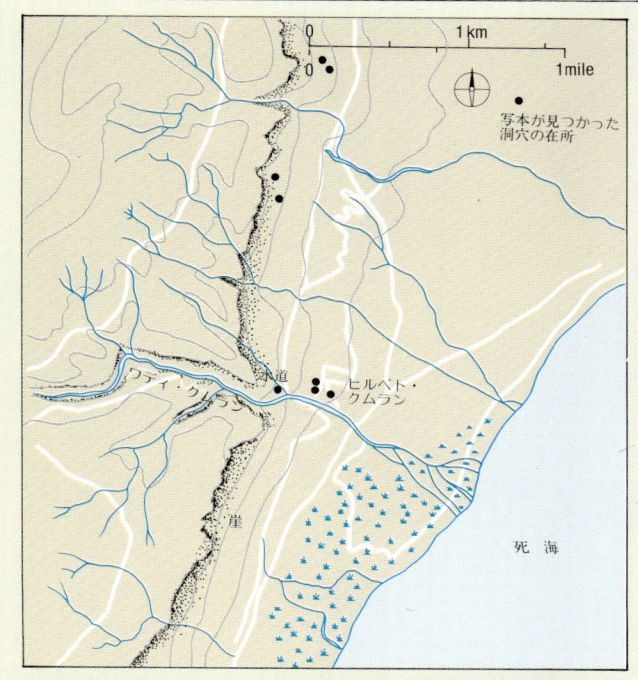

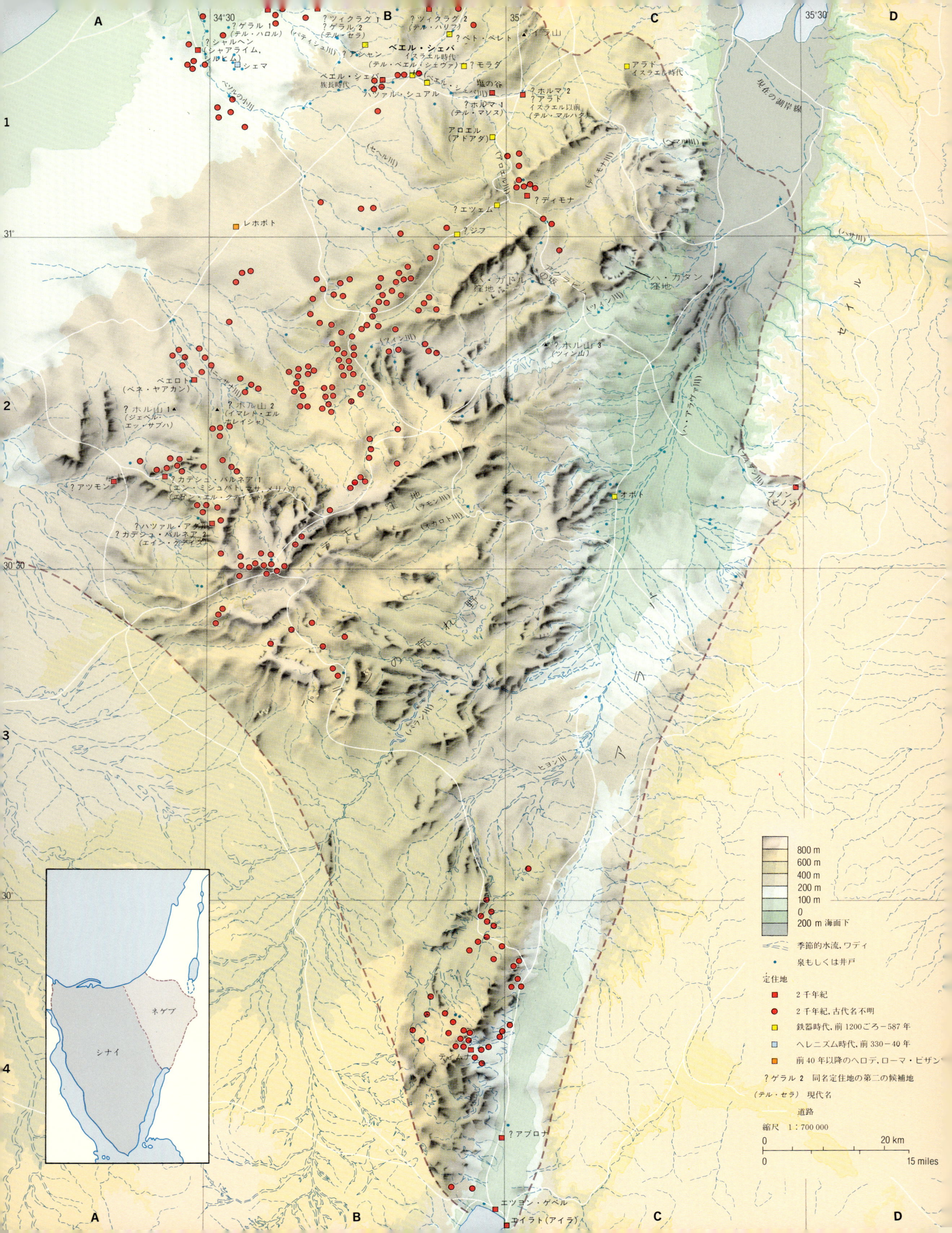

?ゲラル 1
(テル・ハロル)
?ゲラル 2
(テル・セラ)
?シャルヘン
(シャアライム,
ルヒム)
シェマ
?ツィクラグ 1
?ツィクラグ 2
(テル・ハリフ)
ベエル・シェバ
(イスラエル時代
(テル・ベエル・シェヴァ)
ベエル・シェバ
族長時代
ハツァル・シュアル
?アシセン
?モラダ
?ベト・ペレト
イラ山
塩の谷
?ホルマ 1
(テル・マソス)
?ホルマ 2
?アラド
イスラエル以前
(テル・マルハタ)
アラド
イスラエル時代
アロエル
(アドアダ)
?ディモナ
?エツェム
?ジフ
レホボト
ハ・ガタン
窪地
?ホル山 3
(ツィン山)
ベエロト
(ベネ・ヤアカン)
?ホル山 1
(ジェベル・
エッ・サブハ)
?ホル山 2
(イマレト・エル
ホレイシャ)
?アツモン
?カデシュ・バルネア 1
(エン・ミシュパト,マサ,メリバ)
?ハツァル・アダル
?カデシュ・バルネア 2
(エイン・クデイス)
オボト
プノン
(ピノン)
現在の湖岸線
セイル
パランの荒れ野
アラバ
?アブロナ
エツヨン・ゲベル
エイラト(アイラ)
ネゲブ
シナイ
34°30
35°
35°30
31°
30°30
30°
A
B
C
D
1
2
3
4
800 m
600 m
400 m
200 m
100 m
0
200 m 海面下
季節的水流,ワディ
泉もしくは井戸
定住地
2 千年紀
2 千年紀,古代名不明
鉄器時代,前 1200ごろ−587 年
ヘレニズム時代,前 330−40 年
前 40 年以降のヘロデ,ローマ・ビザン
?ゲラル 2　同名定住地の第二の候補地
(テル・セラ)　現代名
道路
縮尺　1：700 000
0
20 km
0
15 miles

ネゲブとシナイ

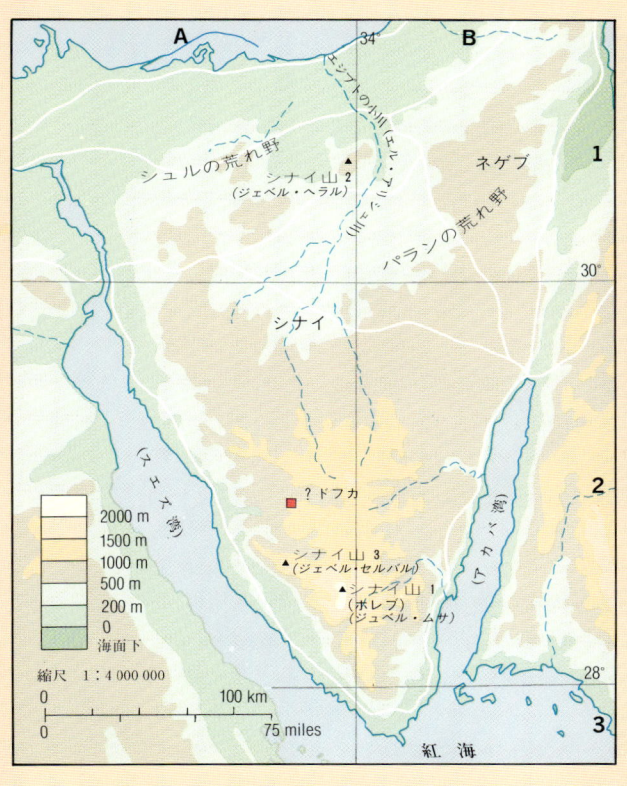

ネゲブ(左)とシナイ(上)は,旧約聖書において,イスラエルの歴史形成上最重要の出来事が起こった場所である。シナイでモーセは律法を授けられた。この地域のいろいろな場所で,イスラエルの民は神にそむき,神を試した。前2千年紀に一時的定住が可能であった範囲を付随の地図に示してあるが,これはネゲブの居住可能地と非可能地をはっきりと示す。これによってヘブライ人がエジプトからカナンに至る途次にネゲブのどこで滞在することができたかについて全般的な考えを得ることができる。

右上 シナイにおける出エジプトの旅程と考えられる道.

シナイ

記号(U):位置不明

アルシュ 民33:13(U)
エジプトの小川 民34:5; ヨシュ15:4, 47; 王上8:65; 王下24:7; イザ27:12; エゼ47:19; 48:28 A1 B1
グドゴダ(ホル・ギドガド) 申10:7; 民33:32,33(U)
紅海 出13:18; 15:22; 23:31; 王上9:26 B3 葦の海
シナイ山(ホレブ) 出3:1; 17:6; 19:1,11ff.; 19:20ff.; 33:6; 申1:2ff.; 4:10ff.; 士5:5; 詩68:9,18; ネヘ9:13; 使7:30; ガラ4:24,25 A1 A2
シュルの荒れ野 創16:7; 20:1; 25:18; 出15:22; ヨシュ15:7; 27:8 A1
タハト 民33:26,27(U)
タブエラ 民11:3; 申9:22(U)
テラ 民33:27,28(U)
ドフカ 民33:12,13 A2
ハシュモナ 民33:29,30(U)
パランの荒れ野 創21:21; 民10:12; 12:16; 13:3,26; サム上25:1; 王上11:18; ハバ3:3 B1
ホル・ギドガド → グドゴダ
ホレブ → シナイ山
マクヘロト 民33:25-26(U)
マラ 出15:23; 民33:8-9(U)
ミトカ 民33:28-29(U)
モセラ(モセロト) 申10:6; 民33:30-31(U)
リサ 民33:21-22(U)
リトマ 民33:18-19(U)
リブナ 民33:20,21(U)
リモン・ペレツ 民33:19-20(U)
レフィディム 出17:1,8; 19:2; 民33:14,15(U)

ネゲブ

記号(U):位置不明

アイラ → エイラト
アシャン ヨシュ15:42; 19:7; 代上4:32; 6:44 B1
アツモン 民34:4-5; ヨシュ15:4 A2
アドアダ → アロエル
アブロナ 民33:34-35 B4
アラド 民21:1; 33:40; ヨシュ12:14; 士1:16 C1
アロエル(アドアダ) ヨシュ15:22; サム上30:28 B1
エイラト(アイラ) 申2:8; 王下14:22; 16:6 C4
エセク 創26:20(U)
エツェム 代上4:29 B1
エツヨン・ゲベル 民33:35; 申2:8; 王上9:26; 22:48; 代下8:17; 20:36 B4
エテル ヨシュ19:7(U)
エデル ヨシュ15:21(U)
エリム 出15:27; 16:1; 民33:9,10(U)
エル・パラン 創14:6(U)
エン・ミシュパト → カデシュ・バルネア
オボト 民21:10-11; 33:43,44 C2
カデシュ・バルネア(マサ,メリバ,エン・ミシュパト) 創14:7; 17:7; 民20:13,14,16; 32:8; 33:36,37; 34:4; 申1:2,19,46; 2:14; 6:16; 9:22,23; ヨシュ10:41; 14:6,7; 15:3; 士11:16,17 A2 B2
ケシュル ヨシュ13:2; サム上27:8 (U)
ゲラル 創10:19; 20:1-2; 26:1,6, 17,20,26; 代下14:12,13 B1
シェマ ヨシュ15:26 B1
ジフ ヨシュ15:24,55; サム上23:14, 24; 26:2; 代上4:16; 代下11:8 B1
シャルヘン(シャアライム,シルヒム) ヨシュ15:32; 19:6; 代上4:31 A1
シルヒム → シャルヘン
ツィクラグ ヨシュ15:31; 19:5; 代上4:30; サム上27:6 B1
ツェファド → ホルマ
ティムナ 代下28:18 B4
ディモナ ヨシュ15:22 C1
トケン 代上4:32(U)
ドアラ(パラ) ヨシュ15:29; 19:3(U)
ハツァル・アダル 民34:4 B2
ハツァル・ガダ ヨシュ15:27 (U)
ハツァル・シュアル ヨシュ15:28; 19:3; 代上4:28; ネヘ11:27 B1
ハツァル・スサ(ハツァル・スシム) ヨシュ19:5; 代上4:31(U)
パラ → ドアラ
ハラク山 ヨシュ12:7(U)
パランの荒れ野 創14:6; 21:21; 民10:12; 12:16; 13:3; 申1:1; 33:2; サム上25:1; 王上11:18 B3
ビスヨトヤ ヨシュ15:28(U)
ブノン(ピノン) 民33:42-43 C2
ベアロト ヨシュ15:24(U)
ベエル・シェバ 創21:14,31-33; 22:19; 26:23,33; 28:10; 46:1,5; ヨシュ15:28; 19:2; 士20:1; サム上8:2; サム下3:10; 24:2,7,15; 王上5:5; 19:3; 王下23:8; 士上21:2; 代下30:5; ネヘ11:27,30; アモ5:5; 8:14 B1
ベエル・ラハイ・ロイ 創16:14; 24:62; 25:11(U)
ベエロト(ベネ・ヤアカン) 申10:6; サム下4:2; 代上1:42 A2
ヘツロン ヨシュ15:3,25(U)
ベト・ペレト ヨシュ15:27; ネヘ11:26 B1
ベネ・ヤアカン → ベエロト
ベレド 創16:14(U)
ホル山 民20:22 A2 B2 C2
ホルマ(ツェファト) 民14:45; 21:3; 申1:44; ヨシュ12:14; 15:30; 19:4; 士1:17; サム上30:30; 代上4:30 B1 C1
モラダ ヨシュ15:26; 19:2; 代上4:28; ネヘ11:26 B1
ラフィア 3マカ1:1 A1
レホボト 創10:11; 26:22; 36:37; 代上1:48 B1

右　荒野．聖書における強力な象徴．

右端　「モーセはイスラエルを，葦の海から旅立たせた．彼らはシュルの荒れ野に向かって，荒れ野を三日の間進んだが，水を得なかった．」(出15：22)．

象徴としての荒野

　エジプトからの脱出を例外として，イスラエル史の中で聖書記者によって，荒野の放浪の時期ほど重要視された時期は他にない．このエピソード自体は出エジプト記と民数記の各所と申命記の第1章に記されている．しかしそれは旧約聖書の他の多くの箇所で言及されている．詩篇第95篇の作者にとり荒野の時代は警告の役を果たした．

　　あの日，荒れ野のメリバやマサでしたように
　　心を頑にしてはならない．
　　あのとき，あなたたちの先祖はわたしを試みた．
　　わたしの業を見ながら，なおわたしを試した．
　　　　　　　　　　　　　　　　　　　（詩95：8―9）

　詩篇第106篇の作者は，荒野を旅したイスラエル人の不従順を描写するのに20節を費やした．
　他方，エレミヤは(2：2)，荒野の時代を神とその民の蜜月時代であったかのように語る．

　　わたしは，あなたの若いときの真心
　　花嫁のときの愛
　　種蒔かれぬ地，荒れ野での従順を思い起こす．

　後の世にとってなんらかの規範を確立しようとする時，荒野の時代に訴えかけることがあった．アモス(5：25)が民に「イスラエルの家よ，かつて40年の間，荒れ野にいたときお前たちはわたしにいけにえや献げ物をささげただろうか」と問うた時，われわれはこれを，否定を予期した質問であると解してはならないであろう．アモスの修辞法は，荒野の時代のイスラエル人が祭儀に関する命令だけではなく道徳的，社会的命令をも受けていたことを聴衆に思い起こさせるためのものであった．彼と彼の支援者の間には，荒野の時代の宗教がどちらかと言えば規範であるとする共通の基盤があったようである．

　エレミヤ書35：1―11に，時に砂漠の思想と称されるものを繰り返す一団のイスラエル人が登場する．レカブ人は先祖の一人から，家を建てず，ぶどう畑を作らず，ぶどう酒を飲まず，常に天幕の中に住むよう命令された．レカブ人が荒野の時代からの生き残りだったのか，あるいはエレミヤの時代の数世紀以前に砂漠の理想を作り出したのかはわからない．いずれにせよ，レカブ人は，荒野の時代が象徴としての力を持っていたことの証拠だったのである．
　バビロンの捕囚の間，神は，その民をエジプトからカナンの地に導き出したように，バビロンから勝利のうちにエルサレムに導き出すであろうとの希望が荒野のイメージを増幅した．次のような呼びかけがある．

　　主のために，荒れ野に道を備え
　　わたしたちの神のために，荒れ地に広い道を通せ．
　　　　　　　　　　　　　　　　　　　　（イザ40：3）

　また，神がその栄光を明らかにするにつれて，砂漠が花を咲かせるという幻がある．

　　荒れ野よ，荒れ地よ，喜び躍れ
　　砂漠よ，喜び，花を咲かせよ
　　野ばらの花を一面に咲かせよ．
　　花を咲かせ
　　大いに喜んで，声をあげよ．
　　……………………
　　荒れ野に水が湧きいで
　　荒れ地に川が流れる．
　　熱した砂地は湖となり
　　乾いた地は水の湧くところとなる．
　　山犬がうずくまるところは
　　葦やパピルスの茂るところとなる．

ネゲブとシナイ

> 主に贖われた人々は帰って来る．
> とこしえの喜びを先頭に立てて
> 喜び歌いつつシオンに帰り着く．
>
> （イザ 35：1―2，6―7，10）

新約聖書では，パウロが不平をこぼすコリントのキリスト者に対する警告として荒野放浪中に起こった出来事に言及した．「民は座って飲み食いし，立って踊り狂った」（1 コリ 10：7）というテキストは，金の子牛を作ったこと（出 32：6）への言及であるし，1 日に 23,000 人が倒れたとパウロが想起させたことは，民数記 25：1―18 に記録されている偶像崇拝と不道徳への言及であったし，蛇にかまれて滅ぼされたという言及は民数記 21：5―9 にある青銅の蛇に関する出来事に基づいていた．この最後の出来事は，聖ヨハネによる福音書の中でも「モーセが荒れ野で蛇を上げたように，人の子も上げられねばならない．それは，信じる人が皆，人の子によって永遠の命を得るためである」（ヨハ 3：14―15）．

荒野，特にネゲブとシナイ半島の荒野はこうして聖書において強力にして二律背反的な象徴である．それは規範的な時代，不服従の時代，若い献身的な愛の時代，そして理想を表出する時代である．疑いもなく，荒野の時代に対するもっとも積極的な態度の一部は，税金，強制労働，社会的不正を伴う都市生活への幻滅にいくばくかの原因があった．しかし，荒野はまた，そこに憩が欠けてはいても，それが生み出す訓練と不屈の精神，そして神の定めに頼ることを学ぶ機会を提供するという点で補って余りある場所と見なされたのであった．申命記は (8：3)，荒野の放浪を経験した世代に，神が「あなたを苦しめ，飢えさせ，あなたも先祖も味わったことのないマナを食べさせられた．人はパンだけで生きるのではなく，人は主の口から出るすべての言葉によって生きることをあなたに知らせるためであった」ことを思い出させた．

本書では，モーセが律法を受領したシナイ山を，シナイ半島の南にあるジェベル・ムーサに置く伝統的な見解をとることにする．しかし，この同定は決して確実なものではなく，出エジプトの道筋をどのように再構成するかにかかっているのである．

ネゲブという名はヘブライ語であるが，その正確な由来はわかっていない．それはしばしば，聖書後のヘブライ語であって，「乾いている」を意味する ナガヴ nagav という動詞に結びつけられる．旧約聖書では，その名はヘブロン丘陵の南の乾燥地域を指し，その範囲はあまりはっきりとは限定されていなかった．実際，ネゲブという名称は，時には，ヘブロン丘陵の南域に住む人々の名と結びついて用いられている．こうして，サムエル記上 27：10 には，ユダのネゲブ，エラフメエル人のネゲブ，ケニ人のネゲブへの言及が見出される．ヨシュア記 15：21―32 は，ネゲブにおいてユダに属する 29 の町（とそれらの村々）をあげているが，それらの位置については後述することにしよう．ネゲブという語は，旧約聖書では，（羅針盤上の他の主要方位とは対照的に）南を指す語としても用いられており，ダニエル書 11 章では，この語は暗号的にエジプトを指して用いられている．

現代の用法では，ネゲブという名称は通常，ヘブロン丘陵の南で，その西境が南北東のアカバ湾からエジプトとの停戦

ネゲブとシナイ

アラド

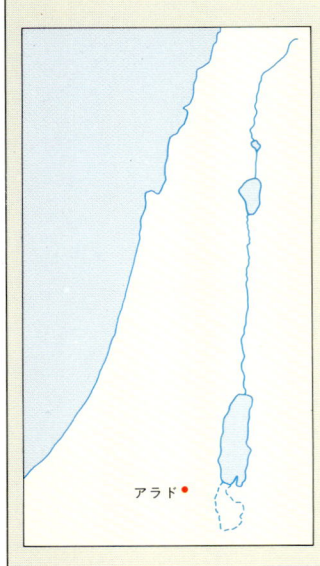

アラドはヘブロン丘陵の東南端にあって，ネゲブの北端を巻きながら，ベエル・シェバから東に向けて地溝帯に至る道路を支配する戦略上重要な位置にある．それは，二つの遺跡からなる．前3000年ごろから2650年ごろまで居住された下の町と，前12ないし11世紀から同2世紀まで占められた上の町である．聖書や他の資料は二つのアラドが存在していたことを示しているようなのであり，ある学者たちは，前13世紀にイスラエル人によって征服されたアラド（民21：1－3）を，ベエル・シェバの東に連なる要塞居住地の一つであって，テル・マルハタに位置づける．ソロモン時代（10世紀以降）にアラドは要塞都市として建設され，神殿を伴っていたが，発掘によるその発見は貴重なものであった．その理由は，アラドの神殿の構造がいくつかの細かい点において，列王記上6章にあるエルサレムの第1神殿の建設記録から復元しうる構造を反映していると思われるからである．両聖所とも内部が三分割されて玄関を伴い，その前に2本の柱があった．エルサレムの柱は青銅でできていた（王上7：15－22）．アラドの神殿で至聖所にあたるところには聖なる石柱があり，それにはまだ赤色塗料の痕跡が残っている．

下 1964年にアラドで発見されたこのオストラコンは前598/7年ごろに書かれ，おそらくエルサレム発信のものである．それは，地区司令官であり，たぶん王家の一員であったエリヤシブに対し種々の指令を与えている．この書簡は，シャッルム（なる人物）がヤハウェの家（すなわち神殿）——たぶんエルサレム神殿——に滞在するであろうという文で終わっている．

下中 アラドで発見された装飾付化粧用皿の破片．

下 アラドの城砦の司令官のエリヤシブの印章の印影．

右 テル・アラド．上の町．

下 ソロモン時代のアラド神殿の復元．壁龕に通ずる小さな中庭への入口にある2本の柱に注目されたい．エルサレム神殿にも聖所への入口のところに2本の柱があった．壁龕の中に据えられた香炉台は（右下に）より詳細に示してある．

右 この遺構図のうちで最も興味をひく点は左上隅にある神殿である．このソロモン時代の神殿は，中央に祭壇を持つ広い中庭と，その東側にあって，聖なる石と香炉台を納める壁龕に至る途中の小規模な中庭を備えていた．ここに示した前8世紀の遺構図では，主たる中庭が縮小され，祭壇は中央からずれており，しかも囲いの中にある．

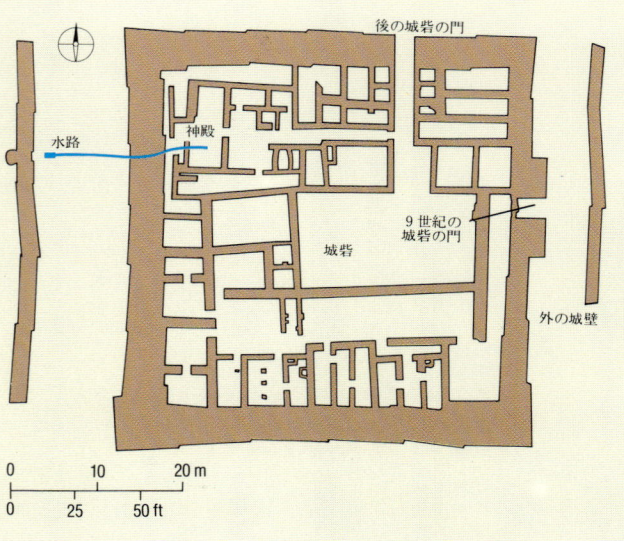

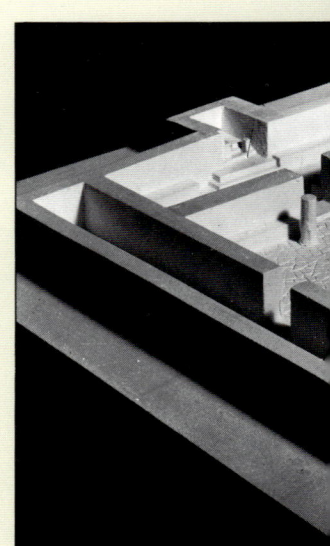

ラインに沿ってガザ回廊までまっすぐに延びる大きな楔形をした地域を指す．それは四つの主要な区域に分けられるのがふつうである．最も目立つのは，死海の南端からアカバ湾に走る地溝をなすアラバとエイラトの北にある山岳地である．北ネゲブと中央ネゲブという他の二つの区域の主たる境界はナハル・ツィンが形成する．

北ネゲブ

北ネゲブは，さらに3地区に分けられる．沿岸地区はナハル・シクマの南の海岸平野から東に向けてベエル・シェバをとり巻く白亜質の丘陵とベエル・シェバの東南に広がる大規模砂丘帯にまで達する．この地区の特徴は，沿岸部の幅広い砂丘地帯がレス（黄土）土壌の平原に接し，これが徐々に高度を増してこの地区の東端では300mに達することにある．レス土壌は雨が降ると固い地表面を形成し，浸透を妨げて，水は自然の排水路に向かって急速に流れる．こんどは，この急速な流れが数々のナハルの川床と側面を洗い，これらを不毛の「荒地」にしてしまう．地形に窪地があると，雨水が集まって貯水池をなし，家畜の群れはここから飲むことができる．この地区では，沿岸部を除いて，永続的な定住はなされなかったようである．

テル・ハロルはゲラルと同定されているが，この町は，外

記26章に合わせて解釈することが許されるならば、この飢饉は南のエジプトか、あるいは北方への移動を余儀なくしたと想定することができよう。飢饉の時アブラハムはエジプトに行ったが（創12：10―19）、イサクは約束の地に留まることを命令されていたので北に向け、一連の泉の近くに位置していたゲラルに行くのである。物語はイサクの部下が井戸を掘ったこと、次いでイサクがベエル・シェバに進んだことを告げる。

創世記20章はそれほど詳しくないが、この出来事への密接な並行記事が創世記26章にある。アブラハムはカデシュ付近のどこかからゲラルに向けて旅立つが、飢饉は言及されていない。ゲラルの王はここでもアビメレクであるが、「アブラハムは、長い間、ペリシテの国に寄留した」と述べる21章の結びを除いては、ペリシテ人への言及はない。アブラハムがゲラルからベエル・シェバに行ったことは、21：25―33から推測できる。歴代誌下14：9―15には、エティオピア〔クシュ〕人ゼラに対するユダの王アサ（前908―867年）の勝利と、アサが敵をゲラルまで追いつめ、次いでゲラル近辺の町々を攻撃した次第が簡単に述べられている。

これら近辺の町々の一つは、もしそれがテル・セラと同定できるとすれば、ツィクラグであった（別の見解はツィクラグをベエル・シェバの北北東15kmにあるテル・ハリフに置く）。これは、ダビデがペリシテ人の封臣となった時にアキシュがダビデに与え（サム上27：6）、サウルがペリシテ人に敗れた場合のために、権力への道を備えた町であった。ペリシテ人がサウルを、彼にとっては悲劇的な最後の闘いにひき込み、ダビデはギルボア山の地域への長い旅に出なければならなかった時、アマレク人が、ダビデのツィクラグ不在を利用して、彼に報復しようとしたのは驚くにあたらない。ダビデは、彼の部隊が参戦することを許されなかったサウルとの闘い（サム29：3―11）から帰った時、ツィクラグは火に包まれ、婦女子は連れ去られていた。そこでダビデは600人の部下を連れて敵を追ったが、部下のうち200人は25km行軍した後、ナハル・ベソル（ベソルの小川）で落伍した。たぶん彼らはギルボア山域からの長旅で疲れ果てていたのであろう。捕えた敵兵からの情報に助けられて、ダビデは、アマレク人が勝利を祝っている間にこれへの奇襲に成功した（サム上30：9―20）。彼は、この戦闘に実際に参加した者のみが戦利品の分配にあずかるべきだとする人々の意見を斥け、疲労のためナハル・ベソル以遠に行くことのできなかった200人にも、彼らとの団結を図って、掠奪品を与えた（サム上30：21―24）。

北ネゲブの第2の主要地区は、ベエル・シェバを主定住地とする平原と盆地である。この地区の最大部分は、ベエル・シェバの南西にあって、現代イスラエルにおいても最大の砂丘帯をなしている。この砂丘帯に交差し、したがってこれを二つに分けているのがナハル・ベソルである。東南の縁で砂から白亜層の丘陵に変わる。これらの白亜層丘陵は、こんどはナハル・ベエル・シェバによって、ほぼ東から西に走る線に沿って分けられている。このナハルの北の丘陵はヘブロン丘陵に合流する。ベエル・シェバ自身は、約5kmの幅を持つ両白亜層丘陵の間に位置し、ナハル・ベエル・シェバに沿っている。この町の東には、ベエル・シェバ盆地と（より高い）アラド盆地という二つの広い盆地がある。古代では、ベエル・

国人支配者によって危険な目に合う族長の妻に関する創世記の中の三つの物語のうちの二つであげられている。ゲラルは、ネゲブ海岸とベエル・シェバからラキシュ以遠に通ずる道路上にあり、中期および後期青銅器時代に占住があった。創世記26章では、飢饉のため、イサクがゲラルの王アビメレクのもとに行くが、この王はペリシテ人の王とも呼ばれている。（後者の言及は、アビメレクが、後代の前12世紀のある時期にペリシテ人が定住した場所の王であったことを意味していると理解される。）創世記25：11によれば、イサクはカデシュの近くの未同定の場所であるベエル・ラハイ・ロイにいた（創16：14、カデシュについては後述）。創世記25：11を創世

ネゲブとシナイ

シェバから東に，諸盆地に沿ってアラドまで一連の要塞定住地があった．そのうちテル・マソスとテル・マルハタの二つは，旧約聖書にある特定の町との確実な同定はまだなされていない．

ベエル・シェバが北ネゲブで重要な場所となったことは，その位置から明らかである．それは，ネゲブから海岸平野，シェフェラ，ヘブロン丘陵，地溝帯に至る道路上にあり，しかも，ベエル・シェバとアラドの年間降雨量は200 mmにすぎないのだが，両者間にある盆地は常に農耕可能だったのである．

上述したように，ベエル・シェバは聖書では最初にアブラハム（創21：31—34，22：9）およびイサク（創26：23）の居住地として現われる．創世記26：33と28：10から，イサクは，彼がエサウにたのんで狩に行かせ，その間にヤコブがエサウを装って祝福を盗んだ時（創27：1—29），ベエル・シェバに住んでいたと考えられる．エサウがイサクの食事用の獲物を狩るために弓矢を持ってベエル・シェバからどこへ行ったのかを推測することは容易ではない．計略の一部として，リベカはヤコブに，イサクのために食物を用意するのに群れの中から2頭のやぎを取ってくるように言った（創27：9）のであるから，エサウはたぶん野生のやぎを狩っていた．この出来事が冬（雨）季に起こったのであれば，野生やぎは，ネゲブ内の一時的に草地となる所にやって来たことであろう．そうでなければ，エサウは北のヘブロン丘陵のほうか，地溝帯の中の泉のある所に行かなければならなかったろう．

ベエル・シェバの北の水の豊かな土地とその南の水の少ない土地との対比を考えれば，イサクが二人の息子に与える祝福を比較してみると興味深い．ヤコブがエサウから盗んだイサクの祝福は，次のとおりである．

> どうか，神が
> 天の露と地の産み出す豊かなもの
> 穀物とぶどう酒を
> お前に与えてくださるように．（創27：28）

エサウへの慰めの祝福——こう呼んでよければ——は，こうである．

> 地の産み出す豊かなものから遠く離れた所
> この後お前はそこに住む
> 天の露からも遠く隔てられて．（創27：39）

ヤコブは今やエサウから逃げなければならなくなり，ベエル・シェバを出てハランに行った（創28：10）．彼が次にベエル・シェバを訪れたのは，長い間不明になっていたが今ではエジプトの宰相となっていた息子ヨセフと再会することになる途次においてであった（創46：1）．エジプトへの旅の途中，ベエル・シェバに滞在中に，ヤコブは神によって，彼がこの民族を大きな国民としてエジプトから連れ戻すであろうと確約される．この約束はたぶん，ベエル・シェバが，「ダンからベエル・シェバに至るまで」（サム上3：20）という成句にあるように，約束の地の最南端として認識されるようになったという事実を反映するものである．

アブラハム，イサク，ヤコブについての物語から離れると，

ベエル・シェバ

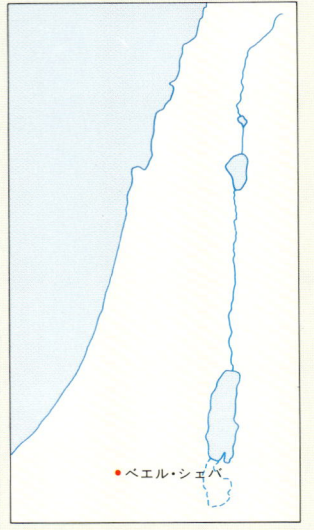

ベエル・シェバという名は，ごく自然に，アブラハム，イサク，ヤコブの物語を想い起こさせる．しかし，その遺跡はたぶん，現代の町ベエル・シェバの下にある．壮大なテル・ベエル・シェバは前11世紀の終わりに初めて町として建設され，後にソロモンの治世下で大規模な周壁によって要塞化された．それは，10世紀に，おそらくはエジプトのシシャクによって滅ぼされたが，再建され，前701/700年にセンナケリブによる破壊の時までユダの南境の要塞都市として持ちこたえた．この町の輪郭で最も著しい特徴は，防壁のすぐ内側を1周する道路であった．主要な公共建造物は町の中央のわずかに高まった場所を占め，倉庫と小さな礼拝所は城門の近くにあった．アッシリアによる攻撃のあと，この町はかつての栄光を取り戻すことはなかった．

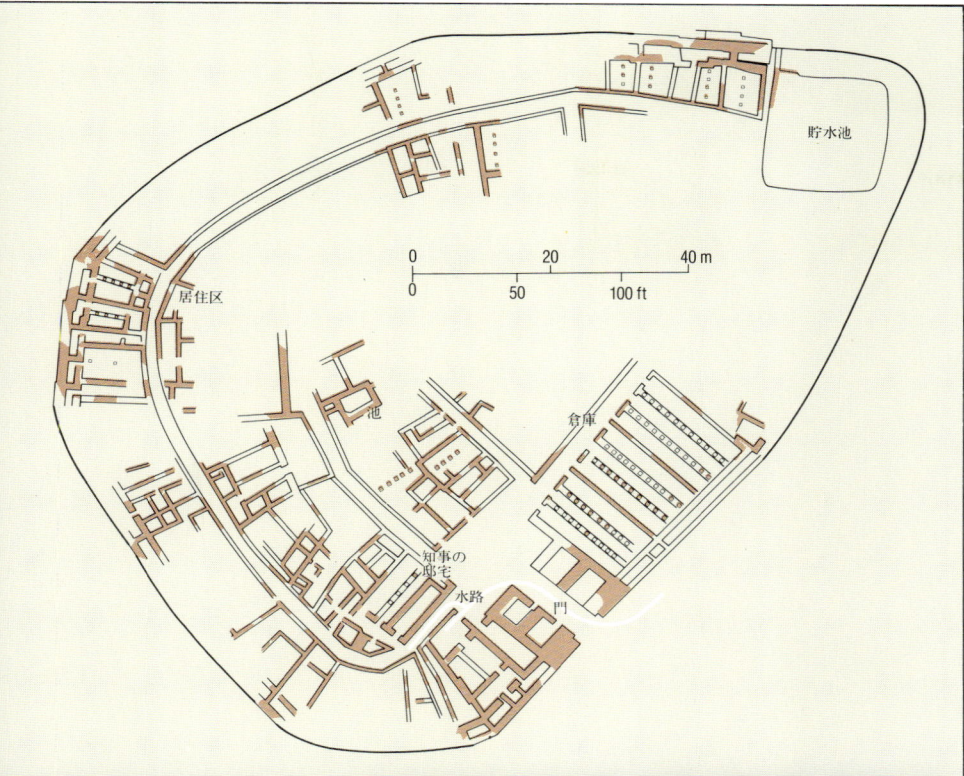

ベエル・シェバが聖書の中で言及されることは少なくなる．しかし，各所に現われるこの町への言及は，その重要性を証言している．サムエルは息子たちをこの町の士師として任命したし（サム上8：2），ユダの王ヨアシュの母親が生まれたのはここであった（王下12：1）．そこの「高台」の祭司たちはヨシヤによって退けられたし（王下23：8），それは捕囚後，帰還ユダヤ人によって再定住された（ネヘ11：27）．ベエル・シェバにおける発掘は，族長たちと捕囚後のユダヤ人が，今日ベエル・シェバの町によって覆われている地域に定着したり，滞在したことを示唆する．現在の町の外にあるテル・シェバの遺丘は，イスラエル王国時代初期に建設され，8世紀に破壊された．

ベエル・シェバの南東にテル・マソスがあるが，これは暫定的ながら聖書のホルマと同定されている．民数記14：45にイスラエルが，「山地に住む」アマレク人とカナン人にホルマで敗れたという記事がある．これは，イスラエル人が神の裁可なしに約束の地に入ろうとした時のことである．テル・マソスは，ヘブロン丘陵がベエル・シェバとアラド盆地をイラ山の地点で分ける所に極めて近い．民数記21：1-4の出来事（民33：40にある同一事件への言及を見よ）もまた，テル・マソスがホルマであるなら，この地区によく合致する．アラドの王は，イスラエル人が接近していることを知り，そのいく人かを捕虜にする．イスラエル人は反撃し，この地区の町々を破壊する．発掘によって神殿とオストラカ（碑文を持つ土器片）が出土しているアラド自体は，民数記の数箇所を除けば，ヨシュア記12：14で言及されているだけである．ヨシュア記の箇所では，アラドの王はイスラエル人によって敗れた者たちの1人としてあげられている．

戦略上要衝の地にあったもう一つの定住地は，ホルマの南東にあったアロエルである．この町はユダに属するとされ（ヨシュ15：22，アドアダに代えてアロエルと読む），ダビデがアマレク人に報復した後，戦利品の一部を送った所である（サム上30：28）．

ネゲブの第3の地区については，聖書の物語との関係で言いうることは少ない．それは形状と構造において特異な区域であり，北東から南西に走る一連の褶曲山地からなる．二つの地点で，背斜褶曲山地（下からの圧力によって上方に押し上げられた山地）の浸食が壮観なクレーターを残している．聖書時代には，道路はアロエルからナハル・アロエルに沿って現代のディモナの地点に至り，そこから二つの尾根の間にあるくぼみに沿って南西方向に現代のセデ・ボケルに達していた．調査によると，ソロモン治世下にこの道路は，たぶんアカバ湾のエツヨン・ゲベルへの幹線道路として，要塞と前哨基地によって防御されていた．しかしこれらの要塞は，レハブアム治世下のユダとイスラエルに対するシシャクの作戦によって破壊されたかもしれない（王上14：25-28）．

中央ネゲブ

中央ネゲブは，高地ネゲブと中央盆地の二つの区域に分けられるのがふつうである．高地ネゲブは，その名が示すように，ネゲブ全域で最高の山地を特徴とする．この区域は，東北東から西南西への軸に沿って走り，最高点で1033mに達する山脈によって支配されている．しかし，この主要な山地の特徴は，長さ40km近く，最大幅8km，そして深さ500m

上　ベエル・シェバにおける有名な生活の特徴はらくだ市場であり，この町がこの地区のベドウィンたちの中心地であったことを示す．

上端　前8世紀ベエル・シェバの遺構平面図．

左端　南から見たテル・ベエル・シェバの空中写真．前景にナハル・ベエル・シェバの河床が見える．城門の入口がテル下端のすぐ右寄りにある．現代の町は左端にあるが写真からははずれている．遠方に見えるのは小村オメル．

左　ベエル・シェバ出土の女性小像．

ネゲブとシナイ

からなる一種のクレーターを形成する大規模な浸食にある．この中央山地の西には，徐々に下降するいくつかの高原からなる山がちな土地がある．東では，土地は低く，広大な平原を伴っている．

旧約聖書の見地からすると，高地ネゲブの最重要地点は，高地ネゲブの西端，そしてネゲブとシナイの境界線上にあるカデシュ・バルネアである．カデシュ・バルネアの同定については意見の相違がある．多くの学者はそれをエイン・エル・クデイラトに置くが，他の人々はその南東およそ10kmのエイン・ケデイスに位置づける．これら2地点の自然上の相違はC・H・J・ド・ギュスによって上手にまとめられている．いわく，「アイン・クデイスは，水のあまりないひらけた場所であり，今では他の自然資源もほとんどないようである．アイン・エル・クデイラトには水がたくさんあり，やぎと羊を飼育することが可能であるが，深くて狭い谷の中に位置している．」ここは両地点の長所短所を論ずべき所ではない．エイン・エル・クデイラトのほうが，水が豊富なだけ，有利なように見えるが，（古代名を保存しているかもしれない）エイン・ケデイスをカデシュとすることに反対する積極的な理由はないとド・ギュスは書いている．

それがどこにあったにせよ，旧約聖書によれば，カデシュは古代イスラエルの形成期で最も重要な場所の一つであった．カデシュに最初に言及しているのは，一種の道標とされている場合（例，創16：14）を除けば，民数記13：26である．スパイたちは土地を偵察してから，「パランの荒れ野のカデシュにいるモーセ，アロンおよびイスラエルの人々の共同体全体」のもとに戻る．これより前で（民12：16，13：3）イスラエル人はパランの荒野にいるとされている．スパイたちが出立した所がカデシュであることは申命記1：19－25から確かである．

12人のスパイがカデシュに戻った時，そのうち10人は約束の地について悪い報告をもたらした．この不信仰の行為の結果，神はカデシュにいる20歳以上のすべての者を，ヨシュアとカレブを除いて咎め，約束の地に足を踏み入れることを禁じた．この禁止はモーセ自身にまで及んだ．

民数記16－19章にある出来事がカデシュで起こったと考えることができるなら（場所が移ったとは言われていないが，民20：1はカデシュへの到着を前提とする），次のような順序で事が進んだと見られる．モーセに対する反乱はコラ，ダタン，アビラム，オンによって率いられた（民16：1以下）．彼らの不満は，モーセが彼らを約束の地に連れて行かなかったこと，そして，モーセとアロンだけが祭司職の権威を独占すべきでないということであった．戦いがさし迫った時，地震が反乱の主だった指導者とその家族を呑み込み，天から降った火がその支持者たちを滅ぼした（民16：31－35）．コラや他の者たちの運命を見たイスラエルの残りの人々が抗議したため，神によって疫病がもたらされ，アロンが贖いによってこれら不平分子を宥めた時に，やっとこれを慎静できたのであ

った．

民数記20：1－13ではカデシュは，民が水のないことで不平を言った時，モーセが岩を打って水を出した所である．エドム領内の通過を求めてモーセが使者をエドム王に送り出したのもカデシュであった（民20：14－21）．

カデシュにおける出来事は，後の旧約聖書伝承にかなり強力な印象を残した．水がないということでモーセに対してつぶやいたことは詩篇95：8〔－9〕で想起され，神殿での礼拝者への警告とされている．

あの日，荒れ野のメリバやマサでしたように
心を頑にしてはならない．
あのとき，あなたたちの先祖はわたしを試みた．

（メリバとカデシュが一致することについては民20：13，27：14を見よ．）アビラムが滅ぼされたこと，そしてメリバにおいて神を怒らせたことは詩篇106：16－17，32－33でも言及されている．

申命記1：46はイスラエルがカデシュに「長い間」滞在したと述べているが，このことから学者たちは，イスラエルがその信仰を固め，約束の地を獲得するために出発する前に統一のとれた目的を抱くに至ったのはカデシュにおいてであったと推測する．このような推測は正しいかもしれないが，旧約聖書自体はこれへの証拠を提供してくれない．旧約記者にとってカデシュは，神の力とその民に対する善意を疑って，神を試してはならないというイスラエルに対する警告の象徴にとどまっているのである．新約聖書にもまた，カデシュに言及はしないが，この象徴をとりあげて信者に警告している．「兄弟たち，あなたがたのうち，信仰のない悪い心を抱いて，生ける神から離れてしまう者がないように注意しなさい」（ヘブ3：12．なお16－19節を参照）．

イスラエル人はカデシュを出発するとホル山に旅し，ここでアロンは死んだ．ホル山の位置は不明であるが，最近の見解は，それが，カデシュを出て高地ネゲブの北端をめぐり，ナハル・ツィンに沿う地溝帯の平原に達する道路に面したところにあったとする点で一致しているようである．ある者はホル山を，高さ451mに達する独立した丘陵であるジェベル・エッ・サブハに置くのに対し，他の人々はそれをイマレト・エル・ホレイシャとする．現代のイスラエル地図はしばしばそれを，これら二つの位置から東にさらに50km離れ，ナハル・ツィンのそばにあって，268mの高さをなす単独の丘ツィン山に置いている．オボト（民21：10）をメサド・ラヘルに置くことができるなら，青銅の蛇を据えたという有名な出来事はたぶんナハル・ツィンの地域でなされたとすべきであろう（民21：4－9）．

地溝帯

ネゲブにあるもう二つの場所を論じなければならないが，両者とも地溝帯の中に位置する．最初はエツヨン・ゲベル，すなわち今日のテル・エル・ヘレイファであり，これはアカバ湾北岸の境界のヨルダン側にある．エツヨン・ゲベルは，民数記33：36と申命記2：8の荒野行程表の中に現われるが，その最初の重要な言及は列王記上9：26にあるソロモンの建築事業との関連でなされている．この箇所はソロモンが

左　西から見たワディ・エル・クデイラトの空中写真．著しい特徴は写真右側にある壁であるが，その目的はわかっていない．それは聖所を囲んでいたのであるとか，動物が入り込まないようにしたのだとか，浸食を防ぐためであったとかの示唆がなされている．写真の上半分，中央のやや左に小さなテルが見えるが，ここでは前8－6世紀の砦が見つかった．右上隅にエイン・エル・クデイラトがあるが，これは聖書のカデシュ・バルネアであった可能性がある．

ネゲブとシナイ

左 ツィンの荒野．ネゲブのこの地域では，元来地下から押し上げられた岩山のみごとな浸食がなされている．

下 アカバ湾の北岸にあるエツヨン・ゲベル．ここでソロモンは艦隊を建造した．

エツヨン・ゲベルで船団を建設したと伝えている．その目的は，アカバ湾から海路で行くことのできる近東の諸所と交易することにあった．列王記上9：26でエツヨン・ゲベルはエドムに属すると言われているが，これは当時ソロモンがエドムあるいはその一部を支配していたことを示す．テル・エル・ヘレイファでの発掘は，ソロモン死後エツヨン・ゲベルが火災で破壊されたことを示す．ヨシャファトの治世中（前870－846年），このユダの王はエツヨン・ゲベルを再建・拡張して再びこれを支配したが，そこで持ち船が難破するという不運を味わった（王上22：48－49）．ヨシャファトの治世以後，旧約聖書にエツヨン・ゲベルへの言及はない．しかし，列王記下14：22にウジヤ（前785－733年）がエイラトを建設して，これをユダに復帰させたと述べられている．エイラトの正確な位置はわかっていないが，申命記2：8のようなテクストに照らすとエツヨン・ゲベルに近かったと考えられる．ウジヤの孫アハズ（前733－727年）の治世下にエイラトがエドム人の手に渡ったことは列王記下16：6に述べられている．

テル・エル・ヘレイファが第二次大戦の直前に初めて発掘された時，発掘者たちにとってこの地は快い所ではなかった．それは北から地溝帯に沿って吹きつける強風にさらされ，頻繁に生ずる砂嵐が発掘を妨げた．発掘者たちは，このテル（遺丘）が真水の出るところの西端であることを見届けた．エツヨン・ゲベルを建設したイスラエル人がもっと東に進出できなかったのは，そうすればエドム領にさらに深く入ることになるからである．北から吹きつけるこの強風が，ヨシャファトの船団のもやい網を切って難破させたのであるかもしれない．

テル・エル・ヘレイファの北およそ20kmにあるティムナは聖書では触れられていない（言及されているティムナはシェフェラにある．p.87を見よ）．しかしそれは，1969年と1974

124

ティムナ

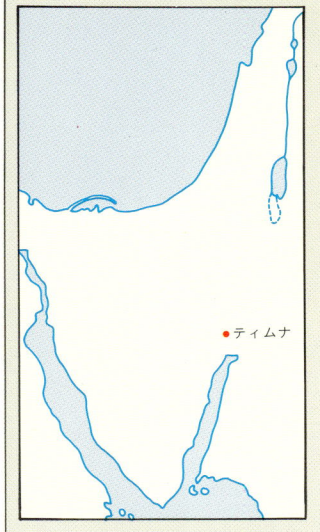

すでに前4千年紀にはティムナの地域で銅が採鉱されていた．1千年以上の中断の後，前13世紀に採鉱と製錬が再開された．前12世紀にエジプト人はティムナに重大な関心を示したが，この地はやがて，聖書の伝承によれば，モーセがエトロの娘と結婚したことによって（出3：1参照）イスラエルと結びつきを持っていたミディアン人に支配されるようになった．エジプト人はティムナにハトホル女神のために神殿を建てた．ミディアン人はこれを彼ら自身の礼拝所に変えたが，これは，荒野放浪時代のイスラエルの幕屋と著しい類似性を持っていることが判明した．

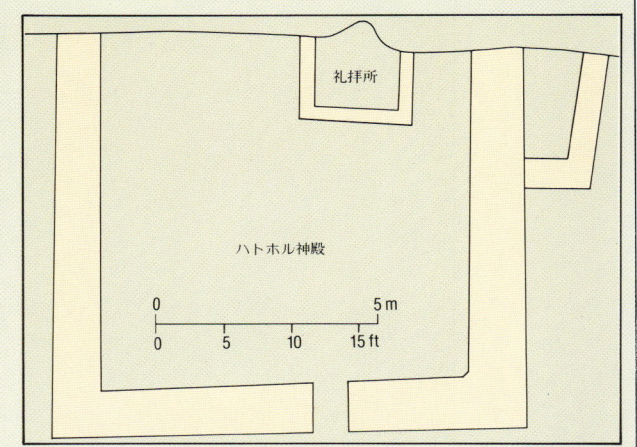

右　エジプトの女神ハトホルを描写した数々の断片が遺跡から発見されている．これは舞踊，音楽，愛，歓喜の女神であった．

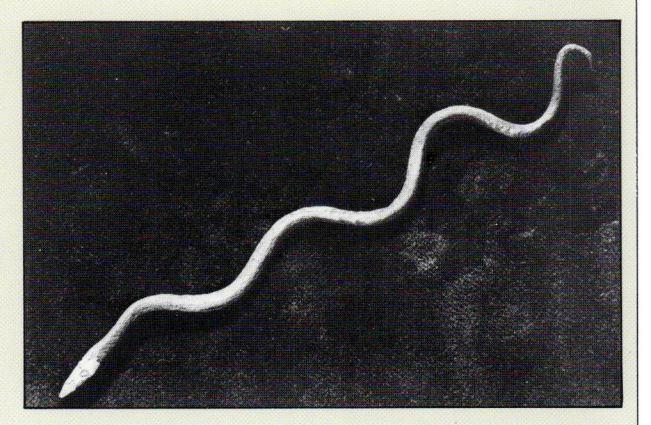

右端　ミディアン人の礼拝所から発見された銅製の蛇は，棹の上に掛けられた真鍮の蛇についての聖書の物語（民21：6-9）との関係で興味深い．

上と右　銅が採鉱された岩山と竪穴の一部．

ネゲブとシナイ

年の発掘でハトホル神殿が発見された結果，旧約学者の関心をひくことになった．ティムナ自体は現在，そして古代においても，当地のヌビア砂岩の中にある銅の生産で知られている．ハトホル神殿はいくつかの歴史的局面を持っていたが，その中ではミディアン時代（前12世紀）が本書の目的にとって最も興味深い．ミディアン時代にこの聖域は天幕聖所の形を取り，その至聖所には長さ12cmで頭部を金メッキされた銅製の蛇があった．このミディアンの天幕聖所と初期イスラエルとの間に考えられうる関連性には目覚ましいものがある．

聖書の伝承は，モーセがミディアンと関係を持っていたことを明らかにする．モーセは，エジプトから逃亡した後（出2：11－15），「ミディアン地方」に来て，ここでミディアンの祭司エトロの娘と結婚した．モーセがイスラエル人をエジプトから導き出して，奴隷の身から解放した後，彼の義父はモーセのところにやって来て，イスラエルの神への信仰を認めた（出18：10－12）．モーセが十誡を受けると，それは「契約の箱」の中に納められ，この箱は天幕聖所の中に安置された（出40：16－21を見よ）．すでに触れたようにモーセは，民が蛇に襲われた時に，青銅の蛇を据えた．ミディアンとイスラエルの天幕聖所および蛇の正確な関係をたどることは不可能であるが，旧約聖書がモーセとミディアンの祭司エトロを結びつけていることを見れば，その関連性は偶然ではあり得ない．

シナイ

ネゲブからシナイ半島に目を転ずれば，われわれの関心はその主要地点――すなわちシナイ山――に絞られる．イスラエル人がシナイ/ネゲブ地域で多年を過ごしたことは確かであるが，旧約聖書の遺跡の同定はシナイにおけるよりもネゲブにおいてよくなされている．出エジプトの道筋そのものが論争の種になっているのであり（p.27を見よ），イスラエル人が奇跡的に渡渉した紅海の地点とそこに達するまでどの道路をたどったのかについて少なくとも二つの主要な説がある．

第1の主たる疑問は，シナイ山を半島の深南部に置くべきか，あるいはこれよりずっと北のカデシュ付近に求めるべきかということである．こうして，シナイ山をカデシュの南約60kmのジェベル・ヘラルと同定する学者がいる．この同定に対する強力な反論は，旧約聖書がシナイ山（ホレブとも呼ばれる）はカデシュからかなりの距離にあったと一貫して主張していることである．申命記1：2は「ホレブからセイルの山地を通って，カデシュ・バルネアまでは11日の道のりである」と説明している．これは60kmを歩いてなお余る時間であろう．また，エリヤがイゼベルの脅迫にあって逃れた時（王上19：1－8），ベエル・シェバから1日のところから山まで「40日40夜」を要した．この「40日40夜」は長期間を指す聖書的表現であるかもしれないが，エリヤがベエル・シェバの南からジェベル・ヘラルまでおよそ130kmを旅するには数日あれば十分だったのである．

シナイ山/ホレブ山がシナイ半島の深南部にあったとしても，その位置を確実に特定することはできない．古くからの伝承はシナイ山をジェベル・ムーサに置く．当地の訪問者は，たとえば，ジェベル・ムーサの北西約35kmのジェベル・セルバルなどのような別の場所を示唆している．1845年にこの

上　伝承上シナイ山とされるジェベル・ムーサは、最高点が 2644 m に達する山塊の一部をなす。ジェベル・ムーサ自体は 2273 m の高さである.

左　シナイ砂漠という呼称は、それが広大な砂の広がりを思わせるとしたら、誤った命名である. 実際には、スエズ湾とアカバ湾で形成される三角形の底部にある山塊とジェベル・エッ・ティフから北に伸びる広大な高原とを分ける唯一の砂地が目立つだけである.

地域を訪れた有名なドイツ人エジプト学者リヒャルト・レプシウス（1810―84 年）は、ジェベル・ムーサよりもジェベル・セルバルのほうが有利であることを述べて次のように言っている.「ゲベル・ムーサはどこからも見えるわけではなく、ほとんど隠れて埋もれている. 高さ、形、位置あるいは他のいかなる点においても目立った特徴はなく、土着の部族民やそこに定着したエジプト人にそれを『シン（の荒れ野）の山』という特異な名称で呼ばせるほどのものは何もなかった. これに対してセルバルはあらゆる方角そしてはるか遠方から目立ち、この未開地域の北部全体を圧倒的に睥睨している. それは常にこの地に広く散っている住民の中心地であり、旅人の目標となってきた……」この論争をここで解決することはできないし、ジェベル・セルバルに反対する強い議論も展開されている. 疑問の余地のないことは、シナイ／ホレブ山が聖書の宗教にとってこの上なく重要であるということである. ホレブにおいてモーセは神の民を奴隷の身から導き出せとの召命を受け（出 3：1―12）、出エジプトの後彼が民を連れて行ったのもこの同じ山であった（出 19 章. 出 3：12 参照）. モーセがシナイ山で律法を受けとっている間、民は待ちくたびれ、「金の子牛」を作って彼らの神を否定した（出 32：1―6）. こうしてこの山は、神の恵みの象徴であると同時に、民の背信の象徴でもあった.

　　彼らは自分たちの栄光を
　　草をはむ牛の像と取り替えた.（詩 106：20）

旧約聖書の他の伝承によるとシナイは、神がエドムと荒野を通り過ぎた時、他の山々と同様に震えた山であった（士 5：4―5, 詩 68：8―9）. エリヤがアハブの治世中（873―851/2 年）に逃げ込んだのはホレブであり、そこで神は彼に、シナイにおける律法授与に伴った雷と稲妻（出 19：16）によってではなく、「静かにささやく声」（王上 19：12）で語りかけたのであった. ホレブ、モーセ、エリヤという要素は、マラキ書 3：22―23 で共に引かれているだけでなく、新約聖書の変貌の物語（マコ 9：2―8）にも現われるのであり、この時、別の山上で、イエスはモーセとエリヤと共になって「イエスがエルサレムで遂げようとしておられる最期」（ルカ 9：31）の旅立ち（出エジプト）について語った.

ガリラヤ

左　聖書に出てくる町ダンの近くにあるのがヨルダン川の水源の一つである．今日では，この地域は公園および自然保護区となっており，その中にこの流れがある．

右　この地域は，北の上ガリラヤと南の下ガリラヤに分けられる．これら両地域は古代において自然上の中心地というものを持たなかったし，上ガリラヤでは地理的構造上，定住や旅行が極めて困難であった．下ガリラヤの特徴は，そのほとんどが西から東に流れる長い谷にある．上ガリラヤの西域は今日に至るまで定住が困難だったのであり，オークの森のもともとの姿の一部を今に留めている．

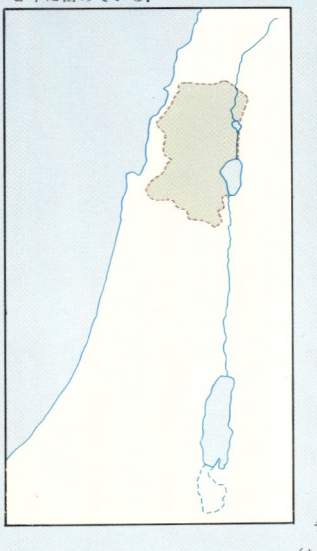

記号(U)：位置不明

アクシャフ ヨシュ11:1; 12:20; 19:25 **A3 A4**
アスノト・タボル ヨシュ19:34 **C4**
アダマ ヨシュ19:36 **D3**
アダミ・ネケブ ヨシュ19:33 **C4**
アナハラト ヨシュ19:19 **C5**
アベル・ベト・マアカ サム下20:14,15,18; 王上15:20; 王下15:29; 代下16:4 **D1**
アマトス →ハマト
アルベラ 1マカ9:2 **C4**
イフタ・エル ヨシュ19:14,27 **B4**
イルアラ ヨシュ19:14,27 **B4**
イルオン ヨシュ19:38 **C2**
エト・カツィン ヨシュ19:13 (U)
エドレイ ヨシュ19:37 (U)
エン・ドル ヨシュ17:11; サム上28:7; 詩83:11 **C5**
エン・ハダ ヨシュ19:21 **C4**
エン・ハツォル ヨシュ19:37 **C2**
オフラ 士6:11,24; 8:27,32; 9:5 **B5 C5**
カタト →キトロン
ガト・ヘフェル ヨシュ19:13; 王下14:25 **B4**
カナ ヨハ2:1,11; 4:46; 21:2 **B4 C4**
カナ ヨシュ19:28 **B1**
ガバタ ヨハ19:13 **B4**
カファルナウム マタ4:13; 8:5; 11:23; 17:24; マコ1:21; 9:33; ルカ4:23,31; 7:1; 10:15; ヨハ2:12; 4:46; 6:17,24,59 **D3**
ガリラヤの海（キネレト，ゲネサレトの湖，キネレトの海，ティベリアス湖）民34:11; ヨシュ13:27; マタ4:18,15:29; マコ1:16; 7:31; ルカ5:1; ヨハ6:1 **D4**
カルタ ヨシュ21:34 (U)
カルタン（キルヤタイム）ヨシュ21:32; 代上6:61 **C2**
キシュヨン ヨシュ19:20; 21:28 **C5**
キスロト・タボル →ケスロト
キトロン（カタト）ヨシュ19:15; 士1:30 **A4**
キネレト（キネロト，ゲネサレト）ヨシュ11:2; 19:35; 王上15:20; マタ14:34; マコ6:53 **D3**
キネレト →ガリラヤの海
キネレトの海 →ガリラヤの海
キルヤタイム →カルタン
ケスロト（キスロト・タボル）ヨシュ19:12,18 **B4**
ケデシュ（カダサ）ヨシュ12:22; 19:37; 20:7; 21:32; 士4:6,9,10; 王下15:29 **D2**
ケデシュ（ツィディム）ヨシュ19:35; 士4:6 **D4**
ゲネサレト →キネレト
ゲネサレトの湖 →ガリラヤの海
コラジン マタ11:21; ルカ10:13 **D3**
サリド ヨシュ19:10,12 **B5**
シオン ヨシュ19:19 **C4**
シムオン（シモニアス）ヨシュ11:1; 12:20; 19:15 **B4**
シモニアス →シムオン
シャハツィマ ヨシュ19:22 **C5**
シュネム ヨシュ19:18; サム上28:4 **C5**
ダベラト ヨシュ19:12; 21:28; 代上6:57 **C4**
タボル山 ヨシュ19:22; 士4:6,12,14; 詩89:13; エレ46:18; ホセ5:1 **C4**
タリケアエ（ダルマヌタ，マグダラ）マタ27:56,61; 28:1; マコ15:40,47; 16:1,9; ルカ8:2; 24:10; ヨハ19:25; 20:1,18 **D4**
ダルマヌタ →タリケアエ
ダン（ライシュ，レシェム）創14:14; 申34:1; ヨシュ19:47; 士18:7,14,27,29; 20:1; サム下3:10; 17:11; 24:2,15; 王上5:5; 12:29,30; 15:20; 王下10:29; 代上21:2; 代下16:4; 30:5; エレ4:15; 8:16; アモ8:14 **D1**
ツァアナニム，エロン・ベ- ヨシュ19:33; 士4:11 **C4**
ツィデム →ケデシュ
ツェル ヨシュ19:35 (U)
ティベリアス ヨハ6:1; 23; 21:1 **D4**
ティベリアスの海 →ガリラヤの海
ティムナ →リモン
ナイン ルカ7:11 **C5**
ナザレ マタ2:23; 21:11; マコ1:24; 14:67; 16:6; ルカ1:26; 2:51; 4:16; 34; 18:37; 24:19; ヨハ1:45,46; 18:5,7; 19:19; 使2:22; 3:6; 10:38; 26:9 **B4**
ナハラル ヨシュ19:15; 21:35; 士1:30 **A4 B4**
ナファト ヨシュ17:11 (U)
ナフタリ 士7:23; 代上27:19; 代下34:6; 詩68:28; イザ8:23; エゼ48:3,34; マタ4:13,15 **C3**
ネア ヨシュ19:13 (U)
ハツォル →シムオン
ハナトン ヨシュ19:14 **B4**
ハマト（アマトス）ヨシュ19:35 **D4**
フコク ヨシュ19:34 **C3**
ベエル 士9:21 **D5**
ベツレヘム ヨシュ19:15 **B4**
ベテン ヨシュ19:25 **A4**
ベト・アナト ヨシュ19:38 **B3 C1 C4**
ベトサイダ（ユリアス）マタ11:21; マコ6:45; 8:22; ルカ9:10; 10:13; ヨハ1:44; 12:21 **D3**
ベト・シェメシュ ヨシュ19:38; 士1:33 **B2 D4**
ベト・ダゴン ヨシュ19:27 **C3**
ベト・パツェツ ヨシュ21:29 (U)
ベト・レホブ 士18:28 (U)
ヘルカト ヨシュ19:25; 21:31 **A4**
ヘレフ ヨシュ19:33 **C4**
ホレム ヨシュ19:38 **C2**
マイサロト 1マカ9:2 (U)
マグダラ →タリケアエ
マドン（アダマ）ヨシュ11:1; 12:19; 19:36 **C4**
マルアラ ヨシュ19:11 (U)
ミグダル・エル ヨシュ19:38 **D2**
メロム ヨシュ11:5-7
メロムの水場 ヨシュ11:5,7 **C3 D2**
モレの丘 士7:1 **C5**
ヤノア 王下15:29 **B1 B3 D1**
ヤフィア ヨシュ19:12 **B4**
ヤブネエル ヨシュ19:33 **D4**
ヨトバ（ヨトバタ）王下21:19 **B4**
ライシュ →ダン
ラカト ヨシュ19:35 **D4**
ラクム ヨシュ19:33 **D4**
ラマ ヨシュ19:29 **B2**
ラマ マタ2:18 **C3**
リモン（ティムナ，リモノ）ヨシュ19:13; 21:35; 代上6:62 **B4**
ルマ 王下23:36 **B4**
レシェム →ダン
レホブ ヨシュ19:28 **B2**

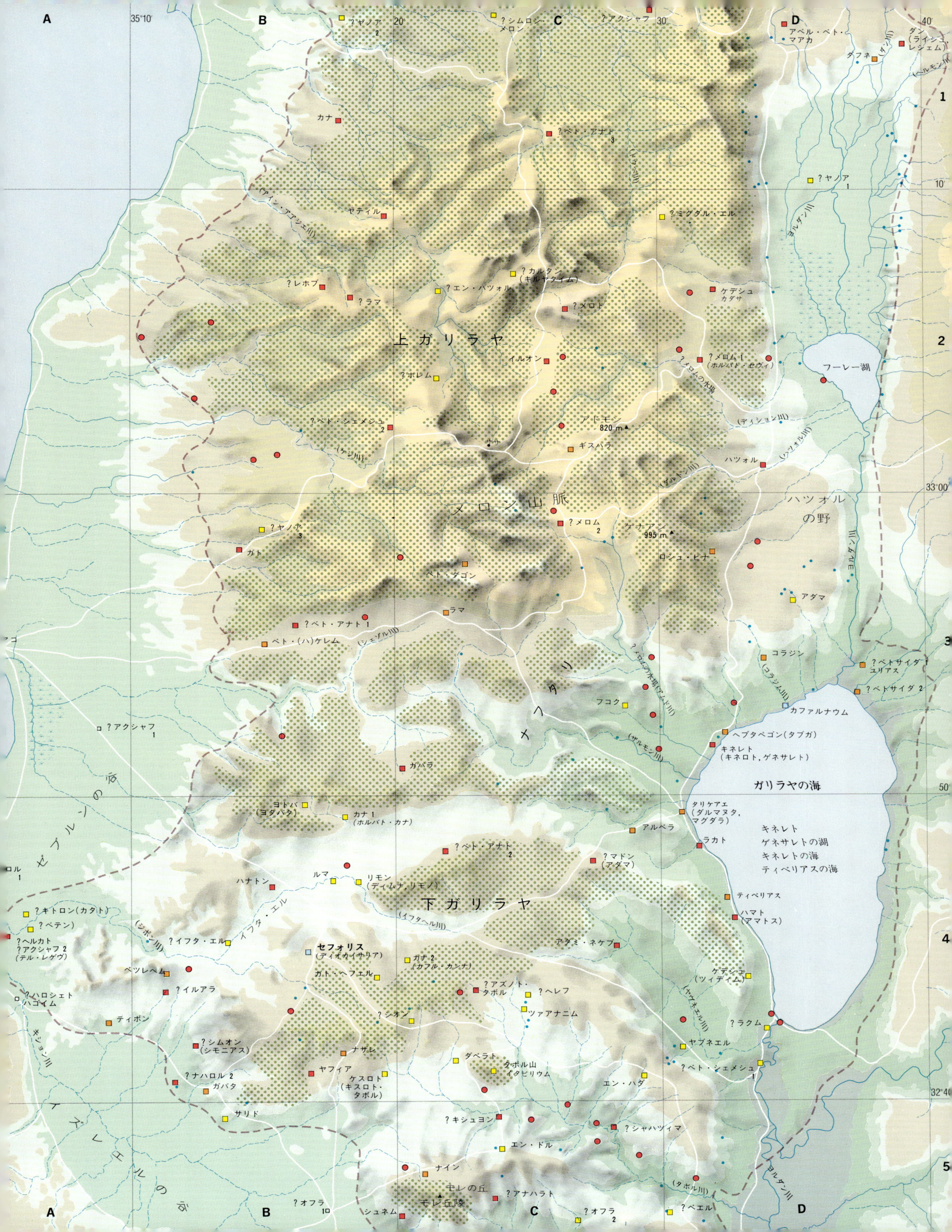
A
B
C
D
35°10'
20'
30'
40'
10'
33°00'
50'
32°40'
1
2
3
4
5
上ガリラヤ
メロン山脈
ヘメリ
下ガリラヤ
ガリラヤの海
キネレト
ゲネサレトの湖
キネレトの海
ティベリアスの海
フーレー湖
ハツォルの野
ゼブルンの谷
イズレエルの谷
?イヨン
?シムロン・メロン
?アクシャフ
アベル・ベト・マアカ
ダン（ライシュ，レシェム）
ダフネ
カナ
?ベト・アナト 3
?ヤノア 1
ヤティル
?ミグダル・エル
?レホブ
?ラマ
?エン・ハツォル
?カルタン（キルヤタイム）
ケデシュ カダサ
?メロト
イルオン
?メロム 1（ホルバト・セヴィ）
メロムの水場
?ホレム
?ベト・シェメシュ 2
アドキン 820m
ギスパラ
ハツォル
?ヤノア 3
?メロム 2
ゲナアン 995m
ロシュ・ピナ
ガト
ベト・ダゴン
アダマ
ラマ
?ベト・アナト 1
ベト・（ハ）ケレム
コラジン
?ベトサイダ ユリアス
?ベトサイダ 2
フコク
カファルナウム
ヘプタペゴン（タブガ）
キネレト（キネロト，ゲネサレト）
?アクシャフ 1
カバラ
ヨトバ（ヨタパタ）
カナ 1（ホルバト・カナ）
タリケアエ（タルマヌタ，マグダラ）
アルベラ
ラカト
?ベト・アナト 2
?マドン（アダマ）
ハナトン
ルマ
リモン（ディムナ，リモノ）
ティベリアス
ハマト（アマトス）
?キトロン（カタト）
?ベテン
?ヘルカト
?アクシャフ 2（テル・レゲヴ）
?イフタ・エル
セフォリス（ディオカイサリア）
ガナ 2（カフル・カンナ）
ガト・ヘフェル
アダミ・ネケブ
ベツレヘム
?イルアラ
?アズノト・タボル
?ヘレフ
ツァアナニム
ケデシュ（ツィディム）
?ハロシェト・ハゴイム
ティボン
?シオン
?ラクム
?シムオン（シモニアス）
ナザレ
ヤブネエル
ダベラト
タボル山 イタビリウム
?ベト・シェメシュ 1
?ナハロル 2
ガバタ
ヤフィア
ケスロト（キスロト・タボル）
エン・ハダ
サリド
?キシュヨン
?シャハツィマ
エン・ドル
ナイン
モレの丘
モレ丘陵
?アナハラト
?オフラ 1
シュネム
?オフラ 2
?ベエル
ヨルダン川
キション川
タボル川
イフタヘル川
シェゾル川
ザルモン川
アムド川
ハツォル川
ディション川
ケジブ川
アイン・アエシュ川
ベルモン川
ガルトン川
ヨルダン川
コラジン川
ヤブネエル川

ガリラヤ

地域の概観

「ガリラヤ」という名は，「周囲」あるいは「地区」を意味するガーリール galil というヘブライ語から来る．ヨシュア記20：7と21：32で，ケデシュの町がガリラヤにあるとされている．列王記上9：11でソロモンはガリラヤの20の町をヒラムに与えるのに対し，列王記下15：29ではガリラヤは，ずっと北の町々（アベル・ベト・マアカ，ヤノア，ケデシュおよびハツォル）と共に言及され，前734年ごろにアッシリア王ティグラト・ピレセル3世によって占領された「ナフタリの全地」を形成するとされている．イザヤ書8：23の有名な箇所には「異邦人のガリラヤ」という句がある．

この名称の歴史に関し学者の意見は分かれている．一つの見解によれば，その古代名は多くの民族が住んでいた地区という意味の「異邦人のガリラヤ」であったが，それが省略されてガリラヤ（「地区」）となった．別の見解は，古代名も単にガリラヤ（「地区」）であったとする．新約聖書の時代には，ガリラヤは，イズレエルの平野から北にリタニ川まで，そして地溝帯を東境とする地域を指すと理解された．

本項では，カルメル山から北の沿岸地区（p.72を見よ）とイズレエルの平野（p.151を見よ）は除かれる．含まれるのは，ガリラヤ湖，北方にダンまで至る地溝帯，および現代のイスラエル・レバノン境界地域である．

このように規定した場合，ガリラヤは（ガリラヤ湖と地溝帯を除けば）古代において上ガリラヤと下ガリラヤとして知られていた二つの主要地域に分かれる．この二つの呼び名は，上ガリラヤの山が下ガリラヤの山よりもかなり高かったことを反映する．上ガリラヤの山々の頂は1208 m，1071 m，1048 mの高さに達するのに対し，下ガリラヤの最高点は598 mあるいは588 mである．しかし，この二つの地域は極めて異なる自然的特徴を有する．

上ガリラヤを支配するのはメロン山脈であり，これは古今において，南北およそ10 kmにわたって東西の旅行を阻む障害となっている．この山地はまた逃亡者たちが逃げ込む場所でもあった．メロン山地の東方にはケナアン山（995 m）とアドモン山（あるいはベン・ジムラ山．820 m）を主峰とする別の丘陵がある．この山地をメロン山地から分けるのがナハル・アンムドという深い峡谷であるが，これが東西の旅行に対してもう一つの障害となった．上ガリラヤの降雨量はイスラエルにおいて最大であって，高地と低地でそれぞれ平均800 mmと600 mmであるが，この地域は古代において定住の容易な場所ではなかった．上ガリラヤの丘陵部は常緑性オークの森林で覆われていたのであり，その名残りはメロンとササの間に残っている．東西両斜面にも木があった．定住は主として幹線道路沿いの適地や泉のある丘陵の縁辺に限られていた．多くの場合，泉は土壌が農耕に適さない所に位置していた．このような自然条件のため，旧約聖書時代に上ガリラヤで支配的となりえた所は一つもない．

下ガリラヤは北から南へ3地帯に分けるのがよい．西部地帯は15ないし20 kmの幅を持つ白亜層のアロニム丘陵である．その東境をなすのは，（全部ではないが）大体において，ゲヴァトからテル・ハンナトンに至る道路である．白亜層は厚さ5 mに達する硬質石灰岩層で覆われているため，土壌は形成されず，泉は湧かない．こうしてこの地域に最大の範囲を持つ落葉性オークの森が保存されることになった．北端で東西に外側にひらける中部地帯は，それぞれが約20 kmの長さを持ち，大体において南西から北東に走る一連の石灰岩塊からなる．その幅は3 kmから10 kmまで変化する．石灰岩塊は白亜層の高原と盆地によって分断される．タボル山はこの第2の地帯の南東端にある単独の丘であって，588 mの高さをなす．第3の地帯は34 km×14 kmからなって，玄武岩で覆われている．ナハル・タボルとその支流は，北西から南東の方向にこの地帯を深く削り込んで不規則な渓谷としている．

下ガリラヤの降雨量は，西部および中部地帯で600ないし500 mmであるが，東部ではこれより少ない．東部におけるこの少雨量と玄武岩性の土壌のため，農耕は常に困難であった．事実，3地帯のうち，定住は常に中部地帯に集中していた．

上下ガリラヤと共に，ガリラヤ湖とこの湖の北方ダンまでの地溝帯を考慮に入れることにしよう．ガリラヤ湖は多くの名称を持つ．それは，イスラエル人の定住以前にはキネレトだったのであり，旧約聖書では「キネレトの海」と呼ばれている（民34：11，ヨシュ12：3，ヨシュ13：27）．新約聖書では，ゲネサレトの湖（ルカ5：1），ティベリアス湖（ヨハ6：1），あるいは単に，湖（マコ4：1，5：1）と呼ばれている．それはほぼ洋梨の形をしており，最長約20 km，最大幅13 kmである．この湖は，主として地溝帯の陥没域を占めているため，湖水面で海面下約210 mであり，深さは最深部をなす北部で44 mである．南部と北東部を除いて，西側で海抜約200 m，東側で同300 m立ち登る急な崖が境界をなす．ヨルダン川が湖の北端で入って，南端から流れ出る．その標高が低いため，湖の温度は夏冬ともに暖い．

ガリラヤ湖から北へ15 kmほど行くと地溝帯は広くなって，最長25 km，最大幅7 kmのフーレー河谷となる．これは，本項で扱われる地域のうちで，聖書時代にそうであったと想定される姿から最も大きな変貌を現代にとげた地域である．1951－58年の干拓事業以前は，この地域の3分の1をフーレー湖とその北のフーレー沼沢地が占めていた．古代では，これらは通行不可能な障害となり，東西幹線道路は南と北に迂回しなければならなかった．

トムソンは19世紀中ごろのこの地の沼沢地と湖について生き生きとした描写を残している．フーレー湿地について彼は次のように書いている．「幼いヨルダン川は藤類と藪のからまり合ったジャングルで窒息してしまいそうである．……それは渡ることの全くできない沼地であって，バンヤンがかつて想い描いたよりも悪い」．トムソンはかも撃ちのためその縁に近づいた時のことを述べて，「突然私は底がないと思われるような泥の中に入ってしまった．銃をうしろに投げ，必死にもがいて陸地にたどりついた．それ以後私は，この危険な深みを避けるよう十分に用心した」と続けている．湖について彼は，湖岸は他のすべての湖の場合と同様にはっきりしているが，2地点においてのみ接近することができると書いている．南端には三角形の沼地があり，渡ることのできない藤類のジャングルをなしていた．平原，沼地，湖そしてこれらを

右 東を望む下ガリラヤの景観．背景にヨルダン河谷があり，空との境に見えるのがトランス・ヨルダンの山々である．

次頁 この19世紀前半のティベリアスを前景に置くガリラヤ湖の眺めは，この地域の人口が極めて少なかったことを示唆する．今日，ティベリアスは小さな町である．とは言っても，ガリラヤ湖地域は，たぶん，イエス時代よりも現在のほうが住民は少ないと思われる．

ガリラヤ

ガリラヤ

City of Tiberias on the Sea of Galilee.
April 22nd 1839.

ガリラヤ

ガリラヤ

囲む山からなる全域は「シリアにおいて最もすばらしい狩猟場である．……ひょう，熊，おおかみ，ジャッカル，ハイエナ，きつね，その他大小の多くの動物がいるし，同時にそこはいのししと足の速いかもしかの天国そのものである」．今日，干拓と近代農法によってこの河谷は，果樹栽培と養魚を大規模に行なって，イスラエルで最も富裕な農耕地域の一つとなっている．

聖書の記録

聖書の特定の箇所との関係でガリラヤ，その湖およびフーレー河谷を記述する前に，聖書との関連におけるこの地域の全体的歴史について一言しておきたい．それは旧約聖書ではほんのわずかしか言及されていない．北王国イスラエルの政府はサマリアの丘陵地にあったので，この地域が北王国の関心の的となったのは当然である．734年ごろ，アッシリア王ティグラト・ピレセル3世はたぶんガリラヤ全域を平定し，北王国をサマリア丘陵地に局限した．それに続く約600年間，この地域に生き延びたユダヤ人社会は外国人支配のもとで生活した．前2世紀のはじめ，ガリラヤにはエルサレムと宗教的共同生活を営むユダヤ人社会が存在し，マカバイ家の支配者たちはその支援に出かけた．マカバイ記上5：21－23はシモン（前142－134年）が「ガリラヤに出撃し，異邦人たちと数々の戦闘を交え，眼前の敵を一掃した．……ガリラヤ地方とアルバタ地方に住んでいた同胞たちを，妻子や財産ともども奪回し，大いなる歓喜のうちにユダヤに連れ帰った」と述べている．たぶんこれは，ガリラヤの全ユダヤ人のことではなく，シモンと共にユダヤに行くことを希望したすべてのユダヤ人がそうしたということである．アリストブロス1世（前104－103年）の時代まで，ガリラヤはユダヤ教的であるとは言えなかった．アリストブロスはガリラヤを征服し，それをユダヤに併合し，住民を強制的にユダヤ教に回宗させた．次いでイエスは，旧約聖書にはそれほど登場せず，自分の誕生のわずか100年前にユダヤ人の支配下に入り，ユダヤ人住民が多数を占めるようになった地域で育ち，その宣教活動の大半を行なったのである．

聖書におけるガリラヤ内の町への最初の言及は創世記14：14にあり，アブラハムが甥のロトを救うため諸王の同盟軍をダンとその向こうまで追走したと述べられている．ダンにおける最近の発掘は，アブラハムの時代にあったと思われる町の門への入口を出土した．もちろん，この時代の名称はダンではなくてライシュであったが，ダン族がシェフェラにあったもとの定住地（p.87を見よ）から移住して，ずっと北に基礎を据えた時（士19章）その名を変えたのである．

ヨシュア記は，ハツォルの王ヤビンによって率られたカナン同盟軍と「メロムの水場」でなされたイスラエル軍の決定的な戦闘を記録している（ヨシュ11：1－9）．ハツォル（p.134を見よ）は同定・発掘されているが，北から南へ，そして東から西へ走る道路の十字路に位置する重要な地点である．メロムはまだ確実には同定されていないし，マドンとシムオン，および他の同盟都市（ヘブライ語テクストによる伝承でのそれらの名称が正しいとして，ギリシア語の伝承によると少し異なっている）も同様である．メロムをホルバト・セヴィ（ヒルベト・エル・フレイベー）に位置づけることができれば，「メロムの水場」での戦闘はナハル・ディションがその細流か

ハツォル

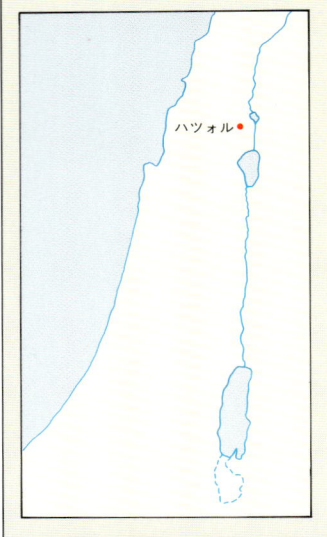

ハツォルは，前18世紀から13世紀までの期間，一つでなくて二つの町であった．テル上にあるいわゆる上の町は3千年前半まで遡り，前2世紀という遅い時代まで居住され続けた．下の町は前18世紀から13世紀まで続いた．双方の町とも13世紀に滅ぼされた（ヨシュ11：10参照）．上の町だけが再建され，ソロモンの治世下，そして後のオムリとアハブの治世下で，強固な要塞化がなされた．その水路体系は，南北路と東西路が交わる戦略上の要衝地にあったこの町が持つ多くの顕著な特徴の一つであった．ハツォルが国際的に重要であったことは，エジプトと，北方ではメソポタミアのマリ王国の両方から前2千年紀のテクストにそれが現われることで証明される．アッシリア人が前732年にこの町を破壊したにもかかわらず，城砦はテルの上に残り，後代の侵略者たちはこの重要な地帯を支配するため散発的にこのテルを占領した．

ガリラヤ

下　下の町の北端で，4期に属する別々の神殿のある地域が発掘された．前13世紀の神殿の特徴は玄武岩製のオルトスタットであるが，このライオン像はその一つである．

下　前14世紀のこの祭儀用仮面は，たぶん，下の町の神殿の一つにあった彫像の顔に付けられていたものであろう．その口と鼻孔は貫通していない上に，小さいことからして，人が実際にこれを身につけたとは考えにくい．

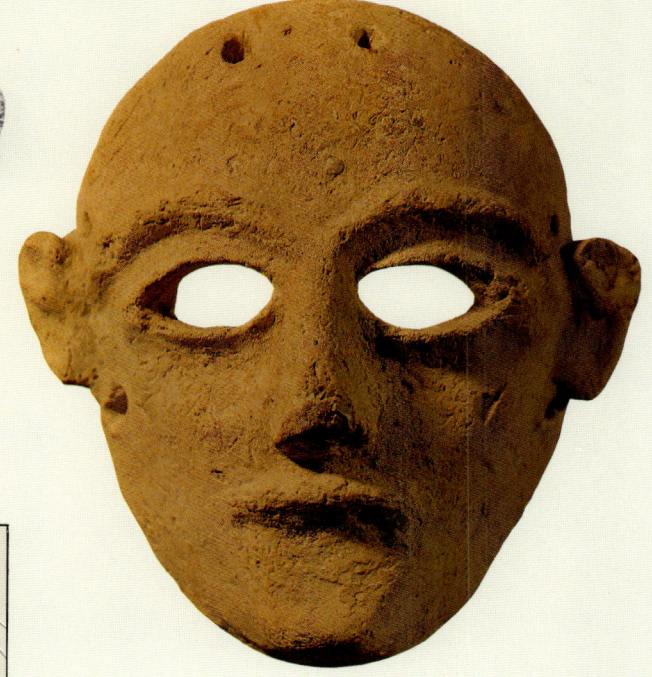

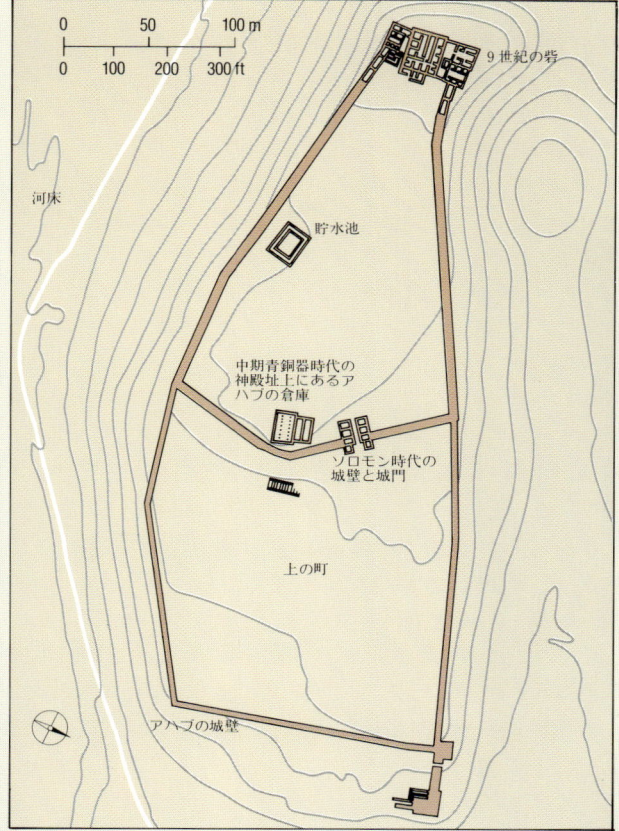

左　南東方向を望むハツォルの空中写真．上の町の二発掘地点が見える．下方にあるのが貯水池に至る壮大な堅穴．上方には有名な「列柱の建物」が判別できる．下の町は，この写真の左下にある．

上　上の町の遺跡平面図．

右　前14世紀の土器製造工房が下の町で発見された．上図の仮面は，この工房にあった物件の一つである．

ガリラヤ

ら出てフーレー河谷に入るあたりでなされたと言えよう．馬と戦車を用いるカナン人たちは丘を登ることができなかったのに対し，ヨシュアとその部下は，たぶん森のある丘陵から，「突然」カナン人を襲い（ヨシュ11：7），敵が馬と戦車を使用する間もなくこれを破った．カナン人は戦場の近くにあった道路を用いて方々へ逃げ去った．ヨシュアは戻ってハツォルを取り，これを焼き払った．13世紀末のこの町の滅亡は考古学的所見によって明示される．

ガリラヤが諸部族に割り当てられた時，この地域の最大部分はナフタリのものとなった．アシェルは海岸地帯とアロニム丘陵の一部を取り（上記 p.130 を見よ），ゼブルンはアロニム丘陵の南西部とナハル・キションの河床までのイズレエルの谷の一部を取った（ヨシュ19：10―16，24―39）．士師記1：33は，ナフタリがベト・シェメシュとベト・アナトの住民を追い出さず，（後に？）彼らを強制労働に付した，と記録している．

士師記4―5章に，ハツォルの王ヤビンによって率いられたカナン諸都市の同盟軍とイスラエルとの2回目の衝突に関する記述がある．この2回の衝突にある共通事項――ヤビンとハツォルが2回言及されていること，そして戦車と馬を使用するカナン同盟という事実――により，一部の注解者はヨシュア記11：1―9と士師記4―5章にある伝承は同一の出来事に由来すると論じている．地理的観点からすると，これら二つの出来事はたぶん全く別々のものである．ヨシュア記11：1―9の出来事がハツォルの北に位置づけるのが正しいならば，それは士師記4―5章の戦闘よりもずっと北で起こったことになる．後者はイズレエルの谷で起こり，イスラエル諸部族はタボル山に集結した（士4：6，14）．さらに，ヤビンがイスラエルを抑圧したカナンの王とされているが，中心的な悪漢はヤビンではなくその配下の司令官で，ケニ人の婦人ヤエルによって殺されたシセラである．6節と9―10節で言及されているケデシュはたぶんガリラヤ湖に近いケデシュ・ナフタリのことであって，ハツォルの北のケデシュのことではない．散文（士4章）と詩文（士5章）の両方において，イスラエルの勝利は神によるものとされている．士師記5：20―21にある，

> もろもろの星は天より戦いに加わり
> その軌道から，シセラと戦った．
> キションの川は彼らを押し流した
> 太古の川，キション川が．

という有名な詩句は，突然の豪雨がナハル・キションの水かさを増し，イズレエルの谷に洪水をもたらし，カナンの戦車の動きを封じたことを示しているのであるのかもしれない．古代においてこの地の海への排水が困難であったことは前に触れた（p.72）．これらの節は，神が天の群勢に命じてその民のために戦わせるという旧約聖書の信仰を表明している．旧約聖書の記者はこの突然の豪雨を（これがそのとおりであったとして）神が自然界の秩序を支配していることの証明であると見たのであろう．シセラが住んでいたハロシェト・ハゴイムという場所（士4：2）は，「異邦人の住む森」と理解することが可能である．

次にガリラヤはサムエル記下20：14―22で言及されている．ダビデ治下に，ビクリの子シェバによって率られた北の諸部族の反乱があった．シェバは，ヨアブと精鋭兵士団によって（サム下20：7），イスラエルの最北部にあるアベル・ベト・マアカまで追われた．ここでひとりの賢明な婦人が町の住民を説得してシェバを救った．ヨアブに対する彼女のことばは強力な訴えかけを持っていた．いわく「わたしはイスラエルの中で平和を望む忠実な者の一人です．あなたはイスラエルの母なる町を滅ぼそうとしておられます．何故，あなたは主の嗣業を呑み尽くそうとなさるのですか」（サム下20：19）．そのような訴えを前にしてヨアブは，シェバの処刑によって町が救われることに同意せざるを得なかったのであり，こうして，「昔から，『アベルで尋ねよ』と言えば，事は片づいたのです」というこの婦人の主張は通ったのである．

ガリラヤ内の町への次に重要な言及は列王記上12：29にある．この時，ソロモンの子レハブアムに対する北方諸部族の反乱の指導者ヤロブアムがエルサレムの聖所に対抗する聖所を（ベテルだけでなく）ダンに建てたのであった．その後ほどなく，クー・デタを起こしてイスラエルの第3の王となったバシャ（王上15：25―30）は，ガリラヤ全域をシリアの王ベン・ハダドに奪われた（王上15：16―20）．ユダの王アサはベン・ハダドに賄賂を贈ってバシャに対して同盟を結び，シリア人は「イヨン，ダン，アベル・ベト・マアカ，キネレトの全域，およびナフタリの全土を」征服した．ガリラヤがイスラエルの手をどれほど長く離れていたかはわからないが，この地域がオムリの治世（前882―871年）以前に再征服されなかったとしたら，それはこの王朝の期間中続いたに違いない．オムリはイスラエルの領土を大きく拡張し，その結果モアブにまで達するトランス・ヨルダンを支配した．彼はまたティルスおよびシドンと条約を結び，その子アハブはシリアと戦闘を繰り返した．このことがあらかじめなされていたから，オムリはガリラヤを自らの王国に回復できたのである．

オムリとその子アハブの政治権力は，イスラエルの伝統的宗教を犠牲にして達成された．事実，アハブの妻イゼベルは，彼女の故郷ティルスの神メルカルトの熱心な宣伝者であった．オムリ王朝への激しい攻撃はエリヤとエリシャに率られた預言者団からなされ，彼らはいわゆる預言者革命によってオムリ王朝を転覆するのに成功した．下僕エリシャによって油を注がれて王とされたイエフは，一連の流血の作戦行動においてオムリの末裔を粛清した（王下9―10章）．この流血には代償が必要であった．この内紛はイスラエルを弱体化し，ハザエル王率いるところのシリア人が国土を荒し回るのを許したのであった．列王記下10：32―33は，ハザエルがヨルダン川より東のイスラエル領を占領したことを意味する．しかし，列王記下13：7が字義どおりに理解できるとすれば，事態はもっと悪くなったのである．イエフの子ヨアハズは「主はヨアハズの軍隊として，騎兵50騎，戦車10台，歩兵1万しか残されなかった．アラムの王が彼らを滅ぼし，踏みつけられる地の塵のようにしたからである」を持つだけであった．

ガリラヤがこの時再び失われて，アダド・ニラリ3世がダマスコを潰して，これを弱体化したため，イエフの孫ヨアシュがイスラエルの運を上向きにすることのできた前9世紀が終わる時までそのままであった可能性は否定できない（王下13：24―25，13：5を参照）．ヤロブアム2世（前789―748年）

ここに示したナザレの景観は，この町が周囲の丘によく納まっていることを示す．今日，この地を制するのは，イエスの生誕告知を記念するフランシスコ会派の教会である．新約聖書の時代，ナザレはとるに足らない小村であった．

のもとでイスラエルの境界は，彼らの伝統的な境界よりもずっと北に延びた．ヤロブアム支配の時代はガリラヤにとって小春日和の時であった．彼が死ぬと，王国はすぐに混沌に陥り，734年ごろには，アッシリア王ティグラト・ピレセル3世はガリラヤを蹂躙し，民を捕囚にした（王下15：29）．この地域はアッシリア支配になるメギド属州となったが，イザヤはなおもこれを「異邦人のガリラヤ」と呼ぶ．これは彼が，失われた領土の「はずかしめ」を神が「栄化」する時を待ち望んでいるからである（イザ8：23，ヘブ8：13）．

すでに述べたように，新約聖書のガリラヤの基礎はアリストブロス1世（前104—103年）の征服によって据えられた．ローマの同意と支援を得て支配したヘロデ大王のもとで，ガリラヤとユダヤを隔てる地域が征服され，もはやガリラヤは北に孤立したユダヤ人の飛び地ではなくなった．しかし，ヘロデが死ぬと，皇帝アウグストゥスはこの王国をヘロデの息子たちに分けた．ガリラヤはヘロデ・アンティパスのものとなった．このことが，イエスはガリラヤ人であることを知ったピラトが，十字架刑を前にしたイエスをアンティパスに扱わせようとしたとの記事（ルカ23：6—12）を説明する．アンティパスは，ローマ皇帝を記念してティベリアスを建設した．

イエスがその生涯の大半を過ごしたガリラヤは豊かな地域であった．ガリラヤ湖岸とその5 km圏内に12の町の遺跡が発見されている．カルモンは，これらの遺跡，シナゴーグやその他の公共の建物の遺構から判断すると，この地域の人口は「約35,000人という現在〔1971年〕の人口よりずっと多かった」はずだと言っている．ガリラヤではオリーブ，いちじく，なつめやし，亜麻，ぶどうが栽培され，土器が作られていた．ガリラヤ湖の近くでは塩を用いた魚の保存とその輸出が主要な職業であった．玄武岩地域では農作物用の挽臼や絞り器がこの石から作られたし，染色業もまた報告されている．

イエスが育ったナザレは無名の小さな町であって，中心地はセフォリスであった．「ナザレから何か良いものが出るだろうか」というナタナエルの叫び（ヨハ1：46）はよく理解できるのである．そのような考えは，イエスを拒絶した時のナザレの住民の心の中にもあったかもしれない（マコ6：1—6．なおルカ4：16—30参照）．ナザレは無用の町に見えただけでなく，その市民は自分たちの中で育った人間がイザヤ書61：1—2の次のような箇所を体現しようとは考えられなかったのである．

　　主はわたしに油を注ぎ
　　主なる神の霊がわたしをとらえた．
　　わたしを遣わして
　　貧しい人に良い知らせを伝えさせるために．
　　打ち砕かれた心を包み
　　捕われ人には自由を
　　つながれている人には解放を告知させるために．

イエスの宣教

ガリラヤにおけるイエスの実際の宣教はガリラヤ湖周辺に限られていた．彼は，ナザレによって拒絶された後，カファルナウムに移り（マタ4：13），ここで初代の弟子たちを任命したのであった（マタ4：18—22）．しかし，ヨハネによる福音書1：35—42は，イエスが，洗礼者ヨハネが伝道と洗礼を行なっていたエリコ地域で，アンデレとペトロにすでに会っていたことを意味する．イエスの時代のカファルナウムはたぶん前2世紀に建設されたものであった．その住民は，漁業，農業および交易によって生活していた．家屋は，この地域に豊富な黒色玄武岩の粗製石材で築かれた．カファルナウムはまた，ヘロデ・アンティパスによって支配されたガリラヤと，

ガリラヤ

カファルナウム

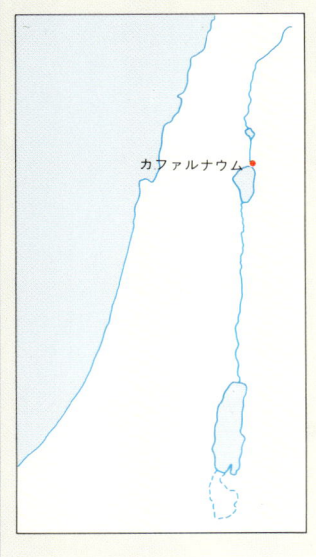

カファルナウムは，ガリラヤ湖の北東岸に位置し，イエスの宣教にとって最も重要な町の一つであった．ナザレの故郷を離れたあとのイエスは，カファルナウムを自分の主たる居住地としたが，これは疑いもなく，ペトロのような彼の最初の弟子たちがここに住んでいたという事実に影響されたものであった．それは，ガリラヤと，ヨルダン川の東側にあるフィリポの領地を分ける境界上の町であった．イエスはカファルナウムでいくつかの奇蹟を行なったが，審判の日には邪悪なソドムの町のほうが，カファルナウムよりも許しやすいであろうと言った（マタ 11：23-24）．この妥協を許さない拒絶にもかかわらず，1世紀末期からなる継続的なキリスト教の伝承の証拠がここで見つかっている．少なくとも4世紀以来巡礼者たちの目的地であり，ペトロに属すると特定された家屋はすでに協会の中に組み込まれていた．

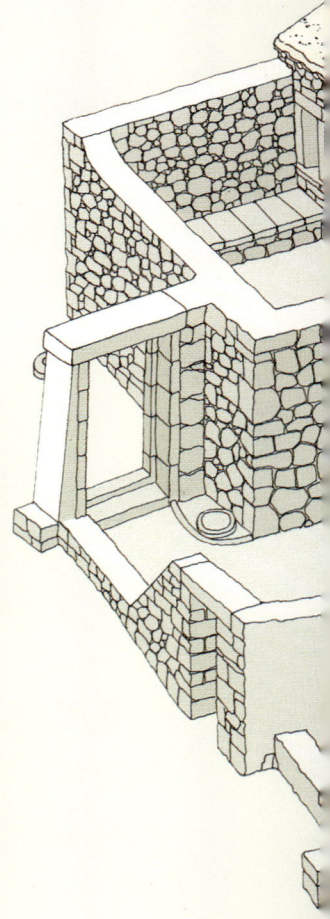

右　カファルナウムの家屋は，火山活動の結果この地方の特徴をなす黒色玄武岩で建てられた．石は切られたり成形されたりせず，すき間には小石，そしてたぶん原始的なモルタルが詰められた．床もまた，ぴったりと寄せて敷かれた玄武岩塊でできていたが，貨幣のような物が間に落ちてしまうようなすき間を持っていた（ルカ 15：8 を見よ）．屋根は，壁を渡した軽い横木の上に枝，わら，そして土をかぶせて作られた．ここに示した住居群は前1世紀から使用されていたものであるが，カファルナウムで屋根を破って吊り降ろされた麻痺した男の治癒というあの出来事（マコ 2：1-12）を説明してくれる．たぶんイエスは中庭に集った人々が声を聞きとれる場所に座ったのである．彼が座っていた所に近づくことはできなかったので，この薄い屋根の1枚が簡単にはがされ，この麻痺した男はベッドに横たわったまま，下に降ろされたのである．

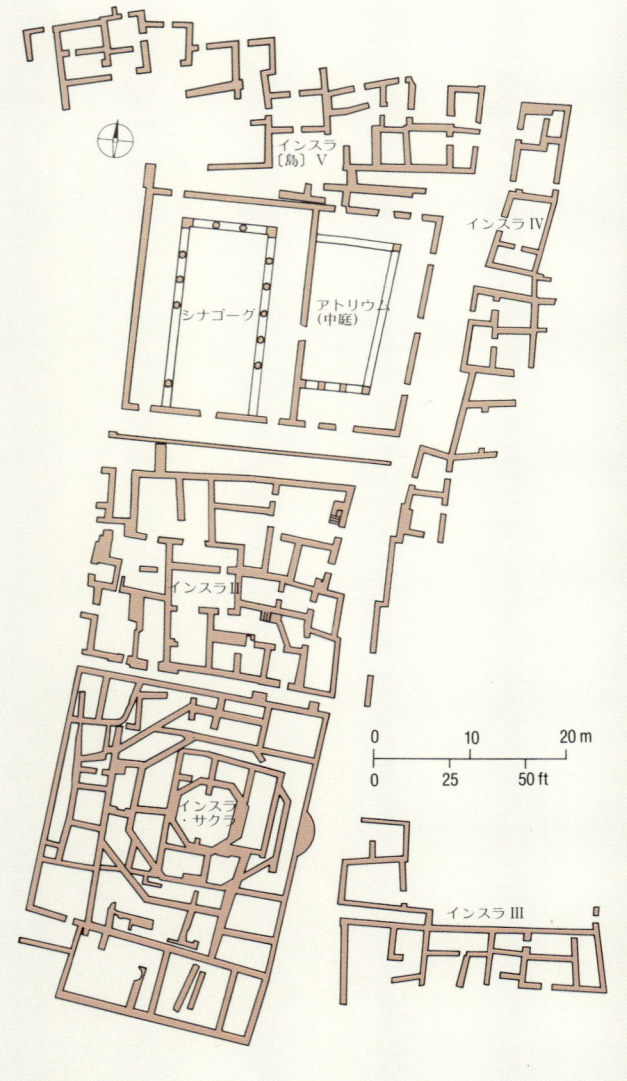

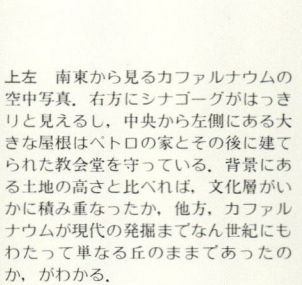

上左　南東から見るカファルナウムの空中写真．右方にシナゴーグがはっきりと見えるし，中央から左側にある大きな屋根はペトロの家とその後に建てられた教会堂を守っている．背景にある土地の高さと比べれば，文化層がいかに積み重なったか，他方，カファルナウムが現代の発掘までなん世紀にもわたって単なる丘のままであったのか，がわかる．

左　ダビデによってエルサレムに運ばれている契約の箱．カファルナウムで保存されている記念碑に描かれている．

左端　シナゴーグ，第2インスラ（上を見よ），および第1インスラ（インスラ・サクラ）にあったペトロの家を示す遺構図．

ガリラヤ

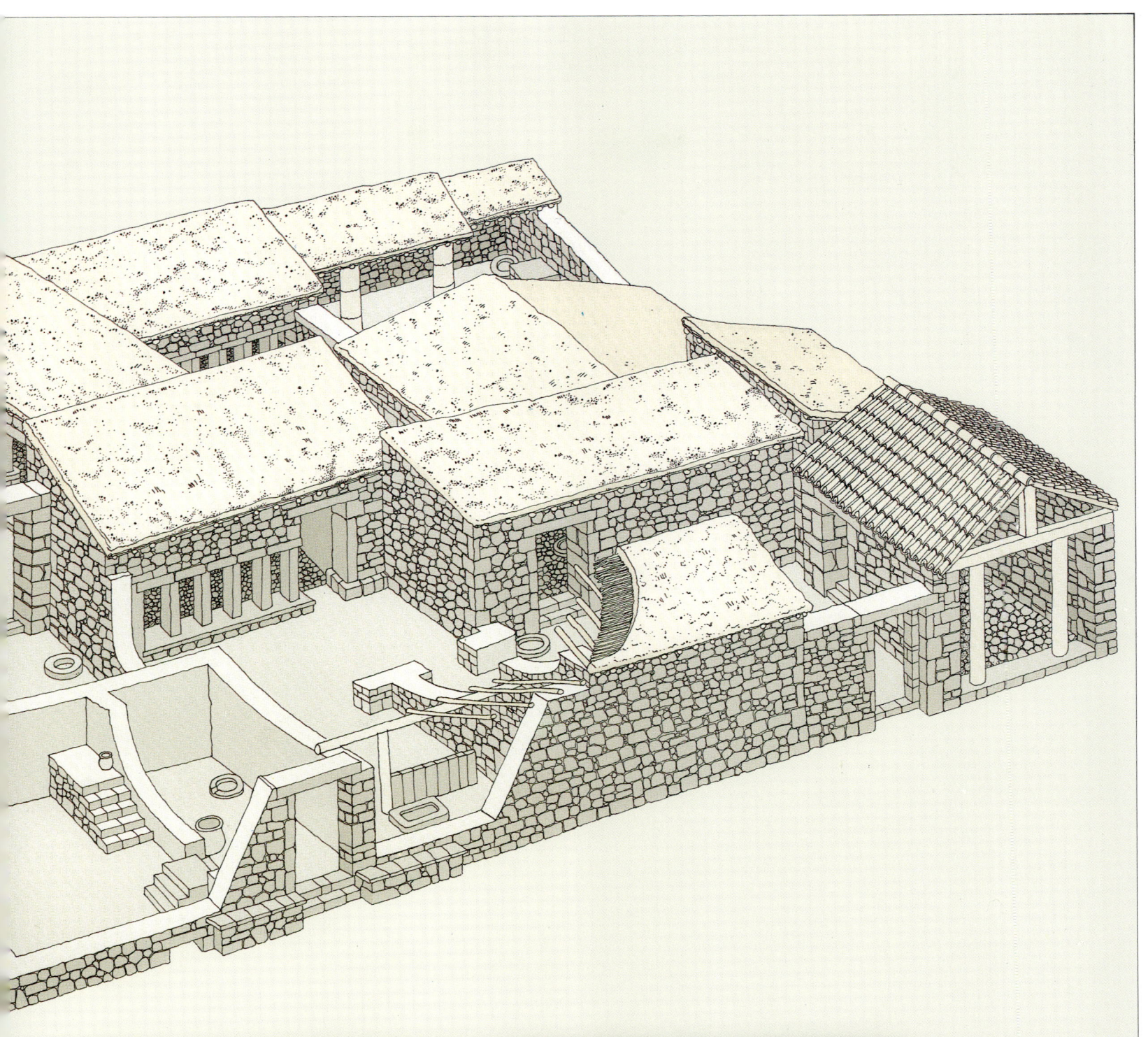

左 ガリラヤ湖地域は、この地に産する玄武岩で作られた農具の生産でよく知られていた。ここに示したのはいくつかの石臼とオリーブ絞り器（左端）。

ガリラヤ

　ガリラヤ湖の北端でこれに流入するヨルダン川の東側で始まったフィリポの領土との境界をなしていた。この地域の主要都市は、カファルナウムからおよそ4kmのベトサイダであった。事実ペトロはベトサイダの生れであったが（ヨハ1：44）、結婚のゆえか（マコ1：29—30）、あるいはユダヤの優勢な地域に住むことを好んだためカファルナウムに住んだのである。カファルナウムは、ベトサイダよりもユダヤ人化されていたとはいえ（ヨハ12：20—21参照）、そこにはローマの百人隊長がおり（マタ8：5—13）、国境と税関の業務が行なわれ、マタイはそこから召し出されて弟子となった（マタ9：9）。

　カファルナウムはいくつかの癒しの奇蹟がなされた場所であった。そのシナゴーグの中でイエスは安息日に悪霊に憑かれた男を治した（マコ1：21—28）。これは今日カファルナウムを訪れる人々が見るシナゴーグではない。これは後4世紀おそく、あるいは5世紀初頭のものである。イエスの時のシナゴーグの位置はわかっていない。それが現在のシナゴーグの下にあったという可能性は否定できないが、たぶんずっとつつましい構造をしていたことであろう。その建設者はローマの百人隊長であって、その奴隷をイエスはカファルナウムで癒したのであった（ルカ7：1—10）。

　2件の奇蹟はペトロの家で起こったと記録されている。すなわち、彼のしゅうとめの治癒（マコ1：29—30）と屋根からつり降ろされた男の奇蹟（マコ2：1—12）である。カファルナウムでの発掘は、後1世紀おそくにここでキリスト教の礼拝が行なわれていたという証拠を、落書きの形で含む家屋を明るみに出した。後代のキリスト教伝承もまたこれをペトロの家とし、5世紀にはそこに八角形の教会が建てられた。病人の友人たちは彼を屋根から降ろしたが、このことは、家がしっくいをほとんど、あるいはまったく用いない玄武岩の塊で建てられたが、屋根には壁体が支えきれないような重い材料は用いられなかったことを想い起こさせる。カファルナウムは、イエスの宣教の目標とされ、いくつかの奇蹟の場所であるにもかかわらず、イエスに対する拒絶はひどく、審判の日にはソドムのほうがカファルナウムよりも軽い罰で済むだろうと彼が宣告したほどであった。

　いくつかの出来事が確信をもってカファルナウムに位置づけうるのに対し、ガリラヤ宣教の残りについてはそうではない。町々への叱責（マタ11：20—24）から、イエスがベトサイダとコラジンを訪れたことは明らかであるが、彼がコラジンでしたことについては何もわからない。ベトサイダについては、盲目の男の治癒に関する記事（マコ8：22—26）があるだけである。当然のことながら、キリスト教の伝承は最も有名な出来事のいくつかについて、それがここで起こったとい

タボル山は、伝承によれば、イエスの変貌の場所である。この出来事を記念する教会が、頂上左にわずかに見える。写真は、タボル山が周囲から抜きん出ており、そのため注目の的となり（士4：6）、宗教的関心を集めたことを活写する。

右　このタブガで発見された有名な，パンと魚を描くビザンツ時代のモザイクは，5千人の給食の物語とこの場所とが早い時期に結びついていたことを示す．このモザイクは最近，この地に復元された教会堂の祭壇の前に移された．

コラジンのシナゴーグは，たぶん，後3世紀のものである．それは，この地域で普通に見られる玄武岩で建てられ，古典的様式をとる．

う場所を生み出してきた．現代の訪問者は，タブガにおける5千人の給食の場所，タブガの少し南での奇蹟的な魚の漁（ルカ5：1—11，ヨハ21：1—14）がなされた場所，そして現在「祝福の山修道院」が建っている丘での山上の垂訓が述べられた場所を示される．これらの出来事のうち，「祝福」が語られた「山」（マタ5：1）の位置について確かなことは何も言えないのであり，ルカによる福音書6：17は，イエスが山から「下りて」「平らな所に」立って「祝福」を語ったと述べているのである．魚の漁については，弟子たちがほぼ間違いなく舟をカファルナウム近くに停泊させていたこと，そしてこの奇蹟の場所はこの付近に置かれなければならないことが推測される．5千人の給食は，ルカ福音書9：10はベトサイダのこととしているが，ガリラヤ湖の東側，たぶんティベリアスの対岸の地点で起こったことであろう．ヨハネ福音書6：16—25は，5千人に給食した後イエスは湖の反対側のカファルナウムに渡ったことを含意している．これによると，カファルナウムから4kmのベトサイダをその場所であったと考えるのは困難となる．ヨハネ福音書もまた，ティベリアスからの舟が，奇蹟の行なわれた場所の近くにやって来たと述べている．「軍団」の癒しの奇蹟（マコ5：1—13）の場所についてはトランス・ヨルダンの項で扱うことにする．

イエスの生涯における出来事との関連で実際に名前があげられている数少ないガリラヤの場所の一つは，ガリラヤ湖のずっと南にあり，イズレエルの谷と境をなし，現在ギヴアト・ハ・モレとして知られる丘陵の北側にあるナインである．ここでイエスはこの地の寡婦のひとり息子を蘇生させた（ルカ7：11—17）．興味深いことに，これと同じ丘陵地の南側に，エリシャもまたシュナム人の婦人の息子を蘇生させた（王下4：8—37）シュネムがある．言及されているもう一つの地点は，イエスが水をぶどう酒に変えたガリラヤのカナである（ヨハ2：1—11）．これはまた，イエスがカファルナウムの役人からその病気の息子を治してくれるよう頼まれた村であった（ヨハ4：46—54）．カナの位置については不確実な点もあるが，キリスト教の伝承はこれをナザレからティベリアスに通ずる路上にあるカフル・カンナであるとする．

もう一つのキリスト教伝承による場所は，変貌の地とされるタボル山である（マコ9：2—8）．タボル山は確かに極めて目立つ丘である．それは，周囲に比較すれば「高い」と言いうるし，イエスがこの山からカファルナウムに行く途中でガリラヤを通過した（マコ9：30—33）というのは，タボル山が変貌の地であるのなら，地理的に意味をなすのである．他方，福音書の伝承は，変貌がタボル山から直線距離で70km離れたフィリポ・カイサリアにおけるペテロの信仰告白の後に起こったということで一致している（マコ8：27—33）．ペテロの告白と変貌との間に6日ないし8日が経過したと福音書が述べていることは確かであるが（マコ9：2，ルカ9：28），これらの日数がフィリポ・カイサリアからタボル山までの旅に費やされたとの印象は物語からは受けない．変貌がフィリポ・カイサリアの北，たぶんヘルモン地域で起こったとの可能性は排除できない．

福音書の物語の著しい特徴は，すでに触れたように，ガリラヤにおける主要な人口の集中地への言及がなされていないことである．福音書はイエスがコラジンを訪れたことを前提としているが，彼がそこで行なったり，語ったことは記録していない．このことから，彼のガリラヤ宣教の記録が完結したものでないことは明らかである．しかし彼が，その公的宣教中に，ナザレからわずか6kmの大都市セフォリス，カファルナウムから10kmしか離れていないティベリアス，あるいはガバラやタリケアエ（たぶん，マグダラのマリアの故郷のマグダラ）などのようなこの地域の他の中心地を訪れたことを示すものは何もない．本書は，イエスがガリラヤの重要都市を避けた理由（もし実際に避けたのなら）を論ずべき場所ではない．しかし，地域ごとにたどってみると，イエスが活発であった場所とそうでなかった場所から，いくつかの興味深い事柄が示唆されるのである．

新約聖書時代の日常生活

　ダビデが支配していた時に生きていたイスラエル人とわれわれとの間には 3000 年以上の隔たりがあり，新約聖書時代との間に 1900 年がある．日常生活がその当時に描かれたテクストの中に豊富に描写されているエジプトとは異なり，古代イスラエルからはそのような描写はまったく残っておらず，考古学者たちが掘り出した工芸品に基づく諸場面の復元に，芸術上の想像という要素が含まれるのは避けられない．したがって，古代イスラエルの日常生活が，現在聖地に住んでいる人々の慣習から例証することが長い間行なわれてきた．本書でもそのようになされている．しかし，一言の警告が必要である．今日の聖地の村民やベドウィンは多くの要因から作り上げられたのであって，聖書時代のイスラエル人やユダ人とは似ていないということだ．たとえば，ベドウィンのらくだ遊牧生活は，鞍が発明された後 1 千年紀になって初めて可能となったのである．パレスティナの農民階級は，時々，ギリシア人，ローマ人，十字軍，トルコ人のうちの身分の低い人々と結婚した．しかし，食物生産の基本的技術のいくつかは，たぶん，いく世紀にもわたって変わらなかったはずである．ただし，7 世紀にムスリムによる征服があり，アルコールの飲用がクルアーンによって禁止されたため，ぶどう園は今日では国土のうちのわずかなキリスト教徒区域だけで，経営されている．降雨量の少ない地域で水を集め，貯蔵することは常にこの上なく重要な要因だったのであり，降水用貯水槽は現在の居住区域でも考古学的遺跡でも見られるのである．

風を利用して小麦の実ともみ殻を分ける．

神に逆らう者は……．風に吹き飛ばされるもみ殻．
△　　　　　　　（詩 1：4）

わたしはあなたを打穀機とする，新しく，鋭く，多くの刃をつけた打穀機と．
◁　　　　　　　（イザ 41：15）

馬に挽かせたソリで脱穀する．

新約聖書時代の日常生活

わたしは失われたものを尋ね求め，迷った〔追われた〕ものを連れ戻す．
（エゼ34：16）▷

耕す者が望みを持って耕し，……分け前にあずかることを期待して働くのは当然です．
（1コリ9：10）▽

羊飼い

耕作

天の国はパン種に似ている．女がこれを取って三サトンの粉に混ぜると，やがて全体が膨れる．
（マタ13：33）▷

パン焼き

143

新約聖書時代の日常生活

主は喜ばれるだろうか……
幾万の油の流れを．
（ミカ 6：7）　▷

オリーブ絞り器

オイル・ランプ

墓室 　納骨箱

人々はくじを引いて，イエ
スの服を分け合った．
（ルカ 23：34）　▷

彼はその墓の骨を取りにやった．
△　　　　　　　　　（王下 23：16）

サイコロ

新約聖書時代の日常生活

これは、だれの肖像と銘か．
(マタ 22：20) ▽

イゼベルは……目に化粧をし，髪を結い，……．
(王下 9：30) ▽

硬貨の鋳型

化粧具

ビール飲用器

ティルスの硬貨

さあ，……強い酒を浴びる
ように飲もう．明日も今日
と同じこと．いや，もっと
すばらしいにちがいない．
(イザ 56：12) △

ダビデは……屋上から，一人の女が水を浴びているのを目に留めた．
(サム下 11：2) ▽

フライ・パン

沐浴する婦人

石製重石

あなたは袋に大小二つの重りを入れておいてはならない．
(申 25：13) △

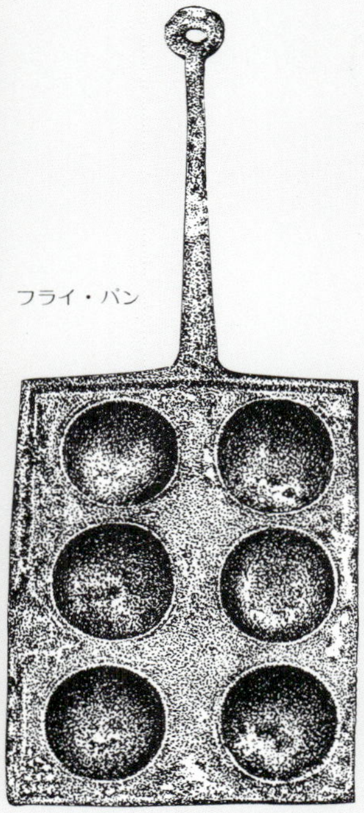

〔彼女は〕鍋を取って〔その中の焼き物を〕彼の前に出した．
(サム下 13：9) △

145

ベテル，サマリア，カルメル，イズレエル

左　この北から見たイズレエルの谷は，下ガリラヤとサマリア丘陵を分けるイスラエル北部の主要な特徴をなす．

右　イズレエルの谷は，西から東へ，すなわち海岸平野からヨルダン河谷に至る主要路となった．乾季の間，この地は戦闘にあたって戦車を展開するのに理想的であった．それはまたガリラヤとサマリア丘陵の間の天然の境界をなした．カルメル連山は，イズレエルの谷に対する南方の海岸平野からの侵入への障碍となったし，カルメルを横切る峠は戦略上重要であった．メナシェ丘陵の地理的特異性は，他のいかなる所よりも多くの定住を可能にしただけでなく，その中に，北端の守りをメギドに置く主要な峠の一つを有していたことにある．

記号(U)：位置不明
アタロト　民32:3,34；ヨシュ16:2,7　**B5**
イズレエル　ヨシュ19:18；サム上25:43；29:1,11；王上4:12；18:45,46；21:1,4；王下8:29；9:10,15,16,30,36；10:6,7　**C3**
イズレエルの谷(大いなる野,エストラエロンの野,メギドの野)　ヨシュ17:16；士6:33；代下35:22；ホセ1:5；ゼカ12:11　**C3**
イブレアム(ビルアム)　ヨシュ17:11；士1:27；王下9:27；代上6:55　**C4**
エストラエロンの野　→イズレエルの谷
エベツ　ヨシュ19:20 (U)
エン・ガニム　→ベト・ガン
大いなる野　→イズレエルの谷
オフラ　士6:11,24；8:27,32；9:5　**C3 D3**
カイバイ　ユディ3:10　**C5**
カタト　→キトロン
キトロン(カタト)　ヨシュ19:15；士上:30　**B1 B3**
キション川　士4:7,13；5:21；王上18:40　**C3**
ギルボア　サム上28:4；31:1；サム下21:12　**D4**
サマリア　王上13:32；16:24,28；20:1,10,17；22:37,38,52；王下1:2；6:24；7:1,18；10:1；18:10,34；21:13；代下18:2；25:13；28:15；エス4:10；ネヘ3:34；イザ9:8；10:9-11；エレ23:13；31:5；ホセ7:1；8:5,6；10:5,7；14:1；アモ3:9；4:1；6:1；8:14；オバ19；ミカ1:1,5,6；ルカ17:11；ヨハ4:4,9；使8:1,5,14　**C5**
タアナク　ヨシュ12:21；17:11；21:25；士1:27；5:19；王上4:12；代上7:29　**C3**
ダベシェト　ヨシュ19:11　**B3**
ティルツァ　ヨシュ12:24；王上14:17；15:21,23；16:6,8,9,15,17,23；雅6:4　**D5**
デビラト　ヨシュ19:20　**D4**
テベツ　士9:50　**D5**
トタン　創37:17；王下6:13　**C4**
ハファライム　ヨシュ19:19　**B3**
バラモン(ベルハイム，ベバイ，ベルマイン)ユディ4:4；7:3；8:3 (U)
ハロシェト・ハゴイム　士4:2,13,16　**B2**
ハロド　士7:1；サム下23:25；代上11:27　**D3**
ビルアム　→イブレアム
ヘセク　サム上11:8　**D4**
ベト・エケト　王下10:12,14　**B4**
ベト・ガン(エン・ガニム)　王下9:27；ヨシュ19:21；21:29　**C4**
ベト・シタ　士7:22　**D3**
ベト・ミロ　士9:20 (U)
メギド　ヨシュ12:21；17:11；士1:27；5:19；王上4:12；9:15；王下9:27；23:29,30；代上7:29；代下35:22；ゼカ12:11　**C3**
メギドの野　→イズレエルの谷
ヨクネアム(ヨクメアム)　ヨシュ12:22；19:11；21:34；王上4:12；代上6:53　**B3**

地図

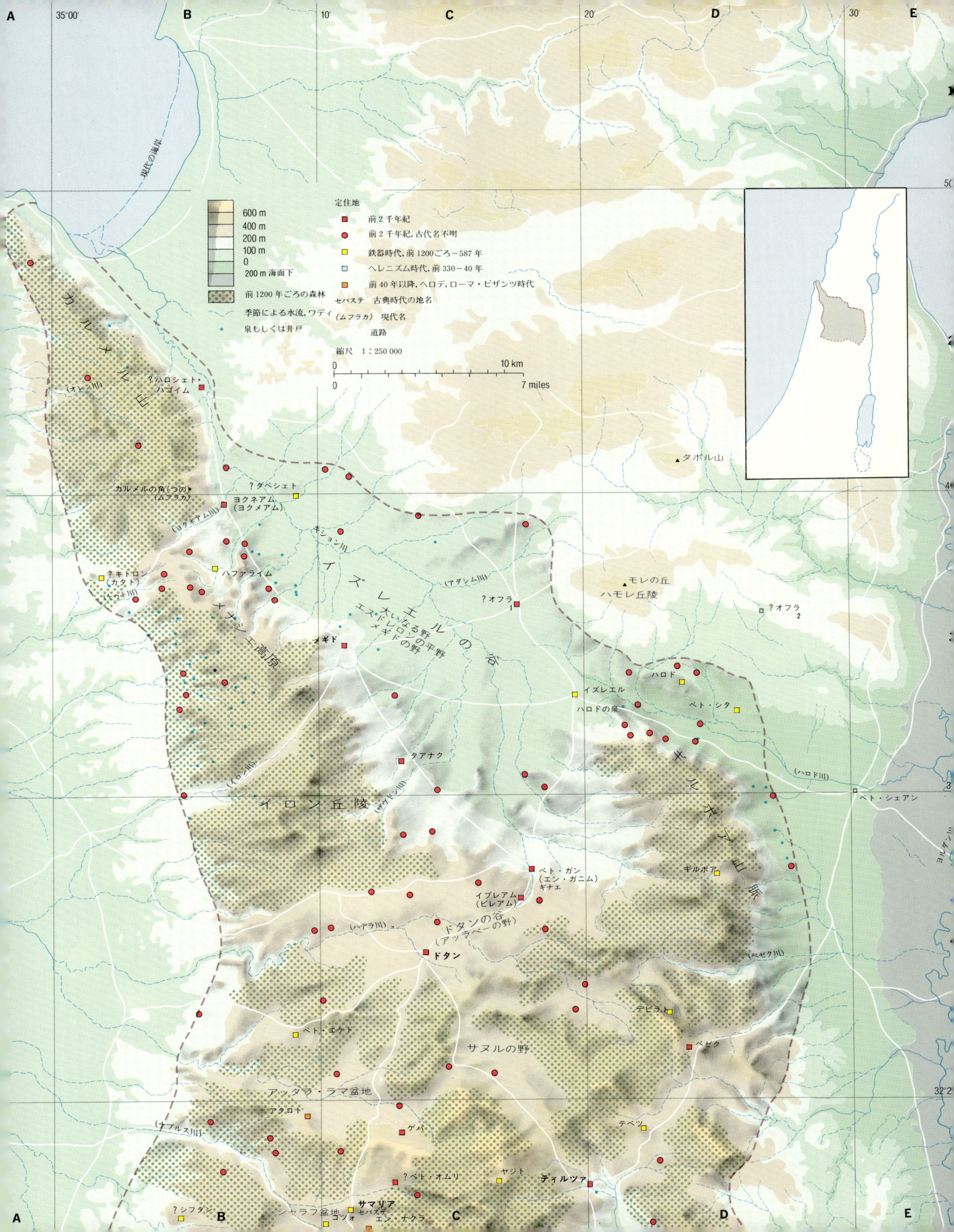

定住地
- 🟥 前2千年紀
- 🔴 前2千年紀, 古代名不明
- 🟨 鉄器時代, 前1200ごろ-587年
- 🟦 ヘレニズム時代, 前330-40年
- 🟧 前40年以降, ヘロデ, ローマ・ビザンツ時代

セバステ　古典時代の地名
(ムフラカ)　現代名

- 季節による水流, ワディ
- 泉もしくは井戸
- 道路

前1200年ごろの森林

標高:
- 600 m
- 400 m
- 200 m
- 100 m
- 0
- 200 m 海面下

縮尺 1:250 000
0 ── 10 km
0 ── 7 miles

地名（記載順）

- (オトン川)
- ?ハロシェト・ハゴイム
- カルメル山
- カルメルの角(つの)(ムフラカ)
- ?ダベシェト
- ヨクネアム (ヨクメアム)
- (ヨクネアム川)
- ?キトロン (カタト)
- (カナ川)
- ハファライム
- (キション川)
- (アダシム川)
- メナシェ丘高原
- イズレエルの谷
- エズドレロンの平野
- 大いなる野
- メギドの野
- ?オフラ
- タボル山
- モレの丘
- ハモレ丘陵
- ?オフラ 2
- メギド
- イズレエル
- ハロド
- ハロドの泉
- ベト・シタ
- タアナク
- (ハロド川)
- ベト・シェアン
- イロン丘陵
- (ザクモン川)
- ベト・ガン (エン・ガニム) ギナェ
- ギルボア
- イブレアム (ビレアム)
- ギルボア山脈
- (ハデラ川)
- ドタンの谷 (アッラベーの野)
- ドタン
- (ベゼク川)
- デビラト
- ベト・エケド
- ベゼク
- サヌルの野
- アッタラ・ラマ盆地
- (ナブルス川)
- アタロト
- ゲバ
- テベツ
- ?ベト・オムリ
- ヤジト
- ディルツァ
- ?シフダン
- シャラフ盆地
- サマリア
- セバステ
- コツォ
- エン・ナクラ

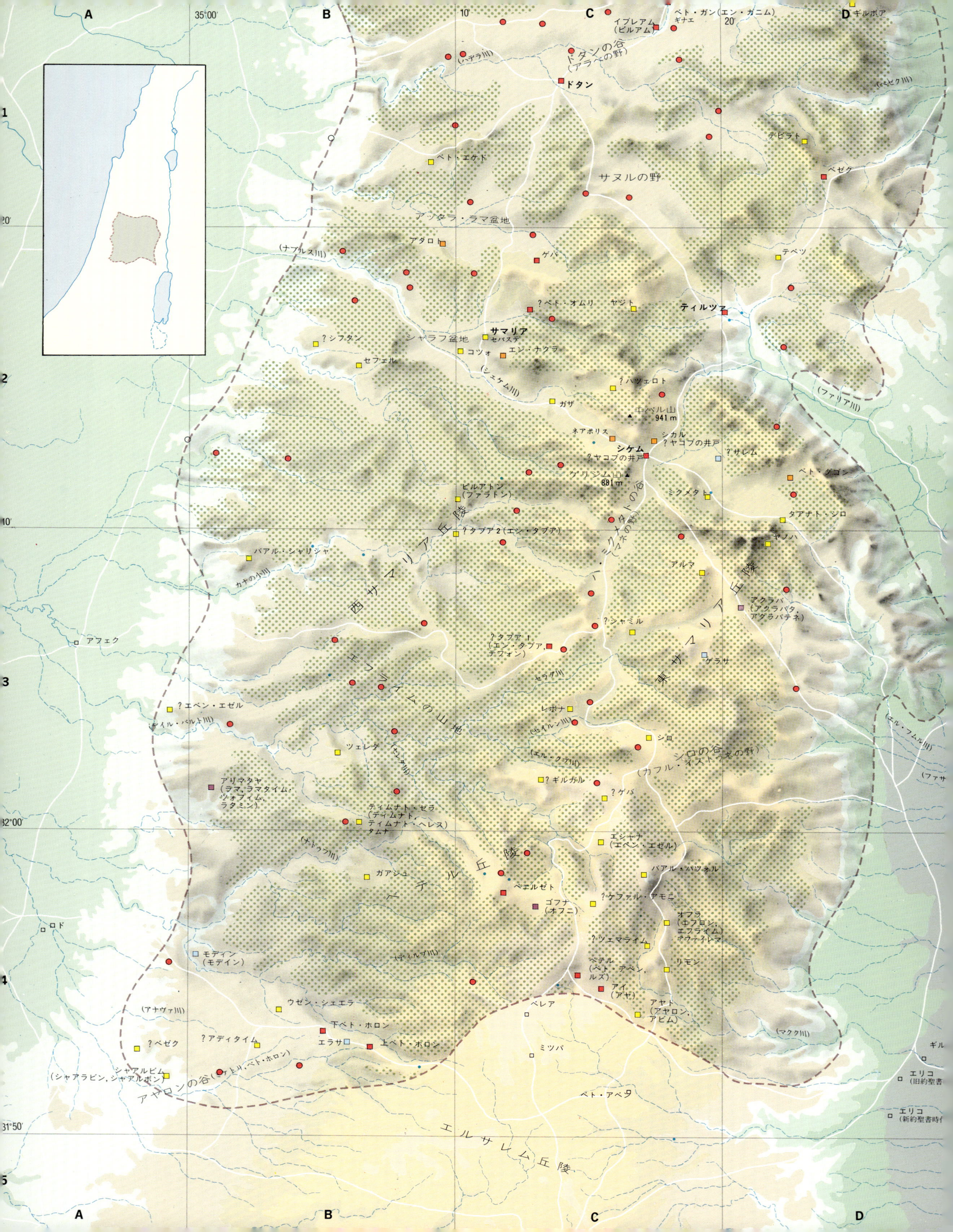

A
B
C
D
35°00′
10′
20′
1
2
3
4
5
20′
10′
32°00′
31°50′
イブレアム
(ビルアム)
ベト・ガン(エン・ガニム)
ギナエ
ギルボア
ドタンの谷
(アラベの野)
ドタン
ベト・エケド
テビラト
ベゼク
サヌルの野
アッタラ・ラマ盆地
アタロト
(ナブルス川)
ゲバ
テベツ
?ベト・オムリ
ヤシト
ティルツァ
サマリア
セバステ
シャラフ盆地
?シフタン
コツォ
エン・ナクラ
セフェル
(シェケム川)
?ハツェロト
(ファリア川)
ガザ
エバル山
941 m
ネアポリス
シカル
?ヤコブの井戸
?サレム
シケム
?ヤコブの井戸
ゲリジム山
881 m
ベト・ダゴン
ミクメタト
ピルアトン
(ファラトン)
タアナト・シロ
?タプア2(エン・タプア)
ヤノハ
バアル・シャリシャ
カナの小川
西サマリア丘陵
アルマ
東サマリア丘陵
アクラバ
(アクラバタ,
アクラバテネ)
?シャミル
アフェク
?タプア1
(エン・タプア,
テフォン)
ゲラサ
エフライムの山地
?エベン・エゼル
レボナ
シロ
ツェレダ
シロの谷
(カフル・イストゥナの野)
(ファサ
アリマタヤ
(ラマ, ラマタイム,
ツォフィム,
ラタミン)
?ギルガル
?ゲバ
ティムナト・セラ
(ティムナト,
ティムナト・ヘレス)
タムナ
エシャナ
(エベン・エゼル)
バアル・ハツォル
ガアシュ
ベエルゼト
ゴフナ
(オフニ)
?ケファル・アモニ
オフラ
(エフロン,
エフライム,
アファイレマ)
ロド
モディン
(モディイン)
?ツェマライム
ベテル
(ベト・アベン,
ルズ)
リモン
アイ
(アヤ)
(アナヴァ川)
ウゼン・シェエラ
ベレア
アヤト
(アヤロン,
アビム)
(マクク川)
下ベト・ホロン
?アディタイム
?ベゼク
エラサ
上ベト・ホロン
ミツパ
ギル
シャアルビム
(シャアラビン, シャアルボン)
アヤロンの谷
エリコ
(旧約聖書)
ベト・アベタ
エリコ
(新約聖書時代
エルサレム丘陵

ベテル，サマリア，カルメル，イズレエル

地域の概観

本項では，地理学者が通常別々に扱う地域を合わせて考えることにする．ベテル丘陵はヘブロン丘陵の続きであると見なされるが，両者をエルサレムの鞍部が分けている．イズレエルの谷はガリラヤと一緒に扱われるのがふつうであり，カルメル山地はギレボア山脈と合わせられる．表題にあげた地域を一つの項目で扱う理由は，これらが，ソロモンの死に伴って王国が分裂した後，北王国の中心部を構成したことにある．ガリラヤの項（p.134）で指摘したように，イズレエルの谷の北に対するイスラエルの掌握のしかたは時折弱々しいものであった．しかし，前721年に北王国がアッシリア人によって最終的に滅ぼされるまでは，王国はその最も弱体の時においてもベテル丘陵とサマリア丘陵のほとんどを確保することができた．これらの地域を同時に扱うことによって，ユダの主要な領土とイスラエルの中心部との対比を浮彫りにすることも可能になるのである．

ユダが極めて荒涼とした国土を占めていたことはすでに見た．ユダの砂漠は羊の放牧のみが可能であって，農耕はヘブロン丘陵と東部シェフェラに限られていた．西部シェフェラの情況はもっとよかったが，ここでも南に行くにつれて降雨量は減少した．ベテル丘陵は，西方でシェフェラにさえぎられることなく海岸平野まで延びているため，ずっと幅広いという点を除けば，ヘブロン丘陵に類似する．また，その東側では，ベテル丘陵はもっと急激に地溝帯に落ち込む．他方サマリア丘陵は，丘と丘との間の谷が広く，北に進むにつれて小さな平原が目につくようになり，やがてマルジュ・サヌル平原とサヘル・アラベ平原（ドタンの谷）に達する．サヘル・アラベから数マイルのところにイエニン（ベト・ガン）の町があるが，これはサマリア丘陵と下ガリラヤの間の広大な平原を形成し，最大でほぼ20 kmの幅を持つイズレエルの谷の端に位置する．

これらの地域をもう少し詳細に述べてみると，古代のベテル丘陵には，定住を奨励するものも，旅行をうながすものもなかった．この丘陵の大部分を覆う石灰石は，浅くて農耕不能な土壌を形成するのみであって，わずかに存在した定住地も水流のある所を見おろす斜面にあった．2千年紀の定住様式はまた，この地域が森林をなしていたことを示唆する．たとえば，ベテル丘陵の中心部では，定住地は山地の東端もしくは西端で目立つ．ベテル丘陵内部の旅を困難にしたのは，水流が丘を切り込んできた深い谷と，これらの谷が東西方向でも南北方向でも自然の道路網を形成するようには結び合わないという事実であった．ベテル丘陵とエルサレムの鞍部を地理的に分割する線は，旧約聖書時代に南のベニヤミンと北のエフライムとの大体の境界線をなしていた．

サマリア丘陵は，デイル・バルト，エル＝クブおよびセイルンの各涸谷（ワディ）に沿ってサヘル・カフル・イストゥネ（シロの谷）までほぼ西から東へ走る線で始まる．その北境はサヘル・アラベ（ドタンの谷），イズレエルの谷，そしてギルボア山地である．さらにサマリア丘陵は，サヘル・マーネー（エメク・ハミクメタト〔ミクメタト〕）を通ってトゥバスに至る南南西から北北東への線によって東半分と西半分に分けられる．西部サマリア丘陵の主たる特徴は高い中央山塊にあり，その最も有名な項はジェベル・エッ＝トゥル（ゲリジム山，881 m）とジェベル・イスラミィエ（エバル山，941

149

ベテル，サマリア，カルメル，イズレエル

m）である．これら二つの山はワディ・ナブルス（ナハル・シケム）の谷によって隔てられている．この中央山塊の南で西部丘陵は最大の幅をとる．岩は硬く，谷は深く切れ込んでいる．耕作可能な土地が少ないだけでなく，特に海岸平野に向けて存在する石灰岩はそもそも耕作に適しない．前2千年紀の定住様式は，西部丘陵の南部では，ほんのわずかに，しかもそのほとんどは水流の上もしくは水源の斜面に散在するのみであったことを示す．

ワディ・ナブルスの北では，丘陵は白亜層に支配されており，デイル・シャラフ，アッタラ＝ラマ，マルジュ・サヌル，サヘル・アラベ（ドタンの谷）に代表されるようないくつかの盆地が存在する．西部丘陵北部では，盆地の周辺や，水流が白亜層の丘を切り込んで作った広い谷に沿って2千年紀の定住が著しく増加する．サヘル・アラベ（ドタンの谷）の北でカルメル山地（後述）が始まる．

東部サマリア丘陵にも，西部の中心山塊にほとんど匹敵する高さを持つ山塊があるが，やがて地溝帯に急激に落ち込む．この険しい斜面と深く削られた水流のため，2千年紀の定住は西部におけるよりもはるかに稀薄であった．東部丘陵の北部には実質上定住は皆無であった．南部では定住はワディ・ファリアの沿線および山塊の東端と西端の斜面，そして水源あるいは泉のある所に集中していた．

カルメル山地はふつう3部分に分けられる．大体においてナハル・トゥトとナハル・ヨクネアムの北にある北部は，ナハル・キションの谷から急激に立ち登って尾根を形成し，その高さは南に行くにつれて増大し，最高548mに達する．この尾根の西には盆地があり，その一部に沿ってナハル・オレンが流れている．この盆地の西にある丘陵の斜面はもっと緩やかに海岸平野まで達し，分水線の西から地中海までの水路を提供する．カルメル山地のこの第1地域の南東端にカルメルの角（つの）があるが，ここはエリヤがバアルの預言者たちと対決したと伝えられる地点である（王上18章）．ムフラカとも呼ばれるこの地点は482mの高さにあり，いくつかの方向でみごとな眺望が開けている．

カルメル山地の第2地域はメナシェ高原と呼ばれる．それはおおよそ18km×12kmであって，軟質石灰岩と白亜層からなり，南下するにつれて高度を増す．農耕的には，それは北部と南部のカルメル山地とは大きく異なる様相を呈する．2千年紀の定住様式は，それがカルメルの他の地域と比較した場合いかに住みよかったかを示す．その南境には，主としてナハル・イロンに沿って，聖書時代における主要国際路の一つ，すなわち海岸平野からイズレエルの谷に至る「海の道」が通っていた．イズレエルの谷の端にあってこの道路を守っていたのが壮大なメギドの丘であった．ナハル・イロンの南とサヘル・アラベ（ドタンの谷）の北端にイロン丘陵がある．2千年紀における当地の定住は主としてサヘル・アラベの北端でなされた．

ふつうカルメル山地と一緒にして考えられているのが，イズレエルの谷の南東端に突き出ているギルボア山地である．最高で538mに達するこの山地の核心部は弧状の形をしている．核心部の北側と東側には急峻な斜面があってハロドとベト・シェアンの谷に落ち込んでいる．これらの谷は海面下ほぼ100mをなし，このことによって東から見た場合の核心部の高さを際立たせている．その西側で，ギルボア山地は高

度およそ300 mの段丘によってイズレエルの谷へ，また段丘斜面によってサマリア丘陵へ下っている．古代の定住はハロドとベト・シェアンの谷を見おろす側に限られていた．というのは，この側には泉がはるかに多く存在していたからである．

イズレエルの谷は365 km²をなす三角形の平野であり，ハイファの北の海岸平野と地溝帯とを，その北西端と南東端で，いく本もの小さな谷で結ぶ．それはナハル・キションの広大な集水域をなしていて，現代の排水系統ができるまでは，よく洪水に見舞われた．後述するように，この谷は聖書時代に重要な戦闘が行なわれた場所であった．しかし，定住様式から判断すると，少なくともローマ時代以降知られていた沼沢が聖書時代にもあったらしいと目される．定住はもっぱら谷の縁辺で営まれ，特にメナシェ高原との境界点に集中していた．

本項で扱った地域を総合すれば，イズレエルの谷と西部サマリアの盆地を別にして，この全域が古代において森林をなしていたと考えることができよう．松と常緑性オークの森の例がカルメル山地の北部に残っているし，メナシェ高原は落葉性のタボル・オークに適していた．トムソンがダビデとアブサロムの軍勢が戦った「エフライムの森」（サム下18：6—7）をヨルダン川の西斜面にあった森と同定したのはたぶん誤りであるが，それにもかかわらず彼は有益な情報を提供してくれる．彼は「この戦闘が行なわれた地域は今でも『エフライムの森』と同様に，濃密なオーク，絡みつく藤類，トゲの多いツル植物がゴツゴツした岩地を覆っている……」と述べた．

聖書の記録

聖書におけるこの地域への最初の言及は，アブラハムがシケムの「モレの樫の木」のところにとどまったと伝える創世記12：6である．シケム（テル・バラタ）の重要性はその位置に由来する．それはエバル山とゲリジム山にはさまれ，ワディ・ナブルスの谷がサヘル・マーネーに合流するところに位置する．それは，南北路と東西路の交差点にあったが，聖書時代にはそのような道路は少なく，しかも互いに遠く離れたところでのことである．アブラハムはシケム滞在中に，彼の子孫がカナンの地を与えられるであろうとの約束を受けた（創12：7）．情報交換の中心地であって，両側にある山から土地を見おろすことのできるシケムは，そのような約束を受けるのにふさわしい場所であった．ヤコブもまた，アラム人による捕われの身からの帰途シケムに逗留した（創33：18—20）．彼はここで土地を買い，神すなわちイスラエルの神のために祭壇を建てたと記録されている．

創世記34章は，ヤコブの息子のうちの2人，シメオンとレビが，この町のつかさの息子シケムによるヤコブの娘ディナのはずかしめに対する報復のため，シケムの男たちに策略を用いるというおぞましい出来事を述べている．ディナに対するシケムの欲情が淡い恋に転ずると，彼はディナと正式に結婚したいと思う．ヤコブの息子たちは，ディナあるいは彼らの家族のだれかがシケム人と結婚するには，シケムの男子は割礼を受けていなければならないと要求した．シケムの男たちが合意して，割礼を受けると，シメオンとレビは父親の意に反して，シケムの男たちが割礼の後遺症でまだ弱っている

上 ワディ・ファリアはサマリア丘陵東部のうちで最も重要な谷の一つである．それは，ナブルスの少し北からヨルダン河谷に向けて南東に流れ，この地での東西間の主要路をなす．

左 デイヴィッド・ロバーツが1839年に描いたナブルスへの入口．この町は狭い谷の中にあり，その美しさと豊穣さで有名．

うちに彼らを殺した．一部の学者は，この物語のうちに出エジプト以前にイスラエル人によってなされた征服の初期段階を認める．ヨシュア記はシケム地域の征服について明言していないにもかかわらず，この書物の終結部（第24章）で諸部族がここに集合したことが指摘されている．一つの可能な説明は，シケムがすでに，エジプトに降らなかったイスラエル人の手中にあったため，ヨシュアによって征服される必要がなかったということであろう．

申命記27章には，イスラエル人がカナンの地を占領したらエバル山の頂に祭壇を設け，神の律法を書き記した石を立てるようにというモーセの命令が記録されている．また，6部族がゲリジム山に，6部族がエバル山に立ってある儀式がとり行なわれ，その後，レビ人が禁止命令の形式で表現される12の命令（いわゆる「シケムの12誡」）を朗唱しなければならない．ヨシュア記8：30—35はこの命令が実行されたことを記録している．

諸部族間における土地の分配の際，本項で論じている地域の全体はエフライムとマナセに割り当てられたが，マナセがその大部分を取った（ヨシュ17：7—18．エフライムとマナセは他の所領も得た）．配分についてのエフライムとマナセの不満に対するヨシュアの反応は興味深い．これらの部族は「山地だけでは足りません．しかし平地に住むカナン人は，ベト・シェアンとその周辺村落の住民もイスラエル平野の住民も皆，鉄の戦車を持っています」と不平を述べた（ヨシュ17：16）．これに対しヨシュアは「確かにあなたは数も多く，力も強い民となった．あなたの割り当ては，ただ一つのくじに限られてはならない．山地は森林だが，開拓してことごとく自分のものにするがよい．カナン人は鉄の戦車を持っていて，強いかもしれないが，きっと追い出すことができよう」と答えた（ヨシュ17：17—18）．ヨシュア記最終章（第24章）はシケムでなされた全部族とその指導者に対するヨシュアの演説を記録し，諸部族はイスラエルの神にのみ忠誠を尽くすべきであるとして「…仕えたいと思うものを，今日，自分で選びなさい．ただし，わたしとわたしの家は主に仕えます」とすすめている（ヨシュ24：15）．

士師の時代

士師の時代に2度の重要な戦闘がイズレエルの谷でなされた．最初のものは士師記4—5章に記録されているが，カナン諸都市の同盟軍との対戦であった．これは，イスラエル軍がタボル山で交戦したため，ガリラヤに関する項目（p.136）のところで扱われた．士師記4章は，イスラエル側の主力戦闘部隊が，ゼブルンとナフタリというガリラヤ部族の出身であったことを示唆する．しかし，士師記5章にある詩文によるこの戦闘の記述は，マナセ（マキル），エフライムおよびベニヤミン出身の戦闘員もいたことを示す（士5：14）．

北方のカナン諸都市に対するデボラとバラクの勝利は，おそらく，権力の空白状態を生み出したが，これが士師記6章でイスラエルを抑圧した敵によって利用された．ふつうはネゲブに位置づけられた流浪の民である（p.119，126を見よ）ミディアン人とアマレク人がいた．ネゲブの少雨量のため彼らは，もっと肥沃な北へ旅することを強いられたらしい．一部の集団は海岸平野に沿ってガザまで行ったかもしれないし（士6：4），他はヨルダン川沿いにやって来て，ベト・シェ

アンとハロドの谷を伝ってイズレエルの谷に入るか，エドムとモアブの東の道を通って，ガリラヤ湖の南のところでヨルダン川を渡ったのであろう．

ミディアン人とアマレク人に対するイスラエル人の闘いの英雄はマナセ部族のギデオンであったが，その故郷の町オフラは，暫定的に，イズレエル谷にあるアフラに位置づけられている．もしこの同定が正しいなら，ギデオンは援軍として，マナセ，アシェル，ゼブルン，ナフタリという地理的に最も近い部族を召喚したのであろう（士6：35）．ただし，イサカルは言及されていない．敵軍はイズレエルの谷に——ミディアン人はギヴアト・ハ・モレ（モレの丘，士7：11）に——結集したのに対し，ギデオンはハロドの谷にある重要なハロドの泉（エン・ハロド）におり，そこで彼は自軍の勢力を300人に削った．この精選は，彼の部下たちが水を飲んでいる間警戒の姿勢を守っているかどうかに基づいてなされた（士7：4—7）．戦闘の勝因は，ギデオンが燃えさかるたいまつを水差しに入れて夜に敵陣に接近するという奇計にあった．うち合わせた合図どおりにたいまつの覆いを取ると敵軍は大軍に包囲されたと錯覚してパニックに陥ったのである（士7：15—23）．

続いて起こった敗走の中で，ミディアン人はヨルダン河谷を下って東部丘陵に逃げ渡った．ギデオンはこれに対してヨルダン川を渡って彼らを追走し，彼らが戻って川をもう一度渡ることのないようにエフライムの男たちを呼んで川の堰を止めさせた．エフライム人はサヘル・カフル・イストゥネ（シロの谷）からヨルダン川に下ったと考えられよう．ギデオンの勝利は，他の旧約聖書伝承でも言及されるほどのものであった．詩篇83：10—12は，デボラとバラクの勝利と共にこの勝利に訴えて，

> これらの民に対しても，なさってください．
> あなたが，かつてミディアンになさったように
> キション川のほとりでシセラとヤビンになさったように．
> エン・ドルで彼らは滅ぼされ
> 大地の肥やしとされました．
> これらの民の貴族をオレブとゼエブのように
> 王侯らをゼバとツァルムナのようにしてください．

と述べている（士7：25, 8：15 参照）．さらに，イザヤ書9：3にある君子の誕生もしくは戴冠の預言の中には次のようにある．

> 彼らの負う軛，肩を打つ杖，虐げる者の鞭を
> あなたにはミディアンの日のように折ってくださった．

ギデオンが死ぬとその子アビメレクがシケムで自らを王として立ち，3年間続いた嵐のような短命の支配を行なった（士9章）．ギデオンがシケムで妾を囲っていたという事実（士8：31）は，オフラをアフラと同定することに疑問符を付ける．この位置はギデオンによる対ミディアン人の戦闘にとっては理想的であるが，ギデオンが妾を囲うにはアフラはシケムから遠いのである．たぶん，王位に就くようにという申し出を断ったにもかかわらず（士8：23．一部の学者はこれをていねいな受け入れであると解する），ギデオンは自分自身の町からずっと離れたところでも十分な名声を博したのであり，ハレムとでも称すべきものをあちこちで楽しんでいたのである．

アビメレク自身はシケムの南東にあるアルマ（ヒルベト・エル＝ウルマ）の出身であったと思われる．士師記9：31は彼がアルマにいると言い，同9：1によれば彼はシケム「に行く」．アビメレクがシケムの住民を説得して自分を王にすると（士9：6），シケムでアビメレクが雇った暗殺者に殺されないで生き残ったギデオンの息子ヨタムはゲリジム山に登ってそこから有名な寓話を語った（士9：7—20）．その後間もなく，アビメレクとシケムの関係は悪化し，シケムの一部が謀叛を起こしたので，ついにアビメレクは，自分を王にしてくれたこの町を破壊し，そこに塩をまいた（士9：45）．彼はまた町の塔とその中に収納されてあったものすべてを燃やした（士9：46—49）．彼はテベツを包囲中に死んだが，これをある人々はトゥバスと，他の人々はティルツァ（テル・エル＝ファルア）と同定する（士9：50—56）．

シケムは，すぐに触れるように，士師の時代以降も長い間イスラエル史において重要な役割を演じ続けた．ここで少しだけ，王国以前の時代におけるイスラエルの宗教的聖所として重要であった町に目を向けることにしよう．シロ（現代のセイルン）は小さな平野の北端にあり，そこからワディ・ファサイルまたはワディ・エル＝フムルを経てヨルダン川に降ることができる．ヨシュア記18：1以下は，イスラエル人がそこに集まり，7部族がそこで土地の分配にあずかったことを示す．シロは，かつてエリコの近くのギルガルに本拠地を据えたあらゆる集団が集まりえた場所だったのであり，ヨシュア記4：19—20はこのことを指している．ヨシュア記18：1はまたイスラエル人がシロに会見の幕屋を建てたこと，士師記21：19はシロで年毎の祭りが行なわれたことを述べている．興味深いことに，士師記20：27によれば，この当時契約の箱はシロにはなく，後述するもう一つの重要な聖所であるベテルにあった．シロにおける年毎の祭りは，嫁不足にあったベニヤミン族の男たちが（p.168を見よ），踊りにやって来るシロの娘たちを捕える機会となった（士21：16—24）．

シロはまたサムエル記上の冒頭の，この聖所においてハンナが，子供のいない状態を神が覆えして息子をさずけてくれるよう祈り，そのかわりこの息子を神に奉仕する者として献げようと誓うというあの有名な物語の場面でもある（サム上1章）．ハンナに生れた男児はサムエルであって，彼はこの聖所で仕え，ある夜自分を呼ぶ声を聞いたが，これは神の声であったにもかかわらず，サムエルはこれを祭司エリの声であると誤解したのであった（サム上3章）．神がサムエルに与えた憂鬱なことばは，エリの息子たちの邪悪さのゆえに（サム上2：12—17），神はエリの家を罰するであろうというものであった（サム上3：10—14）．この警告は，ペリシテ人がアフェクの闘いでイスラエルを敗り，この戦闘の場に運ばれて来ていた契約の箱を奪い，この箱のそばにいたエリの2人の息子を殺した時に成就した．サムエル記上4章のテクストは，シロがこの時に破壊されたことを示唆しない．事実，サムエル記上4：17以下をそのまま読めば，息子たちが殺され，箱が失われたとの知らせがもたらされた時，エリはシロにいたのであるから，シロは破壊されなかったことを示す．しかし，

エレミヤの時代に（7世紀おそく），神がシロを破壊したとの言い伝えが流布していた（エレ 7：12）．たぶんペリシテ人が最初の勝利を全うするために，この町とその聖所を破壊したのであろう．戦場となったアフェクは，サマリア丘陵を横断する数少ない東西路のうちの1本を防衛し，シロとほとんど同等の地位にあった．箱がシロからアフェクに移された話の詳細（サム上 4：1—4）と，ペリシテ人がシロを破壊することでその戦勝を完全なものとしたという想定は，地理上の情況にぴたりと合致する．ペリシテ人によるものと想定されるシロの破壊は，旧約聖書の伝承の関する限り，この町の重要性に終わりを告げた．エレミヤ書 41：5 には，エルサレムの破壊（前 587 年）と総督ゲダルヤの殺害（前 582 年）の後，サマリアとシケムのみならずシロからも男たちがミツパの暫定行政府（p.180 を見よ）にやって来て，ここの神殿に捧げ物を奉じたと記録されている．これらの不運な男たちは，たぶん犯罪を秘密にしておくために，ゲダルヤの暗殺者たちによって殺されたのであった（エレ 41：4—8）．

ダビデが王位に就いてエルサレムを獲得すると，この町は，ベエル・シェバ，ヘブロン，シケム，ベテルなどそれまで伝承上目立っていた町の影を薄くした．しかしソロモンが死ぬと，北方部族はソロモン治下で味わった辛酸を軽くしようと意を決した．彼らはシケムに集まり，ソロモンの息子レハブアムに彼らの重荷を軽くするよう要求した（王上 12：1—11）．ダビデはまだヘブロンにいるうちにイスラエルを治める王となり，ソロモンはかなりあわただしい情況のもとでエルサレムで戴冠した（王上 1：38—40）のであるから，レハブアムがイスラエルの王とされるためシケムに赴いたことは興味深い（王上 12：1）．シケムは，エルサレムの陰になったとはいえ，まだ重要さと威信を維持していたのである．この事件では，重荷を軽くするようにという要求を受け入れることをレハブアムが拒否し，これによってヤロブアムの指揮のもとに北方部族は反乱を起こした（王上 12：16—24）．ヤロブアムは反乱に際して，シロ出身の預言者アヒヤから激励を受けたが，アヒヤはそれより前に衣を 12 に切り裂き，そのうちの 10 片をヤロブアムに与えたのであったが，これは後者が 10 部族を支配するであろうということを意味していた（王上 11：26—32）．当初，ヤロブアムは，新しい北王国イスラエルの首都としてシケムを建設したが（王上 12：25），おそらく，前 924 年になされたエジプトのファラオ，シシャクの侵略の結果，ヨルダン河谷の中のペヌエルに首都を移したようである．これが，すでに上述したエレミヤ書 41：5 の箇所を除けば，旧約聖書におけるシケムへの実質的な最後の言及である．

ベテルの聖所

ヤロブアムの最も重要な行為の一つは，彼の王国の主要な宗教的聖所の一つとしてベテルを建設したことであった（王上 12：29）．ベテル（現代のベイティン）は，ベテル丘陵の南端で，南北と東西に走る道路の交差点に位置していた．それは多くの泉からの水が豊富であったが，その防衛上の位置は強くなかった．それは，アブラハムがシケムからネゲブとエジプトへの途中，近くに祭壇を建てた場所として創世記 12：8 で最初に，次いで短期間のエジプト逗留の後に戻った場所として言及されている（創 13：1—4）．ベテルはまたアブラハムとロトが別れた所でもあった．木の茂い繁ったベテル丘陵が，両者の家畜群を養いきれなかったとしても驚くにあたらない．ベテルからはヨルダン河谷を見降ろすことが可能であり，ロトは「主の園のように，エジプトの国のように，見渡すかぎりよく潤っていた」（創 13：10）この部分に行くことを選んだのであった．ベテルは次に，ヤコブの物語の中で，地から天にはしごをかけ（創 28：10—22），それを天使たちが登り降りしていたというあの有名な夢の場所として登場する．ベテルの遺跡と，その北にあって，この夢の元となっているかもしれない人目につく石についての生き生きとした記述が 1904 年にアメリカ人学者 J・P・ピーターズによってなされている．「君は，ずっと南に見えるエルサレムよりはるかに高い．君はうち続く山なみを見はるかし，大きくて深いヨルダン河谷の向こうにギレアドとモアブを見わたす．……まさにここに，人間ではなく自然がその作者であるなどとは信じがたい奇妙な天然の造形がある．巨大な石が積み重ねられて，9 ないし 10 フィート，あるいはそれ以上の高さを持つ柱のようである．……特に夕方にベテルの丘に立つ者はだれでも，ヤコブが逃走したというあの魅力的な物語を新しく理解する．ベテルの近くで夜のとばりが彼を覆うと，周囲のどこよりも天に近かった丘の上に彼は『はしご』を見たのであった．」この記述は，ヤコブが翌朝に柱を立て，これに油を注いだという物語によく符合する．

ベテルの王は，ヨシュア記 12：16 にヨシュアによって負かされた者たちの 1 人としてあげられている．しかし，この町自体がイスラエル人によって占領されたとの記述が見出されるのは士師記 1：22—25 においてである．ベテルの近くにアイの町（現代名ヒルベト・エッ＝テル）がある．これは，ヨシュアがエリコにおける勝利の後，最初の攻撃では取りそこねた町である（ヨシュ 7：2—5）．アイの考古学的証拠は，この地が前 2400 年ごろから 1220 年ごろまで放棄されていたのであり，したがってイスラエルの征服の時に占住されたのではないということを示唆するため，それは旧約聖書学の有名な事柄（コーズ・セレブル）となっている．この否定的な考古学的証拠に対して聖書の物語の名誉を回復しようとの試みの一つは，当時アイはベテルの前哨地であったという示唆である（ヨシュ 8：17 参照）．「アイ」という語はヘブライ語で「廃虚」を意味するのであるから，この物語の中には，イスラエル人は廃虚を占領しようとしたが失敗したという意図的な皮肉が込められているのかもしれない．

聖所としてのベテルの威信は，士師の時代に契約の箱がそこにあったこと（士 20：27）と，ヤロブアムが彼の新王国における主要な礼拝所としてここを選んだことによっていた．エルサレムに意図的に対抗してベテルに礼拝所が建られたことは，列王記の記者たちがそれ以後の 300 年間のこの民の歴史をたどる時に悩みの種となった．聖所の設立のことに気がつくやいなや，列王記の記者たちは，名の知れない神の人がベテルに来て香をたく祭壇に向かって語った預言を記録した．「祭壇よ，祭壇よ，主はこう言われる．『見よ，ダビデの家に男の子が生まれる．その名はヨシヤという．彼は，お前の上で香をたく聖なる高台の祭司たちを，お前の上でいけにえとしてささげ，人の骨をお前の上で焼く』」（王上 13：2—3）．このことばがヨシヤの治世下で成就するまで（王下 23：15—20），そして北王国が存続している間，列王記の記者たちはイスラエルのすべての王をヤロブアムの跡を歩んだがゆえ

ヨクネアム出土のこのエジプト人頭部像は，トゥトモシス 3 世がメギド近くでの戦闘でカナン人に対して大勝を収めた前 1468 年の遠征を思い起こさせる．

ベテル，サマリア，カルメル，イズレエル

に邪悪な者として咎め続けた．

預言者アモスがベテルを強く非難したのは明らかにこれとは別の理由によっていた．列王記の記者たちは礼拝所を，神が選んだ場所においてのみ犠牲が捧げられるべきであるとする申命記の律法（申 12：13—14）への違反と見なした．アモスの非難は，ベテルにおける礼拝は，それが特に社会正義の分野において信奉者の側がなすべき正しい行動に合致しないがゆえに，神に叛くというものであった．この預言者は神の名において「わたしがイスラエルの罪を罰する日にベテルの祭壇に罰を下る．祭壇の角（つの）は切られて地に落ちる」と宣言した（アモ 3：14）．信奉者への皮肉な演説の中でアモスは彼らに「ベテルに行って罪を犯せ」とけしかけ（アモ 4：4），後の箇所（5：5）では「ベテルは無に帰する」と断じた．ここにあるヘブライ語の「ベテルはアベン〔無〕となるであろう」という表現はおそらくベト・アベンのことを指しているのであり，ベテルがベト・アベンと同様に目立たず，無用のものとなるであろうということを含意している（ホセ 5：8 参照）．ベテルと北王国に対するこれらおよび他の発言は，ベテルの祭司アマツヤからの反応を引き出した．「先見者よ，行け．ユダの国へ逃れ，そこで糧を得よ．そこで預言するがよい．だが，ベテルでは二度と預言するな．ここは王の聖所，王国の神殿だから」（アモ 7：12—13）．アモスは簡単にはひきさがらなかった．ベテルは，アブラハムとヤコブに結びつく尊重すべき伝統を持つ王家の聖所であるかもしれない．預言者にとって重要な唯一のことは，神が彼に与えたことばを語るということであった．「わたしは家畜を飼い，いちじく桑を栽培する者だ．主は家畜の群れを追っているところから，わたしを取り，『行って，わが民イスラエルに預言せよ』と言われた」（アモ 7：14—15）．

サマリアの首都

アモスは 8 世紀の中ごろに生きた．彼の時代にベテルはまだ重要な礼拝所であったが，北王国の首都は 100 年も前にサマリアの町に移っていた．サマリアに首都を築いた王は，クー・デタと内戦の後王位に就いたオムリ（前 882—871 年ごろ）であった．たぶんオムリは，すでにヤロブアムの治世下で，シケムとペヌエルの続いて首都となっていたティルツァを包囲して敵対者の 1 人を倒したために，新しい首都を必要としたのである．ティルツァはふつう暫定的にテル・エル・ファルアと同定されている．

サマリアはシケムの北西にあって，サマリア丘陵内のデイル・シャルフ平原近く，ワディ・ナブルス沿いに海岸平野に至る道の途中にある．それは壮大な遺跡であって，高さ 463 m に達する大きな丸い丘をなし，わずかにその東側でのみ，他の土地とつながっている．ここを首都に選んだオムリの狡猾さは，それがアッシリア人によって前 722/1 年に最終的に占領されるまで 3 年間の包囲を要したという事実によって示される（王下 17：5）．オムリの時代から前 722/1 年の陥落までサマリアは北の首都であり続けた．

オムリの政治的経済的業績は疑いもなく大きかったにもかかわらず，聖書の物語は全部でわずか 14 節しか彼に割いていない．より多くの紙幅が彼の息子アハブと嫁イゼベルに割かれているのであり，彼の治世下でエリヤと預言団が，だれがイスラエルの神たるべきかという緊迫した闘争を行なったのであった．エリヤは国土に飢饉が見舞うとの宣言から始めた．これの効果のため，3 年後アハブは彼の馬と騾馬を救うため国土を渡り歩かなければならなかった．「この地のすべての泉，すべての川を見回ってくれ．馬やらばを生かしておく草が見つかり，家畜を殺さずに済むかもしれない」というのが侍従長への彼の指示であった（王上 18：5）．

そこで次に起こったことは，カルメル山上におけるエリヤとバアルの預言者たちとの対決であった．この対決が行なわれたとされる伝統的な地点は，カルメル丘陵の南端にあって二つの主要な尾根がぶつかる地点の「カルメルの角」である（上記 p.150 を見よ）．現在この地点にはカルメル派修道院があり，482 m の頂上から少し降った所には井戸がある．競争がまさにここでなされたとは証明しえないが，この地点は競争のために用いられた祭壇があるのにふさわしい場所である．

この競争の条件は，それぞれの側が，天から火を降らせて犠牲の動物を焼き尽くすよう自らの神に祈るということであった．エリヤに対して 450 人のバアルの預言者が立ち向かい，懇願し，剣や長槍で自傷し，踊り跳ねても，火は降ってこなかった．エリヤがイスラエルの神に呼びかけると，火，すなわちおそらく稲妻が天から彼が用意した祭壇の上に降り，犠牲の動物だけでなく，祭壇の周りにある溝の中の水までも焼き尽くしたのであった．バアルの預言者たちはキションに連行され，そこで殺された．伝統的な場所が正しい所であるならば，カルメルの角からイズレエルの谷とキションの流れに達する道がある．競争が終わった後，エリヤの下僕は海の上に一片の雲を認めたが，空が暗くなると，エリヤはアハブに大急ぎで車に乗り，雨によって阻れないうちにイズレエルに行くようすすめた．たぶんアハブの冬の住居であったイズレエルはイズレエルの谷の東側にあったが，そこでこの谷はハロドの谷とベト・シェアンの谷に合流している．それは，伝統的なエリヤの競争の場所から約 30 km の距離にあり，激しい嵐があった場所には，アハブは実際に，キション川があふれてイズレエルの谷が洪水に見舞われる危険を抱えていたのである．アハブはイズレエルへの帰途についたが，エリヤに追い抜かれ，城門のところで彼に迎えられたのであった（王上 18：41—46）．カルメル山はまた，エリシャが頻繁に足を運んだ場所の一つであったらしい．シュネム人の婦人はその息子が死んだ時にカルメル山にいるエリシャを訪れたのであり（王下 4：25），エリシャはベテルからサマリアへ行く途中でカルメル山を訪れた（王下 2：25）．

預言者エリヤとエリシャおよび彼らの敵オムリとアハブの王家の時代に，サマリアが登場するいくつかの興味深い物語がある．列王記上 20 章には，シリアの王ベン・ハダドが，多くの馬と戦車を率いてサマリアを包囲したとある．思うに，ベン・ハダドがとり得た最良の道筋は，まずイズレエルの谷にやって来て，ドタンの谷を経て海岸平野に行き，次いで東に向ってサマリアに向うということであったろう．この道筋によって彼は，アハブが馬と戦車のかなりの勢力を持っていたメギドに近づくのを避けえたはずである．ベン・ハダドはその軍勢と共にデイル・シャラフ平原に陣を張ったと思われる．

シリア人は敗北し（王上 20：16—21），その敗北は「彼ら〔イスラエル〕の神は山の神だから，彼らは我々に対して優勢だったのです．もし平地で戦えば，我々の方が優勢になるはず

上　ヘロデ王によって再建され，セバステと改名されたサマリアにはローマ時代の多くの名残りがある．ここではアラブ人牧者が羊を追ってかつてのローマ街道を進んでいる．

上右　前 9 世紀のイスラエル時代サマリアから発掘された物の中に，王宮を飾っていた有名な象牙細工がある．

右　ベイティンは，古代のベテル遺跡の近くにある現代のアラブ人の村である．旧約聖書によれば，アブラハムはここに祭壇を，ヤコブは聖なる柱を建てた．後にベテルは，北王国の主要な礼拝所の一つとなった．

ベテル，サマリア，カルメル，イズレエル

です」と理由づけられた（王上20：23）．翌春，戦闘は再開された（王上20：26）．春になると雨季は終わり，道路は固く締まり，あたりでは動物のためには草で覆われ，人のためには穀物が繁った．この時の戦闘は海岸平野の中のアフェクでなされたが，ここはペリシテ人がイスラエルに対する決定的な作戦行動の一つの場として選んだところであった（p.82を見よ）．シリアは敗れたが，ベン・ハダドはアハブによって助命された．ベン・ハダドを助命したことは神への不服従であることをアハブに視覚的に例証しようとして1人の預言者が，自分を撃ってくれるよう頼んだ第1の預言者を傷つけることを拒んだ別の預言者をライオンが殺すであろうと予告したことは興味深い（王上20：35—43）．たぶんこのライオンはサマリア丘陵西部あるいはベテル丘陵に棲んでいたのである．

アハブがユダの王ヨシャファトと戦争会議を開いたのはサマリアにおいてであったが，この戦争によって彼はラモト・ギレアドで戦死することになったのである（王上22章）．この戦争会議の席上，イムラの子ミカヤという預言者が，アハブの圧倒的な勝利を予告した400人の預言者に反対した．ミカヤは，神が天の万軍に囲まれ，そこから霊が降って他の預言者たちの口を借りた偽りの霊となってアハブを死に誘うであろうという，彼が見た幻を語る．続いて起こったアハブの戦死を，聖書の記者たちは彼がナボトのぶどう園を取ったことに対する罰であると見た（王上21章）．ナボトはイズレエルにあったアハブの宮殿の近くにぶどう園を持っていたが，彼がそれを王に売ることを拒むと，イゼベルはナボトが瀆神の冤罪に問われ，石打ちの刑に処されるよう計らった．しかし，アハブがナボトのぶどう園を得るために取ったこの戦略はエリヤの咎めるところとなり，犬たちが，ナボトの血をなめた所でアハブの血をなめるであろうとの預言がなされた．この預言とその成就との間には，地理的に見て明らかな食い違いが存在することに注意されたい．ナボトはイズレエルの外で石打ちの刑に会った（王上21：13）のに対し，アハブの血は，彼の死体が埋葬のために持ち返られた時に，サマリアで犬たちになめられたのである（王上22：38）．

アハブの第2子ヨラムの治世中に，シリア人はサマリアを

ベテル，サマリア，カルメル，イズレエル

包囲し，まさにこれを占領せんばかりであった（王上6：24-7：20）．町の中の飢餓はつのり，子供たちは煮られて食べられた．エリシャは，この包囲が速やかに終わり，町の門で通常の交易が再開されるだろうと予告した．この時，包囲軍がサマリアの救援のためにかけつける外国の王たちによって攻撃されるであろうとのうわさを聞いてパニックのうちにたち去ったというあの有名な出来事が起こったのである．町に入ることを禁じられていた4人の癩病者がシリア陣を訪れ，それが放棄されているのを見て，飲み食いし，戦利品を欲しいままに分捕った．しかし彼らのどんちゃん騒ぎは，そのうちの1人が「わたしたちはこのようなことをしていてはならない．この日は良い知らせの日だ．わたしたちが黙って朝日が昇るまで待っているなら，罰を受けるだろう．さあ行って，王家の人々に知らせよう」（王下7：9）と言った時に止められた．この良き知らせが町にもたらされ，2人の兵士が馬に乗って敵軍を追跡すると，ヨルダン川までの道路のいたるところにシリア軍があわてて捨てた衣服や装備が散らばっていた．彼らが取ったヨルダン川までの道筋はワディ・ファリア沿いだったと思われる．

オムリ，アハブ王家に対するエリヤとエリシャの対立の最終的結着は，エリシャの預言者の1人がラモト・ギレアドに行き，イエフをイスラエルの王として授膏し，オムリとアハブの家を滅ぼすよう指示した時につけられた（王下9：1-10）．イスラエルの王ヨラムは，ラモト・ギレアドでの戦闘中に受けた傷からイズレエルで回復しつつあった．イエフは，彼が油を注がれて王であると宣言されたとのしらせが届く前にイズレエルに達するために戦車を疾駆させ，まったく気付いていないヨラムと，これまたイズレエルにいたユダの王アハズヤにたち向かった．ヨラムとアハズヤはイエフと対戦するために出て行った．イエフはヨラムを矢で射殺し，ベト・ガン（イエニン）のほうに逃走したアハズヤを追跡した．アハズヤはサマリア丘陵に逃げ込もうとしているところを射れた．イズレエルにいたアハブの王妃イゼベルとアハブの息子たちの残り70人をサマリアで殺す仕事がイエフに残されたのであった．彼らの首はサマリアの長老と指導者たちによってイズレエルに運ばれ，この町の城門の入口で二つの固まりに積まれた．

エリヤとエリシャによって触発され，イエフによって実施されてこの預言者革命の勝利は，イスラエルの民を彼らの神に戻すのに永久の力を持つことはなかった．8世紀には〔記述〕預言者たちがサマリアの偶像崇拝と不正義を非難した．ホセアは「サマリアの悪」（7：1）について語り，「サマリアの子牛は必ず粉々に砕かれる」（8：6）し，「サマリアは滅ぼされ〔王は水に浮かぶ泡のようになる〕」（10：7）と預言した．アモスは次のように非難した．

　サマリアの山にいるバシャンの雌牛どもよ．
　弱い者を圧迫し，貧しい者を虐げる女たちよ．
　「酒をもってきなさい．一緒に飲もう」と
　夫に向かって言う者らよ．（4：1）

ミカはサマリアを北王国の腐敗の主たる源と見なした．

　ヤコブの罪とは何か，

サマリアではないか．
　…………
　わたしはサマリアを野原の瓦礫の山とし
　ぶどうを植える所とする．
　その石垣を谷へ投げ落とし，
　その土台をむき出しにする．（1：5-6）

前722/1年におけるサマリアの滅亡はこれらの預言を完成した．しかし，後述するように，旧約聖書の歴史の中でサマリアの重要性がこれで終わったわけではない．サマリアに関わるもう一つの楽しい伝承があるので，次に述べておこう．

エリシャの物語（王下6：8-23）の中に，彼がドタンにいるときに，シリアの王が軍隊を送って彼を捕えさせようとしたとある．これは，エリシャがその預言の力でもってイスラエルの王にシリアの王の計画を前もってことごとく告げることができたからであった．エリシャの下僕は朝起きて，馬と戦車が町を囲んでいるのを見て，落胆しながらこのことを主人に知らせた．エリシャは「恐れてはならない．わたしたちと共にいる者の方が，彼らと共にいる者より多い」（王下6：16）というあの記念すべきことばを語り，山は馬で満ちており，エリシャの周りを戦車が囲んでいる情景を下僕も見ることができますようにと祈った．次に預言者は敵軍が一時的に盲目になるように頼み，その後これをサマリアに連行し，イスラエルの王に渡したが，王が彼らを殺すことは許さなかった．

前722/1年のサマリア没落後，この領内の住民は移封され，アッシリア帝国内の他の所からの人々と代えられた（王下17：25）．たぶん，戦争と移封によってひき起こされた動乱のために農業が疲弊し，ライオンは狩られなかったため森や林の中でその数を増した．サマリアは，アッシリアの属領の首都としてその重要性を保持した．

ヨシヤの治世（前640-609年），というよりは彼の死によって，古代イスラエルで最も重要な町の一つであったが，聖書のテクストではめったに言及されることのないメギドがわれわれの注意をひく．この壮大な町はメナシェ高原の北東隅のところでイズレエルの谷を望む斜面にあって，海岸平野からこの高原をとおってイズレエルの谷に達する道路を睨む極めて戦略的な地点に位置していた．ヨシュア記12：21はそこの王が殺されたとするが，士師記1：27の記録によれば，マナセ族はメギドもしくはその村々の住民を追い払わなかった．ソロモン治世のころ，メギドはイスラエル人の手中にあったのであり（王上4：12），発掘はオムリとアハブの時代に由来する広大な厩舎を明るみに出した．ソロモン時代以降のメギドへの唯一の聖書の実質的言及は609年のヨシヤの死に関するものである．ヨシヤはメギドの近くの戦闘でエジプト王ネコ2世と遭遇した．明らかにヨシヤは，ハランで最後のふんばりを見せていたアッシリアの王の救援に行こうとしていたネコを阻止しようとしていた（王下23：29のヘブライ語テクストは，ネコがアッシリアの王を撃とうとしてやって来たと述べている）．ヨシヤはアッシリアに対して強い敵対心を抱いていたので，アッシリアのいかなる同盟者にも対抗しようとしたのである．彼は自分の信念の代価として命を支払った．ついでに言えば，メギドはアハズヤが，イエフの手兵たちによってイブレアムの近くで射れて（王下9：27）死んだ町であった（前記を見よ）．

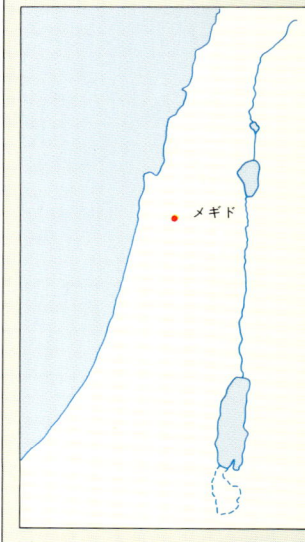

右　王が玉座に座し，その前に勝ち誇った兵士たちとその捕虜を配するこの象牙細工は，前14ないし13世紀に由来し，当時優勢であったエジプトの影響を示す．

右端　前8世紀のこの有名な碧玉製印章は「ヤロブアムのしもべ，シェマアのもの」と読める．

上　前10-9世紀のソロモン時代に属する有角祭壇．

右　北を見るメギドの空中写真．イスラエル時代の穀物倉庫が中央に丸い穴として見える．この倉庫の左下に，今日では一般に前9世紀のものとされる厩舎の遺構がある．テルの向うに広がるのがイズレエルの谷．

ベテル，サマリア，カルメル，イズレエル

メギド

メギドは，それ自体壮大な遺丘であるだけでなく，カルメル山地を横切る重要な道路のうちの1本が走る「鉄の谷」の北端という要衝の地に位置していた．旧約聖書ではほとんど言及されていないが，発掘の結果は，メギドが前4千年紀から同6世紀までの全歴史を通じて重要な町であったことを示した．前2千年紀に，もともとはカナン人のものであったこの町は，エジプト人，イスラエル人，ペリシテ人の手に渡ったが，10世紀初頭にはダビデがこれを再占領し，ソロモンが一行政区の首府とし，強固な要塞を施し，ここに王室の住居を構えると，それは新しい繁栄を獲得した．450頭の馬と戦車を収容できる9世紀の厩舎は，イスラエルの諸王が，イズレエルの谷を通る国際道路を積極的に支配するにあたって戦車隊の重要性を認めていたことを示す．

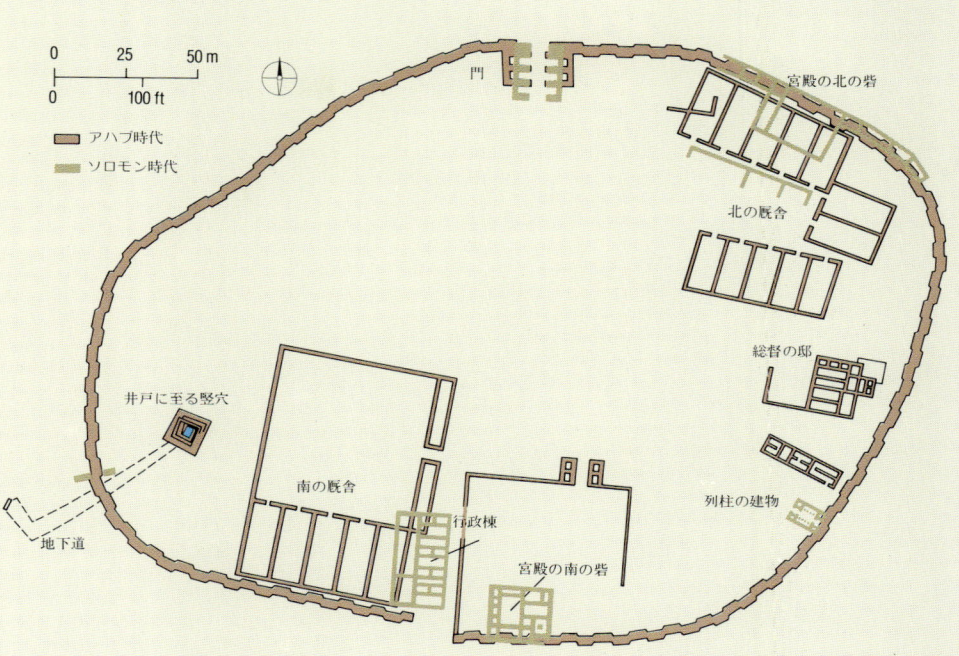

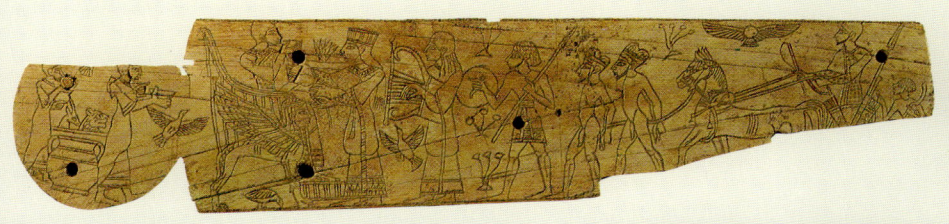

下 水道用トンネルの一部．これによって，テルの北西麓の自然湧水を城内に導くことができた．このトンネルはたぶんアハブの治世下（前873—852年）に築かれた．

最下 メギドで見つかった雄羊と猿の小像．

サマリアの没落後，北王国の住民は非イスラエル人と代えられたにもかかわらず，そこにはイスラエルの神に忠実なイスラエル人たちが残っていた．前582年ごろに80人の男たちがサマリア，シケムおよびシロからミツパにあったユダの行政府のもとに来たことを記録するエレミヤ書41：5についてはすでに注意が喚起されている．エズラ記4：1－3は，ゼルバベルのもとでエルサレムの神殿が再建されつつあった時（前520年ごろ），「ユダとベニヤミンの敵」と呼ばれている北からの人々が「わたしたちも同じようにあなたがたの神を尋ね求める者です．アッシリアの王エサル・ハドンによってここに連れて来られたときから，わたしたちはこの神にいけにえをささげています」ということを根拠にこの再建への応援を申し出たと言っている．ゼルバベルはこの要請を斥けた．ネヘミヤの知事時代（前445年ごろ）エルサレム城壁の再建はサマリアの知事サンバラトによって反対された．この当時のユダヤはサマリアの庇護のもととなっていたのであり，サマリアの知事は自分の権威と威信を減じようとする誰かによって昔からの競争都市エルサレムが再建されることを嫌い，したがってこれを妨害しようとしたと考えられている．

これらの箇所や他の一，二の類似した箇所は，サマリア没落以後であっても，かつての北王国に，自らをイスラエルの神の信奉者として，また古きイスラエルの伝統と約束の後継者として見なしていた人が存在し続けたことを想起させるものである．厳密に言ってどのように，またいつ，サマリア教団として知られる宗教共同体が成立したかはわからない．たぶん，前4世紀の終わりには，古くからあった北と南の敵対関係からサマリア教団が生じ，シケムを見わたすゲリジム山の上に神殿を建て，祭司団と儀礼を備えたのである．ヨハネ・ヒルカーヌスがシケムとゲリジム山の神殿を破壊し（これがなされたとして示唆されている年代は前128年から107年まで多岐にわたる），サマリア地域をユダヤに併合したにもかかわらず，サマリア人はその独特の信仰を保持したのであった．

新約聖書の記録

新約聖書の時代に存在した情況は次のように概観することができる．後6年以降サマリアはユダヤと共にローマの知事による支配下にあった．この地域の主要な町はセバステであったが，これはヘロデ大王がアウグストゥスを記念するため再建・改称したサマリアの町である．シケムは，ヨハネ・ヒルカーヌスによる破壊と後72年にウェスパシアヌスによってネアポリスという名で再建されるまでの間は主要な定住地としては放棄されていたと思われる．この新しい名称から現代名ナブルスが由来する．しかし，ユダヤとガリラヤとの間にはサマリア人と呼ばれる宗教共同体が存在していたが，彼らは旧約聖書のうち最初の五書を聖典とし，ゲリジム山こそ，神が自らを礼拝する場所として選んだのだということを，他の事柄に加えて，信じた人々であった．

サマリア人の存在は，イエスの宣教と最初期のキリスト教の拡張において重要な要素であった．後1世紀におけるユダヤ人とサマリア人の関係は，一般的に，よく言って冷たく，悪く言えば敵対的であった．ユダヤとガリラヤを往来するユダヤ人は，大きな祭との関連で大人数で移動する場合を除いては，ヨルダン河谷の道を取ることでサマリアを避けるのがふつうであった．イエスが12歳の時に両親と共にエルサレムを訪れたという物語の中で（ルカ2：41－51），両親がガリラヤに向けて1日の旅をしてからイエスが自分たちと共にいないことに気がついたということが前提とされている．エルサレムから1日の隊商路の旅程の終着点は伝統的に，ラマラの近くで豊富な水を持つエル・ビレーの村である．ルカによる福音書9：51－56は，あるサマリアの村が，「イエスがエルサレムに向かう決意を固めた」ため，イエスとその弟子たちがガリラヤからエルサレムへ旅していた時に一行に休み場所を与えようとしなかったと記している．ヤコブとヨハネは，「主よ，お望みなら，天から火を降らせて，彼らを焼き滅ぼしましょうか」と応答した時，サマリア人に対するユダヤ人の典型的な嫌悪感を表明していたのであるかもしれない．新約聖書にあるサマリア人に対する軽蔑の他の表現は「あなたはサマリア人で悪霊に取りつかれていると，我々が言うのも当然ではないか」というイエスの対立者たちが彼を責める時に言った，ヨハネによる福音書8：48にあることばに見出されよう．ルカによる福音書17：11は，イエスが「サマリアとガリラヤの間を通られた」時，ある村の近くで10人の癩病者に会ったと記録している．この，「間を通られた」という表現はたぶん，彼がヨルダン河谷に達するためハロドの谷とベト・シェアンの谷に沿って進んでいたことを意味する．こうして彼は，この場合，エルサレムへの途次サマリアを通過することを避けていたのである．イエスに癒された癩病者の1人はサマリア人であって，この人だけがイエスに感謝するために戻った．これについてイエスは叫んだ．「清くされたのは10人ではなかったか．ほかの9人はどこにいるのか．この外国人のほかに，神を賛美するために戻って来た者はいないのか」（ルカ17：17－18）．

イエスはこの時はサマリア人癩病者を外国人と呼んだかもしれないが，善いサマリア人のたとえの中では，彼は隣人として行動した人の模範としてユダヤ人ではなくサマリア人をあげたのである．このことは，イエスの説教の聴衆には只事ではなく，彼らの気分をひどく害したのであった．このことは，当時のユダヤ・サマリア関係について何も知らなければ理解できないことである．

サマリアとの関連で最も強い印象を受ける新約聖書の出来事は，ヤコブの井戸におけるイエスとサマリアの女との出会いである（ヨハ4：1－42）．ヤコブがこの地域に井戸を掘ったという記録は旧約聖書にはない．イエスはユダヤからガリラヤへの帰途，サマリアを「通らねばならなかった」．ヨハネによる福音書第4章が，地理的に言って，前章の終わりに続いているとしたら，すでにヨルダン河谷にいたイエスが，ヨルダン河谷沿いではなくて中央丘陵地を経てガリラヤに行ったというのは奇妙なことである．そのためには遠回りが必要だったのであり，このことは理解しにくいのである．出会いの場所は，シカルという名の町に近いと言われているヤコブの井戸であった．このシカルが，シケムの北東にあるアスカルと同定し得るとすると，別の疑問に答えなければならない．ヤコブの井戸の伝承上の位置は，古代のシケムの地点であるバラタに置かれている．アスカルはこの伝承上のヤコブの井戸から約1マイル離れており，しかも，それ自体の井戸を持っている．なぜこの女は自分たちの井戸を用いず，ヤコブの井戸がバラタにあったという伝承が正しいとしての話だが，1マイルも離れた井戸に行ったのであろうか？　一つの合理

的な推測は，怪しげな評判を得ていたこの女は，アスカルにあった地元の井戸を用いることを恐れて，1マイルも離れたところに行ったということである．イエスもまた，アスカルの町自体に入ってサマリア人の敵意に会うことを嫌って，この井戸を用いたのであるかもしれない．

　もしもこの推測が少しでも真実に近いとするならば，2人のまったく別種の人物が，シカルに最も近い井戸をまったく別種の理由で避けたために，出会いかつ重要な会話を交わしたことになる．この会話は部分的には，神によって選ばれた至高の場所として，サマリア人のゲリジム山はエルサレムと比較してどれほどの長所を持っているかという議論であった．しかし話はもっと深い次元に移り，この女は自分が，聖なる地点に関する議論は無意味であり，今自分がいる所で新しい希望と信仰を抱くことを可能にしてくれた人に出会っているのだということに気づいたのであった．

　ゲリジム山の影の中に置かれているこの物語のうちに，多くのキリスト教福音の逆説が表現されている．イエスは，サマリアの女と話し合ったことだけでなく，彼女が持っていた食器を使うことをためらわなかったことによっても，両者の分裂をふさぐ．現代の注解書は，「ユダヤ人はサマリア人とは交際しない」(ヨハ4：9)と訳されていることばは，ユダヤ人は不浄になることを恐れてサマリア人と食器を共用しようとしないことだという解釈に傾いている．さらにイエスは，彼女が疑わしい道徳の持ち主だということを知りながら，彼女と話したばかりでなく，彼女に永遠の生命の水を与えようと約束した．次に彼女は，イエスが何者なのかについてまったく不完全な知識しか持たないながらも，同胞に対する宣教師となった．場面は，この町のサマリア人がイエスに対し，彼の同郷人の多くにとっても困難であった彼への信仰と希望を表明して終わる．いわく「彼らは女に言った．『わたしたちが信じるのは，もうあなたが話してくれたからではない．わたしたちは自分で聞いて，この方が本当に世の救い主であると分かったからです』」(ヨハ4：42)．

　サマリアは，聖書の中では最後に，キリスト教がエルサレムを越えて拡張した最初の場所として登場する．ステファノの石打ちの刑(使7：54—60)の後，エルサレムの教会に対する迫害が激しくなり，信徒たちは「ユダヤとサマリアの地方に」散らばったのである(使8：1)．フィリポはサマリアの名もない町に行ったが，そこでの彼の説教と奇蹟の業によって多くの人々がイエス・キリストの信者として洗礼を受けた．次いでペトロとヨハネがこの町を訪れ，新しく受洗した人々の上に手を置き，彼らに聖霊を受けさせた．聖霊の仲介者となる手段を使徒たちから買おうとしたシモン・マグスの企ては厳しく拒否された．その後，ペトロとヨハネは，途中サマリアの多くの町々で説教しながら，エルサレムに戻った．

サマリア教団は現在では全部でもわずか500ないし600人しかおらず，ナブルスに本拠を置く．彼らは毎年，ナブルスを見おろすゲリジム山頂にある聖地で過越しの小羊を殺す．

同時代の他の宗教

旧約聖書に常にまつわる主題に，イスラエルの民は神に忠実でなく，他の神々に目を向ける，ということがある．この不誠実は，時々イスラエルは売春婦となって夫を捨てた花嫁というイメージで表現される（エレ3：1－10）．ここで示され，旧約聖書が排斥する土着の他宗教の3大特徴は，豊穣祭儀，死者の祭儀，そしてまじないと占いに頼ることであった．これら三つの行為は，日常生活の中で庶民がほとんど，あるいはまったく，抵抗できない側面，すなわち降水の有無，死，そして，病気や事故死などの説明不可能な事柄に対処するための企てなのであった．たとえば，聖なる売春による豊穣の再現は，自然の諸力との調和を計り，収穫と家畜の豊穣を期待するという民間宗教の願いの発露であった．死者の祭儀をとり行なうことにより，彼らはその死が共同体にもたらした嘆きと人的喪失に立ち向うことができたのである．まじないと占いは，災厄が回避され，疾病をもたらすと信じられた悪魔が払われるとの希望を与えた．こうした民間宗教に対して，イスラエルの預言者たちは，物質的繁栄はイスラエルが〔唯一の〕神の律法に従うことに由来するのであり，これを支えるのが，特に，弱者と貧者の権利を守るという社会正義である，と主張した．不誠実なイスラエルを売春婦にたとえたのは，豊穣の儀式で聖なる売春が行なわれたことに基づく．しかしながら，ふつうのイスラエル人の多くは，隣人たちの宗教のほうが，律法と預言者の道徳的要求よりも魅力的であると受け取っていたらしい．

左下　このカナンの例に見られるような香炉台はごく普通に用いられた．蛇のモティーフは，爬虫類の脱皮力のゆえに，豊穣を示唆した．

下　雄子牛は古代近東で共通した豊穣の象徴であった．旧約聖書は，モーセがシナイ山頂で律法を授かっていた時，イスラエル人は金の子牛を作っていたと記録している（出32章，p.44を見よ）．ヤロブアムは，イスラエル王国を独立させた時，ベテルとダンに雄牛の像を据えた（王上12：28）．初期イスラエルの宗教では（前12－10世紀），雄牛の像は見えない神の玉座であると

聖なる石を据えることは古代近東の全域で行なわれた．ヤコブはベテルでそれを立てたとの記録がある（創28：18）．石には多くの宗教的用途があった．それは，神を表わしたり，聖なる捧げ物をなすべき場所を示したり，死者のための記念碑であったりした．大きさもさまざまであった．ゲゼルで見つけられた石（下）は高さ3.25mに達したし，ハツォルの「石柱の神殿」（右下）のものは，せいぜい65cmであった．これらはすべて死者のための記念碑であると考えられている．

同時代の他の宗教

見なされていたと一般に考えられている．しかし，雄牛は豊穣宗教と結びついていたため，ふつうのイスラエル人の宗教を腐敗させがちであった．

下　この一群の，女神アスタルテを表わす粘土製女性小像は豊穣の主題を強調する．胸元が大きく，目立って描かれている．これらは，家畜と家族の多産によって，地上での豊穣に恵まれますようにとの希望を表明するものであった．前8世紀に由来し，ペリシテ人が住みついていた海岸地域で見つかった．

左　このゲゼル出土の金製短剣は，武器というよりも祭儀用品であったことは疑いない．描かれているのは女性，たぶん女神．

中央上　ペリシテ人の人型棺．ペリシテ人の埋葬様式のいくつかの特徴は，彼らが前12世紀にそこから来てシリア，イスラエル，エジプトに到達したエーゲ海域との結びつきを示す．彼らの宗教の特徴はほとんどわかっていない．

上　メソポタミアの魔法で一般に見られる悪魔の像．旧約聖書のバビロン観は，それが占い師と魔術の地であるということであった（イザ47：12）．しかし，魔法はイスラエルでも行なわれていたのであり，申命記18：10－14で禁止されている．

161

地図凡例

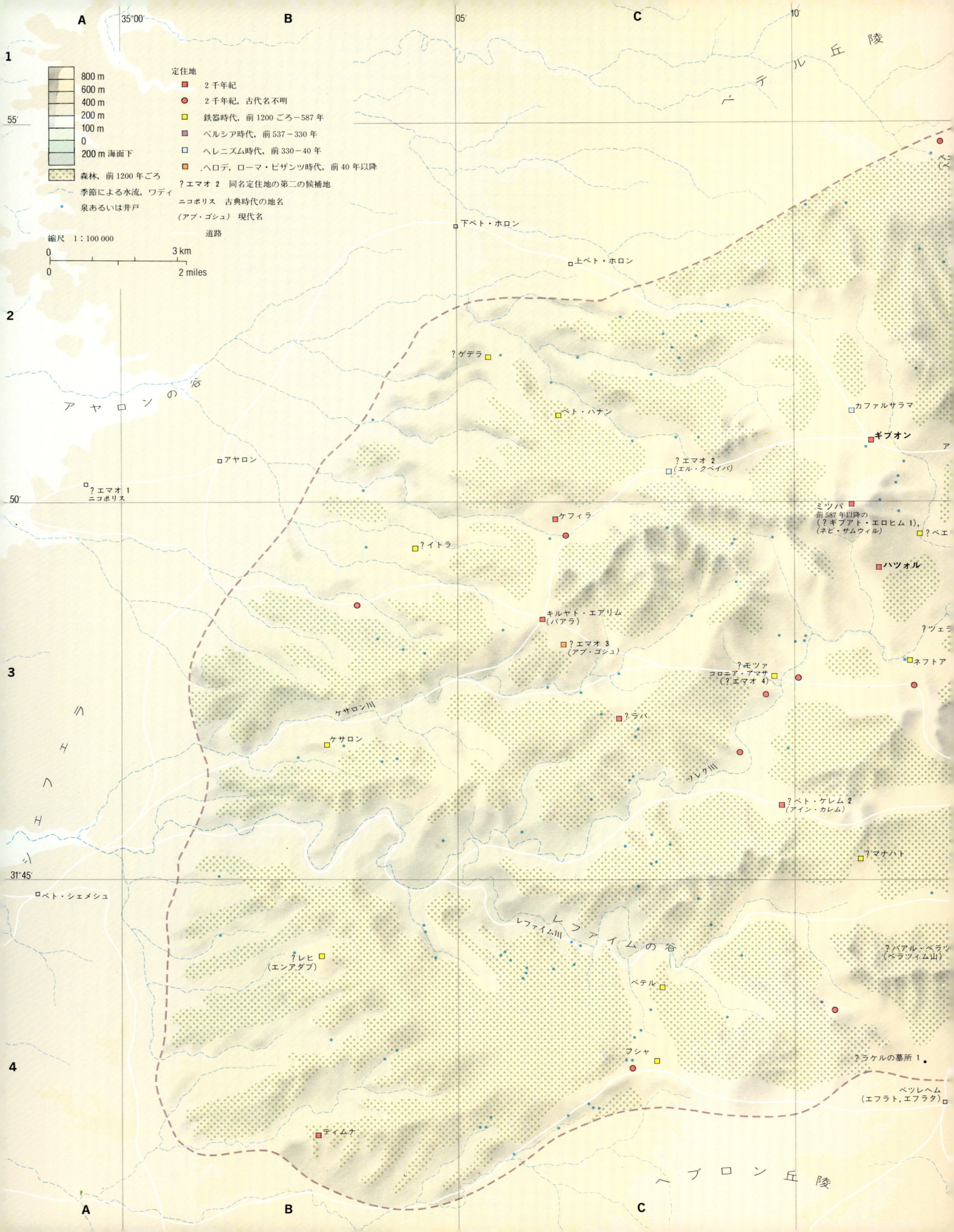

定住地
- 🟥 2千年紀
- 🔴 2千年紀，古代名不明
- 🟨 鉄器時代，前1200ごろ－587年
- 🟪 ペルシア時代，前537－330年
- 🟦 ヘレニズム時代，前330－40年
- 🟧 ヘロデ，ローマ・ビザンツ時代，前40年以降

標高
- 800 m
- 600 m
- 400 m
- 200 m
- 100 m
- 0
- 200 m 海面下

森林，前1200年ごろ

― 季節による水流，ワディ
・ 泉あるいは井戸

? エマオ 2　同名定住地の第二の候補地
ニコポリス　古典時代の地名
(アブ・ゴシュ)　現代名
― 道路

縮尺 1:100 000
0 ── 3 km
0 ── 2 miles

地名

ベテル丘陵
下ベト・ホロン
上ベト・ホロン
アヤロンの谷
?エマオ 1 ニコポリス
アヤロン
?ゲデラ
ベト・ハナン
カファルサラマ
ギブオン
?エマオ 2 (エル・クベイバ)
ケフィラ
?イトラ
ミツパ 前587年以降の (?ギブアト・エロヒム 1), (ネビ・サムウィル)
ハツォル
?ベエ
キルヤト・エアリム (バアラ)
?エマオ 3 (アブ・ゴシュ)
モツァ コロニア・アマサ (?エマオ 4)
ネフトア
?ツェラ
ケサロン川
?ラパ
ケサロン
?ベト・ケレム 2 (アイン・カレム)
ソレク川
?マナハト
レファイム川
レファイムの谷
ベト・シェメシュ
?レヒ (エンアダブ)
?バアル・ペラシ (ペラツィム山)
ベテル
?ラケルの墓所 1
フシャ
ベツレヘム (エフラト, エフラタ)
ティムナ
ヘブロン丘陵

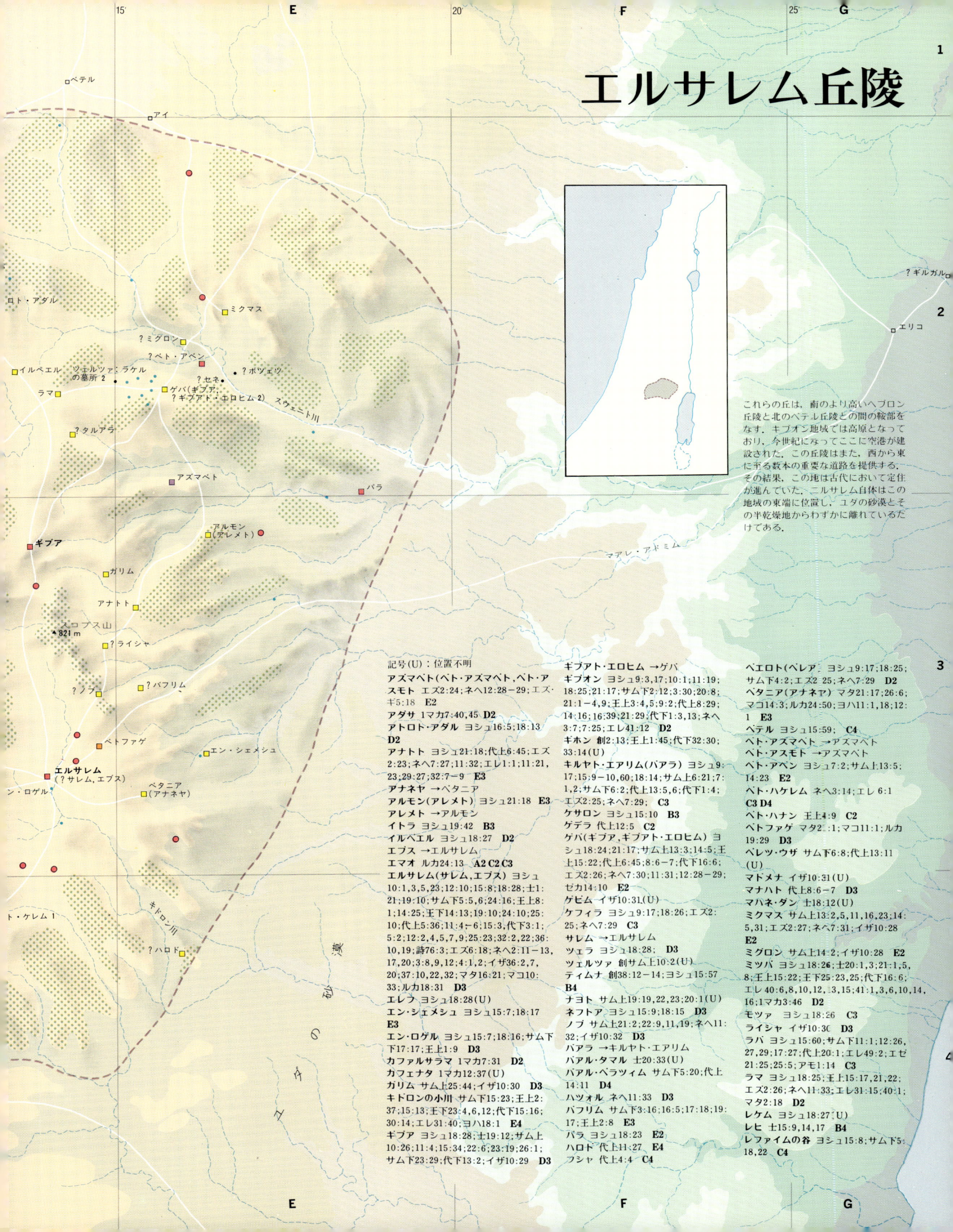

エルサレム丘陵

これらの丘は、南のより高いヘブロン丘陵と北のベテル丘陵との間の鞍部をなす。ギブオン地域では高原となっており、今世紀に至ってここに空港が建設された。この丘陵はまた、西から東に至る数本の重要な道路を提供する。その結果、この地は古代において定住が進んでいた。エルサレム自体はこの地域の東端に位置し、ユダの砂漠とその半乾燥地からわずかに離れているだけである。

記号(U)：位置不明

アズマベト(ベト・アズマベト、ベト・アスモト) エズ2:24；ネヘ12:28-29；エズ・ギ5:18 **E2**
アダサ 1マカ7:40,45 **D2**
アトロト・アダル ヨシュ16:5;18:13 **D2**
アナトト ヨシュ21:18；代上6:45；エズ2:23；ネヘ7:27;11:32；エレ1:1;11:21,23;29;27;32:7-9 **E3**
アナネヤ →ベタニア
アルモン(アレメト) ヨシュ21:18 **E3**
アレメト →アルモン
イトラ ヨシュ19:42 **B3**
イルベエル ヨシュ18:27 **D2**
エブス →エルサレム
エマオ ルカ24:13 **A2 C2 C3**
エルサレム(＝サレム、エブス) ヨシュ10:1,3,5,23;12:10;15:8;18:28；士上1:21;19:10；サム下5:5,6;24:16；王上8:1;14:25；王下14:13;19:10;24:10;25:10；代上5:36;11:4-6;15:3；代下3:1;5:2;12:2,4,5,7,9,25;23;32:2,22;36:10,19；詩76:3；エズ6:18；ネヘ2:11-13,17,20;3:8,9,12;4:1,2；イザ36:2,7,20;37:10,22,32；マタ16:21；マコ10:33；ルカ18:31 **D3**
エレフ ヨシュ18:28(U)
エン・シェメシュ ヨシュ15:7;18:17 **E3**
エン・ロゲル ヨシュ15:7;18:16；サム下17:17；王上1:9 **D3**
カファルサラマ 1マカ7:31
カフェナタ 1マカ12:37(U)
ガリム サム上25:44；イザ10:30 **D3**
キドロンの小川 サム下15:23；王上2:37;15:13；王下23:4,6,12；代下15:16;30:14；エレ31:40；ヨハ18:1 **E4**
ギブア ヨシュ18:28；士上19:12,14；サム上10:26;11:4;15:34;22:6;23:19;26:1；サム下23:29；代下13:2；イザ10:29 **D3**

ギブアト・エロヒム →ゲバ
ギブオン ヨシュ9:3,17;10:1;11:19;18:25;21:17；サム下2:12;3:30;20:8;21:1-4,9；王上3:4,5;9:2；代上8:29;14:16;16:39;21:29；代下1:3,13；ネヘ3:7;7:25；エレ41:12 **D2**
ギホン 創2:13；王上1:45；代下32:30;33:14(U)
キルヤト・エアリム(バアラ) ヨシュ9:17;15:9-10,60;18:14；サム上6:21；7:1,2；サム下6:2；代上13:5,6；代下1:4；エズ2:25；ネヘ7:29； **C3**
ケサロン ヨシュ15:10 **B3**
ゲデラ 代上12:5 **C2**
ゲバ(ギブア、ギブアト・エロヒム) ヨシュ18:24;21:17；サム下13:3;14:5；王上15:22；代上6:45;8:6-7；王下16:6；エズ2:26;2:30;11:31；12:28-29；ゼカ14:10 **E2**
ゲビム イザ10:31(U)
ケフィラ ヨシュ9:17;18:26；エズ2:25；ネヘ7:29 **C3**
サレム →エルサレム
ツェラ ヨシュ18:28； **D3**
ツェルツァ 創サム上10:2(U)
ティムナ 創38:12-14；ヨシュ15:57 **B4**
ナヨト サム上19:19,22,23;20:1(U)
ネフトア ヨシュ15:9;18:15 **D3**
ノブ サム上21:2;22:9,11,19；ネヘ11:32；イザ10:32 **D3**
バアラ →キルヤト・エアリム
バアル・タマル 士20:33(U)
バアル・ペラツィム サム下5:20；代上14:11 **D4**
ハツォル ネヘ11:33 **D3**
パフリム サム下3:16;16:5;17:18;19:17；王上2:8 **E3**
バラ ヨシュ18:23 **E2**
ハロド 代上11:27 **E4**
フシャ 代上4:4 **C4**

ベエロト(ベレア) ヨシュ9:17;18:25；サム下4:2；エズ2:25；ネヘ7:29 **D2**
ベタニア(アナネヤ) マタ21:17;26:6；マコ14:3；ルカ24:50；ヨハ11:1,18;12:1 **E3**
ベテル ヨシュ15:59； **C4**
ベト・アズマベト →アズマベト
ベト・アスモト →アズマベト
ベト・アベン ヨシュ7:2；サム上13:5;14:23 **E2**
ベト・ハケレム ネヘ3:14；エレ6:1 **C3 D4**
ベト・ハナン 王上4:9 **C2**
ベトファゲ マタ21:1；マコ11:1；ルカ19:29 **D3**
ペレツ・ウザ サム下6:8；代上13:11 (U)
マドメナ イザ10:31(U)
マナハト 代上8:6-7 **D3**
マハネ・ダン 士18:12(U)
ミクマス サム上13:2,5,11,16,23;14:5,31；エズ2:27；ネヘ7:31；イザ10:28 **E2**
ミグロン サム上14:2；イザ10:28 **E2**
ミツパ ヨシュ18:26；士20:1,3;21:1,5,8；王上15:22；王下25:23,25；代下16:6；エレ40:6,8,10,12,13,15;41:1,3,6,10,14,16；1マカ3:46 **D2**
モツァ ヨシュ18:26 **C3**
ライシャ イザ10:30 **D3**
ラバ ヨシュ15:60；サム下11:1;12:26,27,29;17:27；代上20:1；エレ49:2；エゼ21:25;25:5；アモ1:14 **C3**
ラマ ヨシュ18:25；王上15:17,21,22；エズ2:26；ネヘ11:33；エレ31:15;40:1；マタ2:18 **D2**
レケム ヨシュ18:27(U)
レヒ 士15:9,14,17 **B4**
レファイムの谷 ヨシュ15:8；サム下5:18,22 **C4**

エルサレム丘陵

地域の概観

すでに触れたように (p.94)，エルサレム丘陵は南のヘブロン丘陵と北のベテル丘陵の間の鞍部をなす．この鞍部はヘブロン，ベテル両丘陵の最高部より約200m低く，その北部には高原があり，現代になってからそこに空港が建設された．西部では，地中海方向に流れる主な水流は海岸平野にさしかかるところでシェフェラに入るかなり多くの道路となっている．最も顕著な道路は広いアヤロンの谷である (p.84を見よ)．このような流路の結果，エルサレムの鞍部を横切る水流に沿って西から東へのかなり容易な道路がいく本かある．さらに，エルサレム自体が死海の北端とほぼ同じ標高であるため，西から東に至る道路がもっと進むためには，そのすべてがエルサレムの近くを通るようになるのである．エルサレムから東に向けて地溝帯への通行もまた，たとえばヘブロンからよりも，エルサレムからのほうが容易であった．

2千年紀の定住様式は，町や村がエルサレムの周囲と，エルサレムからベテルに至る分水線上の道路の沿線に集中していたことを示す．エルサレムの西では，数々の谷を見おろすこの丘陵の西端で定住が最も集中していた．エルサレム丘陵は，少なくとも旧約聖書時代の初めには木々が濃密であったと考えるべきである．キルヤト・エアリムという町の名は森の町を意味するのであるが，ダビデは神によって，彼がペリシテ人とエルサレムの南西にあるレファイムの谷で闘った時，バルサムの木の反対側で彼らと対決するよう指示された．残念ながら，通常バルサムの木と訳されてきた単語が本当はどの種類の木を意味しているのかはわかっていない．エルサレム丘陵の北部で，サウルとその軍勢はペリシテ人を追撃中に「森」に入ったのに対し (サム上14：25)，エリシャはエリコからベテルへ行く途中，彼のはげ頭をからかった少年たちを呪い，その結果「森の中から2頭の熊が現れ，子供たちのうちの42人を引き裂いた」(王下2：24)．

今日，この地域の丘は，現代になって植林がなされているところを除いては，比較的裸地である．この裸の状態は，十字軍がエルサレムを包囲した11世紀にも目立っていた．ランシマンは証拠となる資料を次のように述べている．「包囲の仕掛けを築くにはまだ材木が必要であった．エルサレムの周りの裸の丘からはほとんど得られなかった．十字軍は，必要なものを集めるため，何マイルも遠くまで遠征隊を派遣しなければならなかった．フランドルのタンクレッドとロベールが部下を連れてサマリア周辺の森まで進入し，丸太と厚板を積んで帰った時にやっと……仕掛けを築きはじめることができたのである．」エルサレム神殿やその他の祭壇で捧げられた犠牲を焼くために，多くの木が必要であったことを想起すれば，森林減退が生じた過程のいく分かを理解することができよう．ソロモンがギブオンの祭壇で1000の燔祭を捧げたというのが本当ならば (王上3：4．しかもヘブライ語は，このことを彼は複数回にわたって行なったことを含意する)，そのような場合にどんなに多くの木が消費されなければならなかったかを計算してみるとわかりやすい．定期的な燔祭を900年以上にもわたって要求したイスラエルの犠牲の祭儀がエルサレムに存在していたこともまた覚えていなければならない．このことは，この地域の森林になんらかの影響を与えずにはおかなかったはずである．

エルサレムそれ自体は，エルサレムの鞍部の東端にある．東に数マイル行くと降雨量は急激に減少し，ユダの砂漠の景観が優勢となる (p.104を見よ)．それは，古い町であるとはいえ，自然上の利点ということではラキシュやメギド，あるいは多くのもっと小さな場所と太刀打ちできなかったのであり，ダビデがそれを自国の首都としなかったならば，たぶんエルサレムは，南北の分水線上の道路と，海岸平野と死海のすぐ北の地溝帯とを東西に結ぶ道路上にある小さな町にとどまったであろう．エルサレムは東の丘陵地が見おろすところにあり，ダビデの時代には，彼がエブス人から獲得した支脈の西にある丘もこれを見おろしていた．詩篇68：17で，

　峰を連ねた山よ，なぜ，うかがうのか
　神が愛して御自分の座と定められた山を
　主が永遠にお住みになる所を

としてバシャンの山が問いかけられている時，たぶんエルサレムが比較的重要ではなかったことが表現されているのであろう．

しかし，その分に応じてエルサレムを詳細に考察する前に，この地域の残りの部分を扱うことにしよう．

聖書の記録

まず，族長アブラハムとヤコブはその旅の途中でエルサレムを通過したのに違いないにもかかわらず，彼らはそこで礼拝しなかったことを記しておかなければならない．族長物語に現われる町はシケム，ベテル，ヘブロンであり，これらの町で族長たちは葬られたのであった．創世記14：18で言及されているサレムがエルサレムと同定できるとすれば，族長とエルサレムを結びつけるものとなるが，それでもこれがすべてである．

エルサレム丘陵への最初の言及は，ギブオンの住民と彼らの町々が滅亡から免れるためヨシュアに対し策略をめぐらしたことを語るヨシュア記9：3－27にある．ギブオン人とその同盟者たちは，遠方から来たような服装をして，ギルガルにあったイスラエル陣まで約30kmの旅をし，ヨシュアと平和協定を結んだ．イスラエル軍がギブオンと他の町々に到達すると，住民はヨシュアに協定のことを想い起こさせた．ヨシュア記10章にあるこの物語の続きは，それがギブオンに対して投ずる光のゆえに興味深い．エルサレムの王は，イスラエル人がアイを征服し，ギブオン人と条約を結んだとの報告を受けて警戒した．「ギブオンはアイよりも大きく，王をいただく都市ほどの大きな町であり，その上，そこの男たちは皆，勇士だったからである」(ヨシュ10：2)．ギブオン人を懲罰するためにエルサレムの王が構成した連合は，本質的には，ユダ丘陵とシェフェラを通る道を支配する町々 (p.86を見よ) の連合であった．しかしヨシュアはギブオン人を救出し，これらの王たちを破ったのであった．

部族間における土地の分配で，基本的にエルサレムの少し北からナハル・ケサロンに至り，次いでナハル・ソレクに沿っていたユダの北の境界線はキルヤト・エアリムを取り込むように北に突き出ていた (ヨシュ15：9)．エルサレム地域自体では，境界は町の南まで延びており，したがってエルサレムはユダの外側にあった．しかしながらヨシュア記15：63は，ユダの人々がエルサレムに住んでいたエブス人を追い出

エルサレム丘陵

上　オリーブ山から見たエルサレム．エドワード・リアーによる19世紀の絵．丘陵は11世紀の十字軍の時代にはすでに裸地であった．

次頁　北を見るエル・ジブの空中写真．古代の町ギブオンがあったところ．現代の村民は遺丘の北端に住んでいるので，1956-62年にこの遺跡を発掘することができた．エル・ジブが位置している「高原」の性格が，空中からだとよく見える．

すことができなかったため，エルサレムはユダの町となったことを含意しているのである．ヨシュア記18：11－28にあるベニヤミン族の境界と町々に関する詳細な記述は，ユダとの共通の境界を確定し，「エブス（すなわちエルサレム）」をベニヤミン族の領土の中に置き，さらに，かつては「ユダの部族に属する町」と呼んだキルヤト・エアリムをベニヤミンの町としてあげている．これらの食い違いは，疑いもなく，長期間にわたって変動し続けたベニヤミンとユダとの関係を反映しているのである．

士師記1章（8,21節）は，ユダの人々がエルサレムを取って，これに火を放ったこと，ベニヤミンの人々はエルサレムに住んでいたエブス人を追い出さなかったので「エブス人は，ベニヤミンの人々と共に今日までエルサレムに住み続けている」と記録している．これらの節を額面どおりに受けとれば，エルサレムのすぐ南のところで境界を接していたこれら両部族は，ユダ族はこの町を略奪したが占領することはせず，またベニヤミン族はエルサレムの元の住民がそのまま留まってよいとの協定を結ぶことによって，主要な南北路上に対するエルサレムの支配力を抑制しようとしたことを意味する．

士師記3章は，モアブの王エグロンがイスラエルを撃ち，「なつめやしの町」たぶんエリコを占領した時の1人の救助者のことを記す．物語は，このベニヤミン人救助者エフドが左ききであったことを強調する．左ききを指すヘブライ語は，通常身体的欠陥を指す語形に類似する．エフドの場合，左ききであったがため右側に剣を隠すことができ，彼はこれを用いて，たぶんエリコでエグロンを倒したのである．次いでエフドはイスラエル人を呼び集めてヨルダン川の渡し場をおさえさせたため，西岸にとじ込められたモアブ人は逃れることができなかった．士師記18：12にあるキルヤト・エアリムへの偶然のような言及は，ダン族の人々がずっと北方に移住する途中で「ユダのキルヤト・エアリム」で陣を張ったので，この町の西方にあるその地点はマハネダン（「ダンの陣営」）という名を得たと述べている．

士師記の最後の数章は，そのほとんどがエルサレム丘陵で展開し，注意深い考察を必要とする一つの重要な出来事を述

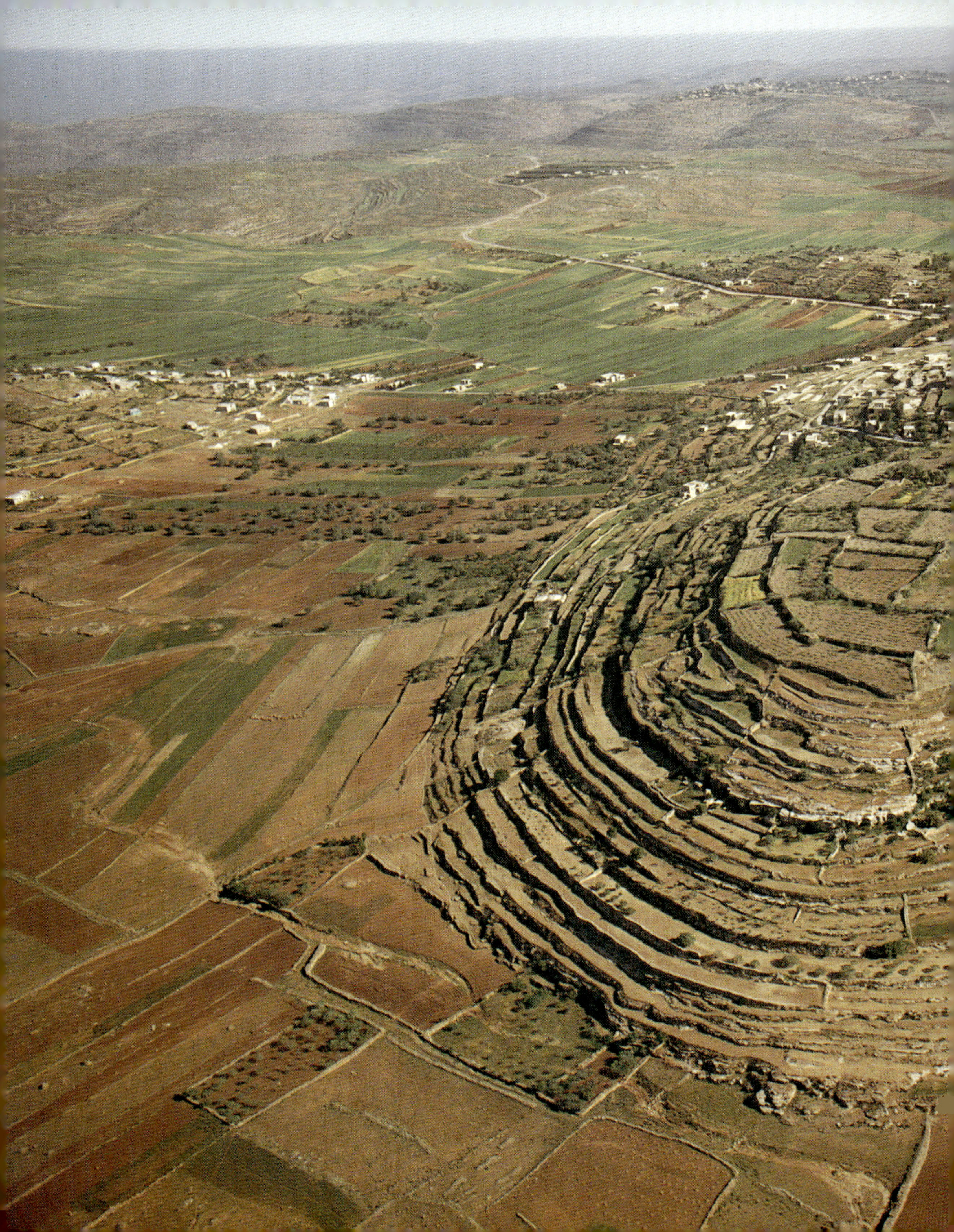

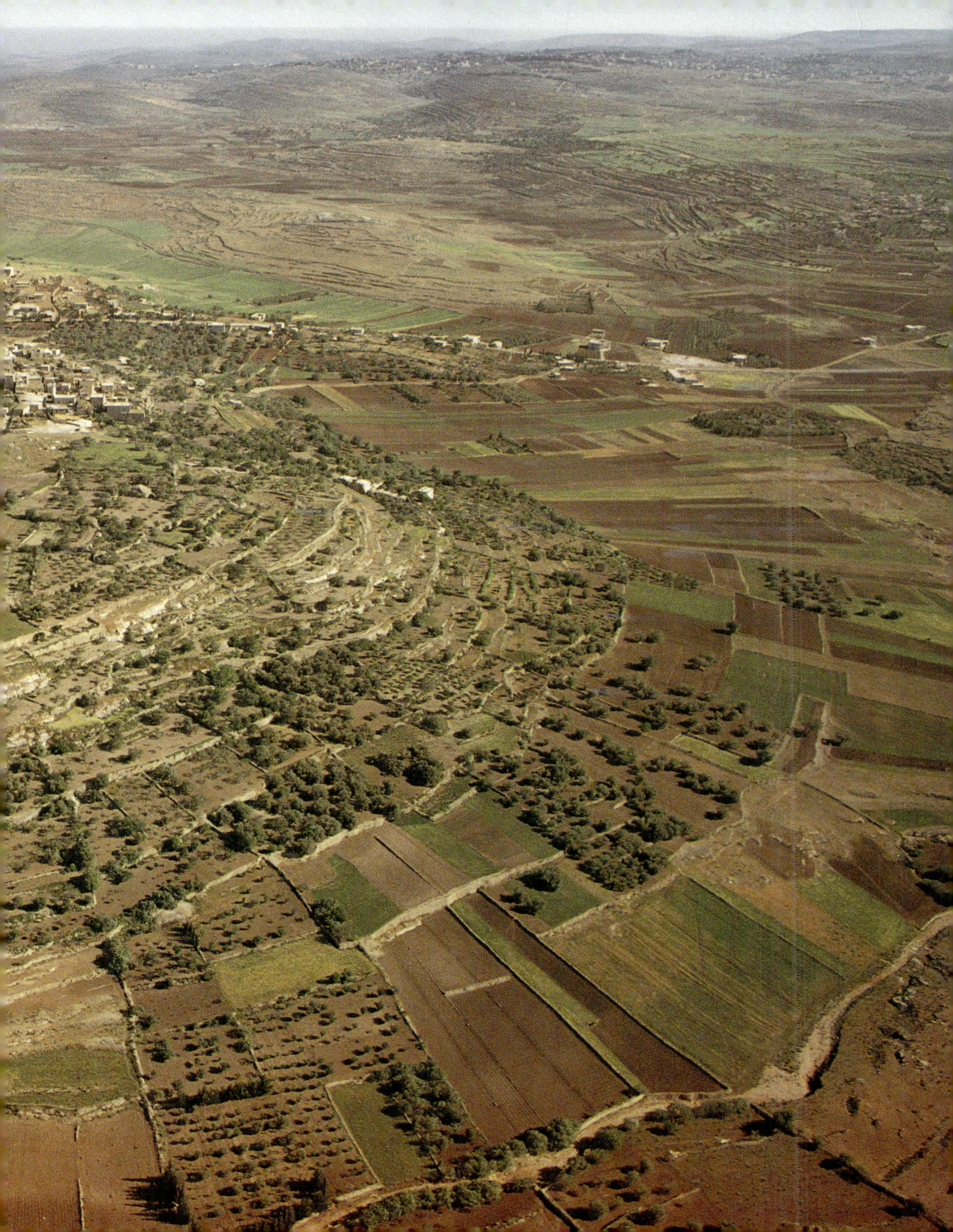

べている．それは，エフライムの山深くに住み，ベツレヘム出身の女を妾に持つ1人のレビ人に関わる．この妾は父の家に去って4カ月たっていたので，レビ人は彼女を連れ戻しに行き，やがてある日の夕方おそく彼女と共にエフライムに向けて出発した．エルサレムに近づいた時，レビ人は一行がこの町で一泊しようとの考えを拒否した．「イスラエルの人々ではないこの異国人の町には入るまい．ギブアまで進むことにしよう」(士19：12)．ギブアは，テル・エル・フルとの同定が正しいなら，エルサレムの北数マイルのところにあった．一行は，レビ人と同じくふつうはエフライムに住んでいた1人の男のところで一夜の宿を得た．夜のうちに，レビ人がエルサレムで外国人よりも好んだイスラエル人自身のいく人かが，このレビ人を同性愛の相手にすることを求めたと解しうる奇妙な要求をするという皮肉な情況に発展した．レビ人に宿を供してくれた人はついに，レビ人の妾を家から出すことでこの要求に答えたが，この妾は強姦され翌朝死体で見つけられた．レビ人は妾の死体を自分の家に運んでから，ギブアの人々を罰するために全イスラエルを召集した．民は，国土のあらゆるところに送られた妾の切断された死体によって召集されたのであった．

こうして参集したイスラエル人は，ギレアドのヤベシュの町を除いて，イスラエルのあらゆるところからやって来た．民はミツパに集合し，神意を求めるためそこからベテルに行った．戦闘が交わされるようになると，ギブアを防御するために来ていたベニヤミン族は一致団結して続く数日間他のイスラエル人に対し重大な損害を与えた．3日目にイスラエル人は負けたと見せかけて，ベニヤミン人をギブアの外におびき出し，待ち伏せ隊を送ってギブアを取らせた．こうしてベニヤミン族は敗れ，町々には火がつけられ，殺戮はすさまじく，戦闘の終わりにはわずか600人の男，そして，女たちを残すのみであった．残りのイスラエル人はベニヤミン人に妻を提供しないと誓っていたのだが，この部族が滅びることのないように，イスラエルは義務を果たさなかったギレアドのヤベシュの町に遠征隊を送り，処女以外のすべてを殺し，彼女らは連行されて残る600人のベニヤミン族男子の妻とされた．別に200人の女がシロにおける年毎の祭で踊っていた娘たちの中から連れ去られた．

この出来事は奇妙であり，評価が困難である．諸部族間に達成された前例のない統一を根拠に，ある人々はこの出来事のうちに，中央聖所と共通の法律を持つ政治的・宗教的組織が存在したとの証拠を見出し，これをアンフィクティオニーと呼んだ．現在の学界での動向は，アンフィクティオニー仮説はかつてほど受けはよくない．士師時代は諸部族間の側においてはそれほど多くの共同活動を促さなかったのに対し，無防備な少女を強姦殺害するという犯罪は，イスラエル人全体にとって極めて深刻に受けとめられたのであり，これの犯罪者とその援護者たちに対する共同行為のみが問題を解決しえたのであった．

統一王国の時代

エルサレム丘陵での動きは，士師記の末尾とサムエル記上の前半で最もさかんである．士師の系統を終結し，王制を始めた偉大な人物サムエルは，子供時代をシロで過ごしたにもかかわらず（p.152を見よ），彼の活発な宣教はベニヤミン領内でなされた．彼の故郷の町はラマであるとされ（サム上7：17），彼が士師として巡回した場所はベテル，ギルガルおよびミツパであった．サムエルによって率られ，サムエル記上7：5－14に記録されているペリシテ人からの救出活動において，彼はミツパで犠牲を捧げ，その結果神が，ペリシテ人に対して〔天から〕雷鳴をとどろかせたとされており，それによってペリシテ人はイスラエル人によって敗走させられたのであった．この成功にもかかわらず，イスラエル人の長老たちはサムエルに「ほかのすべての国々のように，我々のために裁きを行う」王を求めたと記録されている（サム上8：5）．この要求はサムエルがラマにいる時に提出され，サムエルは地上の王を求めてはならないと民に警告したあと彼らを解散させ，後にミツパに彼らを呼び寄せたのであった（サム上10：17）．

次に続くのが，地理上の細部が不分明な物語である．サウルが紹介され（彼の故郷がギブアであることは後のサム上10：26で初めて述べられる），父の迷い出たろばを探しに出かけたが無駄足だったことが語られる．サウルはエフライムの山地で捜索を始め，シャリシャ，シェアリムおよびベニヤミンの地を通ってからツフの地に行った．すでに示唆されているように，もしもこれらの「地」がエフライムの中の諸家族に属する地域であって，バアル・シャリシャ（王下4：42）がカフル・マリクの東の一地点であるならば，サウルは彼の故郷ギブアから北東へ約20km行き，そこで方向を変えてラマに来たということになろう（サム上9：5－10）．ツフの地とラマとの関係は，サムエルの父の故郷が，たぶんツフの家族に属するラマを意味すると思われるラマタイム・ツォフィムと呼ばれているサムエル記上1：1を根拠にして，暫定的ながら築きうる．これが正しいとすると，サウルの旅は楕円形を描き，出発した地点から北に約4kmのところで終結した．サウルは，行方不明のろばの所在を告げる能力をサムエルが速やかに行使してくれることを頼みにしてラマに到着したら，思いもかけず，それまで一面識もない偉大な先見者によって歓迎されたのであった．サムエルは，サウルを見送る時，神の指示に従って，イスラエルを治める「君」たるべき者としてサウルに油を注いだのである（サム上10：1）．

サムエルはまた，サウルがラケルの墓の近くで2人の男に出合い，彼らは不明になっていたろばが見つかったと告げるであろうと語った．ラケルの墓への言及は興味深い問題となる．現代の旅行者は，エルサレムからベツレヘムに向かう時，道が枝分かれしてすぐにベイト・ジャラに向かって右手に伝承上のラケルの墓を見るであろう．ラケルの墓がユダ領内に深く入ったこの位置にあるということは「わたしはラケルを，エフラト，つまり今のベツレヘムへ向かう道のほとりに葬った」という創世記35：19－20と同48：7にある伝承を反映する．ベツレヘムとエフラトとの一致はミカ書5：1の有名な箇所にも見出される．

> エフラタのベツレヘムよ
> お前はユダの氏族の中でいと小さき者．
> お前の中から，わたしのために
> イスラエルを治める者が出る．

サムエル記上10：2にラケルの墓の位置をツェルツァに

置く別の伝承がある．不幸にしてツェルツァの地点は確実にはわからないが，それが含まれていた地域は，サムエル記上10：2によって容易に確定することができる．サウルはラケルの墓からペリシテ人守備隊のいる神のギブアに行ったとされている（サム上10：5）．サムエル記上13：3によると，もしこれがペリシテ人守備隊がいたゲバの町であるなら，ラケルの墓はラマとゲバの途中にあった．サムエル記上10：10の中にあるギブアもゲバのことであろう．サウルはこの町に行き，恍惚預言者団に加わったために「サウルもまた預言者の仲間か」ということわざが生れたのであった．サムエル記上の物語は，サムエル記上8：4―22で始まった話を再開する．サムエルはイスラエル人をミツパに召集し，地上の王の危険性について再び警告してから，くじ引きで王を選ぶことにする．サウルが選ばれて，その旨宣言されてから，ギブアの故郷に帰る．

サムエル記上11章でサウルは故郷ギブアで平安のうちに土地を耕やしていたが，アンモン王ナハシュによって脅威を受けていたヤベシュ・ギレアドの人々から伝言が届いた．ヤベシュ・ギレアドとベニヤミンの人々との結びつきについてはすでに指摘しておいた．サウルは，雄牛を12の部位に切り刻んでこれらを全土に送りつけてイスラエル人が自分の支援にかけつけるよう召集をかけた．士師記19章の情況は逆である．そこでは妾の四肢がバラバラにされ，イスラエル人がベニヤミンに対するため召集された．ここではサウルが雄牛の四肢をバラバラにして，彼の部族ベニヤミンがナハシュに対抗するのを支援するようイスラエル人を召集する．目覚ましい勝利の後，サウルはギルガルで王として宣言される．このことを，サウルがすでにミツパにおいて王とされていたこと，そしてサムエルがすでにラマにおいて彼に（もしも相違が意図されているのなら，王としてではなく，「君」として）油を注いでいたという事実に関連づけるのは容易ではない．

サウルの治世の公式な記述はサムエル記上13章で始まり，いくつかの出来事がエルサレム丘陵に置かれている．サムエル記上13：2―4は，サウルとヨナタンがイスラエル人の中から合計3000人の精鋭を選び，残りを家に帰らせ，この3000人を常備軍とし，2000人はサウルのもとでミクマスに，残りの1000人はヨナタンのもとでギブアに配置された．ゲバにあったペリシテ人守備隊に対するヨナタンの襲撃の成功は，ペリシテ人の行動を促した（サム上13：3―7）．彼らは3万の戦車とその支援隊を集め，「ベト・アベンの東，ミクマス」に陣を張ったのに対し，サウルはヨルダン河谷にあるギルガルに撤退した．このような事柄がいったいどんな事情を指していたものかを明確にすることは困難であるが，一つの合理的な推測は，ペリシテ人が一大勢力を見せかける作戦に出たため，サウルはミクマスからヨルダン河谷に追い出されたということであり，もし必要が生ずれば，そこからすぐにトランス・ヨルダンの山中にもぐり込むことができたのである．ペリシテ人がそのような大軍を（数字は誇張されているとしても，それはなお極めて大規模な軍隊である），ミクマスにそれに必要な広さの場所があったという疑わしいことを前提としての話だが，1箇所に集結させたとは考えにくい．たぶん，サウルをミクマスから追い出した後，彼らは南北路に沿って一線となって展開し，こうして，サウルが地溝帯からミクマス地域に戻ることを不可能にし，彼が丘陵地のだれの支援の

ためにも行けなくしたのであろう．ペリシテ軍の展開の結果「イスラエルの人々は，〔自分たちが苦境に陥り，一人一人に危険が迫っているのを見て，〕洞窟，岩の裂け目，岩陰，穴蔵，井戸などに身を隠した．ヨルダン川を渡り，ガドやギレアドの地に逃げ延びたヘブライ人もあった」（サム上13：6―7）．

サムエルがラマでサウルに油を注いだという記述への再度の言及がなされるのは物語のこの時点においてである（サム上10：8および13：8参照）．ラマでの出来事においては，サムエルはサウルに7日経ったらギルガルに行ってそこで待つようにと告げた．このサムエル記上13章では，サウルがギルガルでサムエルの来るのを待っているのであり，サムエルの到着が遅れて人々が散り始めると，サウルは燔祭を捧げ，そのため職分を逸脱したとしてサムエルの咎めを受けるのである．これらの二つの物語の結びつきは，サウルの治世はわずか7日間であって，その後愚かな行ないをしてしまって，神が彼を拒絶したことを示唆しようとする編集者の意図以外のものではないと考えるのは困難である．この結びつきを無視するなら，民は彼の元を去ろうとするので，彼は絶望に瀕して燔祭を捧げ，これによって神が決定的な行為をもたらしてくれることを期待したものとして，われわれはサウルに十分同情できるのである．

物語の次の部分は，ヘブライ語聖書ではサムエルがギルガルからギブアに戻るのに対して，サウルは突然，そこに行ったことはないのにギブア（ヘブライ語テクストでゲバ）に登場するのであって，不明瞭である．たぶんわれわれは，写本家の誤りによって伝統的なヘブライ語テクストからは失われてしまった資料を保持している古代ギリシア語訳に従うべきなのである．ニュー・イングリッシュ・バイブルはサムエル記上13：15を「サムエルは〔あまり苦労しないで旅を進めた．民の残りの者はサウルがギルガルから敵に向かった時これに従った．〕ギルガルを出立してベニヤミンのギブアで彼は自分と共にいた人々を召集した……」と読んでる（亀甲の中は，古代ギリシア語訳では加えられているが，改訂標準訳で削除されていることばを指す）．われわれはここで，サウルの勢力は600人に縮小されてしまっていたが，彼はギブアに戻ることができたのである，という推測を立てることができる．彼は敗北を喫したので今やペリシテ人が彼のかつての司令本部ミクマスを支配していた．ペリシテ人はミクマスから3方向に，たぶんペリシテ軍の食糧を求めてこの土地を略奪するため遊撃隊を派遣したのである．

物語は続けて，ヨナタンとその従者がミクマスにある守備隊を攻撃したことを語る．細部については謎に満ちているが，ヨナタンはギブアから北東に向けて峡谷の様相をなすワディ・スウェニトの方向に行き，その東南端のところでこのワディに入り，そこから上流に，この峡谷の北西の出口から1kmあまりのところにあるミクマスに向けて進んだものと推測することができる．ボツェツとセンネという二つの岩（サム上14：4―5）の位置については多くの議論がなされてきた．たぶんこれらは，ミクマスの端で峡谷に入るところにあった．ヨナタンと部下は，ペリシテ人が自分たちを攻め登るよう挑発した時にのみ彼らを攻撃しようと合意していた．2人のイスラエル人は打ち合わせどおり身を乗り出すと，ペリシテ人は「あそこにヘブライ人がいるぞ．身を隠していた穴から出て来たのだ」（サム上14：11）とあざけり，ヨナタン

エルサレム丘陵

とその仲間が登って来るように挑発した．ヨナタンが即座に登って行ったと考えるには及ばない．彼らが四つん這いになって峡谷を登ったという事実からすると，彼らは峡谷をいったん降ってから，ミクマスからは見えない地点で背後にまわり，まったく思いがけない方向の丘からミクマスを攻めたと考えられるのである．彼らの激烈な攻撃は大きなパニックをひき起こし，ギブアの見張り人はミクマスで何かまずいことが生じていると認め，こうしてサウルは軍勢を動員してペリシテ人に総攻撃をかける機会を得た．ペリシテ人はやがて敗走し，アヤロンの谷まで追い出された．サウルは，勝利が完全なものとなるまでは食物に触れないことを民に誓わせていたが，戦闘中に民が森に入ると，そこでは蜂の巣から蜜がしたたっていた．民はこれを食べなかったが，この誓いを知らなかったヨナタンは少し食べてしまったため，彼の「犯罪」が明らかになるまで神は託宣によってサウルに語りかけるのをやめてしまった（サム上 14：24―30, 36―46）．すべての権威者がサムエル記上 14：25―26 に森への言及を認めているわけではないことは指摘しておかなければならない．ヘブライ語テクストにはやや難解な点があるため，ニュー・イングリシュ・バイブルは森にはいっさい言及していない翻訳を採用している．

エルサレム丘陵で展開するサウル物語の残りの部分では，彼は自分の町ギブアから支配しているが，ダビデに対する嫉妬と猜疑心がつのり，ついにダビデを槍で刺し殺そうとした（サム上 18：11）．ダビデはラマにいるサムエルへの逃亡を余儀なくされたが，サウルがダビデを捕えるために部下を送り，次いで自身がラマに来ると，彼はサムエルが指揮するラマの預言者団の恍惚に捕われてしまう（サム上 19：18―24）．ダビデは次にノブの聖所に逃れるが，これはたぶんスコプス山の東南にあって，後にイエスが言及することとなる出来事が起こった現代のエル・イサウィアの村である．ノブの祭司アヒメレクはダビデと彼の部下に，神の前に置かれ，したがってもはやふつうのものではなかった聖なるパンを食べさせる（サム上 21：4―7）．彼がこのようにしたのはダビデとその部下の誓約ゆえであり，また，戦争の時のきまりに従って，彼らは妻との同衾を控えていたからである．安息日の遵守に関するイエスと対立者との論争を記録するマルコによる福音書 2：23―28 で，イエスはダビデが聖なるパンを食べた出来事を用いて，規則が人間に仕えるべきであって，その逆ではないと論ずる．アヒメレクの行為はサウルの知られるところとなり，王は怒りにまかせてノブにいた祭司たちとその家族を虐殺したが，逃げてダビデと共にいたアビアタルはこれを逸れた．サウルについて詳細にして，後述することにとって重要なもう一つの記述がサムエル記下の終わりに見られる．ここでは，ダビデ治世下で起こった 3 年の飢饉が神によって「ギブオン人を殺害し，血を流したサウルとその家に責任がある」（サム下 21：1）という事実と結びつけられている．物語は続けてサウルがギブオン人たちを「殺そうとした」のは彼らがイスラエル人ではなかったからだという彼の宗教的熱心のゆえであると説明する．この記述はヨシュア記 9：3―27 とギブオン人が滅亡を避けようとしてヨシュアに対して図った計略を思い出させる（p.164 を見よ）．サウルと恍惚預言者との結びつきは伝承上十分に確認されているのであるが，彼は神への熱心さのゆえにかつての誓いを無視したのであっ

エルサレム丘陵

た．ただし，いく人のギブオン人が殺されたかは確かでない．サウルの動機は，王国の中から非イスラエル人の飛び地を除こうという純粋に宗教的なものであったかもしれない．あるいは，非イスラエル人であるギブオン人がペリシテ人ののぼり調子の時にさっさとこの側についたのであるかもしれない．あるいはサウルは，首都である自分自身の町ギブアに対して，強敵となるかもしれないギブオンの重要性を削ごうとしたとも考えられる．すでに指摘したように，ヨシュア記10：2でギブオンは「大きな町であって，王の都にもひとしい」として記述され，サムエル記下21：6および9によればギブオンには「主の山」(この読み方が正しいとしてのことだが) が存在する．キルヤト・エアリムはギブオンと結びついていたのであり (ヨシュ9：17)，そして契約の箱は，ダビデがそれをエルサレムに移すまでは，キルヤト・エアリムにあったことに基づいて，なんらかの形のイスラエルの心の神の公的礼拝がギブオンとキルヤト・エアリムに拠点を置いていたとの示唆がなされている．これらの諸点は推測以上のものではないが，ギブオンが重要な町であったことは疑いないのであって，この重要性のゆえにサウルはこの町に嫉妬の目を向けることになったのであろう．サウルがギブオンで犯した犯罪をつぐなうため，ダビデはサウルの孫たちの中から7人をギブオン人に渡し，後者はこれらを「主の山の前で」吊した．ギブオンの「主の山」と，そしてまさにその高き所は，ギブオンの南南東2kmにあって，際立っているネビ・サムウィルに位置していたとの示唆がなされてきたが，これは大いにありそうなことである．

ギブオンは，サウルが死ぬとすぐに，ダビデの軍隊とサウルの子イシュ・バァルの軍隊が対峙した場所である (サム下2：12-17)．このころダビデはまだペリシテ人の封臣であったこと，そして彼の宗主たちは，ヨルダン河谷のマハナイムに作戦本部を据えていたイシュ・バァルの軍勢に対して，彼がエルサレム丘陵である程度の哨戒活動を行なうことを許していたことが前提とされなければなない．それぞれヨアブとアブネルに率られた両軍の部隊はギブオンの池で遭遇した．この池が1956-57年の発掘で発見された大規模な貯水池であるかどうかは別にしても，ギブオンが遭遇地であったことは注目してよい．ダビデとゴリアトとの闘いの物語の場合と同様に，この場合も両軍からの代表者が選ばれて最初の闘いをすることになった．各軍から12人が出たが，彼らは短剣を手にし，別の手で相手の髪をつかんで闘う形式をとったようである．この1対1の格闘の後，両軍の戦闘があり，アブネルは敗れた．しかし敗走の途中で彼はヨアブの弟アサヘルを殺したので，これが，彼が後にダビデと話すためにやってきた時にヨアブによってヘブロンで殺されるという事態を招いたのであった (p.99を見よ)．

ダビデの町

アブネルとイシュ・バァルの死後，ダビデはヘブロンで北方諸部族を支配する王とされたが (サム下5：1-5)，南部に寄りすぎるヘブロンから首都を移すことが必要となった．ユダとの境界に位置していたエルサレムを選んだ時，ダビデはユダにいる部下たちと連絡を保ちうるぎりぎりの北方まで進出していた．エルサレムは要衝の道路を支配する地点に位置していたが，そこにはまだ非イスラエル人が居住していた．このゆえに彼は敵対心を持たずにこの町を自分のものとすることができたのであった．

上述したように，エルサレム自体は町として成り立つには理想的ではなかった．エブス人の町が築かれていた支脈は，

前頁　ワディ・スウェニトの向うに見える村ジェバの空中写真．ジェバは，たぶん，ベニヤミン領内にあった聖書時代のゲバである．ワディ・スウェニトは，写真の左側の外で峡谷となる．ヨナタンはこの峡谷に沿ってしのび登り，ミクマス，現代のミフマスの村——写真低部のすぐ外にある——にいるペリシテ人守備隊を奇襲攻撃した．

西から見たエルサレム．城壁は16世紀にトルコ人によって築かれた．中央左に見える砦が，ヘロデの上の宮殿の地点．右端に「眠れるマリア」教会のずんぐりした塔がある．背景にオリーブ山があり，その頂上にロシア正教昇天教会の塔（3本のうち右端）が見える．空に接する左端の塔はスコプス山の上に立っている．

東，南そして西にある深い谷で守られているとはいえ，この支脈が連結する北側の丘によって見おろされていたのである．ギホンの泉による水の供給は十分であったがそれ以上のものではなく，西と東では別の丘から見おろされていた．しかし住民はそれを要塞化していたので，ダビデがこの町に来ると，防衛者たちは「お前はここに入れまい．目の見えない者，足の悪い者でも，お前を追い払うことは容易だ」（サム下5：6）と言ってダビデをあざけることができた．具体的にどのようにしてダビデがこの町を取ったかはわからない．サムエル記下5：8のテクストを翻訳するのは極めて困難なのだが，その中でも特に「ツィンノール」という語がそうである．欽定訳では"gutter"「溝」と訳されたが，改定標準訳はこの語を"water shaft"「水くみのトンネル」と解し，ダビデの兵士たちが支脈の麓近くから竪穴を登って町の中心に至ったことを含意する．ニュー・イングリシュ・バイブルはこの語を"grappling-iron"「引っかけいかり」と訳し，上記とは全く異なる方法で接近したことを示す．この語は一種の武器であったとすることも可能である．

その方法はいかにあれ，ダビデは町の占領が完了すると，「ミロから内部まで」（サム下5：9）町を建設し，エルサレムを要塞化した．ここに「ミロ」の意味がわからないという，もう一つの問題が生ずる．この語はヘブライ語の動詞で「満たす，詰める」を意味する語に結びつけることができるのであるから，この支脈の斜面の途中の擁壁を築いて地表面を拡張したのだという示唆がなされている．擁壁と斜面の空間が「詰め」られて，更地ができ，その上に建物が建てられた，というのである．

サムエル記下5章に記録されている出来事の順序について学者の意見は分かれている．そのままで読むと，物語はダビデが先にエルサレムを占領し，次いで2回の戦闘でペリシテ人を破ったことを示唆する．多くの学者は，ダビデがエルサレムを取ったのは，ペリシテ人を負かしたあとであると信じている．この問題が生ずるのは，サムエル記下5：17が「すべてのペリシテ人が，ダビデの命をねらって攻め上って来た．ダビデはこれを聞いて要害に下った」と言っているからである．ここで回答を必要とする疑問は，この砦はどこにあったのか，そしてダビデはどこからそこへ下って行ったのか，ということである．この砦があった場所の最有力候補は，彼がサウルからの逃走中に身を寄せたアドラムである（p.87を見よ）．ペリシテ軍がレファイムの谷に展開したということは，彼らがダビデをエルサレムで見つけられるだろうと考えたことを示唆する．なぜなら，レファイムの谷は海岸平野から東に向かう道路の1本の役目を果たし，エルサレムの少し南で中央丘陵に達するからである．多くの人々が考えるように，ダビデがまだヘブロンに本拠地を構えていたとしたら，ペリシテ人はヘブロンの北の谷に20 km以上にわたって展開するよりもよい計画を練ることができたに違いない．もっとよい説明は，ペリシテ人がエルサレムでダビデを見つけることができると考え，ダビデはペリシテ人の南に陣を構え，予期せざる方向から彼らに襲いかかって勝ちを収めた，ということである．サムエル記下5：23で神は明白に「攻め上らず，背後に回れ．バルサムの茂みの反対側から敵に向かえ」と命令している．「茂み越しに行軍の音を聞いたら，攻めかかれ」という奇妙な命令（サム下5：24）から，ダビデと部下たちは夜中に回り道をしたのであり，木々のざわめきは，太陽によって地面が暖められてひき起こされる地嵐の到来の先ぶれをなしたのだとの示唆が出されている．もちろん，神の軍勢のうちには自然の力も含まれていると信じられていたのであ

旧約聖書時代のエルサレム

下　ダビデの町の南端に，一部の学者がダビデの元来の墓であると信ずるものを含む墓地がある．この墓のトンネルの南西端にある窪みは幅1.2mの棺を収納できたはずである．この墓の入口のすぐ内側からはキドロンの谷のすばらしい景観が見える．

　旧約聖書時代のエルサレムは，本書に登場する他のほとんどのテルすなわち遺丘とは異なる．ダビデによって獲得された町は北方にある丘に連結する尾根の上にあり，東と西で丘の上から見おろされていた．ただし，ソロモン時代とそれ以降は北と西に拡張した．南北路と東西路上にあるというその戦略上の位置を除けば，それは行政庁所在地としては一等地ではなかった（ギブオンがすでに魅力的な候補地であった）．しかし，ダビデはその聡明な判断力をもって，それを首都とし，これが世界で最も有名な都市となる過程を開始したのであった．彼が祭壇の在所として町のすぐ北の丘の上にあるエブス人の穀物打ち場を選んだ時，彼はこの山を，ユダヤ人，キリスト教徒，イスラーム教徒にとって等しく聖なる本拠地とすることとなる長い歴史を開幕した．

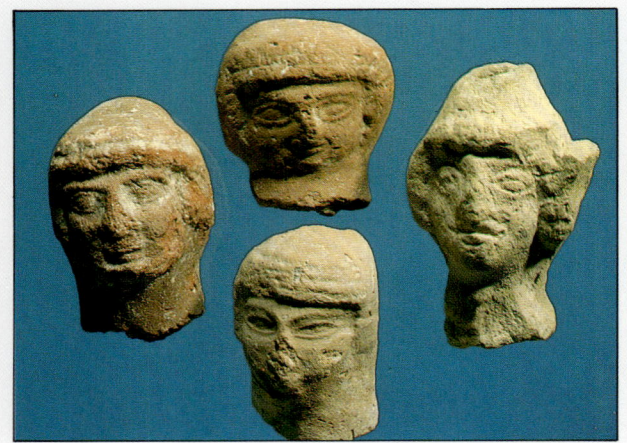

上　ダビデの町で発掘された壺と頭部像彫刻．

右　北を見るこのエルサレムの空中写真は，写真の下半分，中世時代の城壁外下方にあるダビデの町の尾根を示す．キドロンの谷はこの尾根の右側にある．この尾根と左側の丘を分けている中央の谷は，いく世紀にもわたって捨てられ続けた塵芥がかなり堆積している．城壁内中央にあるのが岩のドーム．これは後7世紀末に完成され，イスラーム教第3の聖地となっている．それが乗っている基台のどこかに第1，第2両神殿があった．

ネヘミヤの視察
(ネヘ 2：11–16)
1. 谷の門
2. 竜の泉
3. 糞の門
4. 泉の門
5. 王の池

ネヘミヤ時代の城門
(ネヘ 3：1–12)
6. 羊の門
7. 魚の門
8. 百人の望楼
9. ハナンエルの塔
10. 古い門
11. 炉の塔

ハラム・エッ・シャリフの現在地

神殿

宮殿

8世紀の城壁
ハスモン家の宮殿
屋内競技場
セレウコス朝時代の区域か？
ソロモンによる増築
発掘によって見つけられた古代の城壁
ヒゼキヤのトンネル
ギホン
ネヘミヤによる鞍部上の再建
エブス人の町の城壁
捕囚後時代後期の城壁
8世紀の拡張
古代の城壁の一部
上の池
下の池
ヒゼキヤによる増築と目されるもの（その最小限）
ヒゼキヤによる増築と目されるもの（その最大限）．これはヘレニズム時代およびハスモン時代の城壁の線に一致する．
捕囚後時代後期の城壁

エルサレム丘陵

リ，ダビデは「バルサムの木の丘の行進」を，神がペリシテ人を破るため先頭にたっておられる徴であると考えるよう告げられているのである．

エルサレムの宗教的意義

ダビデはエルサレムを占領すると「契約の箱」をこの町に運び（サム下6章），それを特別な幕屋の中に据えた．彼はまた「エブス人アラウナの麦打ち場」に祭壇を築いた（サム下24：18－25）．しかし，エルサレム丘陵の偉大な高岡はまだギブオン（すなわちネビ・サムウィル．これがギブオンの高岡であったとして）にあった．ソロモンはエルサレムに神殿を建てる前にはギブオンで犠牲を捧げた．「そこに重要な聖なる高台があった」（王上3：4）からである．そしてまた，何でも欲しいものをあげようと神が約束した時ソロモンが知恵を選ぶという夢を見たのは，エルサレムではなく，ギブオンにおいてであった（王上3：5－9）．

町のすぐ北の丘の上に神殿が建てられると（前955年ごろ），エルサレムはイスラエル人の宗教的首都となった．エルサレムには，たとえばベテルのような（p.153を見よ），競争相手があった．しかしこの時以降，この町は聖書の中であらゆる宗教的政治的出来事の中心，そして将来築かれる神の国の象徴となった．

エルサレムに伴って，古代近東のより広い宗教思想に由来する一群の象徴がイスラエルの宗教の中に持ち込まれた．しかし，これらの象徴はイスラエル宗教の中に組み込まれ，イスラエルの信仰を表現する新しい方途の源となった．このことは，特にいくつかの詩篇で認められる．たとえば，詩篇68章は，その解釈には非常に大きな問題が伴っているにもかかわらず，神がシナイ山からエルサレムのシオン山に来ることを述べている．この来臨は敵に対する神の偉大な一連の勝利として示されており，「あなたは高い天に上り，人々をとりことし，人々を貢ぎ物として取り，背く者も取られる．主なる神がそこに住まわれるためである．」（詩68：18）という節は，「キリストの昇天」との関連でエフェソの信徒への手紙4：8でとりあげられている．神がエルサレムに現存するという考えは，詩篇46章にある「万軍の主はわたしたちと共にいます．ヤコブの神はわたしたちの砦の塔」という確信に満ちた繰り返し句に認められる希望の基盤となっているのであり，この同じ詩篇は「大河とその流れは，神の都に喜びを与える」（詩46：4）と述べている．たぶんここには，ギホンとエン・ロゲルというエルサレムの2本の泉が，聖なる山々の下を流れていると古代近東において信じられていた「楽園」の川を表わしたものであるという考えがある．建てなおされた神殿から流れ出て，ユダの砂漠と死海を豊穣の地にする川についてのエゼキエルの幻（エゼ47：1－12）にも同じ発想を認めることができよう．預言者たちが将来における神の普遍的な正義と平和の支配についての幻を見る時，これは時としてエルサレムの高揚という形で表現される．いわく，「終わりの日に主の神殿の山は，山々の頭として堅く立ち，どの峰よりも高くそびえる．もろもろの民は大河のようにそこに向かい，多くの国々が来て言う．『主の山に登り，ヤコブの神の家に行こう．……』」（ミカ4：1－2．イザ2：2－3参照）．

さらにエルサレムは，王はその戴冠の日に神によって養子とされるか「生まれる」とする王室イデオロギーによって，

正義を守り，貧しき者と欠けたる者を保護し援助するという責任を神に対して負い，神の民の守護者として特別な地位を王に賦与した．詩篇2：7は即位したばかりの王に対し「お前はわたしの子．今日，わたしはお前を生んだ」との宣言がなされているし，詩篇110：4では，その解釈は極めて困難ながら，王はエルサレムの祭司・王に古くから授かっている権利と特権の後継者であるとされ，「あなたはとこしえの祭司，メルキゼデク（私の正しい王）」と述べられている．エルサレムの王室イデオロギーに由来するこれら両箇所は新約聖書でもとりあげられ，イエスにあてはめられている．詩篇2からの一節はイエスの洗礼物語に現われるし（マコ1：11），「ヘブライ人への手紙」は詩篇110：4を用いてキリストの業を大祭司的用語で解釈している．

シオン・イデオロギーと王室イデオロギーのうちのどれだけがダビデ・ソロモン時代にすでに存在していたかを言うことは不可能である．ソロモン時代の神殿の復元図はp.182に示してある．ここで再び強調しておきたいことは，ダビデがその首都をヘブロンからエルサレムに移したことは，地理的に見て，聖書における最も重要な単一の出来事であるということである．

ペリシテ人を敗退させ，エルサレムを占領したダビデはその後平和と繁栄のうちに統治したと考えられがちであるが，事実はそうではなかった．彼の息子アブサロムがヘブロンで謀叛の旗揚げをした時最も皮肉な状況が生じた（サム下15章）．エルサレムの防衛は容易であり，ダビデはこれを要塞化していたにもかかわらず，アブサロムの謀叛の報に接した時の王の指示は「直ちに逃れよう．アブサロムを避けられなくなってはいけない．我々が急がなければ，アブサロムがすぐに我々に追いつき，危害を与え，この都を剣にかけるだろう．」ということであった（サム下15：14）．おそらくダビデはほとんどが敵対的（と仮定される）住民を前にして，エルサレムを無際限にもちこたえることはできないと考えたのである．ヘブロンにいるアブサロムが死海の道路に達するには，ダビデがエルサレムからヨルダン川に行くよりも遠距離をとらなければならなかった．しかも，アブサロムはダビデの退路をふさぐには北の方向に進まなければならなかった．というのは，西から東へという彼の進路にとって死海は障碍となったからである．たぶん，ダビデが自分の首都を選ぶことにしたのは，ヘブロンに対してエルサレムが持つこの種の利点のゆえだったのである．

サムエル記下15：30に，ダビデがエルサレムから逃れ，「頭を覆い，泣きながら」キドロンの谷を渡ってオリーブ山を登ったという気の毒な記事がある．オリーブ山の頂上の「神を礼拝する場所」という興味深い言及もある（サム下15：32）．ヨシヤが前622/1年に祭儀を改革した時，彼は「エルサレムの東にあった聖なる高台を汚した．」（王下23：13）と伝えられているのであり，実情は，エルサレムでの祭儀は主として王室の，したがって国家の祭儀となっていたが，エルサレムとその周辺のふつうの住民は彼らの通常の礼拝のためにオリーブ山の聖所を使用していたということらしい．オリーブ山のむこう側にはバフリムがあり，ここでダビデはサウルの家族のひとりシムイによって呪われたのであった（サム下16：5）．それは，アブサロムの意図をさぐって知らせるようダビデによって遣わされ，ふつうはエン・ロゲルで侍女からの情報を待っていたふたりのスパイ，ヨナタンとアヒマアツの隠れ場所となった（サム下17：17－20）．

アブサロムの謀叛は粉砕され，彼は殺された．しかしダビデは，こんどは北の部族からの，もう一つの謀叛に会わなければならなかった．これは，ずっと北の町アベル・ベト・マアカで終結した（p.136を見よ）．しかしここでのわれわれの関心は，ギブオンが場面に登場することである．ダビデに対抗するアブサロム軍の指揮官はアマサであったが，ダビデはこれを赦して，ヨアブの代わりに自軍の指揮官とした．というのはヨアブは，ダビデの命令にそむいてアブサロムを殺してしまったからである．北の部族が反乱を起こした時，ダビデはアマサに，ユダの人々を動員して3日のうちに出頭せよと命じた（サム下20：4）．アマサは遅れた．その理由はわからない．彼はまだアブサロムに忠実だったのか？　彼には，ダビデに対するユダの人々の忠誠心に疑問があったのか？　彼が遅れたため，ダビデはアビシャイと（後にヨアブの配下に入る）自らの手兵を送って北の部族と闘わせた．ギブオンの巨石のところで，ヨアブと他の人々はアマサに遭遇した．ギブオンは，アマサがユダの人々を召集するには奇妙な場所であった．しかも，もし彼がすでに召集し終えていたなら，なぜ彼は一団と共にエルサレムのダビデのもとに命令どおりに出頭しなかったのか？　ヨアブが，自分の職を奪った男を妬んでいたとしても，アマサの動機とダビデへの忠誠心に疑念を抱いていたのであるかもしれない．その理由はなんにせよ，ヨアブはアマサを策略にかけてこれを撃ち，その後ダビデの支援者を召集して，北の部族を追ったのである．

ダビデが年老いると，残った息子たちアドニヤとソロモンは王位継承をめぐって争った（王上1章）．アブサロムの行為を思い出させるやり方で，生まれの順ではアブサロムの次であったアドニヤは，戦車と騎兵，それに50人の兵士を自分の前に走らせて王位についての主張を誇示し始めた．アドニヤはエン・ロゲルで秘密の儀式を用意し，羊と牛を犠牲に捧げ，客たちは「アドニヤ王，万歳」と叫んだ（王上1：25）．こんどはこれに対抗する運動がダビデの認可を得て組まれ，ソロモンに焦点があてられ，彼はダビデ自身のラバに乗って別の泉ギホンに連れて行かれた．そこでソロモンは，祭司ツァドクと預言者ナタンによって油を注がれて王とされ，角笛が吹かれて，民は「ソロモン王，万歳」と叫んだ（王上1：39）．この知らせがアドニヤのもとに届くと，彼は自分が敗れたことを悟り，祭壇のところに難を逃れた．ソロモンは彼を赦したが，後になってアドニヤがその立場を越えるとこれを殺した．「祭司ツァドク」というヘンデルの偉大な戴冠讃歌を，その歌詞が取られた聖書の箇所を勉強することなく聴いた人は，ソロモンの授膏が町の麓の泉で行なわれたこと，そしてその儀式がアドニヤの予期せざる動きに対抗するために急いで準備されたことを知って驚くであろう．

王国の分裂

ソロモンの治世下でエルサレムの第一神殿が建築された（p.182にその図が示されている）．しかし，ダビデとソロモンの統一王国は永続しなかった．ソロモンの建築事業は国民に多額の負担を課し，大きな不満が存在した．ソロモンは，自分のプロジェクトのための財源とその労働力を確保するため，北の部族を12の行政区画に分割した．ソロモンの強制労

エルサレム丘陵

働事業を司っていたヤロブアムという青年がエルサレムを出発すると，シロの預言者アヒヤに会い，アヒヤは衣を12片に切り裂き，そのうち10片をヤロブアムに与えたが，これは後に王国が分裂することを示したものであった（王上11：29—39）．ヤロブアムが10片しか受けなかったことは重要である．彼はなぜ11片を受けなかったのか？ それへの答えは，ダビデの家に忠誠であり続けた南王国は常にユダと呼ばれているが，それは実はユダとベニヤミンから成り立っていたということにある．こうして，ソロモンの息子レハブアムは，謀叛する北の諸部族の再征服を決定した時，「ユダの全家とベニヤミン族を召集した」（王上12：21），ダビデの治世下で，ベニヤミン人がダビデに対する反乱を率いた時に，ベニヤミンがユダと同盟を結んだことには，少なくとも地理的な根拠があった．ベニヤミンはエルサレム丘陵の北部を占め，しかもユダとベニヤミンの間には自然の境界はなにもなかった．これに対し，エルサレム丘陵とベテル丘陵の地理的区分（p.149を見よ）は，防衛可能な境界に向けてのいくつかの自然的特徴を持っていた．ベニヤミンの北境は，この地理的区分と同一ではなかったが，いくつかの重要な共通の特徴を持っていた．

王国がまだ南北に分裂していない時の前924年ごろ，国土はエジプトのファラオ，シシャクの侵略によって大いに疲弊した．聖書の伝承はこの出来事を次のように記録している．「レハブアム王の治世第5年に，エジプトの王シシャクがエルサレムに攻め上って，主の神殿と王宮の宝物を奪い取った」（王上14：25—26）．この箇所はおそらく，神殿の資産の動向を記録した神殿の巻物保管所から抜粋したものである．それゆえ，それはエルサレムにのみ言及し，あたかもシシャクが実際にエルサレムに来たかのように語っているのである．シシャクが占領したと主張する地名表から——それにはエルサレムは載っていないのだが——ネゲブ，海岸平野，エルサレム丘陵，サマリア丘陵，ヨルダン河谷およびイズレエルの谷の要塞都市に対して向けられた軍事遠征を復元することができる．エルサレムに近いところでは，シシャクはゲゼル，アヤロン，キルヤト・エアリム，ベト・ホロンおよびギブオンを攻撃した．シシャクがレハブアムから朝貢を求めたか，あるいはシシャクが北の方に進むことを確かにするためレハブアムが求められないのにそれを捧げたかしたのはギブオンにおいてであったと考えるべきである．

シシャクの侵略は両王国を弱体化したが，エルサレム丘陵に集中した両者間の戦闘は数世代にわたって続いた．レハブアムの子アビヤ（前911—908年）は，北の境をベテルを越えたところまで押し上げることに成功した（代下13：19—20）．イスラエルの王バシャ（前906—883年）はこの情況を逆転して境界線を南に押し下げ，「ラマに砦を築き，ユダの王アサの動きを封じようとした」（王上15：17）．これは，彼が北から南への通行をがっしりと支配し，南王国が丘陵地帯の主要道路を用いて北に接近することができなかったことを意味した．この障碍を排除するためユダの王アサ（前908—867）はシリアの王ベン・ハダドに貢物を献じて，イスラエルの北端の町々を侵略するよう説得した（p.136を見よ）．この同盟は大成功を収め，バシャは撤退し，アサはミツパとゲバを要塞化して，両王国の境界は確定した．南王国ユダについて言えば，ベニヤミンの領土のほとんどを確保した．

アッシリアとバビロニアの侵略

エルサレム丘陵で展開された次の重要な出来事は前701年のセンナケリブによるユダの侵略である．この時ヒゼキヤ（前727—698年）が王位にいた．彼は全面的な反アッシリア政策を敷いたが，アッシリア軍は前721年に北王国を滅ぼしており，ヒゼキヤの父アハズはアッシリアの封臣であったのであるから，この政策は危険を伴うものであった．前701年における彼の反逆はアッシリアの侵略を促し，国土は蹂躙された．これはイザヤ書（1：7）で次のように記されている．

「お前たちの地は荒廃し，町々は焼き払われ，田畑の実りは，お前たちの目の前で異国の民が食い尽くし，異国の民に覆えされて，荒廃している．」

これは，センナケリブがラキシュを征服し，この出来事を有名な浮彫りに記録した時のことであった（p.88）．イザヤはこの破滅を，イスラエルが犯した罪に対する神の正当な処罰であると解釈した．しかし，残りの者は生かされなければならず，こうしてエルサレムは，これもまたひどく腐敗していたにもかかわらず，救われたのであった．この一連の出来事を，聖書の物語とアッシリアの記録から復元するという問題は，旧約聖書学において最もさかんに論争されていることの一つである．本書の目的は，聖書の歴史の復元ではなく，聖書の物語を照らし出すことにあるので，センナケリブがヒゼキヤに重い朝貢を要求したこと（王下18：13—16），次いでエルサレムの降伏を要求したがヒゼキヤがこれを拒んだこと，そしてついにこのアッシリア王が撤退を余儀なくされたことに光を当てることにしよう．われわれの主たる関心は，包囲を目前にしたヒゼキヤによるエルサレムの要塞化にある．

ヒゼキヤの備えについてもっとも詳細に記述しているのが歴代誌下32：3—5の「〔彼は〕将軍や勇士たちと協議し，町の外にある泉の水をせき止めることにした．……王は意欲的に，壊れた城壁を修理し，その上に塔を立て，外側にもう一つの城壁を築いた」という記事である．また「上の方にあるギホンの湧き水をせき止め，ダビデの町の西側に向かって流れ下るようにしたのも，このヒゼキヤであった．」ともある（代下32：30）．自身の用水供給を確保し，攻撃軍にはこれを拒絶するためにとったヒゼキヤの戦略は，後1099年にエルサレムのイスラーム教徒防衛軍が十字軍に対してとった戦術に類似する．ランシマンは書いている，「フランク人接近の報に接して，〔イフティカルは〕町の外にある井戸を塞いだり，毒を入れたりするという予防措置を講じた．……十字軍は……すぐに水不足に悩んだ．……包囲軍が手に入れうる真水の唯一の水源は南壁の麓にあるシロアムの（下の）池であったが，ここは町からの投擲弾にまともにさらされていた．彼らは水を補うために6マイル以上も離れた所まで行かなければならなかった．」ヒゼキヤはこれを防衛するため前701年にシロアムのトンネルを掘った．

シロアムのトンネルは長さおよそ535mで，ギホンの泉からシロアム（上の）池までエルサレムの地下を蛇行して流れているが，この蛇行していることの理由はまだ十分に説明されていない．それは，両端から掘り始めた2団の石工たちによって築かれたが，彼らの遭遇点は，その直前で流路を変えているので，今日でも容易に見つけることができる．どち

上 ヒゼキヤのトンネルの南西端で前世紀に発見されたシロアム碑文は，両端から掘り進めた2隊の工人たちが出合って，トンネルが貫通すると水がどっと流れたことを記録している．

前頁 キドロンの谷にあってアブサロムのものと言われるこの墓は，周りの崖から切り出された岩塊であり，これに古典的な柱と円筒状の頂部が加えられた．それがそもそも墓であったかどうかも疑わしいのであり，アブサロムと結びつけられたのは宗教心に基づく伝説である．それはその背後にあって，ヨシャファトの墓として知られている墓域への入口を示すものであったかもしれない．これらの墓がイエスの時よりも前に築かれたことは確かであり，彼はこれを実際に目にしたであろう．

エルサレム丘陵

らの作業隊も相手方が出すノミ音に向かって少しずつ進路を変えた．このトンネルが19世紀に調査された時，沈泥が堆積して底がかさ上げされ，天井までの高さはわずか56 cmしかなく，そのうち水深が30 cmのところを人は這って進まなければならなかった．今日では，152 cm位の高さしか持たない箇所がところどころにあることを除けば，このトンネルへの訪問者はそれほど難なくこれを通り抜けることができる．重要な疑問点は，ヒゼキヤ時代の城壁の位置である．いくつかのエルサレム調査によれば，シロアムの池それ自体は西側で町の外にあったが，この出口を擬装するためにさまざまの手段が取られたことが示唆されている．歴代誌下32：5にある「もう一つの城壁」がシロアムの池を囲い，それを城内に含んでいたのであれば，ヒゼキヤがこのトンネルを作った理由はずっとよく判明することとなろう．

エルサレム降伏を拒否したヒゼキヤは英雄的にその潔白を証明されたが，ユダはアッシリアの支配を免れることはできなかった．ヒゼキヤの息子マナセの長い治世（前698/7－642年）の多年にわたってユダは封臣国であった．ヨシヤが8歳の時の640年に即位したのは，ちょうどアッシリアの衰退時であったため，王とその後援者たちはユダの独立を回復する機会を得た．前622/1年に神殿の中で「律法の書」が発見されたのに伴って宗教改革が始められ，エルサレムを除くすべての礼拝の場所が禁止された．これらの「高岡」のいくつかがイスラエル人によって用いられていた地方聖所であったことは疑いないが，他は，列王記下の記者によれば，ソロモンがその外国人妻たちの神々を永続的に礼拝するために建てたものであった（王下23：13）．他の神々の礼拝のために用いられたすべての祭具は破壊され，偶像礼拝に関わっていた祭司はその地位からはずされたのであった．

ヨシヤの治世中に預言者エレミヤが宣教を始めた．彼は「ベニヤミンの地のアナトトの祭司ヒルキヤの子であった」（エレ1：1）．たぶん今日のアナタと思われるアナトトはエルサレムの北東3 kmのところにあった．それが「ベニヤミンの地」にあるとされているのは興味深い．この村は王国分裂以来常にユダ王国の一部であったが，ベニヤミン族に属するという立場は変わらなかったのである．アナトトの祭司たちはたぶん，ダビデに仕えていたが，継承権争いでソロモンではなくアドニヤを支持した祭司アビヤタルの子孫であろう．アビヤタルはアドニヤを支持したためアナトトに追放されたのである（王上2：26—27）．エレミヤ書の解釈には大きな問題が伴っているのであり，その多くはきちんとした解答を与えることができない．エレミヤはヨシヤの改革に対して，それが宗教の外的形態を変えはするが，国民を内面から変えることはしないことを理由に反対したとしばしば考えられているが，実は彼の態度については何もわからない．われわれは，ヨシヤの改革がアナトトの祭司たちの生活や身分を変えたのかどうか，エレミヤがベニヤミン在住者としてエルサレムのユダ族系の王たちに敵意を抱く理由があったのかどうかはただ推測する以外にないのである．しかしエレミヤは，前587年のエルサレム滅亡の前後に起こった出来事では決定的な役割を果たしたのであった．

597年にバビロンの王ネブカドネツァルはエルサレムを落とし，少なくとも1万人の貴族，軍指揮者，工人とともに王ヨヤキンをバビロンに捕囚とし，彼のおじゼデキヤを王位に

上 アナタの村の眺め．これは，エレミヤの生まれたアナトトの地と考えられている．

右 ヒゼキヤのトンネルの出発点をなすギホンの泉の入口．

据えた（王下 24：17）．もう 1 人の預言者でギブオン出身のハナニヤは，この補囚は 2 年と続かないだろうと確信していた（エレ 28：1―4）．エレミヤはこれが長びくと信じ，バビロンの補囚民に次のような手紙を書いた．「家を建てて住み，園に果樹を植えてその実を食べなさい．妻をめとり，息子，娘をもうけ，息子には嫁をとり，娘は嫁がせて，息子，娘を産ませるように．そちらで人口を増やし，減らしてはならない．」（エレ 29：5―6）．

588 年にゼデキヤが謀叛を起こすと，ネブカドネツァルはこれに対してエルサレムを攻囲した．エレミヤは，この町は神によって攻められているのであるから必ず陥落するであろうし，降伏するのが望ましいと宣言した．当然のことながら，これは裏切り行為であると見なされ，エレミヤの生命は脅やかされ，彼は再三投獄された．彼は，この町が陥落することがあるとしても，イスラエルの生命は復活すると信じていた．エレミヤは近親者としてアナトトの地をいとこから買いとるという義務を果たすよう求められた時，これを実行し，公けの証人を立ててこれを衆知させ，「イスラエルの神，万軍の主が，『この国で家，畑，ぶどう園を再び買い取る時が来る』と言われるからだ．」と述べた（エレ 32：15）．

前 587 年にエルサレムが陥落すると，バビロニア人はゲダルヤの統治になるユダの行政府をミツパに置いた（エレ 40：1―6）．ここに出るミツパの位置は興味深い問題を提供する．通常言われているミツパの位置は，エルサレムの北 11 km ほどにあるテル・エン・ナスベであるが，本節でこれまで触れたミツパの位置をここに置くのは受け入れられる．エレミヤ書 40―41 章で述べられているミツパは，いくつかの点で別の場所を示唆する．第 1 に，エレミヤがバビロンに捕われていた時，ラマで釈放され（40：1），ゲダルヤのもとに「帰る」よう告げられた．ラマはテル・エン・ナスベの南であり，エレミヤがまだ行ったこともない町に「帰る」よう言われるというのは妙なことである．第 2 に，イシュマエルはゲダルヤとその支持者を殺した翌日，必ず起こるバビロニア人の報復から逃れるために，ヨルダン川を越えてアンモン人の地に渡ろうとした（エレ 41：10）．しかし，ヨハナンに率いられたイスラエル軍はイシュマエルの犯罪を知ると，これを討伐することに決した．ヨハナンはギブオンの大きな池のところでイシュマエルと遭遇した（エレ 41：12）．しかしギブオンはテル・エン・ナスベの南南西 5 km にあるのであって，イシュマエルが東のヨルダン川に行きたかったのであれば，これは彼が入りこんだとは考えにくい場所である．したがって，ゲダルヤが知事とされたミツパはネビ・サムウィルに置くべきであるとの示唆が支持される．この位置が，エレミヤ書 40―41 章にある地理上の言及に最もよく符号する．

神殿のあった所で神への犠牲が捧げられた可能性はあるものの（エレ 41：4―5），50 年近くにわたってエルサレムは廃墟のままであった．540 年にペルシアの支配者キュロスは，ユダヤ人がエルサレムに帰って神殿を再建してもよいとの勅令を出した（エズ 1：1―4）．エズラ記 1―6 章の解釈にはいくつかの困難が伴っているのであり，多くの専門家たちは，4―5 章にある資料の一部，特に 4：11―16 と 17―22 にある手紙は，補囚からの帰還の時代ではなく，次の世紀の中ごろのものであると考えている．エズラ記 1―6 章をあるがままに読むと，シェシュバツァルに率られた捕囚民は帰還すると神殿の再建を始めたこと，神殿と城壁の建築作業は，ペルシア王に抗議文が届くと中止されたこと，そしてキュロスの勅令が存在したことが確認されると，王の勅許を得てこれが再開されたことが読み取れる．神殿はゼルバベルによって完成され，前 516 年に献堂式が挙行された（エズ 6：15）．

この時から前 458 年のエズラの帰国と同 445 年のネヘミヤの帰国までのエルサレムの運命については何もわからない．この 2 人の人物の関係と活動時期は聖書研究において古くからの問題である．ネヘミヤは，ペルシアの首都スサから戻ると，隠密にエルサレムを観察し，自分の見たことを次のように報告した．「夜中に谷の門を出て，竜の泉の前から糞の門へと巡って，エルサレムの城壁を調べた．城壁は破壊され，城門は焼け落ちていた．更に泉の門から王の池へと行ったが，わたしの乗っている動物が通る所もないほどであった．夜のうちに谷に沿って上りながら城壁を調べ，再び谷の門を通って帰った」（ネヘ 2：13―15）．この記述とネヘミヤ記 3 章を合わせると前 5 世紀のエルサレムの大雑把な映像を描くことができる．ダビデの町はまだ占領下にあったが，考古学的研究によると，その東の城壁は斜面にではなく頂上にあったのであり，したがってその面積はずっと狭かったことが判明した．北方では，町は西に向けて神殿の山の反対の丘までひろがっていた．サマリアの知事サンバラトの反対にもかかわらずなされたネヘミヤによってなされた城壁の再建，エズラによる律法の布告，そしてエルサレムにおけるユダヤ教とその礼拝の確立は将来への強固な基礎を据えたのであった．

エズラとネヘミヤのころのエルサレムは，いくつかの点で新約聖書時代と大きく異なっていた．変化の第 1 段階は前 175 年に来た．古代世界の様相は，前 334 年から 323 年にかけてなされたアレクサンドロス大王の征服によってすでに変貌をとげていた．かつてのユダとイスラエルの領土も征服されたが，これらはおよそ前 332 年以降各種のギリシア支配のもとに置かれた．前 175 年ごろ，ギリシア文化を抱え込もうとしたエルサレムのユダヤ人集団がギリシア・スポーツのためのスタディアムを建設した．このことはアンティオコス 4 世に，ギリシアの様式と慣習を将来にわたって導入することに賛成する大祭司を立てる気にさせた．一連の悲劇的出来事は，前 167 年に神殿をギリシア人の礼拝所に変えたことによってこれを汚した時に終わりを告げた．同じくこの期間に，ギリシア人町がダビデの町を見おろす西の丘に建てられた．親ギリシア派を守るための砦（アクラ）がどこにあったのかについては見解が鋭く対立している．次の 26 年間にわたって通常マカバイ家として知られる祭司マタティアスの息子たちが，ギリシア人支配者とヘレニズム化したユダヤ人に対して戦った．前 164 年に神殿が取り戻され，献堂しなおされたが，ギリシア人町を守り，嫌悪の対象であった砦が攻め取られて崩されたのは前 141 年のことであった．141 年以降にマカバイ家によって建てられた城壁は，長期をかけて新約聖書時代のこの町の景観を得るに至った．

ヘロデの神殿

イエスのころのエルサレムの偉大な建築家はヘロデ大王であった．彼は神殿が建つための基盤を，今日残っている所までひろげた．彼は神殿そのものを再建したが，これはヨハネによる福音書 2：20 にある，もしも神殿が崩れたら 3 日でこ

エルサレム丘陵

れを再建しようと述べたイエスが「この神殿は建てるのに46年もかかったのに，あなたは3日で建て直すのか」と尋問された記事の中で言及されている事実である．ヘロデはまた，ダビデの町を見おろす西の丘の西端に王宮を建て，神殿の北西隅には砦を築いてこれをマルクス・アントニウスにちなんで「アントニア」と呼んだ．彼は町への給水路を大きく改良し，おそらく7万の人が生活できるようにした．

神殿はルカの福音物語の冒頭で，ザカリヤが経験した天使の幻についての記述の中に現われる．ヘロデの神殿は膨大な建築群によって囲まれていたのであり，その広大な中庭に入るのに13の門があり，これによって上階のテラスに至ることができた．テラスには三つの門があり，「婦人の中庭」に通じていた．この中庭から階段を登るとニカノルすなわち「美しの門」と，「イスラエル人の中庭」という，平信徒でも犠牲を携えて来れば入ることのできた狭い区域があった．「イスラエル人の中庭」を過ぎると祭壇の立つ「祭司の中庭」があり，この背後に，「聖なる所」と「至聖所」を擁する建物があった．両者を幕が分けていた．

ルカによる福音書1：5—22の物語の中で，ザカリアはくじを引き当て，一生に一度だけ至聖所に入り，そこで香を献じそれを香壇の上で炊くことができることになった．彼は，そのための準備をしている時に天使ガブリエルの幻を見，彼とエリサベトは息子を得るであろう．ザカリアは子供の誕生と命名までは唖者となるであろう，と約束された．この幻のためザカリアが聖所から戻るのが遅れたため「婦人の中庭」にいた人々はいらいらし始めたが，彼は，現われると，身振り手振りで事の次第を説明した．物語は進んでマリアがエリサベトの家を訪れるためナザレから「ユダの町」に来たことを記す．洗礼者ヨハネの伝承上の誕生地，したがってエリサベトの家の場所はエルサレムの南西数マイルの小村であるアイン・カレムである．しかし，洗礼者の誕生地は確定されていないのであり，ルカがこれを知っていたなら，その名を記したはずである．神殿はまた，ルカの記述によると，潔めの場所であり少年イエスが律法学者たちと論争した場所でもある(ルカ2：22—52)．潔めのためには，産褥に次いであると信じられた儀礼上の不浄の期間の終わりを記念するため犠牲が捧げられた(レビ12：2—8)．さらに長子を神の前に捧げるという義務も存在した(出13：2)．潔めの捧げ物として，ヨセフとマリアは貧者に許された物を捧げ(通常の要件は1歳の小羊と家鳩あるいは山鳩であった)，神殿の手前の大きな前庭に持ってきた．イエスが律法の学者たちと議論したという出来事もまたたぶんこの大きな前庭で起こった．

次に神殿は，福音物語のうちの誘惑の記事の中に，悪魔がイエスを聖なる都に連れて行き，神殿の尖塔の上に立たせて，「神の子なら，飛び降りたらどうだ．『神があなたのために天使たちに命じると，あなたの足が石に打ち当たることのないように，天使たちは手であなたを支える』と書いてある」(マタ4：6，ルカ4：10—11)．神殿境内での最高点は聖所と至聖所を蔵した建物であったはずであり，その尖塔というのはこの建物の正面に付随した側面構造のことであったかもしれない．後70年に神殿が破壊されると，神殿区画での最高点は南東部に残り，したがってこれが尖塔と同一視されるようになったのである．

上 アイン・カレムはエルサレムの西4.8kmにある村．これは，伝承によれば，洗礼者ヨハネの生誕地であり，マリアがエリサベツを訪問して，「マリアの賛歌」として知られることばを語った地である．

右 アイン・カレムの聖ヨハネ教会の跡で，それより前の時代の教会からビザンツ時代のモザイクが見つかった．

エルサレム丘陵

エルサレムのヘロデの神殿

　歴史家たちはしばしば第1神殿時代（前955年ごろ－587年），第2神殿時代（前515年－後70年）という言い方をする．実際には，前20年ヘロデ大王が，前6世紀末期にゼルバベルによって建てられた神殿が乗っていた基台の拡張を始めた．ソロモンの神殿は当初，主として王家の聖所であった．そこでは王家の祭がとり行なわれ，民衆はそれぞれの地域にある礼拝所で礼拝した．前622/1年におけるヨシヤの宗教改革の後，神殿は国家的礼拝所の色彩を強め，この傾向は，エルサレムがユダヤ人にとって唯一の聖所であった捕囚後時代の変動期によって促進された．

　右　エゼキエルの時代のソロモンの神殿の細部が列王記上6：2－38に述べられている．その解釈は困難であるが，この神殿は2本の柱を両側に置いて玄関を持っていたようである．これが中央広間に通じ，その最奥に聖所があった．3階建てになる部屋は神殿の塀の外に建てられた．これには外にある階段から通じていた．列王記上7：13－51に神殿の装具と器材が記されている．

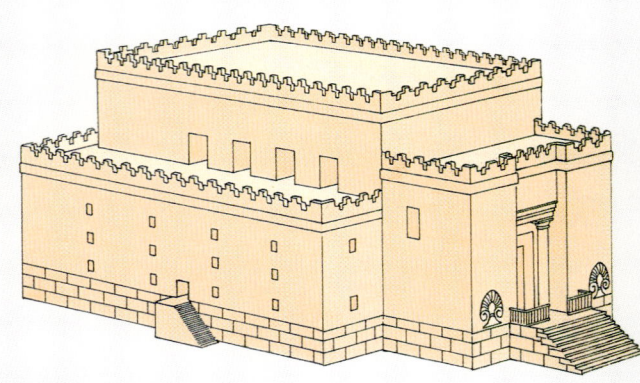

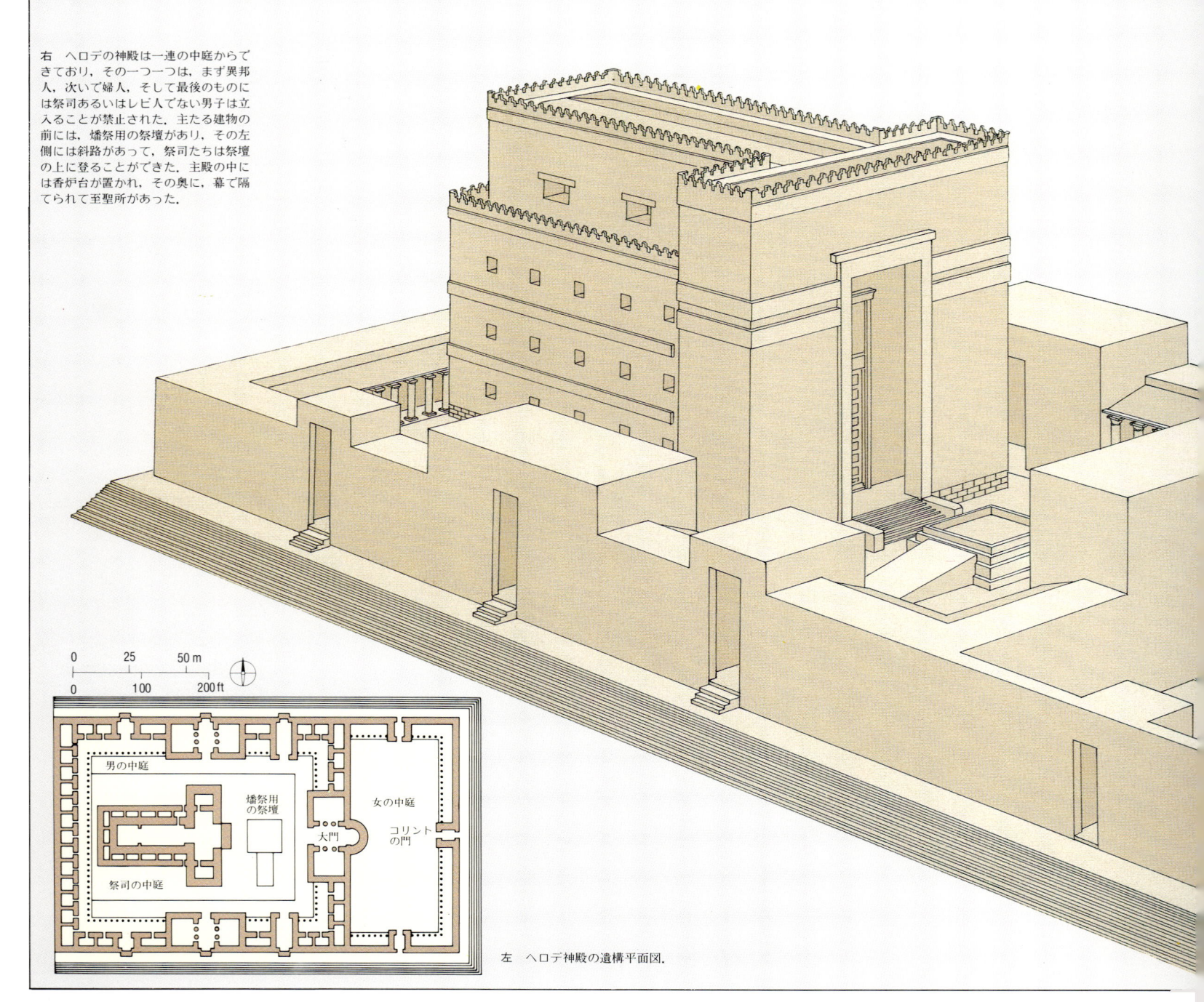

　右　ヘロデの神殿は一連の中庭からできており，その一つ一つは，まず異邦人，次いで婦人，そして最後のものには祭司あるいはレビ人でない男子は立入ることが禁止された．主たる建物の前には，燔祭用の祭壇があり，その左側には斜路があって，祭司たちは祭壇の上に登ることができた．主殿の中には香炉台が置かれ，その奥に，幕で隔てられて至聖所があった．

左　ヘロデ神殿の遺構平面図．

エルサレム丘陵

下　カファルナウム出土の彫刻（p. 138 参照）．後 4 世紀のシナゴーグの一部をなしていたかもしれない．ダビデが契約の箱をエルサレムに運ぶ様を描く．それは神殿を模したものであるかもしれないが，作成年代は，それが正確な情報を伝えていることを必ずしも支持しない．

右　ローマにあるティトゥスの凱旋門には，後 70 年のエルサレム占領で得られた捕虜と戦利品が描かれている．その中に七枝のメノーラー（すなわち燭台）がある．このようなメノーラーが神殿の中にあったことでは意見が一致しているが，その正確な設置場所については意見が分かれる．描かれているメノーラーは，ローマ軍が獲得した本物であるかもしれないし，あるいは，神殿が侵略される前に祭司たちが聖なる器物を隠したと考えられるなら，象徴的な描写であるかもしれない．

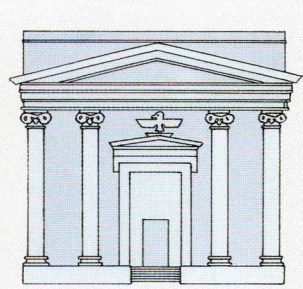

ここに見る，ヘロデの神殿の正面を復元しようとする三つの試みは，単純化に進む方向を示す．1896 年のシックの作品（上左）は，この神殿に関する知識についての第一次資料の研究に基づくものではあっても，ルネッサンス期建築に関する 19 世紀末のドイツ人の考えに強く影響されている．ワッツィンガー（1935 年．上中）は，「ミドート」（「測量値」）という論文にある細部描写に基づいて復元したが，神殿のファサードについての情報は何も持っていなかった．ヴィンセントとスティーブ（1956 年．上右）が描くファサードには柱がない．これは，エルサレムのホーリーランド・ホテルにある正面に柱を備える第 2 神殿の模型とは異なっている．

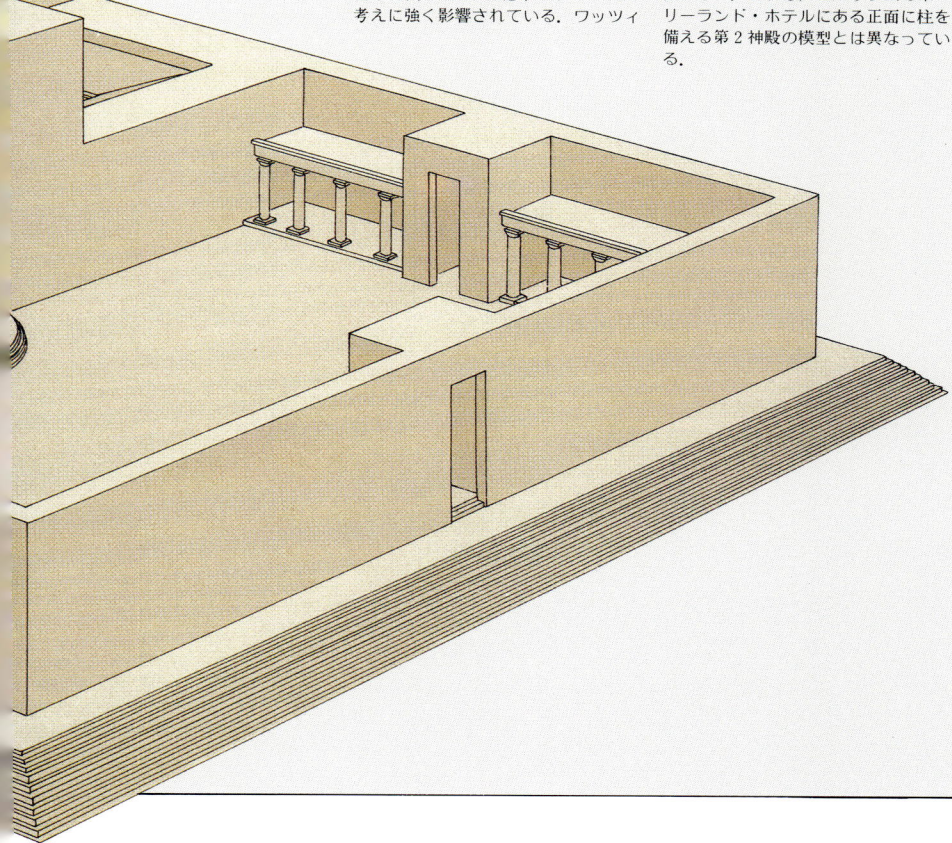

エルサレムにおけるイエス

最初の三つの福音書には，イエスの生涯におけるこれ以後の出来事は，彼の最後の 1 週間を除いてはエルサレム丘陵には組み入れられていない．他方，ヨハネによる福音書は，聖なる週間のうちになされた最後の訪問の前に数回のエルサレム訪問を記録している．同書 2 章には，イエスが両替屋と，羊と牛を売る者たちを追い払ったという神殿の清抜が入れられている（ヨハ 2：13—22）．この人々が神殿もしくは中庭のどこにいたのかはわからない．神殿がふつうに機能するためにはこのような人々の存在は必要であった．さもなければ，宮詣での人々は必要な動物を買ってそれを自分で連れて来るという面倒を負わなければならなかったのである．両替屋は，必要な貨幣で神殿税を払うためにいたのであった．関係する商売人たちはその活動によってしかるべき生計を立てたはずであるし，神殿の当局者たちもまたその利益の一部を受け取ったはずである．しかし，われわれはこれらの人々を悪者と決めつけてはならないし，神殿の清抜をこの線に沿って解釈してはならない．イエスはこの行為によって，彼自身の教えと宣教活動がまったく新しい神の主導権をこの世に示しているのだという急進的な主張をしていたのである．イエスの到来は究極的には神殿で捧げられている礼拝にとって急進的な結果をもたらし，犠牲を不要のものとすることであろうが，彼の行為は神殿の中で行なわれていることを咎めるというよりは，何か新しいことが近いうちに起こることを示すことにその目的があった．物語は，この訪問の時にどこに住んでいたか，あるいは夜にニコデモとどこで話したのかについては語らない（ヨハ 3 章）．だが，別の機会には彼はベタニアに滞在した（下記）．

ヨハネによる福音書に中に記録されているイエスの次の訪問は第 5 章にあり，ベテスダの池のほとりにおける男の癒しに焦点を当てる．この奇蹟の場所の実際の名前は写本の伝承の中で，ベト・ザタ，ベトサイダ，ベテスダと大きく変わる．宝物の隠し場所を列挙したクムラン出土の銅製巻物の中に，一部の編集者が「ベト・エシュダタイン」すなわち「二つの流出口の場所（家）」と読む一つの場所があげられている．もしもこれが正しいのなら，ベテスダが有望な読み方となる．不幸にして，文字は解読しにくく，むしろ宝物の在所を「二つの池の家」を意味するベト・ハ・エシュハインと呼んでいるらしい．これは奇蹟の行なわれた場所については同じ所であったかもしれないが，ヨハネによる福音書の写本伝承の中でどの名称が正しいかについてはなんの手がかりも与えてくれないのである．

この奇蹟の伝承上の場所は，聖ステパノ門近くの現在の城壁のすぐ内側にある聖アン教会に属する敷地内にある．ここでは二つの池が，洞穴のような他の場所と共に発掘された．その結果，この場所は後 135 年以降療養院であったことがわかった．しかし，物語の細部については多くの点であいまいなのであり，これらの池の中に，イエスによって癒された男の言う水が入っていたと断定するのは賢明ではないであろう．彼の答えは「主よ，水が動くとき，わたしを池の中に入れてくれる人がいないのです．わたしが行くうちに，ほかの人が先に降りて行くのです」（ヨハ 5：7）というものであった．このことから，なんらかの池が囲いを持っていたことが明らかであるが，それがこれら二つの池の東の，癒しの祭儀

が後2世紀にも続いていたことの証拠を持つ洞穴群の中にあったのであるかもしれない．第四福音書の中で示されているように，この出来事はイエスの宣教において革新的な要素を示している．彼の出会う男は病弱であり，水がざわついている時には池の中に入ることができない．そうするためには，彼が癒しによって求めるもの，すなわち力と身体の自由を必要とするのである．彼は人間の置かれた情況のたとえなのであり，イエスが彼のいるところに来て，神の癒しの力を彼に与える時にのみ，彼は希望を持ち始めるのである．

ヨハネによる福音書がエルサレムで起こったとする次の出来事（神殿におけるイエスの教えを別にして）は，シロアムの池に行って，イエスがその目に塗った土を洗い落とすよう言われた生れつき盲目の男の癒しである（ヨハ9：6－7）．前701年にヒゼキヤがトンネルを掘ってギホンの泉からシロアムの池まで水を引いたことはすでに学んだ．イエスのころ，この池は水中に立てられた16本の柱によって支えられ，中央部が吹き抜けの屋根で覆われていた．これらの柱のすぐ外を囲んでいた低い壁が，中の（きれいな）水と外の（汚れた）水を分けていたらしい．しかし，ヨハネによる福音書9章が言っているのはこの池のことではなく，いわゆる下の池のことであるらしい．この池はたぶんヒゼキヤがシロアムのトンネルを築く以前から存在していた．それはダビデの町の東南隅にあり，谷を流れ降るだけの水路によってギホンの泉からの水が通じていた．町が包囲された時，敵軍は当然この水を用いたのであり，前701年にヒゼキヤはこれを封じたのであった．しかしそれはイエスの時代には使用されていた．ルカによる福音書13：4には，18人の人の上に崩れ落ちて彼らを死に至らしめたシロアムの塔への言及もある．一つの塔がキドロンの谷で見つかっているが，これはたぶんマカバイ時代のものであり，ここで言及されている塔である可能性が大きい．

第四福音書においてエルサレム地域に関係する次の出来事は，ラザロの復活の記事である（ヨハ11章）．それはベタニアに位置づけられているが，これはその現代名エル・アザリヤの中にラザロの名を保持している村である．イエスがラザロの不治の病のことを聞いた時，彼はかつてヨハネが洗礼を授けたヨルダン川の近くにいた．2日後にベタニアに向けて出発した時，イエスは善いサマリアびとのたとえ（ルカ10：29－37）の場所として有名なエリコからエルサレムへの道をとったに違いない．

エルサレムからエリコに至る道

エルサレムからエリコに至る道は大昔より海岸平野からヨルダン河谷に通ずる西から東への最も重要な道であり，エルサレムにとって戦略上の幹線路であった．この道路は，わずか20 kmのうちに，標高の高いエルサレム東部の石灰岩丘陵から低地部をなす赤色粘土層および砂岩層まで，海抜720 mから海面下260 mに下降する．この赤色の特徴はマアレ・アドゥミム（「赤い登り坂」）という名称を生み出し，ヨシュア記15：7および18：17の境界に関する記事の中で「アドミムの坂」として現われる．この道に関する19世紀の記述のうちで最も生き生きと述べたものはH・B・トリストラムのものであるが，それはきわめて長文であってここでそのすべてを引用するわけにはいかない．この道の高いほうについて彼は次のように書いた．「われわれは現代のベタニアという見すぼらしい村を左に見ながら出発し，数百フィートにわたって道路の役をなす岩のゴツゴツした階段を，しかも徒歩で，急速に下った……．3時間にわたってユダの荒野のいく本もの谷——谷と呼べればのことであって，冬の奔流で洗われた陥没地のことであり，丸い頂部をして次々と連なる数えきれない丘を熊手でひっ掻いたように縫っている——をくねくねと下った．」この旅の下方の部分では景観が一変した．「冬の奔流による砂利や玉石を跳びはねる代わりに……，ワディ・ケルトというものすごい峡谷を，目のくらむような高さから時おりこれを見おろし，その両岸にさとうきびとキョウチクトウがところどころに生えているのを認めながら，遠巻きにした．……この峡谷は，平原に達するほぼ2マイル手前で道が曲るところで急に開らけ，そこに旅行者は500フィートほどの高さをなし，到達することのできない隠者の洞穴を持ち，その上には急峻にして荒々しい丘を持つ断崖を眼前にする．……道が峡谷のてっぺんから曲がりくねって降る丘の正面に達すると，われわれは南パレスティナで見られる最も美しい光景の一つを楽しんだ．われわれの足元には輝やく緑の森がひろがっていた．その向こうには長い茶色の大地——その流路は深い緑色をなす木々で印された線によってのみたどることのできたヨルダン川との区別をなす荒地——があった．これが，「ある人がエルサレムからエリコへ下って行く途中，追いはぎに襲われた」（ルカ10：30）という，イエスの聴衆にとっておなじみの冒頭句を単純に叙述するたとえ話が組み込まれている地形なのである．イエス自身はと言えば，マルタ，マリア，ラザロの家に行くためベタニアに向けてこの道を登ったのであった．しかし彼はその上部で，トリストラムが描写した道を通らず，オリーブ山の近くでベタニアに向けて左折したが，トリストラムは反対方向に進みながら，ベタニアを背後から見て左側に通過したのであった．今日エル・アザリヤを訪れる人は，「ラザロの墓」を見ることができる．この墓はこの村のうちで新約聖書時代に確実に存在した部分にあるが，それをラザロが埋葬された場所であると突きとめることは不可能である．

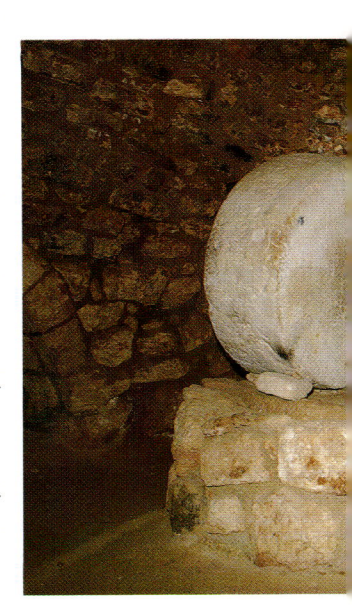

四福音書のすべてがイエスの最後の日々をエルサレムに置く．後30年の過越しの日に最後の訪問をするためイエスはベタニアに滞在した（マコ11：11，ヨハ12：1）．ヨハネによる福音書は，イエスが過越しの祭の6日前にベタニアに行ったと述べているのに対し，他の三福音書は，断定はしないが，エリコからエルサレムまで中断されることのない旅行によってろばの背に乗ってエルサレムに入城したとの印象を与える．エリコからの途上イエスは数日間ベタニアに滞在し，その後に凱旋的なエルサレム入城を果たしたという想定を支持するのは，この旅程以外ではろばを手に入れるわけにはいかなかっただろうという考えである．過越しの祭の時にはエルサレムの境界はひろげられてベタニアもその内に含まれ，したがってそこに住んでいる巡礼者たちはこの祭のために「エルサレムに」住んでいると見なされたのである．ヨハネによる福音書12：1－8は，イエスがマリアによって授膏された場所をマリアとマルタの家に置く．マルコによる福音書14：3－9では，名称不明の女性が癩病者シモンの家の中でイエスに授膏する．これが，ヨハネによる福音書では凱旋の入城の前に，マルコによってはその後に置かれているのである．

エルサレム丘陵

右　ベタニアの古い町．新約聖書の時代．ここはマリアとマルタの，そして彼女たちの兄弟で，イエスが死者の中から復活させたラザロの故郷であった．

上　ベタニア出土になる前12世紀のオリーブ絞り器．回転石が台の手前に見える溝に沿って回る．背景に置かれているのは，回転石の中央横穴に差し込まれた横木である．この横木は動物または人間によって動かされた．

聖週間における出来事

イエスの生涯の最後の1週間の出来事がどこで起こったかについてのわれわれの知識は，かなり確かなものから極めて推測的なものに至るまで多岐にわたる．かなり確かなもののうちに数えられるのは，神殿におけるイエスの教え，エルサレムの破壊と最後のことがらに関するオリーブ山頂での教え（マコ13章），そしてゲッセマネの庭への撤退とそこにおけるイエスの逮捕がなされた場所である．イエスが神殿（あるいはその中庭）の中のどこで教えたのか，彼が最後のことがらについて語った時にオリーブ山のどこに座っていたのか，あるいはゲッセマネの庭の正確な場所はわからない．しかし，これらの出来事の大体の地域はわかっている．これに対して，最後の晩餐がとり行なわれた2階の間，大祭司の住居でなされた参議たちの会合の場の通りの在所，そして十字架刑と復活の場所についてはただ推測を下すことができるだけである．今日エルサレムを訪問する者はほとんど必ず，誤ってシオンの山と呼ばれているところにある伝承上の最後の晩餐の

この凱旋の入城自体はマタイによる福音書21：1によればベトファゲから始まったが，マルコによる福音書11：1とルカによる福音書19：29の記述はもっとあいまいであって，ベトファゲと並んでベタニアをあげている．これらに対してヨハネによる福音書12：12はどの場所の名も述べていないが，イエスがベタニアから出発したことを含意していることは間違いない．ベトファゲが正確にどこにあったかは知られていないが，この行進はオリーブ山の頂にある現代のエッ・トゥルの村を通り，キドロンの谷に降り，次いで今日聖ステファノの門のあるあたりをエルサレムに向けて登ったらしい．この凱旋的入城の象徴的意味はマタイによる福音書21：5とヨハネによる福音書12：15がゼカリヤ書9：9にある「娘シオンよ，大いに踊れ．娘エルサレムよ，歓呼の声をあげよ．見よ，あなたの王が来る．彼は神に従い，勝利を与えられた者，高ぶることなく，ろばに乗って来る，雌ろばの子であるろばに乗って」という句の引用から明瞭である．

イエスのころのエルサレム

下 ここに見える石段は、大祭司カイアファの邸宅があったと考えうる地点ガリカントゥの聖ペトロ教会の境内にある。イエスのころ、この全域は今よりもずっと立て込んでいた。石段は西側の丘から中央の谷に至り、次いでダビデの町までつながっていた。現在の石段は新約時代に由来するものであるかもしれない。

右 この平面図は考古学上の発見に基づくものであるが、不明な点が数多く残っている。特に、北の城壁の正確な位置が論じられている。ここに示したものは後41-43年のもの。

　イエスのころのエルサレムの遺物がどのくらい残っているのであろうか？　最近になって、ヘロデ時代の舗装の断片が回収され、元の場に復元されたことによって過去との結びつきが強められたとはいえ、肉眼で見た場合、そのころの遺物は決して多いとは言えない。旧市街を走る主要な通路のうちの何本かは新約聖書時代の通路の線に沿っている。しかし、イエスの時代の町は、おしなべて、それまでの長期にわたる破壊と再建の下に埋まっているのである。現代では「岩のドーム」が中心を占める神殿域は、この町の北東部を支配していたことであろう。ダビデの町は、今日のように城壁の外ではなく、その中にあったであろう。事実、ダビデの町の尾根とその西にある丘は今日よりももっと稠密な人口を擁していたはずであり、これらの丘を分ける主たる谷を結ぶ階段が据えられていたであろう。しかし、正確な案内とわずかな忍耐さえあれば、現代の旅行者は、目に見える物の下を探ることができるし、想像力をたくましくして、後1世紀のエルサレムのいく分かを経験することができる。この町は、ヘロデの建設計画に基づいて完成したばかりの壮麗な構造を伴う外見上の繁栄にもかかわらず、イエス自身が予見したように（ルカ21：20-24）、その状態を持続しうる町ではなかった。ヨセフスは、1世代をわずかに過ぎた時に起こったローマ軍の包囲の目撃者であったが、迫り来る破壊を鮮明に記述している。ローマ軍は、この地に配備されるべき駐屯兵の防衛のために残しておいた三つの塔と西側の城壁を除いて、町の全部を破壊した。

上 神殿がその上に建つ基台を再建するのに際し、ヘロデ大王は南西側に大規模な支壁を築いた。今日それは西壁もしくは「嘆きの壁」と呼ばれ、信仰熱心なユダヤ人が神殿の跡に近づくのに一番の近道となっている。

右 市内から見たダマスコ門。今世紀初頭に撮影されたもの。この門は1537年に建設されたものであるが、その前身をなす後1世紀の遺構が基礎のところに見える。これはダマスコに至る道路の起点をなす。

上 ここでも新約聖書時代以来のエルサレムで、文化層がいかに変化したかを目にすることができる。ベテスダの池の上面は、イエスの時代のものとして、発掘にあたって最下位にあったはずである。その後に出たビザンツ時代の建築家たちと十字軍による教会は、それぞれの建築のため、支柱を深く埋めなくてはならなかった。

右 ティベリウス（後14-37年）の治世中の硬貨。

上 最近の発掘の時に撮影された、このすばらしい写真は、街路または中庭が、前の時代の建物の上に敷かれた様子、そして、エルサレムの文化層が時代と共に積もり重なった様子を示してくれる。

左 シロアムの池は、ギホンの泉に始まるヒゼキヤのトンネルの終点をなす。イエスの時代には、ダビデの町の尾根の麓の反対側の下の池と、ここに示した上の池とがあった。

庭園の墓

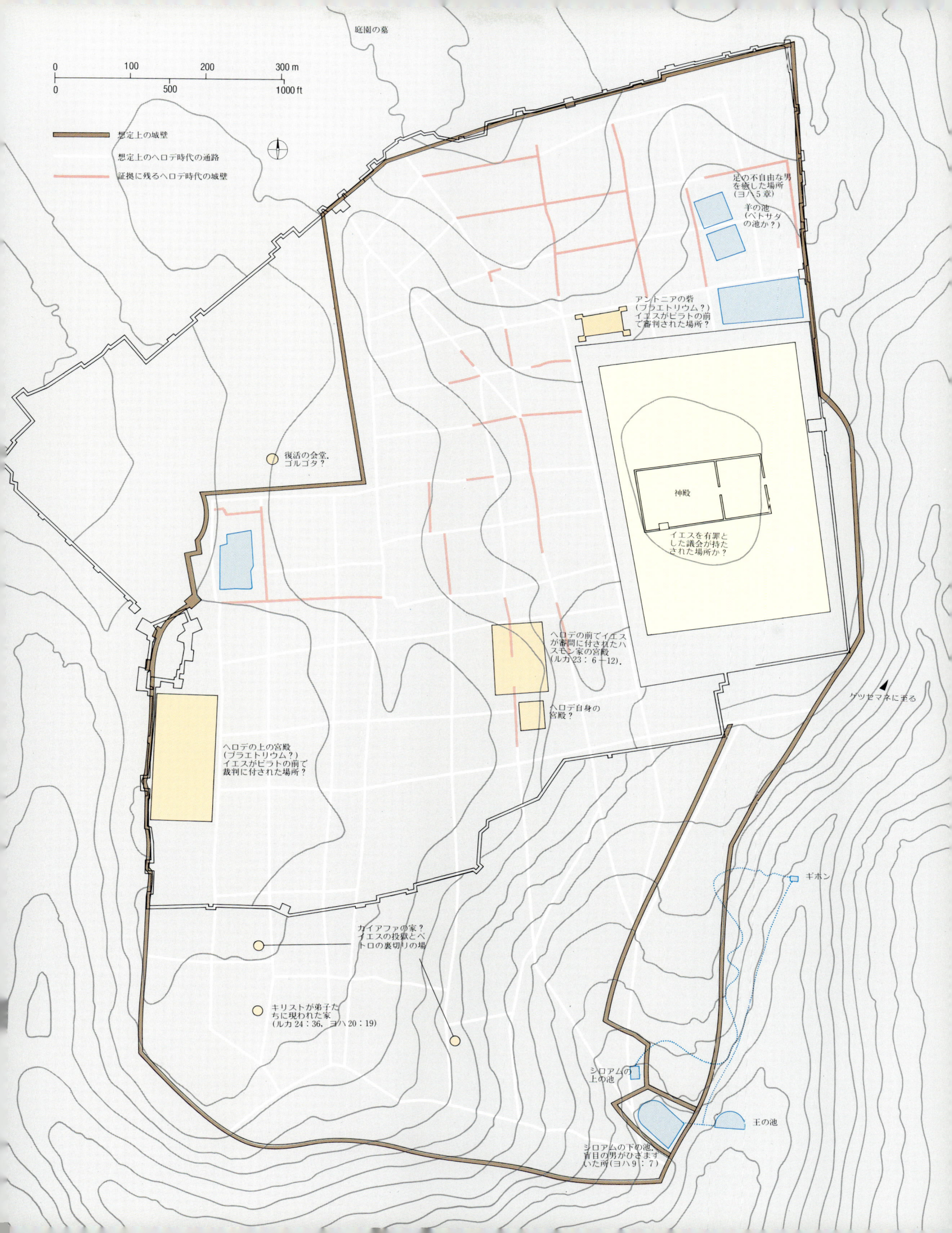

凡例	
▬▬	想定上の城壁
───	想定上のヘロデ時代の通路
───	証拠に残るヘロデ時代の城壁

スケール: 0 / 100 / 200 / 300 m
0 / 500 / 1000 ft

足の不自由な男を癒した場所（ヨハ5章）

羊の池（ベトサダの池か？）

アントニアの砦（プラエトリウム？）イエスがピラトの前で裁判された場所？

復活の会堂、ゴルゴタ？

神殿

イエスを有罪とした議会が持たされた場所か？

ゲツセマネに至る

ヘロデの前でイエスが尋問に付されたハスモン家の宮殿（ルカ23：6–12）

ヘロデ自身の宮殿？

ヘロデの上の宮殿（プラエトリウム？）イエスがピラトの前で裁判に付された場所？

ギホン

カイアファの家？イエスの投獄とペトロの裏切りの場

キリストが弟子たちに現れた家（ルカ24：36、ヨハ20：19）

シロアムの上の池

王の池

シロアムの下の池、盲目の男がひざまずいた所（ヨハ9：7）

場所セナクル，オリーブ山の麓にあるゲッセマネの庭，ガリカントゥにある聖ペテロ教会（参議たちが会合を持ったらしい場所），アントニアの砦から聖墳墓教会に至る伝承上のヴィア・ドロロサ（十字架の道）に足を運ぶことであろう．こうして彼らは，最後の晩餐からイエスの死と復活に至るまでの彼の生涯の出来事をたどるのである．その途中彼らは多くの有益なことを見ることであろう．たとえば，ガリカントゥにある聖ペテロ教会では，牢獄にも使用できたと思われるすばらしい規模の貯水槽を見ることができる．これは，イエスが会議所に現われる前かその後に投獄された場所であるなしにかかわらず，一見に値するところである．

伝承上の「十字架の道」は，ピラトが神殿の中庭の北西隅にあったアントニアの砦に住んでいたという想定に基づいている．しかし最近の研究者たちは，ピラトが住んでいたのは，町の上部で，現在ヤッファ門近くの砦となっている地点であったらしいということで一致している．これが正しく，しかも聖墳墓教会が十字架刑と復活のだいたいの場所を示しているとしたら，伝承上の「十字架の道」は90度誤った方向にあることになる！ 聖墳墓教会がほんとうに十字架刑と復活のだいたいの場所を示しているのかも問われなければならない．前者の中にある復活の墓をイエスが昇天した墓に結びつけるという伝承は侮り難い．それはコンスタンティーヌス治世下の，後325年の「発見」まで遡るのであるが，後135年よりも前にすでに復活の場所であると信じられていたかもしれない．

伝承上の位置づけをめぐるあいまいさについては次のように述べることができる．第1に，十字架刑の時にあった第2の北壁の位置について，圧倒的な意見は聖墳墓教会が現在建っている所の南にあったということであるが，なおいささかの疑問が存する．言いかえれば，伝承上の場所は実は城壁の外にあったのである．第2の疑問は十字架刑の場所とイエスの死体が置かれた墓との間の距離に関係する．ヨハネによる福音書19：41は「イエスが十字架につけられた所には園があり，そこには，だれもまだ葬られたことのない新しい墓があった」と述べている．他の福音書は，墓から十字架刑の場所までの距離について何も言っていない．聖墳墓教会の中では，墓とカルバリとの間の距離はわずか38mである．ヨハネの記述が正確であるとして，庭師が手入れをし（ヨハ20：15），新しい墓を持つ庭は，公衆の前での処刑を執行するのにそれほど近かったのだろうかということが問われる．ある学者たちは，イエスおよび彼と共に十字架にかけられた2人の男が公衆刑場で殺されたと考えるべき理由はないと主張する．われわれはここで沈黙からの議論に直面しているのであるが，ローマ人が公衆刑場を持っていなかったとしたら奇妙であるし，もし持っていたなら，イエスの場合だけ例外としたとしたら変である．もう一つの回答は，処刑の場所を聖墳墓教会の中のカルバリの地点と結びつけられる伝承は，墓を特定するための伝承よりもずっと弱いのだ，ということである．これはかなり当を得た視点なのであり，後325年以降にコンスタンティーヌスの教会を訪れた人々のうちのいく人かはカルバリの位置を知らなかったようなのである．これらの議論の決着はすぐにはつかないが，それらは，聖墳墓教会の中の復活の墓がわれわれが真実に達するのに最も近いとしたら，カルバリの礼拝堂はそれほどでもないことを示しているのであるかもしれない．

復活の墓の位置についての対立候補，すなわちナブルス道にある庭形式の墓については，その信憑性に関してここでは何も言うことができない．しかしそれは，キング・デービッド・ホテル近くのいわゆるヘロデ家の墓や聖ジョージ会堂近くにあるアディアベネのヘレナ女王の墓（「王たちの墓」）と並んで，一見に値するところである．訪問者はそこで，後1世紀にはどのような墓と回転石が用いられていたかを見ることができる．

弟子たちが十字架刑の時からペンテコステ〔五旬節〕の日まで滞在したエルサレムでの場所は，伝承によれば，ドルミティオンの教会の地点に置かれている．ここで復活したキリストが弟子たちに現われ，聖霊がペンテコステの日に彼らの上に降ったのであった．興味深い問題にエマオの位置はどこにあったかということがある．2人の弟子が最初のイースター〔復活祭〕の日に，復活したキリストに伴われてエマオに向けて歩いていたが，彼らはこの人がパンを裂くまでは，この人がキリストであるとはわからなかった（ルカ24：13—35）．その後この2人の弟子はただちにエルサレムに戻り，事柄の次第を他の弟子たちに告げたのであった．

エマオは後4世紀になって初めてニコポリス，すなわちエルサレムから31kmの，今では無住の村であるイムワス，と同定された．しかし，この2人の弟子が目的地に着いて，イエスに「一緒にお泊まりください．そろそろ夕方になりますし，もう日も傾いていますから」と言ってから（ルカ24：29）31kmの道をエルサレムまで戻り，他の弟子たちを見つけ出して一同に会したとは考えにくいのである．同じことは，十字軍の時代以来エマオと同定されていたエル・クベイベーとアブ・ゴシュとの関連でも言いうることであろう．これらはエルサレムから11km強のところにあり，これはエマオがエルサレムから60スタディウムであったというルカによる福音書24：13の通常受け入れられている読み方に一致するのである．著者はこの道をエル・クベイベーから足腰の最も強い学生たちと共に歩いたが，みんなが驚いたことには，その所要時間はほぼ3時間であった．他の学者たちが好む地点は，エルサレムから海岸平野に向かう幹線路にあって，古代名と同名のモツァである．このヘブライ語名がギリシア語名のアマウスとなったのかもしれず，しかもここは，エルサレムから6km強という容易に歩くことのできる距離にある．しかし，エルサレムからのこの距離はルカによる福音書24：13にある記事に一致しない．

イエスの生涯のうちで記録されている最後の出来事である昇天は，伝承によればオリーブ山に置かれている．しかし，ルカによる福音書24：50,51はイエスがベタニアで彼らを離れたと述べ，使徒言行録1：9—12は「使徒たちは，『オリーブ畑』と呼ばれる山からエルサレムに戻って来た．この山はエルサレムに近い」と言うだけであって，昇天がどこでなされたかについては沈黙している．確かに，（通常，同一著者になるとされる）これら両箇所を一緒にして読めば，イエスはベタニアで弟子たちと別れ，弟子たちはオリーブ山を経由して帰って来たと考えるのが自然である．

使徒言行録によると，エルサレムが最初のキリスト教宣教の場所である．ただし，いくつかの点で詳細は不明である．たとえば，ペンテコステの日に弟子たちがいた場所について

エルサレム丘陵

この金の門は，キドロンの谷を見おろすエルサレムの東にある16世紀の壁の中心である．外から見るとわかるのだが，それは「悔い改めの門」からなる二重の門である．この絵は，二つの門という考えが内部まで続いていることを示しているのであり，中央の列柱がその分かれ目をなす．これらの門は，いく世紀ものうちに壁でつぶされたが，その隙間から光が差しこんでいる．現在，これらの門の跡には，ヘロデ時代の石組み，ビザンツ時代の装飾，そしてその後の細工が含まれている．

は，「一同が一つになって集まっている」（使2：1）と述べられているだけであるし，エルサレム訪問者たちが，弟子たちが彼らのことばで話しているのを聞いたのはどこであったのか，あるいはペトロが驚愕した群衆に向かって演説したのはどこだったのかも伝えられていない．最初の説教のいくつか（使3：1―4：4）は神殿域の中あるいは参議堂の前（使4：5―22，6：9―7：53）でなされ，弟子たちの中には投獄された者もいたが（使4：1―4，5：17―20），それぞれの場所について確かなことはわかっていない．ステファノの石打ち刑の場所は，ビザンツ時代にはダマスコ門の北に置かれ，聖ステファノ教会とされた．この石打ち刑に続いた迫害によって弟子たちはエルサレムから離れた．ペトロは使徒言行録9：36―10：8ではヤッファ（ヨッパ）にいるが，11章では自分がなぜ非ユダヤ人に宣教するために行ったかを説明するためエルサレムに行ったと報じられている．ペトロはエルサレムでヘロデ・アンティパスによって投獄され（使12：1―17），教会は，ユダヤ教の律法のうち，どの義務をキリスト教徒となった非ユダヤ人に課すべきかを考えるために会合を持った（使15章）．

エルサレムへの最後の言及が使徒言行録21：17―23：35にある．パウロは，第三次伝道旅行からエルサレムに戻ると，神殿に行って，彼と4人の同行者が先になしていた誓いに関する義務を解除した．ある時には，彼が神殿に来ると，パウロが非ユダヤ人を神殿まで連れて来たと考えられたため，大騒ぎとなった（使21：27―29）．パウロは，彼がローマ市民であることを知って驚いたローマ人官憲による迅速な行動によってすぐに救出された．パウロは，自分を私刑にかけようとした群衆と，翌日には参議たちに向けて演説したが，成果はなかった．パウロは，甥が彼の命を狙う計画を察知して，それをローマ人に知らせたため暗殺を免がれた．パウロは今や夜中に捕われ，厳重な警護のもとてカイサリアの総督の住居に連行された．

受難にまつわる場所

　イエスの受難と復活に関わる出来事の正確な位置は，あらゆるキリスト者にとって重要な主題である．後70年のエルサレムの滅亡と，この廃墟の上に65年後にアエリア・カピトリーナというローマの植民地が建設されたことにより，イエスの時代のこの町の姿はすっかり消えてしまった．しかし，後4世紀初頭におけるコンスタンティーヌスの改宗後，新約聖書の物語の中で言及されている場所を突きとめようとの努力が始まった．コンスタンティーヌスの母ヘレナは326年に聖地を訪れ，巡礼地に教会を建てる第一次計画を始めた．復活がなされた墓の場所を聖墳墓教会と呼ばれるようになった所に据えたことが，受難物語を盛り上げる定点となった．しかし，数世紀後には，受難の出来事が起こった場所と，宗教的礼拝が行なわれたところとの間にはいくぶんかの食い違いが生じてきた．現代のエルサレム巡礼者がたどる十字架の道筋は13世紀のものであり，しかもイエスは，アントニアの砦で，あるいはその近くで総督ピラトの前で有罪とされたという前提に基づくのである．フランシスコ会派の鞭打ちの修道院から聖墳墓教会に達する14カ所からなる十字架の休止所は，そのいくつかは13世紀末以来認められていたものの，19世紀半ばに由来するのである．現在の有力な見解は，イエスはヘロデの上の宮殿のあった所でピラトによる有罪判決を受けたということである．この場合，イエスが聖墳墓教会のある地点近くで十字架刑に処されたとすると，十字架の道のりはずっと短くなる．ゲッセマネの庭とユダヤ人議会のあった場所に関しては根拠のある推論が立てられる．しかし，最後の晩餐が持たれた上階，あるいはカイアファの邸宅の在所といった他の地点は論争中である．

右　赤線は，ピラトがイエスを咎めたと考えた場合，イエスがそこからカルバリまでたどったであろう「十字架の道」をぼす．青線は，ピラトがイエスを咎めたのはヘロデの上の宮殿に住んでいた時であろうと信ずる最近の多くの学者たちが好む道筋を示す．緑線は，イエスがゲッセマネの庭で逮捕された後，カイアファの家に連行された時の道筋を示唆する．

左下　プラエトリウムからカルバリに至る伝承上の道筋が始まる所を上から見降ろした（現在の）眺め，中央に見えるアーチは，「シオンの姉妹たち」尼僧院の近くにある「エッケ・ホモ」アーチである．現在有力な十字架の道によれば，この近くでピラトがイエスについて「この人を見よ」（エッケ・ホモ）と言ったのであった．

下　「シオンの姉妹たち」尼僧院の下にはローマ時代の舗道がある．これは，ピラトがイエスを裁いた所としてヨハネによる福音書19：1で言及されている舗道と同一であることがわかった．

受難にまつわる場所

下 十字架の第3ステーションは，アルメニア・カトリック教会への入口の左手を走る「谷の道（ヴァレー・ロード）」にある．これはイエスが倒れた3カ所のうちの初めの地点であるが，他の2カ所では，キレネのシモンが十字架をかついでイエスを助けた．聖書はイエスが倒れたとは言っていない．しかし，シモンがかつぐ結果になったということからすると，これが合理的な推論である．

左 聖墳墓教会の外観は，1839年にデイヴィッド・ロバーツ描くところの絵とほとんど変わっていない．ただし，周囲には建造物が大きく増えた．ここに見る外観は，1808年の大火の後，1810年に再建されたものに由来する．

右 伝承上，ゲッセマネの庭とされるこの地には樹齢1千年のオリーブの木々がある．今日，この庭の一部に「万国の教会」があって，この庭におけるイエスの苦悶を記念している．

右上 エルサレム内部および周囲には，イエスの死体が安置されたと覚しき種類の墓室がいくつか残っている．この例の場合，墓室を塞いでいたと思われる回転石を見ることができる．

ヨルダン河谷と死海

コバ ユディ4:4;15:5（U）
ゴモラ 創10:19;13:10;14:2,8,10,11;18:20;19:24,28;申29:22;32:32;イザ1:9,10;13:19;エレ23:14;49:18;50:40;アモ4:11;ゼファ2:9;マタ10:15;ロマ9:29;2ペト2:6;ユダ7（U）
サリム ヨハ3:23 B2
塩の海 →死海
死海（アラバの海、塩の海）創14:3;民34:3,12;申3:17;ヨシュ3:16;12:3;15:2,5;18:19;王下14:25;アモ6:14 A3
シティム →アベル・シティム
シディムの谷 創14:3,8,10（U）
スキトポリス →ベト・シェアン
スコト 創33:17;ヨシュ13:27;士8:5,6,8,14–16;王上7:46;代下4:17;詩60:8;108:8 B2
セナア エズ2:35;ネヘ7:38 A3
セレトの小川 民21:12;申2:13ff. A4
ソドム 創13:10,12,13;14:2,8,10–12,17;18:20,26;19:24,28;申29:22;32:32;イザ1:9,10;3:9;13:19;エレ23:14;49:18;50:40;哀4:6;エゼ16:46,48,49,55;アモ4:11;ゼファ2:9;マタ10:15;ルカ10:12;17:29;ロマ9:29;2ペト2:6;ユダ7（U）
タバト ユダ士7:22 B2
タマル（ハツェツォン・タマル）創14:7;エゼ47:18,19;48:28 A4
ツァレタン（ツェレタ、ツェレラ）ヨシュ3:16;士7:22;王上4:12;7:46;代下4:17 A2
ツェボイム 創10:19;14:2,8;ホセ11:8（U）
ツェレダ、ツェレラ →ツァレタン
ツェレト・シャハル ヨシュ13:19 B3
ツォアル（ベラ）創13:10;14:2,8;19:22,23,30;申34:3;イザ15:5;エレ48:4,34 A4
ドク（ドクス）1マカ16:15 A3
ナアラン（ナアラ）代上7:28;ヨシュ16:7 A3
ナハリエ 民21:19 B3
ニムリム イザ1:6 B4
ニムリムの流れ エレ48:34 B4
ハツェツォン・タマル →タマル
ハマト 代上2:55 B2
ベト・エシモト 民33:49;ヨシュ12:3;13:20;エゼ25:9 B3
ベト・シェアン（スキトポリス）ヨシュ17:11,16;士1:27;サム下21:12;王上4:12;代下7:29;2マカ12:29,30;ユディ3:10 A1
ベト・ニムラ 民32:3,36;ヨシュ13:27 B3
ベト・バラ 士7:24（U）
ベト・ハラム 民32:36;ヨシュ13:27 B3
ベト・ホグラ ヨシュ15:6; B3
ペヌエル（ペニエル）創32:31,32;士8:8,9,17;王上12:25 B2
ベラ →ツォアル
モアブの平野 民26:3ff.;33:49;ヨシュ13:32 B3
ヤボク（川）創32:23;申2:37;3:16;民21:24;ヨシュ12:2;士11:13,22 B2
ヤルムト →ラモト
ヨルダン川 創13:10,11;32:11;民13:29;34:12;ヨシュ1:8,11,13–15:4:3,17,23;13:23ff.;22:25;士12:6;王上17:3,5;王下2:6,7;5:10,14;6:2;ヨブ40:23;詩42:7;114:3,5;エレ12:5;49:19;50:44;マタ3:5,6,13;マコ1:5,9 B2
ラモト（ヤルムト）ヨシュ19:21;21:29;代上6:58 B1
レホブ サム下10:6 A2
ロ・デバル サム下9:4,5;17:27;アモ6:13 B2

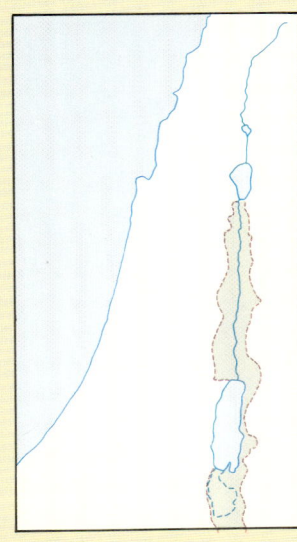

記号（U）位置不明

アイノン ヨハ3:23 B2
アダム ヨシュ3:16;ホセ6:7 B2
アタロト ヨシュ16:7 A2
アドマ 創14:2,8;申29:22（U）
アベル・シティム（シティム）民25:1;33:49;ヨシュ2:1;3:1 B3
アベル・メホラ 士7:22;王上4:12;19:16; B2
アラバの海 →死海
アルノン（川）民21:13,24,26,28;申3:8,12,16;エレ48:20 B4
エメク・ケツィツ ヨシュ18:21（U）
エリコ（NT）マタ20:29;マコ10:46;ルカ10:30;18:35;19:1 A3
エリコ（OT）ヨシュ2:1,2;3:16;4:13,19;6:1,2,26;サム下10:5;王上16:34;王下2:4–5,15,18;代上19:5;代下28:15;エレ39:5;52:8;エズ2:34;ネヘ3:2;7:36 A3
エレフ ヨシュ18:28（U）
ギア サム下2:24（U）
ギブアト・アラロト ヨシュ5:3（U）
ギルガル ヨシュ4:19,20;5:10;9:6;10:6,7,9,15,43;サム上7:16;10:8;ホセ4:15 A3
ケリトの小川 王上17:3,5 B2

2千年紀
2千年紀、古代名不明
鉄器時代、前1200ごろ–587年
ヘレニズム時代、前330–40年
ヘロデ、ローマ・ビザンツ時代、前40年以降

ファサエリス 古典時代の地名
エル・マアタス 現代名
道路

縮尺 1：700 000

地域の概観

ガリラヤ湖の南端のやや西寄りのところでヨルダン川は峡谷を降って死海にまで達する．この川の古い出口は，現在のものより約1km北寄りであったと思われる．ガリラヤ湖でのヨルダン川の出口から死海への入口までの距離は直線距離でおよそ105kmであるが，この川は極めて曲がりくねっているため，上述の間の実際の距離はおよそ322kmである．この川が流れる谷の幅は5kmから22.5kmまで変化するが，ヨルダン川自体は，一般的に言って，幅31m，深さ約3mを越すことはない．ただし，降雨量に応じてこれらの数値は変動する．ヨルダン川は深くかつ幅広いとする黒人霊歌は事実にそぐわない．ガリラヤ湖のすぐ南部のところで，この湖，ヨルダン川，そして北西の方向に流れてガリラヤ湖の南7kmのところでヨルダン川に合流するヤルムク川によって大雑把な三角地帯が形成される．ヨルダン河谷のあらゆる地点のうちで聖書の時代以来この三角地帯ほど大きな変化を受けた場所はない．しかも，これらの変化はすべて今世紀にもたらされたものである．ヨルダン川とヤルムク川の合流点で，1927年から1932年にかけて水力発電所が建設され，これに伴ってダムと貯水池の建設が必要になった．この三角地帯の西側にはいくつもの農耕地が作られたが，そのうちで特に有名なのがデガニヤA（1909年創設）とデガニヤB（1921年創設）というキブツであり，これらはまさに小楽園の様相を呈している．

前2千年紀における主要な定住パターンを調べてみると，ヨルダン-ヤルムク三角地帯は当時も農耕に適していたことがわかる．しかし，この三角地帯の南では，大きな谷が東西の丘からヨルダン河谷に水を流し込むところでのみ定住が可

上 ヨルダン河谷の空中写真．

右 ネビ・ムサ（預言者モーセの意）はエリコの南約6kmのヨルダン河谷の中にある．旧約聖書はモーセの墓をヨルダン川の東側に位置づけるのに対し，イスラーム教の伝承は，モーセが地下を通って約束の地にある墓まで行ったとする．前景にあるのはモーセの墓に至るイスラーム教の巡礼路上の聖所であって，15世紀に建てられたもの．背景には死海とモアブの山々が見える．

左 この地域は最も特異な地域である．全域が海面下にあり，浸食に起因する奇妙な景観を呈し，ヨルダン川はガリラヤ湖から死海に達するまで，自然によっていじめられ，蛇行を強いられた．この地域は常によく定住され，北から南への重要な道路をなしていた．

能であった．これらの谷のうち最も重要なものはベト・シェアンの谷であったが，それは単にその幅広さだけでなくイズレエルの谷への通り道となっていたためである．ベト・シェアンの谷とその南における居住地の数は極めて著しい．ワディ・マリフから南ではワディ・ファリアまでのヨルダン川の西岸にはこれといって重要な居住地はない．これとは対照的に東岸では，ナハル・エッ・ゼルカ（ヤボク川）がヨルダン川と合流するあたりに一群の居住地がある．ワディ・ファリアはヨルダン川からサマリアの丘陵地に至る重要な東西路をなしていた．そこにはもっと稠密な居住があったとしても驚くにはあたらないのであるが，ヨルダン川との合流地点近くに塩分の多い沼沢地と広い河谷の上部に浸食の激しい水路があったらしい．

ワディ・ファリア以南のヨルダン川の両岸では居住地が少なく，かつ互いに距離が離れていることは注目してよい．その理由の一つは，死海のところでの年間降雨量が 100 mm まで減少し，ユダ丘陵の降雨量はもっと北の方でもこれより低いからである．ヨルダン河谷での南端で最も有名な町であるエリコは，アラビア語でエイン・エッ・スルタンとして知られる泉にその存在を負っている．列王記下 2：19—22 で述べられている物語のゆえに，それは俗称エリシャの泉と呼ばれている．エリヤの昇天（王下 2：1—12）の後，エリシャはエリヤの外套を取り戻し，これを使ってヨルダン川を渡って，自分こそがエリヤの後継者であって，預言者団の指導者であることを誇示したのであった．エリコの住民は即座にこの新しい預言者団の指導者の力を認め，町の水の毒抜きをするように頼んだ．エリシャは泉の中に塩を投入してこれを果たし，「主はこう言われる．『わたしはこの水を清めた．もはやここから死も不毛も起こらない』」と宣言した．

ヨルダン川は，死海あるいは聖書の呼称を借りれば塩の海（創 14：3）に入ってその曲がりくねった旅を終える．現状では死海は長さ約 80 km，幅 17.5 km をなす．その水面は海面下約 400 m である．死海から流出する川はなく，ヨルダン川や他の川から流入する水は，7—8 月には最高平均気温が 40℃以上，冬期でも 20℃ に達するため，高い蒸散率によって相殺されてしまう．この高い蒸散率は，この地域の地理的条件と併せて，海水の平均塩分が 3.5 % であるのに対し，水中塩分を 26 % 以上にもしている．これにより死海の中には何も棲むことができない．その中では泳ぐこともできない．仰向けになって浮いている状態から腹ばいになって水泳態勢に入ろうとする現代の旅行者にとって，そうすること自体が困難であるばかりでなく，目に水が入って猛烈な苦痛を味わうことになる．

死海を 3 分の 2 南下するところで，東から土地が迫り出している．これはエル・リサン（舌）として知られるが，ここで顕著なことは，これよりも北の死海の深さが約 400 m あるのに対し，これより南ではわずか 6 m かそこいらであることである．本書は，聖書時代には，リサンの南域は乾地であって，ソドムを含む平原の五都市はこの乾地の東部にあったと想定する．

聖書の記録

ヨルダン河谷と死海に位置される聖書の出来事は，実際のところ，これら平原の 5 都市の話から始まる．創世記 10：19 はこれらのうち，ソドム，ゴモラ，アドマ，ツェボイムという 4 都市に言及し，カナン人の領土の範囲を示している．アブラハムとロトがどのように土地を分割すべきかということに関し，ロトに最初の選択権が与えられた時，ロトが「目を上げて眺めると，ヨルダン川流域の低地一帯は，〔主がソドムとゴモラを滅ぼす前であったので〕ツォアルに至るまで，主の園のように，エジプトの国のように，見渡すかぎりよく潤っていた」のであった（創 13：10）．ツォアルは，これら平原の 5 都市のうちの最後にある．この上なく豊穣なこの土地を見たロトはその天幕をソドムまで移したのである（創 13：12）．

ソドム地域の今日の姿は「主の庭」と評するにはほど遠いのであって，これら平原の 5 都市が，エリコのオアシスが実り豊かな情景を浮彫りにする死海の北に探し求められたことがあったとしても驚くにはあたらないのである．しかし，リサンの南における死海の東岸は複数の水流といくつかの場所では泉によってよく潤されていたと思われるのであり，大多

ワディ・キルトという名は，ヘレニズム時代およびヘロデ時代にエリコに水を供給した三つの泉の一つにちなんで名付けられた．ここはまた，分水嶺の東側に降る雨の大規模な貯水域であった．その東端は，壮観をなす峡谷を経てヨルダン河谷からこのワディに沿って 2 km ほどのところに聖ゲオルグの修道院があるが，これは後 5 世紀末に創設されたもので，ビザンツ時代にこの地域で栄えた多くの同種の施設のうち，生き残った三つのうちの一つである．

死海は，旧約聖書では塩の海と呼ばれるのがふつうである．古代において，この湖は塩の供給だけでなく，アスファルトの産地としても有名であったので，「アスファルトの海」とも呼ばれた．「死海」という名称も古いのだが，これはたぶん，水は蒸発するのに対し鉱物質は残るため高塩分となり，いかなる生物もそこに棲息できないという事実から出たものであろう．この写真は，湖の南端における塩の塊を示す．

数の学者の意見は，これらの都市が死海の北ではなくて，このあたりにあった，ということである．ロトがソドムにおり，平原の5都市に対して戦った4人の王によって捕虜とされたということが，アブラハムがダンとダマスコ以遠まで遠征し，これら4王を破ってロトを救出したこと（創14：1—16）の背景となっている．

死海の南に設定されている最も有名な事件はソドムとゴモラの滅亡である（創19章）．ヘブロンにいるアブラハムを訪ねた3人の使者（創18章）のうち2人は，その後ソドムに来て，ロトのもてなしを受ける．ソドムの邪悪な者どもは，よそ者が町にいると聞いて，この人たちを性的に虐待するのだから差し出せとロトに要求する．訪問者は虐待者たらんとする住民を盲目にして身を守る．翌朝，ロトとその家族は，ソドム（とゴモラ）が火と硫黄で滅ぼされる前に逃げる機会を与えられる．彼らは逃げ出すが，ロトの妻は振り向いてしまうため，塩の柱と化されてしまう．

死海の南端にある極めて荒涼とした景観に基づくソドムとゴモラの滅亡物語を説明するために多くの試みがなされてきた．一つの説明はリサンの南で地盤沈下があり，それに伴ってこの地域が洪水に襲われたためだとする．不幸にして，物語自身はこれらの町が洪水によって滅ぼされたことは全く述べていないのであり，逆に十字軍の時代まで乾燥地であったとの根拠が存するのである．この出来事を自然現象によって説明するとすれば，ソドム山をリサンから分けたと思われる大規模な地理学上の運動に帰するのが最も安全であろう．もしもこの運動が歴史時代になってから，しかもそれが目撃され，語り継がれるような状況のなかで起こったのであれば，アブラハムとロトの時代はそれよりはるかに遅かったとしても，ソドム物語の映像の基礎となりえたのである．

創世記19章にある物語の起源がどんなものであれ，それは旧約聖書の中で，邪悪な者に対する神の審判の強力な象徴となった．8世紀のアモスは，サマリアを襲った不運について，

ヨルダン河谷と死海

かつて，神がソドムとゴモラを覆したように，
わたしはお前たちを覆した．（アモ 4：11）

と語ったし，イザヤはエルサレムの支配者たちはあたかも邪悪な町の支配者たちであるかのように呼びかける．

ソドムの支配者らよ，主の言葉を聞け．
ゴモラの民よ，
わたしたちの神の教に耳を傾けよ．（イザ 1：10）

イエスは，彼の宣教基地として選ばれたカファルナウムをその不信仰のゆえに「カファルナウムよ，お前は天にまで上げられるとでも思っているのか．陰府にまで落とされるのだ．お前のところでなされた奇跡が，ソドムで行われていれば，あの町は今日まで無事だったにちがいない．しかし，言っておく．裁きの日にはソドムの地の方が，お前よりまだ軽い罰で済むのである」（マタ 11：23—24）と非難した時ソドムの名をあげた．

エリコ

死海の北西 13km ほどのところに，旧約聖書では「なつめやしの町」（士 3：13）とも呼ばれているエリコの青々としたオアシスがある．旧約時代のエリコであるテル・エッ・スルタンは，ヨシュアの時よりも数千年も前に定住を持っていたのであり，この遺跡を訪れる人は，前 7000 年ごろに築かれた，まだ土器のない新石器時代の石造りの塔を見ることができる．ヨシュア記 6 章の中でヨシュアが占拠したと述べられている町が正確にはどこにあったかはわかっていない．それは，これまで，なされてきた発掘では発見されていない．また，ヨシュア記によれば，カナンの地を侵略したイスラエル軍の基地となり，イスラエル人がヨルダン川を渡ったあと 12 の石が据えられた（ヨシュ 4：19—24）というギルガルの位置についてもあいまいな点がある．それはしばしば，暫定的ながら，ヒルベト・エル・マフジャルに置かれるが，これはギルガルがエリコの東境にあったとするヨシュア記 4：19 の細かい点に一致する．旧約聖書時代のエリコと示唆されているギルガルの位置はワディ・マッククに近かったのであり，そこからはヨルダン河谷とベテル丘陵を結ぶ道，そしてアイに至る道がある．このアイは，エリコでの戦利品のうち何一つとして私物化してはならないという指令にアカンがそむいたため，イスラエル人が当初負かすことのできなかった町である．

土地の分割に際し，エリコはベニヤミン族の領域に組み入れられた（ヨシュ 18：21）．それは「なつめやしの町」という名で，ケニ人がユダの人々を伴ってユダの荒野の南部に入った時の出発点となった（士 1：16）．士師時代に，この「なつめやしの町」はモアブの王エグロンに占領された（士師 3：12—13）．エフドがエグロンを負かしたことは前述した（p.165）．

ダビデ物語には，彼が侮辱された部下たちに留まるように命じた場所としてエリコが言及されている．部下たちの受けた侮辱というのは，ダビデが彼らを，アンモン人の王ハヌンの父の死に際し，王を慰めるために派遣した時，ヒゲの半分をそり落とされ，衣服の一部がひきちぎられたということであった（サム下 10：1—5）．テクストはダビデが，たぶんエリコで彼らに会うために出かけたと述べているが，この町は今

エリコ

古代のエリコには，一つではなく，二つある．旧約聖書にいうエリコ，すなわち現在のテル・エッ・スルタンは前 10 世紀に遡り，前 8 千年紀以降常時定住があったという証拠を備えている．このテルの麓には，列王記下 2：19—22 に記録されている出来事にちなんで，今日ではエリシャの井戸と呼ばれている水量豊かな泉がある．イスラエル人がエリコを攻撃した前 1250 年ごろ，この町はすでに 6000 年以上にわたって存在していたのである．このテルの考古学的調査はここにあった連続的定住の詳細な記録を示してくれたが，ヨシュアによって破壊されたこの町に対応する文化相はまだ最終的な特定を得ていない．新約聖書のエリコはこれとは別にテル・エッ・スルタンの南の，ワディ・キルトがヨルダン河谷に流入するところにある．それはもともと，ワディ・キルトに沿ってエルサレムに至る道路を守るためにハスモン王朝時代に建設された砦であった．

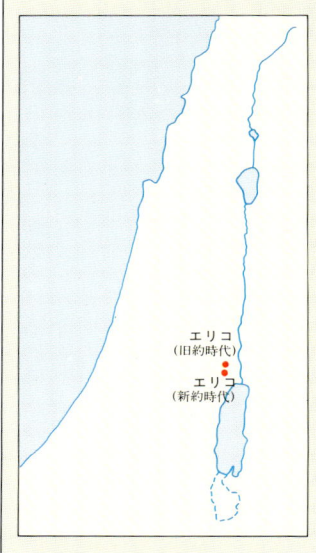

右　北から見たトゥルル・アブ・エル・アライク，すなわち新約聖書時代のエリコの遺跡の空中写真．ワディ・キルトが左端の中央のやや下から右端の中央まで走っている．鋭角に曲がっている所で，細流が崖に沿って流れているのが見える．手前に見えるうちで，中央より右にある遺丘は，全体で冬の宮殿を構成していたハスモン家の建築群である．その左に見えるのは，水泳用プールの深い発掘址．ヘロデ大王はこのハスモン家の宮殿の上に，たぶん私用の別荘を建てるため，建築事業を行なった．左端で，ワディの河床直下にあるのが，ヘロデの後代の宮殿の北翼である．この宮殿はワディの反対側まで延びていたのであり，そのすぐ右側に小さな遺丘が見える．ここには広間もしくは浴場があった．死海は左手上方にあるのだが，この写真では見えない．

ヨルダン河谷と死海

下　エリコの顕著な特徴の一つは，前8千年紀に築かれた先土器時代の塔である．塔は直径8.5mをなし，現在残っている部分の高さは8mである．それには入口があり，内部に階段があった．塔は，当時の町の城壁の外に位置しており，たぶん見張り用の塔であった．

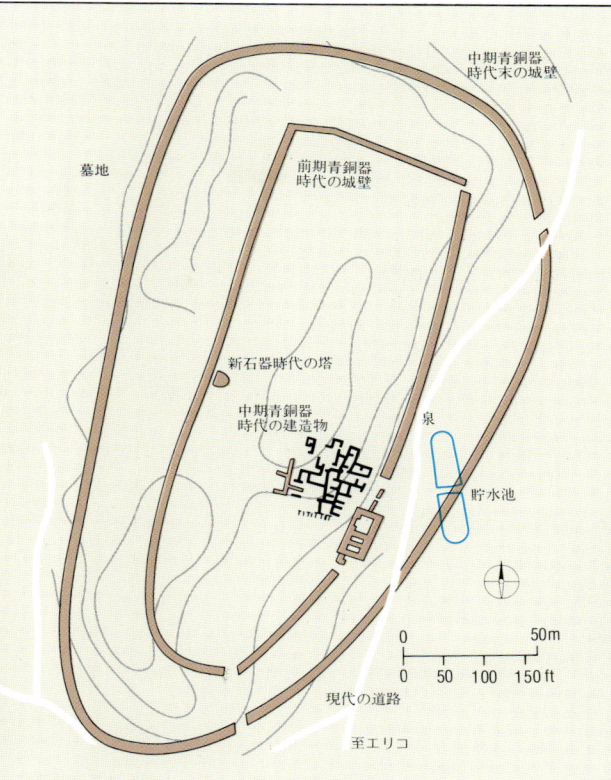

左　テル・エッ・スルタンにある旧約聖書時代のエリコの遺跡平面図．現代の道路がテルの東端を切断している．先土器新石器時代の塔が図の中に示してある．前期青銅器時代から中期青銅器時代後期への壁の位置の相対的変移から，町の成長が見てとれる．

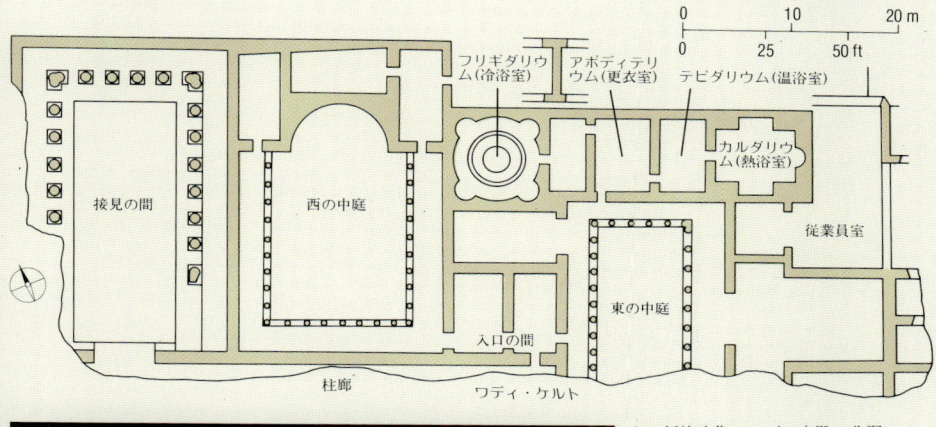

上　新約時代ヘロデの宮殿の北翼．

左　人頭型の壺．エリコの墓から出土．前18-16世紀ごろ．

ヨルダン河谷と死海

でもエルサレムから，古代のアンモン人の首都があったアンマンまで車で行く時には通過しなければならない所である．ダビデによるこの繊細な行為は，彼がいかに部下のことを心がけていたか，またこの侮辱をいかに重大に受けとめたかを十分に語ってくれる．エリヤが天に召された場所としてのエリコについてはすでに述べた．列王記下2章は，エリヤとエリシャがギルガル（たぶん山中にある町であって，エリコに近いギルガルではない）からベテルに進み，そこからエリコに行ったと記している．2人はそれからヨルダン川に行き，エリヤの外套の力を使ってこの川を渡ったのであった．彼らが旅を続けているうちに，火の馬と戦車がエリヤを連れ去り，彼の外套だけが残ったのであった．

ヨシュアがエリコを占拠してこれを滅ぼした時，彼はこの町を再建しようとする者に詛いを置いて言った，「この町エリコを再建しようとする者は主の呪いを受ける．基礎を据えたときに長子を失い城門を建てたときに末子を失う」（ヨシュ6：26）．上述した士師記3章からサムエル記下10章までの箇所が正しいとしたら，エリコは間もなく再建され，イスラエル人が定住するところとなったことになる．列王記上16：34はヨシュアの詛いをとりあげて「彼の治世（すなわちアハブの時代，前873–852年ごろ）に，ベテルの人ヒエルはエリコを再建したが，かつて主がヌンの子ヨシュアを通してお告げになった御言葉のとおり，その基礎を据えた時に長子アビラムを失い，扉を取り付けたときに末子ゼグブを失った」と述べている．エリコの非常に古い時代の住民の一部は死者を家屋の床下に埋葬したのであり，ここに引用した聖書の箇所はこの慣習の名残りなのだとの主張が時折なされている．もっとあたっていそうなことは，ヒエルの行為は，アハブの治世下で奨励された，基礎が据えられる時に子供が犠牲に供されたという一種の異教宗教が復活したことを指すということらしい．「エリコの人々」が，ネヘミヤが前445年ごろにエルサレムの城壁と城門を再築した時に助けたという言及を除けば，旧約聖書の中でのエリコへの他のただ一つの主要な言及は，ゼデキヤ王が前587年にネブカドネツァルの手から逃がれようとした時，エリコの野で捕えられたと伝えているだけである（王下25：4–7）．バビロニアによる包囲にもかかわらず，ゼデキヤと彼の護衛兵たちは夜陰にまぎれてエルサレムから抜け出ることができたが，エリコの野で捕まったのである．

新約聖書時代のエリコはテル・エッ・スルタンではなく，ずっと南の，ワディ・キルトがヨルダン河谷に入るところに位置していた．イエスのころのエリコは，（一部はハスモン時代の基礎の上に）ヘロデ大王とローマの総督たちによって築かれたものであった．そこは温暖であったため冬の住居として好まれた．

イエスは，その公的宣教中ただ一度だけエルサレムを訪れたと述べる最初の三福音書の中に，ガリラヤからヨルダン河谷に沿って歩いたこの旅の途中でエリコに言及している．マルコは，イエスが退ち去る時盲目の乞食バルティマイを癒したと述べている（マコ10：46–52）．ルカはこの治癒を，イエスがこの町を退ち去る時ではなく，そこに近づいた時のことであったとしている（ルカ18：35–43）．マタイ（20：29–34）は，イエスがエリコを去る時に治癒を行なったとする点ではマルコと一致するが，2人の盲人が視力を与えられたと記録している．ルカだけは，イエスがエリコを通るのを群衆の頭越しに見物するには背丈が低く，そしてたぶん，群衆の中に混じるには人気が無さすぎた徴税長ザアカイについての心暖まる物語を載せている（ルカ19：1–10）．彼は，イエスを見たいと思うあまりに，いちじく桑の木に登ったが，これはおそらく，富裕な徴税人としてはふさわしくないふるまいだったであろう．イエスはふだんとは異なるやり方で，自分を一目見ようとするザアカイの決心のうちに，新しい人生を生きようとの真剣な望みを示す資質を認めた．傍観者にとっては明白に迷惑なことであったが，イエスは自らザアカイのところに近づいた．しかし，イエスの判断は誤っていなかった．ザアカイは，自分がその税金をごまかした人々の全員に弁償し，かつ自分の資産の半分を貧者のために差し出そうと宣言した．このようにしてエリコは，イエスが「今日救いがこの家に来た．彼もまたアブラハムの子だからである．人の子は，失われた者を探し出し，かつ救うために来たのである」と明らかにした場所であった．

エリコ地域は，伝承上，洗礼者ヨハネの宣教，イエスの誘惑，そして彼の受洗にも結びついている．最初の三福音書はヨハネの洗礼活動の正確な場所をあげていない．マルコは単に「荒れ野」と「ヨルダン川」に言及するだけである（マコ1：4–5），マタイ（3：1）はこの荒れ野は「ユダヤの荒れ野」のことであるとする．ヨハネによる福音書1：28では，ヨルダン川の向うのベタニアという地名をあげているが，後3世紀前半のオリゲニウスはこのベタニアを見つけ出すことができなかった．ヨハネがその宣教をエリコ地域で行なったことは，群衆がユダとエルサレムからやって来たという事実から示される（マコ1：5）．われわれが別のところで見たように（p.184），エルサレムからヨルダン河谷に至る幹線路の終点はエリコであったのであり，洗礼者ヨハネがもっと北の不便な場所を選んだとは考えにくいのである．

ヨハネがイエスに洗礼を授けた伝承上の場所は，エリコの東南東約9kmにあるエル・マガタスである．この受洗場所の位置は，キリスト教の最初期にはヨルダン川の東側に置かれたが，後代になると川を渡る不便を避けるため西側に移された．イエスの受洗と共に，ヨシュアの時代にあったイスラエル人の渡河とエリヤの昇天もまたこの地点で祝われた．エリヤ，彼に似た洗礼者ヨハネ（マタ11：14参照．ただしヨハ1：21はこれに対立する）およびイエスがこの地点で結びつけられたことは，強力な象徴性を生み出したのである．ヨハネによる福音書は，ラザロの昇天の直前に，イエスがしばらくの間「ヨハネが最初に洗礼を授けていた所に行って，そこに滞在された．多くの人がイエスのもとに来て言った」と伝えている（ヨハ10：40–41）．

イエスは，ヨハネによって洗礼を受けると，悔い改めの徴として洗礼を受けに来た人々と自分を同等視した．諸福音書の中で描かれているように，イエスの受洗は罪からの悔い改めではなく，彼が実行するようにとの召命を受けた宣教への決心であった．彼は神の祝福と召命を受けているという内面的確信をうけ，その後聖霊によって荒野に連れ出され，そこで40日間という一定の期間，誘惑を受けることになる（マコ1：12–13）．洗礼の場所からほど遠くないエリコ近くの砂漠地域が伝承上の誘惑のなされた所であり，今日テル・エッ・スルタン（旧約聖書のエリコ）を訪れる人は，イエスがサタ

テル・エッ・スルタン，すなわち旧約聖書時代のエリコから見た「誘惑の山」のみごとな眺め．東から撮影したこの写真の中央右には19世紀の修道院に至る道が見える．頂上にある現代の壁はビザンツ時代の遺構を守るためのもの．この山は，後4世紀から同614年のペルシア人侵入までの間，多くの僧

や隠者によって占められたが，その後の修道院の建設までは住民の数は減少した．この地点とイエスの誘惑との結びつきは7世紀に由来する．

ン〔悪魔〕を礼拝しさえすれば世界のすべての国々を授けようとその山頂で申し出された（マタ4：8—10）伝承上の「誘惑の山」のすばらしい眺めを得ることができる．ジェベル・エル・クルントゥルというこの山のアラビア語名は，明らかに誘惑の40日間を指すフランス語のカラント（「40」）という単語が十字軍を通して入りこんだものである．

ヨルダン河谷

エリコ地帯を離れて，さらに北方を見ると，ヨルダン川の東側の，ナハル・エッ・ゼルカの谷の出口にあり，士師記8：4—9と同13—16節で言及されている町スコト（現テル・デイル・アッラ）に着く．ギデオンは，ハロドの谷でミディアン人に対する攻撃に成功すると（p.152），敵を追走してヨルダ

ン河谷を下り，彼とその部下はスコトまで来た．自分はミディアンの王たちを追跡しているのだから部下に食糧を提供してくれという，町の当局者たちへの要求は拒否された．「わたしたちがあなたの軍隊にパンを与えなければならない言うからには，ゼバとツァルムナの手首を既に捕らえているのか」と言うのが彼らの拒否のことばであった．たぶん当局者はギデオンの進攻は失敗するだろうし，ミディアン人の王たちは，ギデオンの軍勢に食糧を与えたかどでスコトを罰するであろうと恐れたのである．ギデオンの側ではどうかと言えば，これら当局者たちをいばらとおどろで作った笞で打つと脅し，進撃に成功して帰還した時，この脅しを実行したのであった．

聖書の中で言及されているヨルダン河谷の他の部分は，それがベト・シェアンの谷と出合うところである．ここには，イズレエルの谷から最も容易にヨルダン河谷に達することのできる道路を支配していた壮大なベト・シェアン（ベイサン）の遺丘があった．それは，すでに引用した(p.151)箇所で言及されているが，その中でヨセフ族は自領には森林が多すぎ，「平地に住むカナン人は，ベト・シェアンとその周辺村落の住民もイズレエル平野の住民も皆，鉄の戦車を持っています」（ヨシュ17：16）と不平をこぼしている．ベト・シェアンとその周囲の町々（その「村々」）にとって，ヨルダン川とイズレエルの谷への通行を支配するための自然な手段は馬と戦車を配置することであった．これらの谷の比較的開けた地勢はそのために最適であった．イスラエル人はこの種の軍事力に対する対抗策を持っていなかったのであり，士師の時代に「マナセは，ベト・シェアンとその周辺の村落……を占領しなかった」（士1：27）としても驚くことはないのである．サウルの治世中，ペリシテ人がベト・シェアンを支配したか，そのうちのカナン人住民と同盟関係にあった．ギルボア山の斜面でのサウルの敗北と死（サム上31章）の後，ペリシテ人はサウルの死体をベト・シェアンの城壁にさらした（サム上31：10）．サムエル記下21：13には，サムエルとヨナタンの死体はベト・シェアンの公衆広場に吊るされたとある．これらの勇敢な兵士のうちの残りの者たち，サウルがかつてアンモン人の王ナハシュの手から救出した（サム上11章）ヤベシュ・ギレアドの人々が彼らの死体を夜陰に乗じてベト・シェアンから盗み出し，ヤベシュに埋葬したため，それ以上侮辱を受けることはなかった．ダビデは，ベニヤミンの領地内にあったサウル族の墓にこれらの遺体を移したことによって，埋葬上のしきたりを完了した（サム下21：13－14）．ソロモン治世の時代には，ベト・シェアンはイスラエル人の手中にあり，12の行政区の中に含まれるようになっていた（王上4：12）．

旧約聖書の時代には，ヨルダン川の両岸を特徴づけてきた密林にはライオンが棲息していた．エレミヤは，エドムを咎める預言の中で（49：18－19），ソドム・ゴモラのイメージとライオンの住むヨルダン川の密林のそれを重ねて，「ソドム，ゴモラと周囲の町々が覆されたときのように，そこには，だれひとり住む者はなくなり，宿る者もいなくなる，と主は言われる．見よ，獅子がヨルダンの森から緑の牧場に躍り出る

下　金箔で覆われた青銅製の「徽章」．ベト・シェアン出土で前1500－1200年のもの．

右　北東から見たベト・シェアンの空中写真．手前にあるのが，ローマ時代のスキトポリスの円形演技場．その向うにあるテルは自然の中に溶けこんでいる様がはっきり見える．遠景にヨルダン河谷があり，地平線をなしているのがトランス・ヨルダンの山々である．ベト・シェアンは，ヨルダン河谷から，ハロドの谷を経て，イズレエルの谷に至る東西路の重要な位置を占めていた．

ようにわたしはソドムを襲い一瞬のうちに彼らを追い散らし，わたしが選んだ者に，そこを守らせる」と言っている．旧約聖書では，イメージは逆転することがある．ゼカリヤ書11：3は審判を次のように描写している．

　　若い獅子のほえる声がする
　　ヨルダンの密林も荒れ果てた．

ヨルダン川の密林が荒廃しているというイメージとは対照的に，エゼキエル書47章は，生命を与える水が神殿から流れ出して，死海の水を新たにするという表現で未来の祝福を描写する．ヨルダン河谷と死海は，聖書の中で地理的に顕著な登場のしかたをすることはないものの，審判と祝福に関する聖書的イメージの形成に貢献し，イエスがその公的宣教を開始し，それがたどるであろう行程を孤独のうちに考え込んだ脈絡を構成したのである．

ヨルダン河谷と死海

トランス・ヨルダン

トランス・ヨルダンは、北から南に走り、東から西に流れてヨルダン川か死海に入る川によっていくつかの区域に分けられる一連の土地と考えるのが最もよい。これらの川は、しばしば、政治的区分に対しかなりの影響を及ぼした。他方、本文で述べられているように、この地域には種々の重要な差異が含まれているのであって、これを描写することは容易でない。たとえば、ガリラヤの海の東域は、ほとんどが森であったのに対し、死海の東には羊の飼育で有名なモアブの高原があった。

地域の概観

トランス・ヨルダンの全体をただの1章で扱うと、それが、ヨルダン川の西の土地にくらべてそれほど重要ではないとの印象を与える。そのような印象を修正するために、まず言っておくべきことは、トランス・ヨルダンは西岸ほど集中的に発掘されてはいないが、近東の文化・宗教史全体におけるその位置は決して低く見てはならないということである。聖書地図の観点からその重要性を簡単に述べると次のようになる。第1に、トランス・ヨルダンは、シリア、アンモン、エドム、モアブといった小国のあった土地であり、これらの国々は折にふれてイスラエルの生命を脅かし、預言者のことばの中でしばしばイスラエルの隣国として言及されている国々の中に入れられているのである。第2に、イスラエルの定着から前8世紀まで、トランス・ヨルダンにはイスラエル人がいた。そのうち最も顕著な場所はナハル・エッ・ゼルカ（ヤボク川）とナハル・エル・ヤルムク（ヤルムク川）との間の樹木の多い丘陵地であった。第3に、旧約聖書の中で述べられている荒野の放浪の最後の段階と征服の最初の段階の場はトランス・ヨルダンであった。第4に、新約聖書の時代では、トランス・ヨルダンには福音書の中の物語に登場する重要なユダヤ人およびヘレニズム期ギリシア人の地域があった。

トランス・ヨルダンは、北から南にかけて、大まかに言っ

右上 東を望むセイル・エル・モジブ（アルノン）川の空中写真。アルノン川は、死海の東岸に流れ込む壮大な峡谷である。古代では、それはモアブの天然の北境をなした。しかしメシャのような精力的な王は、この峡谷の北まで領土を拡大することができた。

縮尺 1 : 1 500 000

定住地
- 2千年紀
- 鉄器時代、前1200ごろ－587年
- ペルシア時代、前537－330年
- ヘレニズム時代、前330－40年
- ヘロデ、ローマ・ビザンツ時代、前

?セラ 2　同名定住地の第二の候補地
ヒッポス　古代名

トランス・ヨルダン

記号(U)：位置不明

アシュタロト(ベ・エシュテラ) 申1:4；ヨシュ9:10；12:4；13:12,31；21:27；代上6:56 **D2**

アシュタロト・カルナイム →カルナイム

アタロト 民32:3,34 **C3**

アトロト・ショファン 民32:25(U)

アビト 創36:35；代上1:46(U)

アフェク 王上20:26ff.；王下13:17 **C2**

アベル・ケラミム 士11:33 **C2 C3**

アル 民21:28；申2:9；イザ15:1 **C3**

アルモン・ディブラタイム(ベト・ディブラタイム) 民33:46,47；エレ48:22 **C3**

アレマ →ヘラム

アロエル 民32:34；申2:36；3:12；4:48；ヨシュ12:2；13:9,16；サム下24:5；エレ48:19；代上5:8 **C3**

アロエル ヨシュ13:25；士11:33 **C3**

アンモン 申19:38；申3:16；士10:7ff.；サム下10:1ff.；11:1ff.；アモ1:13 **D2**

イイエ・アバリム 民21:11；33:44,45 **C3**

イヨン 王上15:20；代下16:4(U)

エグライム イザ15:8 **C3**

エグラト・シェリシヤ イザ15:5；エレ48:34(U)

エドム 出15:15；民20:14ff.；24:18；ヨシュ15:1,21；サム上14:47；サム下8:13,14；王上9:26；11:14ff.；王下3:8ff.；8:20；14:10；16:6；代上18:13；代下25:20；詩60:10,11；83:7；108:10,11；137:7；エレ9:25；25:21；49:7；エゼ25:12,14；32:29；ヨエ4:19；アモ1:6,9；2:1；オバ1ff.；8 **C4**

エドレイ 申1:4；ヨシュ13:31；民21:33 **D2**

エフロン 1マカ5:46；2マカ12:27 **C2**

エルアレ 民32:3,37；イザ15:4；16:9；エレ48:34 **C3**

オボト 民21:10-11；33:43,44 (U)

カスフォ →カスフォル

カスフォル(カスピン,カスフォ) 1マカ5:26,36；2マカ12:13 **C2**

ガダラ マタ8:28 **C2**

カラクス 2マカ12:17(U)

カルナイム(カルニオン,アシュタロト・カルナイム) 創14:5；1マカ5:26,43-44 **D2**

キル・ハレセト(キル) 王下3:25；イザ15:1；16:7,11；エレ48:31,36 **C3**

キルヤタイム 民、ヨシュ13:19；エレ48:1,23 **C3**

キルヤト・フツォト 民22:39(U)

キレアト 創31:23,25；民32:1,39,40；申3:12,13,15；34:1；ヨシュ12:2,5；17:1,22；士10:8,17；11:1,2,5,7-11；20:1；サム下2:9；17:26；王上4:13,19；王下10:33；15:29；詩60:9；108:9；雅4:1；6:5；エレ8:22；22:6；50:19；ホセ6:8；12:12；アモ1:3,13；オバ1:9 **C4**

ケデモト 申2:26；ヨシュ13:18；21:37；代上6:64 **C3**

ケナト(ノバ) 民32:42；代上2:23 **D2**

ゲラサ マコ5:1；ルカ8:26 **C2**

ゲリロト エレ48:24；アモ2:2 **C3**

ゲルゲサ マコ5:1；ルカ8:26,37 **C2**

ゴラン 申4:43；ヨシュ20:8；21:27；代上6:56 **C2**

サルカ 申3:10；ヨシュ12:5；代上5:11 **D2**

シブマ 民32:38；ヨシュ13:19、イザ16:8,9；エレ48:32 **C3**

セラ 王下14:7 **C4**

ダテマ(ディアテマ) 1マカ5:9 **D2**

ダマスコ 創14:15；15:2；サム下8:5,6；王上11:24；15:18；19:15；20:34；王下7,9；16:9-12；代上18:5,6；代下16:2；24:23；28:5,23；イザ7:8；8:4；10:9；17:1,3；エレ49:24；アモ1:3,5；使9:2,3,10,19；22:5,6,10-12；26:12,20；2コリ11:32；ガラ1:17 **D1**

ツァイル 王下8:21(U)

ツァルモナ 民33:41,42 **C4**

ディ・ザハブ(メ・ザハブ) 創36:39；申1:50；申9:36 **C2**

ティシュベ 王上17:1；21:17,28；王下1:3,8；9:36 **C2**

ディボン 民21:30；32:3,34；33:45-46；ヨシュ13:9,17；イザ15:2,9；エレ48:18,22 **C3**

ディンハバ 創36:32；代上1:43(U)

テマン エレ49:7,20；エゼ25:13；アモ1:12；オバ1:9 **C4**

トブ 士11:3；サム下10:6,8 **D2**

ナタバト 1マカ9:37 **C3**

ネボ 民32:3,38；イザ15:8；イザ2；エレ48:1,22 **C3**

ノバ →ケナト

バアル・ガド ヨシュ11:17；12:7；13:5 **C1**

バアル・ペオル →ベト・ペオル

バイ(バウ) 創36:39；代上1:50(U)

バシャン 民32:33；ヨシュ13:29；イザ2:13；エレ22:20；詩22 **D2 D2**

バスカマ 1マカ13:23 **C2**

ハツァル・エナン(ハツァル・エノン) 民34:9；エゼ47:17；48:1(U)

バネアス →フィリポ・カイサリア

ハム 創14:5 **C2**

バモト・バアル 民21:19,20；22:41；ヨシュ13:17 **C3**

フィリポ・カイサリア(バネアス) マタ16:13；マコ8:27 **C1**

ベ・エシュテラ →アシュタロト

ヘエル エレ21:16(U)

ヘオン →ベト・バアル・メオン

ヘシュボン 民21:25-28,30,34；32:3,37；申1:4；2:24,26,30；3:2,6；4:46；29:6；ヨシュ9:10；12:2,5；13:10,17,21,26；21:39；代上6:81；ネヘ9:22；イザ15:4；16:8,9；エレ48:2,34,45；49:3；雅7:5 **C3**

ベツラ(ボツラ) ミカ4:43；ヨシュ20:8；21:36；代下6:63；エレ48:24 **C3**

ベト・アルベル ホセ10:14 **C2**

ベト・ガムル エレ48:23 **C3**

ベト・シタ 士7:22(U)

ベト・ディブラタイム →アルモン・ディブラタイム

ベトニム ヨシュ13:26 **C3**

ベト・バアル・メオン(ベオン) 民32:38；ヨシュ13:17；代上5:8；エレ48:23 **C3**

ベト・ペオル(バアル・ペオル) 民25:3,5；申3:29；4:3,46；34:6；ヨシュ13:20；詩106:28；ホセ9:10 **C3**

ヘラム(アレマ) サム下10:16,17；1マカ5:26 **C3**

ボツラ 創36:33；代上1:44；イザ34:6；63:1；エレ49:13,22；アモ1:12 **D2**

ボツラ →ベツェル

ホロナイム イザ15:5；エレ48:3,5,34 **C3**

ホロン エレ48:21 (U)

マケド 1マカ5:26,36 **C3**

マスレカ 創36:36；代上1:47(U)

マタナ 民21:18,19 **C3**

マドメン エレ48:2 **C3**

マハナイム 創32:3；ヨシュ13:26,30；21:38；サム下2:8,12,29；17:24；19:32；王上2:8；4:14；代上6:65 **C3**

ミツバ 創31:49；士10:17；11:11,29,34 **C2**

メ・ザハブ →ディ・ザハブ

メデバ 民21:30；ヨシュ13:9,16；代上19:7；イザ15:2 **C3**

メファアト ヨシュ13:18；21:37；代上6:64；エレ48:21 **C3**

モアブ(町) 民22:36；**D3**

モアブ 出15:15；民21:13,15；22:3ff.；ヨシュ24:9；士3:12,14,15,17,28-30；ルツ1:1,4ff.；サム下8:2；王下3:4ff.；イザ15:1,2,4,5,8,9；16:2,4,6,7,11-14；エレ48:1ff.；アモ2:1ff. **C3**

ヤゼル 民21:32；32:1,3,35；ヨシュ13:25；21:39；代上6:66；26:31；イザ16:8,9；エレ **C3**

ヤハツ 民21:23；申2:32；ヨシュ13:18；21:36；エレ11:20；代上6:63；イザ15:4；エレ48:34 **C3**

ヤベシュ・ギレアド 士21:8-10,12,14；サム上11:1,3,5,9,10；31:11-13；サム下2:4,5；21:12；代上10:11，12 **C2**

ヨグボハ 民32:35；士8:11 **C2**

ラバ、ラバト・アンモン 申3:11；エゼ21:25；ヨシュ13:25；サム下11:1,12；26ff.；代上20:1；エレ49:2,3；アモ1:14 **C3**

ラフォン 1マカ5:37 **D2**

ラマト・ミツパ ヨシュ13:26 **C3**

ラモト・ギレアド 申4:43；ヨシュ20:8；21:38；サム上30:27；王上22:3,4,6,12,14；代下18:2,3,5,11,14,19,28；22:5 **C2**

レホブ 民13:21 **C3**

ロゲリム サム下17:27 **C2**

ロ・デバル サム下9:4；アモ6:13 **C2**

トランス・ヨルダン

左　ヘルモン山系の最高点は3030mほどに達する．この山系はイスラエル北部の多くの地点から見ることができ，夏でも雪をかぶっている．低部の融雪による流水はヨルダン川の源流をなす．本書はイエスの変貌が起こったのはこの地域であるという見解をとる．

て五地域に区分することができる．ナハル・エル・ヤルムクの北は，ダマスコに向けて北東方向にひろがる大高原である．西側でこれと境をなすのが南西から北東に向けて走るヘルモン山系である．ナハル・エル・ヤルムクのすぐ北の地域は旧約聖書ではバシャンと呼ばれ，その豊穣さにおいて有名であった．それは，旧約聖書の中では通常定冠詞を付けて言及されているが，その意味はたぶん「平らな（したがって肥沃な）土地」であろう．バシャンは，この地域自体への言及のほかに，十分な食料を与えられたもの，豪奢なもの，あるいは強いものを指す単語として現われる．詩篇作者は自分を取り囲む人間あるいは非人間的敵を「バシャンの猛牛」と呼んだし（詩22：13），アモスは「バシャンの雌牛ども」という句を，サマリアの町で奢侈を尽くしてなまけている裕福な女たちにあてはめている（アモ4：1）．

第2の地域は，ナハル・エル・ヤルムクからナハル・エッ・ゼルカ（ヤボク川）まで延び，ギレアドと呼ぶことができる．ただし，ギレアドという名称はいくつかの意味を持っているのであって，旧約聖書では，時には，ナハル・エル・ヤルムクの北まで，そして，ナハル・エッ・ゼルカの南ではセイル・エル・モジブ（アルノン）までを含む領域を指している．本書では，事柄を明瞭にするため，この語を限定された用語として用いよう．狭義におけるギレアドは，ヨルダン川西岸の森林丘陵地帯に相当していたのであり，このゆえにここに定着したイスラエル人はその占領を保持することができたのに対し，ここの北または南に定住した他の人々にとっては，取り囲む諸国の圧迫に耐えることは困難だったのである．そうであったとしても，主たるギレアド山脈の東の比較的起伏の少ないところに位置していた町であるラモト・ギレアドは9世紀におけるイスラエルとアラム（ダマスコ）の間の紛争の中心地だったのであり，少なくとも2度の戦闘がそこでなされた（王上22：1－3，王下8：28）．

第3の地域は，ナハル・エッ・ゼルダからセイル・エル・モジブ（アルノン）に至り，全体を一括してアンモンと称することができる．しかし，これもまた単純化した呼びかたである．というのは，アンモンの西境が，ナハル・エッ・ゼルカが北上しているところまでで，西に折れてヨルダン河谷に入るところまでは達しなかった時期がいくつもあったからである．さらに，この地域は一時ルベン族に支配され，その前にはアモリ人の王シホンによって支配されていたが，これを敗北させたのがモーセの指揮になるイスラエル人であった（民21：21－30）．セイル・エル・モジブ（アルノン）はモアブの名目上の北境であったが，メシャ（前9世紀）のような精力的にして強力な王は領土を北方にひろげることができた．このようにして境界は流動的だったのであり，数世紀間のうちに，人を戸惑わせるほどの数の名が，ナハル・エッ・ゼルカとセイル・エル・モジブ（アルノン）との間の諸区域に付けられた．ここで考察されているアンモンの地域は，一部は険しい崖とガレ場をなしていたが，これと同時に，その中央部は，非常に肥沃な高原からなっていた．

セイル・エル・モジブ（アルノン）から南方へワディ・エル・ヘサ（ゼレドの小川）までが厳密に言ってモアブの領域である．それは，大体海抜1000mをなし，長さおよそ56km，幅およそ40kmからなる平原によって形成されている．この地域の内部は多数の狭いワディによって水量豊かであり，9世紀にここの王がイスラエルの封臣であった時，年間の朝貢量は「10万匹の小羊と雄羊10万匹分の羊毛」（王下3：4）（あるいは子羊，雄羊それぞれ10万匹の毛）にのぼったほどに肥沃であった．ルツの物語によれば，ベツレヘムのあたりで生じた飢饉のため，エリメレクとその家族は食糧を求めてモアブに行った（ルツ1：1－2）．モアブは，ベツレヘムとヘブロン丘陵よりも東にありながら，他のトランス・ヨルダン地域と共通して，冬季は雪と霜を伴い，夏は霧と雲によって，低温だったのである．

ワディ・エル・ヘサの南方で，アカバ湾に向けて延びるあたりにエドムの領地がある．その中央山地は時には海抜およそ1700m以上に達する．この山地の東側には海抜およそ1000－1100mをなす高原があり，冬季は3月半ばから，時には4月初めまで続く雪と霜のため極めて寒冷である．G・A・スミスは，この高原の風景の一部とヨーロッパのそれとの間の類似性に驚いた人々の所感を記し，ダウティから次の文を引用している．「これほどの高所にある石灰岩性の荒れ地はヨーロッパに近似しており，ところどころに常緑性オークが茂る公園のようなくぼんだ土地がある．」植生図（p.63）からわかるように，ヨルダン川の西側では，自然繁茂の地中海性森林がベエル・シェバの北数マイルのところで終わるのに対し，東側ではそれはエドム高原でベエル・シェバとの等高点

右　トランス・ヨルダンでの羊飼いの生活は，聖書時代以来ほとんど変わっていない．

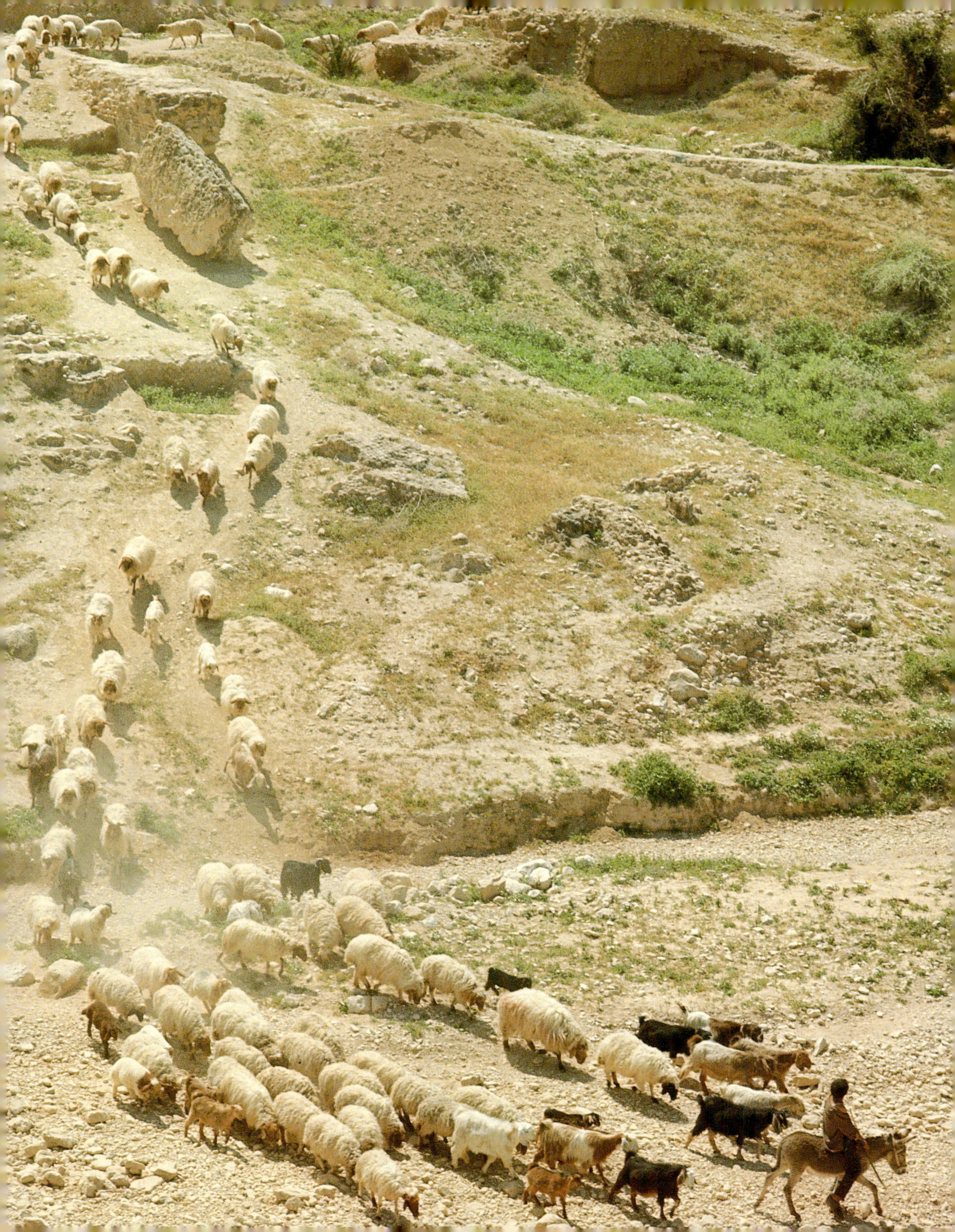

トランス・ヨルダン
よりさらに150kmほど南まで延びているのである．

聖書の記録

トランス・ヨルダンは，旧約聖書ではヤコブとエサウの物語に初めて登場する．出身地に関する旧約聖書の観点によると，エサウがエドムの創始者となるはずであった（創36：6―8）．ヤコブがハランにいるラバンのところでの寄留の後カナンに戻ると（創29―36章），彼は，たぶん，エドムにいるエサウと和解するために，トランス・ヨルダンを下って旅した．ヤコブの旅は，その当初では義父ラバンからの逃避行であった．彼は，ギレアドの丘陵地，たぶんヤルムク川とナハル・エッ・ザルカ（ヤボク川）との間で追いつかれ，ここで2人の間で協定が結ばれたのであった（創32：23―33）．続けて読むと，ヤコブとエサウとの和解は，ヤコブがヤボク川を渡ってすぐになされたことを物語は示唆する．なぜなら，和解後のヤコブの最初の目的地は，ヤボク川がヨルダン河谷に入るところにあるスコトであったからである（創33：17）．ヤコブは次にシケムに着いたが（創33：18），ここにはヨルダン川を渡り，ワディ・ファリアを登って行けばよかった．

　トランス・ヨルダンについて次のまとまった言及は民数記の後半にある．モーセはエドムの王のもとヘカデシュから使者を送り，「王の道」として知られていた道に沿ってその領内の通過を許可するよう求めた．この願いは拒否されたため，イスラエル人はまわり道をしてエドムの南端沿いの東に向かい，次にエドムの東側（砂漠）の前線を守っていた一連の砦の東に沿って北上したのであった（民21：4，10―13）．

　民数記33：41―49にあるイスラエル人の巡路の梗概は，エドム通過にあたって彼らは妨害されなかったことを示唆する．この旅程は，一部の学者が提唱しているように，エドムとモアブの大部分がまだ無住であった前13世紀以前のトランス・ヨルダンに進入したより早いイスラエル人の波がたどった道筋を記述しているのであるかもしれないし，あるいは，モアブとエドムを通る旅が許可された時代からの巡礼者の順路であるかもしれない．エドムとモアブの王国は，聖書の中で記述されているように，前13世紀まではまだ建設されていなかったという見解は，今から20年前にくらべてそれほど確実ではないと思われる．モーセに率られたイスラエル人は「〔バモトから〕モアブの野にある谷へ，そして荒れ果てた地を見下ろすピスガの頂」に達した（民21：20）．ここからアモリ人（ここでいうアモリ人とはたぶんカナン人を指す一般的用語である）の王シホンのもとに使信が送られ，イスラエルが「王の道」に沿ってその領地を通過する許可を求めた．この要求もまた拒否され，シホンは軍をヤハズに集結させたが，イスラエルはこれを破り，セイル・エル・モジブ（アルノン）からナハル・エッ・ザルカ（ヤボク）までのシホンの領土を占領した．ヤハツの位置が不明であるのに加え，この出来事全体の地理的関係には多くの不確実な点がある．多くの聖書地図がピスガを，本書上記においてアンモンと呼んだ場所の西側，メデバの北西に置く．他方，ヤハツはしばしばメデバの南方25kmのところにあるディボンのあたりに置かれる．シホンに対するイスラエル人の脅威は，西側からというよりは東側から来たと考えるほうがはるかに当っていると思われるのである．ここでは問題点をあげるにとどめ，それらの解決を試みることは控えることにする．シホンに対する勝利の

アンマンで発見されたモアブ王の石灰岩製立像．前10―9世紀．

後，イスラエル人はさらに北上してバシャンの王オグを破った（民 21：33—35）．この 2 回の勝利は，神がその民のためにそれ以降達成して下さった戦勝を記念する際にしばしば引用される．たとえば，詩篇 135：10—11 では，神は次のように回想している．

> 主は多くの国を撃ち，
> 強大な王らを倒された
> アモリ人の王シホン，
> バシャンの王オグを．

次にイスラエルは，民数記 22：1 がモアブの野と呼んでいる所——たぶんエリコと反対側のヨルダン河谷にあった——に露営した．イスラエル人がここにいることは，モアブの王バラクにとって重大関心事だったので，彼は北方に使者を送り，預言者バラムを雇ってイスラエルを呪わせようとした．地勢上から言えば，イスラエル人はバラクの北境であったアルノン川の北方約 40 km の地点にいたことになる（民 22：36 参照）．バラムがモアブに旅した物語と言葉を話す彼のろばの物語は，超自然的出来事が聖書においてどのように解釈されるべきかについて，長い間，種々の対立する学派の間で議論の中心的箇所となっている．バラムは，到着してみると，雇い主にとって大きな失望の元であることがわかった．彼はイスラエルを呪うどころか，祝福したのであった．いわく，

> いかに良いこと
> ヤコブよ，あなたの天幕は
> イスラエルよ，あなたの住む所は．
> それは広がる谷
> 大河の岸の園のようだ．
> それは主が植えられたアロエの木のよう
> 水のほとりの杉のようだ．（民 24：5—6）

さらに侮辱を加えるかのように，バラムはモアブを呪い，イスラエルがモアブとエドムを支配するであろうと約束してこの仕事を締めくくった（民 24：17—18）．

表面だけを見れば，バラムはイスラエルの神のことばだけを語る良き預言者であった．しかし，民数記 25：1—5 は，イスラエル人がモアブの女たちと密通し，ペオルのバアルなる神を信仰し始めたことを記録している．このあとの箇所（民 31：16）はバラムの責任を追求して「この女たちがバラムに唆され，イスラエルの人々を主に背かせて引き起こした……」と述べている．後代の伝承は，バアル・ペオルにおけるイスラエルの背信を極めて深刻に受けとった．たとえば，詩篇 106：28—29 は次のように回想している．

> 彼らはバアル・ペオルを慕い
> 死者にささげた供え物を食べた．
> この行いは主の怒りを招き
> 疫病が彼らの間に広がった．

新約聖書ではユダヤ教文献におけると同様に，バラムは常に悪者として描かれている．ペトロの第 2 の手紙 2：15 では，偽りの預言者と彼らに従う者たちを非難して「彼らは，正しい道から離れてさまよい歩き，……バラムが歩んだ道をたどったのです．バラムは不義のもうけを好み……」と言っている．

こうして，エリコの反対側にあるモアブの野に置かれている物語は，イスラエルの信仰とキリスト教徒のいましめにとっての一連の強力な象徴となった．モーセがネボ山から，彼が入ることのできなかった約束の地を見たのもこの地域でのことであった（申 34：1—4）．彼は「ベト・ペオルの近くのモアブの地のある谷に」葬られた（申 34：6）．土地の分割についてヨシュア記 13 章の細部は解釈に困難を伴うのであるが，マナセ族の半分は，以前にはギレアドとバシャンと呼ばれた所を受けた．ルベンとガドはアルノン川とヤボク川との間の土地を分け，ルベンがその南部を取った．しかし，ここで注意しておかなくてはならないのは，ヨシュア記 13：27 がガドの北境を「キネレト湖南端」に置いていることである．ルベンとガドにとって周囲の諸国民の圧力に対抗することは困難であったと考えるべきである．諸部族の運命に関する古い詩は，

> ガドは略奪者に襲われる．
> しかし彼は，彼らのかかとを襲う．（創 49：19）

と言い，同様に古い別の詩は，

> ルベンを生かし，滅ぼさないでください．
> たとえその数が少なくなるとしても．（申 33：6）

と祈っている．本書においてギレアドとした地域は，イスラエル人の存在が突出して保持されたところであった．

この地域はイフタという大士師を生み出したが，その活動は士師記 11：1—12：6 で想起されている．彼はギレアド人とされているが，トランス・ヨルダンの北東のトブの地に追放され，そこで山賊となった．アンモン人がギレアドを攻撃した時，彼は支援を頼まれたが，自分を民の長にしてくれるならそうしようと合意した．彼はまた，後に，勝利を収めて戦闘から帰る時，最初に出会う人を神に犠牲として捧げようという運命的な誓いをたてた．この最初の人とは，彼自身の独り子である娘であった．イフタのアンモンの王との外交的やりとりは，イスラエル人がアモリ人の王シホンを敗北させた時のことを想い起こさせたが，アンモン人の王自身は，イスラエルがアルノン川からヤボク川までの土地を取ったのは不当であると考えた．続いて起こった闘いで，イフタはアンモン人を打ち破っただけでなく，ギレアドに定着し，戦闘には召集されなかったエフライム族の人々に対し復讐を行なった．この出来事の正確な原因は不明である．

サウルの治世中，アンモン人は再び，トランス・ヨルダンにいるイスラエル人を滅ぼして，領土の拡大を図り，王ナハシュはギレアドのヤベシュの人々を脅かした（サム上 11 章）．この町は通常ワディ・エル・ヤビス（ケリトの小川）のほとりにあるテル・エル・マクルブと同定されている．この町がヤボクの川から北に離れており，しかもギレアドの中心部に位置していることから，ナハシュはすでにギレアドの南部を占領していたか，あるいは，軍をヨルダン河谷沿いに北上させ，ワディ・エル・ヤビスを使って侵入させ，ここからギレアドの中心部を突破しようとしたことが示唆される．サウルによるギレアドのヤベシュのみごとな救出により，彼はその

トランス・ヨルダン

住民から永遠の感謝を得た．サウルの死体がベト・シェアンでペリシテ人によって誇らかにさらされた時，ギレアドのヤベシュの人々はヨルダン川を越えてベト・シェアンに行き，彼の死体がこれ以上の侮辱にさらされないために，これを取り去ったのであった（サム上 31：11－13）．

サウルの司令官アブネルが，ペリシテ人によるサウルの死と敗北の後に撤退した先は，トランス・ヨルダンのイスラエル領であった．一つはヤボク川のほとり，他の一つはこの川の近くという二つの位置が示唆されているマハナイムで，アブネルはサウルの子イシュ・バァルを「ギレアド，アシュル人，イズレエル，エフライム，ベニヤミン，すなわち全イスラエル」の王であると宣言した（サム下 2：9）．西方領土に対する王権の主張は，疑いもなく，事実に基づくものというよりは法律によるものであった．イシュ・バァルの治世は，アブネルがヨアブによってヘブロンで殺されたことに続く暗殺で終わりを告げた（p. 99を見よ）．ダビデが最終的にペリシテ人の勢力を破った時，彼は北はダマスコから南はエドムまでのトランス・ヨルダン全体を支配下に置いた．しかし彼は，息子アブサロムが反乱を起こした時，イシュ・バァルと同様に，マハナイムに逃げる破目に陥ったのであった．思うに，ダビデはトランス・ヨルダンにいるイスラエル人に彼らの近隣の外国を破って安全を保障してあげたことにより，彼らの信頼を得ていると踏んだのである．アブサロム，ダビデ両軍の決戦は，ヨルダン川の西側にあったと目されるエフライムの森の中で戦われた．しかしながら，物語の細部の点はすべてこの森の位置を東ヨルダンに置くのであり，おそらくその名は，ギレアドに移住し，イフタと争うことになったエフライム人に由来したのである．

ソロモンが治世を開始すると，エドムとダマスコが反乱を起こして，ダビデの帝国は分裂した（王下 11：14－25）．王国が分裂すると，ダマスコはユダと同盟を結んで北ガリラヤを侵略した（p. 136）．しかし，前9世紀前半のオムリとアハブの治世中，イスラエルの支配は保持され，モアブに対する支配力を復活した．われわれはこのことを，1868年にディバン（聖書のディボン．民 21：30 など）で発見された有名なメシャ碑文から知ることができる．それは，イスラエルの王オムリが，ケモシュ（モアブ人の神．士 11：24 参照）が自分の国土に対して怒りを表わしているとして多くの日々（すなわち，多年）にわたってモアブを苦しめていたと伝える．このことは，モアブの王メシャが羊毛，あるいは羊毛と子羊でもってイスラエルの王に朝貢していたとする列王記下 3：4の記事に一致する．メシャは，アハブに対して反乱を起こして勝利を収め，イスラエルの町アタロトとネボを滅ぼしたと主張している．ところでこの碑文は，ガドの部族がこの時すでにアルノン川の北の領地に定着していたことを確認する．いわく，「ガドの人々は昔からアタロトの地に住んでいた．」メシャに対するアハブの子ヨラム（エホラム）の遠征は，たぶん，アハブの治世中に失われたものを回復するためであった．それは地勢上示唆に富む（王下 3：4－27）．イスラエルの王は，ユダとエドムの王，そして預言者エリシャを連れて，大きく遠回りして東からモアブ人に向かった．当然ながら東の前線には要塞が築かれていたが，北と南の境界は，これに加えてアルノン川とワディ・エル・ヘサ（ゼレド川）の深い谷によって防衛されていたのに対し，東側は砂漠からの進入に備えて

自然上の防護は何もなかった．遠征隊が水不足に陥った時，エリシャは不本意ながら王に，溝を掘って，そこに水がたまるようにしたらよいと告げた．朝になって水がたまると，朝日を反射した水面は血に見えた．これを見たモアブ人は，敵軍のうちに争いと流血が起こったと確信した．モアブ人は戦利品を得るためにイスラエル陣に急いだが，着いてみると敵軍は無傷であった．モアブ軍は追い返され，彼らの王はキル・ハレセトで包囲された．絶望した王が，その長男を城壁の上で燔祭として捧げ，やっとこの難を免れた．というのは，この行為が及ぼすかもしれない結果を恐れて，イスラエル軍はヨルダン川を渡って引き返したからである．

アハブとその子ヨラム（エホラム）の治世の多くはトランス・ヨルダンと関わっていた．ギレアドは，アハブの敵対者預言者エリヤの故郷であったし（王上 17：1），飢饉の時にエリヤがカラスに食べさせてもらった場所であるケリトの小川はヨルダン川の東にあった．アハブの治世はまた，ダマスコとの戦争に深く関係していたが，これは特に，（本書で画定している）中央ギレアドの東部に位置していたと思われるラモト・ギレアドの領有権をめぐるものであった．事実，アハブはラモト・ギレアドでの戦闘で殺された（王上 22章）．その子ヨラムもまたラモト・ギレアドでシリア軍と戦って負傷したが，この町を取り戻したらしい．ヨラムがイズレエルで傷の治療にあたっているうちに，エリシャの預言者たちの1人が一瓶の油を持ってラモト・ギレアドに行き，ヨラムの司令官イエフに授膏して王としたため，革命が始まり，オムリとアハブの王朝は完全に滅びたのである．

分裂王国のその後の時代でなされているトランス・ヨルダンへの多様な言及の中に，ユダの王アマツヤが「塩の谷で1万人のエドム人を打ち，セラを攻め落とし，その名をヨクテエルと名付けた．こうしてそれは今日に至っている」（王下 14：7）という記事がある．セラをエッ・セラ，すなわちペトラと同定することには，賛成論と否定論の両方がある．セラとペトラの両語とも「岩」を意味するのであり，アマツヤがこれを急襲（ただしヘブライ語は字義的には「戦いで」の意）によって占領したという記述は，この町に接近するにはスィク川と呼ばれる峡谷に沿ってであること，そしてその占領は言及するに値する勲功であったであろうことに合致するのである．しかし，歴代誌下 25：12 にあるこの出来事の叙述は，ユダ軍が1万人のエドム人を岩の頂に連行し，彼らをそこから突き落としたと述べているだけである．セラをペトラに位置づけることは，証明できなくとも，可能なことであり，町々のうちでも最も顕著なこの町を垣間見せてくれる．それは，今日でも見ることができるのであるが，その中心となっているのが，軟い赤色石灰岩に切り込まれ，前4世紀から後2世紀までの間に由来する様式を持つ建物の正面である．ペトラは後1世紀にはナバタイの首都であったが，パウロはこの国で数年を過ごしたのであった．

イスラエルとユダは，前8世紀の初めの数十年間，繁栄し，トランス・ヨルダンにおけるかつての支配権が回復された．アンモン人はユダの王ウジヤに朝貢し（代下 26：8），ヤロブアム2世はダマスコとそれ以遠を支配した（王下 14：23－25, 28）．しかし，8世紀後半になるとアッシリアの勢力が抬頭し，前733/2年はギレアドがガリラヤと共にティグラト・ピレセル3世によって併合された．ネブカドネツァルが前

ペトラのハズネ，すなわち宝物庫．ペトラに行くには長さ1マイルの曲がりくねった峡谷を進まなければならず，その終点で広場が現出し，このハズネが正面に見える．それが宝物庫と呼ばれるのは，この記念物の上部中央にある「骨壺」のためである．伝説によると，あるファラオがそこに宝物を納めたとのことである．これは，実際には，前1世紀の神殿であるらしい．入口から中に入ると中央室があり，その左右に部屋が一つずつある．

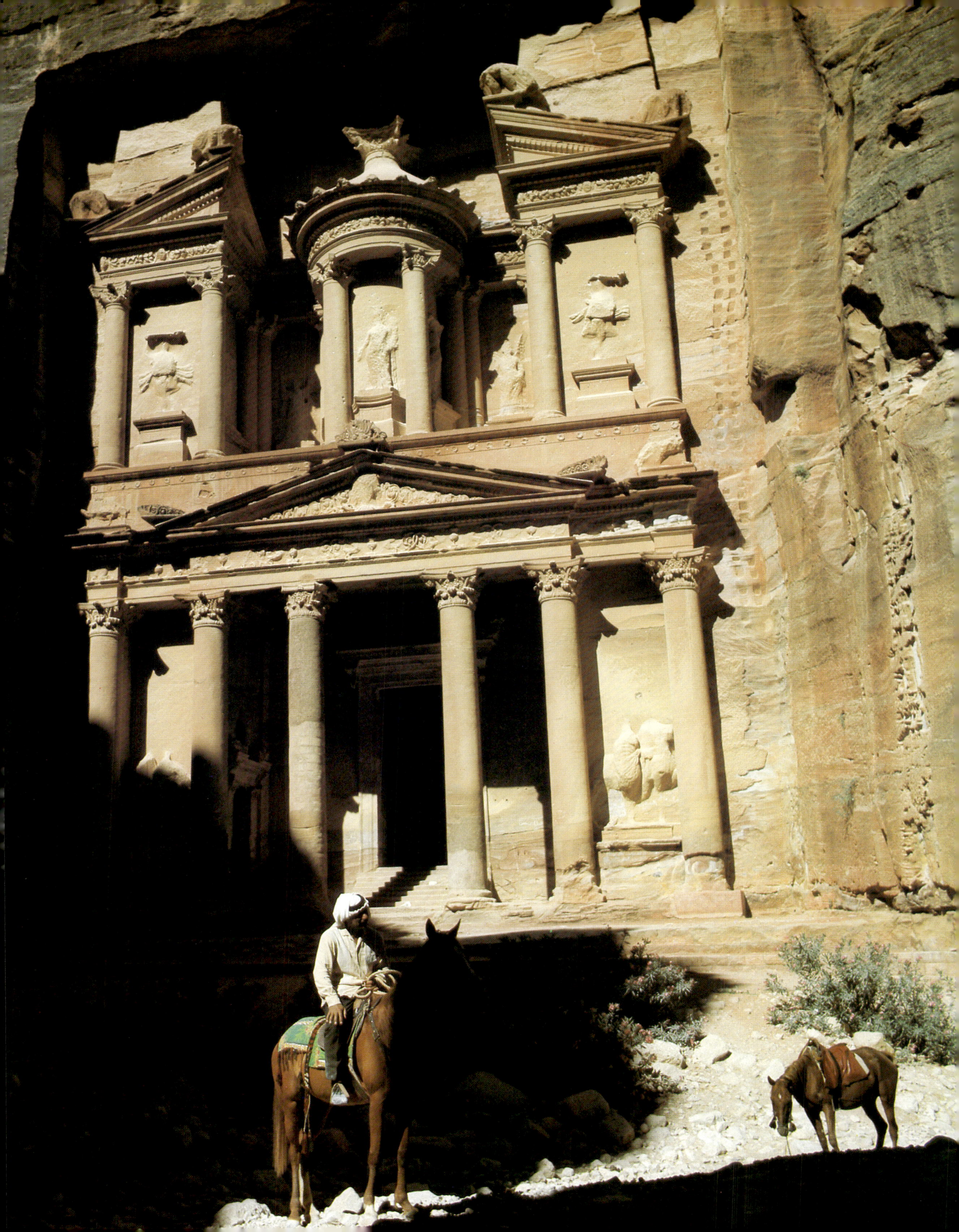

トランス・ヨルダン

588年にユダに対して進撃すると，ユダヤ人の一部はアンモン，モアブおよびエドムを含む他の土地に逃亡した（エレ40：11）．エルサレムが陥落すると彼らは総督ゲダルヤを支援するためにユダに戻った．しかし，その職は，明らかにアンモン人の王バアリスの命令によって彼が暗殺され，途絶した（エレ40：14）．さらに，エドム人がユダの滅亡を機に，自分たちを何回にもわたって苦しめた民の土地の一部を奪った．ユダの南にあってイドマヤと呼ばれることになった彼らの国は，ヨハネ・ヒルカーヌス（前135－104年）によって強制的にユダヤ教に回宗させられた．ヘロデ大王が出たのは，これら回宗させられたイドマヤ人の家系からであった．

イエスの時代のトランス・ヨルダン

イエスの時代のトランス・ヨルダンの情況は次のようなものであった．アルノン川から北へヤボク川まで，そしてたぶんヤルムク川までペレアとして知られる地域があった．これは「～の向こう」を意味するギリシア語 peran から出た．その南部の主たる住民はユダヤ人であったが，これはおそらく数百年も前のトビア家の定住にまで遡る．ヨルダン川の東側にあったとはいえ，ペレアはガリラヤとユダを結ぶユダヤ人の結び目だったのであり，非ユダヤ人領に足を踏み込まないで，ガリラヤからエルサレムに行こうとする者は，ヨルダン川を渡り，この河谷の東側に沿ってペレアを通れたのである．

ペレアはその北部でデカポリスと交わっていた．後者はもともと10市（ギリシア語の deka poleis は「10市」を意味する）からなる連盟で，その最古のものは前4世紀末に設立された．これらのうち最もよく知られているのは，フィラデルフィア（アンモンの首都ラバト・アンモン，現代のヨルダンの首都アンマン），ゲラサ（現代のジェラシュで，ローマ時代のみごとな遺構を持つ），ペラ（後70年のエルサレムの破壊の前にキリスト教徒たちが逃亡した町），ガダラ（たぶん，「レギオン」と呼ばれた男の癒しのなされた場），そしてスキトポリス（聖書のベト・シェアンで，ヨルダン川の西側における唯一のデカポリスの成員）である．ダマスコもまたこれら10市の一員であった．これらの町々が占領していた地域の多くは，前2－1世紀にエルサレムのマカバイ家支配者たちによって征服されていたのであるが，ローマ人が前63年に，そして再び前4年のヘロデ大王の死の後に彼らの独立を回復したのであった．これらの町はコスモポリタニズムをその性格とし，ユダヤ人区を持つ町もあったが，それらの根幹精神と公的宗教はヘレニズム的なものであった．

ヤルムク川の北には，シリア領の一部となったガダラとヒ

上　ジェラシュ，すなわち古代のデカポリスの一市ゲラサのフォーラム．この地はすでに前2500年には占住されていたが，ゲラサが建設されたのは前2世紀のことであったらしい．それは交易路上に位置し，前1世紀から後3世紀の間に最も繁栄した．残存する多くの建造物は後2世紀のものである．後1世紀に築かれたと思われるフォーラムは町の南西端にある．それは不整則な卵形をしており，そこから列柱街路がおよそ600mにわたって北門まで通じている．

ッポスの町を囲む地帯を除く，前4年から後34年まで四分領大守ピリポによって支配された地域があった．本書の目的にとって重要なことは，この領域の中に，地中海岸のカイサリアと区別するために，ピリポ自身の名にちなんだカイサリア・ピリピという町が含まれていたことである．この町はヨルダン川の源流の一つをなし，その創設の当初から「（神）パンとそのニンフたち」に捧げられた洞穴を持っていた．この地がフィリポ・カイサリアと称される前には，その周辺を含めてパネアスと呼ばれ，この名称はやがて現代のバニアスとして残っているのである．ペレア，デカポリス，ピリポの領地の東にあって，南方ではエドムまで，そして北ではおそらくダマスコまで達していたのがナバタイの領土であった．砂漠出身のこの民族は，すでに前6世紀にはエドムに進入を始めていたと思われる．彼らは，王アレタス（前9—後40年）のもとでトランス・ヨルダンで大きな勢力を享受した．

出来事の厳格な順序に従えば，トランス・ヨルダンが新約聖書の中で初めて登場するのは，イエスの宣教においてではなく，洗礼者ヨハネの宣教である．マルコによる福音書1：14は，イエスの宣教開始をヨハネの投獄に置く．どの福音書もヨハネがどこで投獄されたかを伝えていないが，ヨセフスによれば彼は，ヘロデによって要塞化された砦にして宮殿であり，これを凌ぐものはマサダのみであったとされるマカエルスに捕われたのであった．それは，アルノン川の北約14 kmの山並みの西端にあって死海を望み，晴れた日には，オリーブ山とエルサレムの一部を見ることができる．ヘロデ・アンティパスの前で踊り，その後洗礼者ヨハネの首級を求めたという有名な物語（マコ6：14—29．サロメという名は福音書には現われない）は，彼の高官，将校や重立った人々を招いて宴会を催したのは額面的にはガリラヤにおいてであったと思われるのである（マコ6：21）．ガリラヤとペレアの双方を支配したヘロデ・アンティパスが客たちをマカエルスに招待したのであろうか？さもなくば，ヘロデが宴会を開いていたガリラヤのどこか（ティベリアス？）にヨハネの首級がもたらされたのであるかもしれない．

イエスの宣教においてトランス・ヨルダンに位置する最初の出来事は（マタ4：25の「デカポリス……から，大勢の群衆が来てイエスに従った」という言及を除けば），多くの悪霊に憑かれていた「レギオン」という男の癒しである．その正確な場所は不明である．マタイによる福音書8：28は，この出会いをガダラ人の地に置くが（そして悪霊憑きを1人ではなく，2人であるとするが），マルコ5：1とルカ8：26は「ゲラサ人の地方」と記している．後者の場所は不明だが，ガダ

右 新約聖書でフィリポ・カイサリアとして知られる，現代名バニアスにあるパン神に捧げられた古代の礼拝所．この現代名はパン神との結びつきを保っている．ここでペトロは，イエスはメシア〔救世主〕であるという「偉大な告白」を行なった．

次頁 マカエルスの空中写真．この地はヨルダン川の東にあるマサダになぞらえられる．それは，アレクサンドロス・ヤンナイウス（前103—76年）によって初めて要塞化されたが，ヘロデ大王が大規模拡張をなした．ここからは，ヨルダン河谷を越えてエルサレムとヘブロン丘陵を見渡すことができる．後1世紀のユダヤ人歴史家ヨセフスによると，洗礼者ヨハネはヘロデ・アンティパスによってここで投獄された．後67—73年のユダヤ人による第一次反乱では，マサダと同じく，ここが反乱軍の本拠地であったが，ローマ軍によって平定された．ローマ軍の陣地がはっきりと見てとれる．

トランス・ヨルダン

ラはヤルムク川の北でガリラヤ湖の南10 kmのところにある．しかし，この出来事がデカポリス地域で起こったことは，この男が悪霊から解放されると「その人は立ち去り，イエスが自分にしてくださったことをことごとくデカポリス地方に言い広め始めた」（マコ5：20）という事実によって確かめられよう．この場所が非ユダヤ人の地であったことは，そこに豚の群れがいて，その中に不浄の霊が入り込んだことから示唆される．豚はユダヤ人には禁じられていたからである．

イエスが聾者の聴覚を回復させた場所の詳細は述べられていないが，マルコ7：31－37からそれはデカポリス地域でなされたと推測される．イエスは彼を群衆から連れ出してその耳と舌に触れ，障害を持つ器官に治れと命じた．

イエスの宣教の重要な出来事の一つはフィリポ・カイサリアで起こった．ここで，弟子たちに囲まれたイエスは，「人々は，わたしのことを何者だと言っているか」と尋ねた（マコ8：27）．弟子たちは，洗礼者ヨハネ，そして預言者の1人エリヤというありきたりの回答を出した．イエスは次に「それでは，あなたがたはわたしを何者だと言うのか」と訊いた．ペトロが「あなたは，メシアです」と答えると，イエスはこのことを誰にも言うなと命じ，自分の前途にある苦難と死について語り始めた．彼は，自らの宣教のクライマックスを迎える場となるエルサレムへの途次，ペレアでの教えに言及して「ヨルダン川の向こう側」の地域に入った（マコ10：1）．

ペンテコステ〔五旬節〕以後のキリスト教会の歴史にとって最も重大な出来事は，言うまでもなく，パウロとして有名なタルソスのサウロの回宗であった．彼を盲目にし，かつ彼自身の生涯とキリスト教会の歩みを変えた幻は，彼がダマスコに近づいた時に起こった（使9：3）．彼のダマスコ行きの目的は，そこでイエスに帰依したと彼が見るユダヤ人のすべてを本国に送還し，処罰することにあった．今や彼は視力を失ってダマスコに導かれ，視力を回復したのはアナニアという当地在住の信者が彼のいるところに行き，「兄弟サウル，あなたがここへ来る途中に現れてくださった主イエスは，あなたが元どおり目が見えるようになり，また，聖霊で満たされるようにと，わたしをお遣わしになったのです」（使9：17）と言ってキリスト者共同体の中に歓迎した時であった．ダマスコでのサウロのキリスト教宣教は，こんどは，彼をキリスト者迫害の先端者としてのみ知っていた人々を当惑させた．彼は生命を脅かされ，駕籠に入って城壁から吊りおろされてダマスコを逃れた（使9：25）．コリントの信徒への第2の手紙11：32－33に，この事件，あるいはこれより後のある事件についてのパウロ自身のことばがある．「ダマスコでアレタ王の代官が，わたしを捕らえようとして，ダマスコの人たちの町を見張っていたとき，わたしは窓から籠で城壁づたいにつり降ろされて，彼の手を逃れたのでした」．これが，遅いほうの出来事のことであれば，パウロが回宗後，アラビアに行ってからダマスコに戻った時に起こったのである（ガラ1：17）．

このアラビアという表現は，死海の東と南にあったナバタイ王国のことを指していると解すべきである．たぶんパウロは，自身に降りかかった事柄を孤独のうちに瞑想したかったのである．彼はまた，ナバタイ王国にいるユダヤ人に宣教し，これが王アレタスの気を荒立て，王は代官にサウロを捕える ための手配を指示したが（この総督の地位とダマスコにおけるアレタスの勢力範囲は論争中である）成功しなかった．

イスラエルを囲む諸帝国

記号 (U)：位置不明

アカイア 使18:12,27；ロマ15:26；2コリ1:1；9:2；1テサ1:7,8 **D3**
アシュル エゼ27:23 **H3**
アソス 使20:13,14 **E3**
アタリア 使14:25 **F3**
アダン エズ2:59(U)
アッピ・フォルム(アビイフォルム) 使28:15 **B2**
アテネ 使17:15 **D3**
アドラミティオン 使27:2 **E3**
アドリア海 使27:27 **C2**
アフェク ヨシュ13:4 **G4**
アポロニア 使17:1 **D2**
アララト 創8:4；王下19:37；イザ37:38；エレ51:27 **H3**
アルパド 王下18:34；イザ10:9；エレ49:23 **G3**
アルワド エゼ27:8,11 **G4**
アレクサンドリア 使18:24；27:6；28:11 **E4**
アウ(イワ) 王下17:24；18:34；19:13；イザ37:13(U)
アンティオキア 使13:14；14:19,21；2テモ3:11 **F3**
アンティオキア 1マカ6:63；使13:1;14:26；ガラ2:11 **G3**
アンフィポリス 使17:1 **D2**
イコニオン 使13:51；14:1,19,21;16:2；2テモ3:11 **F3**
イドマヤ 1マカ4:61；5:3；マコ3:8 **F4 G4**
イメル エズ2:59；ネヘ7:61(U)
イリリコン(ダルマティア) ロマ15:19；2テモ4:10 **C2**
イワ →アウ
ウザル 代上1:21；創10:27 **H7**
ウル 創11:28,31；15:7；ネヘ9:7 **I4**
ウルク 創10:10 **I4**
エクバタナ エズ6:2；2マカ9:3 **I4**

エタム 士15:8,11(U)
エタム 出13:20；民33:7(U)
エデン →ベト・エデン
エファ イザ60:6 **G5**
エフェソ 使18:19,21,24；19:1；1コリ15:32；16:8；黙1:11；2:1；エフェ1:1 **E4**
エラム 創10:22；14:9；イザ21:2；エレ25:25；49:34-39；エゼ32:24；ダニ8:2；使2:9 **I4**
エラム 創10:22；49:34-39；エゼ32:24；ダニ8:2；使2:9 **I4**
オフィル 王上9:28；10:11；22:48；ヨブ22:24；イザ13:12 **G7 H7**
オン →ヘリオポリス
カウダ(ガウドス) 使27:16 **D4**
ガウドス →カウダ
カシフヤ エズ8:17(U)
カデシュ サム下24:6 **G4**
カパドキア 使2:9；1ペト1:1 **G3**
カフトル(クレタ) 使27:7,12,13,21；テト1:5 **D3 E3**
カラ →ニムロ
ガラテヤ ガラ1:2；3:1；1コリ16:1；1ペト1:1 **F3**
カリ 1マカ15:23 **E3**
カルケミシュ 代下35:20；イザ10:9；エレ46:2 **G3**
カルコル 士8:10(U)
カルノ(カルネ、カンネ) イザ10:9；エゼ27:23；アモ6:2 **G3**
キオス 使20:15 **E3**
キティム(キプロス) 創10:4；民24:24；ダニ11:30 **F3**
キリキア 使6:9；15:23,41；21:39；22:3；27:5；ガラ1:21 **F3**
キル 王下22:6；アモ9:7；王下16:9(U)
キルマド エゼ27:23(U)
キレネ マタ27:32；ルカ23:26；使2:10；11:20；13:1 **D4**

クエ(フメ) 王上10:28；代下1:16 **G3**
クシュ 創2:13；10:6-8；代上1:8-10；エゼ38:5 **F6**
クト 王下17:24 **H4**
クニドス 使27:7 **E3**
クン →ベロタ
ケダル 創25:13；イザ21:16,17；60:7；エレ2:10；49:28；エゼ27:21 **G4**
ゲバル 王上5:32；エゼ27:9 **G4**
ケバル川 エゼ1:1,3；3:15,23；10:15,20,22；43:3 **I4**
ケルブ エズ2:59；ネヘ7:61(U)
ケンクレアイ 使18:18；ロマ16:1 **D3**
コイレ・シリア 2マカ8:8 **G4**
紅海 出10:19；13:18；15:4,22；23:31；民21:4；33:10,11；申1:40；2:1；11:4；ヨシュ2:10；4:23；24:6；王上9:26；ネヘ9:9；詩106:7,9,22；136:13,15；エレ49:21；使7:36；ヘブ11:29 **G6**
コザン 王下17:6；19:12；代上5:26 **H3**
コシェン 創45:10；46:28,29；47:1,4,6,27；出8:18 **F4**
コス 使21:1 **E3**
コリント 使18:1,8；1コリ1:2；2コリ1:1,23；2テモ4:20 **D3**
コルティナ 1マカ15:23 **D3**
コロサイ コロ1:2 **E3**
サバ →シバ
サモス 使20:15 **E3**
サモトラケ 使16:11 **E2**
サラミス 使13:5 **F3**
サルモネ(サマニオン) 使27:7 **E3**
サンプサケス 1マカ15:23(U)
シェバ(サバ) 使8:10:1；エゼ27:22；38:13 **H8**
シオン 1マカ15:23 **D3**
シドン 士1:31；王上17:9；イザ23:2,4,12；マタ11:21；使27:3;

クエ(フメ) 王上10:28；代下1:16 **G3**
クシュ 創2:13；10:6-8；代上1:8-10；エゼ38:5 **F6**
シュル 創16:7；20:1；25:18；出15:22；サム上15:7；27:8 **F4**
シラクサ 使28:12 **C3**
スエネ エゼ29:10；30:6 **F6**
スコト 創33:17；ヨシュ13:27；士8:5ff.；王上7:46；詩60:8 **F4**
スサ エス4:9；ネヘ1:1；エス1:2ff.；ダニ8:2 **I4**
スシアナ →エラム
スパルタ(ラケダエモン) 1マカ12:2,5,6,19-21 **D3**
スミルナ 黙1:11；2:8ff. **E3**
セファルワイム(シブライム) 王下17:24；18:34；19:13；イザ36:19；37:13(U)
セレウキア・ピエリア 使13:4 **G3**
タドモル(ハルミラ) 代下8:4 **G4**
ダフネ 2マカ4:33 **G3**
タフパンヘス エレ2:16；43:7ff.；44:1；46:14 **F4**
タルシシュ 王上10:22；22:48；代下9:21；20:36；詩72:10；エレ10:9；エゼ27:12,25；38:13(U)
タルソス 使9:11,30；11:25；21:39；22:3 **F3**
ダルマティア →イリリコム
チグリス川 王上2:14；ダニ10:4 **H4**
ツェダド エゼ47:15(U)
ツォアン →ラメセス
ツォハ サム上14:47；サム下8:3ff.；王上11:23
ティフサ 王上5:4 **G3**
ティフハト →ベタ
ティマ 創36:12,22,40 **I8**
テサロニケ 使17:1；27:2；フィリ4:16；1テサ1:1；2テサ1:1；2テモ4:10 **D2**
デダン 創10:7；代上1:9；エレ49:8；エゼ25:13；27:20 **G5**
テーベノ、ノ・アモン エレ46:25；エゼ30:14-16；ナホ3:8 **F5**

テマ 創25:14; ヨブ6:19; イザ21:14; エレ25:23　G5
テルベ 使14:6,20; 16:1; 20:4　F3
ティアティラ 使16:14; 黙2:18, 24　E3
トガルマ 創10:3; 代上1:6　G3
トハル 創10:2; イザ66:19; エゼ27:13; 32:26; 38:2; 39:1　G3
トマ 創25:14; 代上1:30; イザ21:11　G5
トレス・タベルネ 使28:15　B2
トロアス 使16:8,11; 20:5,6; 2コリ2:12; 2テモ4:13　E3
ナイル川 創41:1ff.; 出7:17ff.; イザ19:7ff.; エレ46:7ff.; エゼ29:3　F5
ナホル 創24:10; 29:5(U)
ニコポリス テト3:12　D3
ニネベ 王下19:36; ヨナ1:2 ff.; ナホ1:1; ゼファ2:13　H3
ニムロド(カラ) 創10:11,12　H3
ネヘヨト 創25:13; イザ60:7　G4
ノ(ノ・アモン) →テーベ
ノフ →メンフィス
バアル・ツェフォン 出14:2,9; 民33:7　F4
ハウラン エゼ47:16,18　G4
ハダラ エゼ21:1
ハダン・アラム →メソポタミア
ハツァルマヘト 創10:26; 代上1:20　I8
パトモス 黙1:9　E3
パトロス イザ11:11; エレ44:1,15; エゼ29:14; 30:14　F5
ハネス イザ30:4(U)
ハヒロト →ピ・ハヒロト
バビロン(バベル) 創10:10; 11:9; 王下17:24,30; 24:1ff.; 25:1ff.; 25:27; エス1:1; 2:1; 5:12-14,17; 6:1,5; 7:9; エゼ12:13; 17:16; 詩137:1,8; マタ1:11,12,17; 使7:43; 黙16:19; 18:2,10,21　H4
パフォス 使13:6,13　F4
ハマト サム下8:9; 王下14:28; 17:24; 18:31; 23:33; イザ11:11; アモ6:2; ゼカ9:2　G4
ハラ 代上5:26(U)
ハラン 創11:31; 27:43; 28:10; 王下19:12; エゼ27:23　G3
ハリカルナソス 1マカ15:23　F5
パルミラ →タドモル
パンフィリア 使2:10; 13:13; 14:24; 15:38　F3
ヒエラポリス コロ4:13　E3
ピシディア 使13:14; 14:24　F3
ビティニア 使16:7; 1ペト1:1　F2
ピトム 出1:11　F4
ピ・ハヒロト(ハヒロト) 出11:2,9; 民33:7,8(U)
ピ・ベセト エゼ30:17　F4
ファセリス 1マカ15:23　F3
フィラデルフィア 黙1:11; 3:7ff.　E3
フィリピ 使20:6; 1テサ2:2; フィレ1:1ff.; 1:15　D2
フェニクス 使27:12　D3
ブクドゥ →ペコド
ブズ エレ25:23　G5
プテオリ 使28:13　B2
プト 創10:6; 代上1:8; エレ46:9; エゼ27:10; 30:5; ナホ3:9　D4
フリギア 使2:10; 16:6; 18:23　F3
フリギア(ガラテヤの) 使16:6; 18:23　F3
ペコド(ブクドゥ) エレ50:21; エゼ23:23　I4
ヘタ(ティフハト) サム下8:8; 代上18:8
ヘト・エデン(エデン) 王下19:12; イザ37:12; エゼ27:23; アモ1:5　G3
ベトル 民22:5; 申23:5　G3
ヘリオポリス(オン) エレ43:13　F4
ヘルカモン 黙1:11; 2:13ff.　E3
ベルゲ 使13:13; 14:25　F3
ヘルシウム エゼ30:15,16　F4
ベルセポリス 2マカ9:2　J5
ヘルボン エゼ27:18　G4
ヘレア 2マカ13:14　G3
ヘレア 17:10,13; 20:4　D2
ヘロタ(ヘロタイクン) エゼ47:16; 代上18:8; サム下8:8(U)

ポントス 使2:9; 18:2; 1ペト1:1　G2
マケドニア 使16:9ff; 20:3; 1コリ16:5; 2コリ1:16; フィリ4:15; 1テサ1:7　D2
マルタ 使28:1　B3
マロス 2マカ4:30(U)
ミグドル エレ44:1; エゼ29:10　F4
ミシア 使16:7,8　E3
ミディアン 創25:2,4; 36:35; 出2:15 ff.; エレ2:4,7; 25:17; 31:3ff.; 士6:1 ff.; 8:28; 王上11:18; イザ60:6; ハバ3:7　G5
ミティレネ 使20:14　E3
ミラ 使27:5　E3
ミレトス 使20:15,17; 2テモ4:20　E3
ミントス 1マカ15:23(U)
ムシュキ →メシェク
メシェク(ムシュキ) 創10:2; エゼ27:13　F3
メソポタミア(パダン・アラム) 創24:10; 士3:8; 代上19:6; 2:9; 7:2　H4
メンフィス(ノフ) ホセ9:6; イザ19:13; エレ2:16; 44:1; エゼ30:13　F5
ヤワン 創10:2,4; イザ66:19; エゼ27:13　E3
ユーフラテス(川) 創2:14; ヨシュ24:2; 王上5:4; 代下35:20; エレ13:4; 46:2,10; 黙9:14; 16:12　H4
「良い港」 使27:8　D3
ヨクタン 創10:25　H6
ラオディキア コロ4:13ff.; 黙1:11; 3:14　E3
ラゲ(ラゲス) トビ4:1,20; 5:6; 6:13; 9:5　J3
ラケス →ラゲ
ラケダエモン →スパルタ
ラサヤ 使27:8　D3
ラメセス(ツォアン) 出1:11; 12:37; 民33:3,5　F4
リカオニア 使14:6　F3
リキア 使27:5　E3
リストラ 使14:6,8,21; 16:1-2; 1テモ3:11　F3
リティア(ルト) 創10:22; イザ66:19; エレ46:9; エゼ27:10; 30:5　E3
リブラ エゼ6:14; 王下23:33; 25:6,20; エレ39:6; 52:9,26　G4
ルス 士1:26(U)
ルト →リティア
レギオン 使28:13　C3
レツェフ 王下19:12; イザ37:12　G3
ロトス エゼ27:15; 黙21:1　E3
ローマ 使2:10; 18:2; 28:15ff.; ロマ1:7,15; 2テモ1:17　B2

イスラエルを囲む諸帝国

聖書時代のイスラエルの歴史は，その南と北東にあった強力な帝国によって，大きな影響を受けていた．南にはエジプトが，時には友好的に，時には敵対的に，常に存在する要因であった．イスラエルとエジプトの不安定な関係を最もよく示す例は，エジプト降りと出エジプトの物語である．ヨセフ物語（創37章，39—49章）は，彼がエジプトで兄弟たちによって奴隷に売られ，この地の支配者となり，その結果彼の家族は歓呼をもって迎えられたことを語る．出エジプトの物語（出1—14章）は，ヨセフの子孫から出たイスラエル人が強制的に奴隷とされ，そこから解放されることを願って叫び声をあげたことを語る．再び，ソロモンの治世の時，エジプトは，婚姻によってソロモンと同盟を結ぶと共に，彼の敵対者たちを保護した（王上9：16；11：17—22，40）．エジプト側における王朝の交替も，イスラエルとの関係を根本的に変えることはなかった．エジプトは，エジプト人，エチオピア人，あるいはプトレマイオス（アレクサンドロス大王の将軍）の一族によって支配されようと，機会あるごとにイスラエルを支配し，イスラエルが北方の諸民族から脅威を受けるたびごとにこれを支援することにやぶさかではなかった．そのわけは，イスラエルが潰れれば，次にエジプトが最前線になると恐れたからである．

北東では，統一王国から前605年までの諸事を支配していた帝国はアッシリアであった．特に前9—8世紀には，アッシリアは，敵に対して少しの慈悲をも見せない恐るべき軍隊の本拠地であると見なされていた．8世紀にアッシリアは，征服地の重立った人々を流刑に処し，彼らの代わりにアッシリアに忠誠な人々を据えるという政策をとった．この政策で，アッシリアは前721年に北王国イスラエルの独立に終止符を打った．

前612—609年にアッシリア人に代わってバビロニア人の世になろうとも，イスラエル人の観点からすればほとんど変化はなかった．バビロニア人はアッシリア人より少しは人道的であったかもしれないが，彼らとて属国が反逆した場合には容赦せず，前597年と587年にはエルサレムとユダから主だった人々を追放したのであった．しかし，540年にペルシア人が勝利を収めると，著しい変化があった．勝利者キュロスは，捕囚民はエルサレムに帰還することを許されるという勅令を発し（エズ1：1—4），次の世紀にはエズラとネヘミヤは，ユダヤ人社会をユダの地に固めるという計画に対して王の支持を与えられた（エズ7章，ネヘ2：1—8）．

前333年におけるアレクサンドロス大王の征服もまた，圧制的ではなく，諸国民の多様な慣習を尊重する政体でユダをその支配下に置いた．不幸にして，アレクサンドロスの後継者たちはこの理想を実行することができなかった．新約聖書時代にこの地を支配したローマ帝国が，イスラエルの南もしくは北東いずれかの地に発したのでないことはもちろんである．しかし新約時代にはローマはすでにエジプトと，イスラエルの北の領域の一部を支配下に収めていたため，南と北からの侵略の脅威は過去のものとなっていた．

聖書地図と称する本には，エジプト，メソポタミア，ギリシア・ローマ世界の地図が収載されて，聖書の地に住んでいた人々をあれほど危機にさらしたこれら帝国の国土の情況が示されることが期待されるであろう．確かに，そのような地図は本書にも収載してある（p.34，35，214を見よ）．しかし，

上　デイヴィッド・ロバーツが1838年11月にスケッチしたアブ・シィムベルの大神殿と，王家の成員の，ずっと小さな彫像を傍に置くラムセス2世（前1290—1224年）の4体の座像．大きいほうの彫像は高さ約21m．ラムセス2世は，その治世中にヘブライ人が出エジプトを行なったファラオであるか，出エジプト以前にヘブライ人を抑圧したファラオであるか，のいずれかであることは一般に認められている．1964年から1968年にかけて，これらの彫像は，アスワン・ダムの建設がその存続を脅かしたため，新しい場所に移された．

上中　ナイル川第1急湍近くのエレファンティネ島には，前5世紀にユダヤ人植民地があった．彼らは，当時のペルシア人エジプト支配者によって，辺境守備兵として雇われたのであった．これらのユダヤ人が，神殿を建て，過越しの祭を祝ったことなどを示す彼らのアラム語文書が存在する．

右　ナイル川に浮かぶ舟は，エジプトの生活にとってこの川がいかに重要であるかを思い出させる．イスラエル人は，交通を助けてくれるこのような大河を持っていなかったので，ナイル川とその舟をエジプト人の生活を代表するものと見なした．

聖書時代の記者と読者にとってその国土がどんなであったかを調べることによって聖書のテクストをもっと深く理解しようとするのであれば，これらの地域の現代の地図を見るだけで満足すべきではないことは明らかである．ローマ帝国成立までの古代世界での旅行は，多くの時間を要し，かつ危険であった．イスラエル人のうちで，故郷から移封・離散され始めるまでは，エジプトとメソポタミアがどんなものであるかについて確かな考えを持っていた者は少なかったはずである．以下では，これらの帝国がどのような映像で描かれていたかを，聖書のテクスト自体が写し出すものに従って，記述することにしよう．これは，読者がこれらの地域について考えた時に持ったであろう事柄を明らかにしてくれるはずである．

エジプト

エジプトはイスラエルよりも肥沃な地であった．このことは，イスラエルで飢饉が起こるとイスラエル人は，滞在するためか，穀物の買付けのためにエジプトに行かざるをえなかったという事実によって推測される．たとえば，アブラハムは飢饉のゆえにエジプトに行ったと述べられているし（創 12：10），ヨセフ物語のクライマックスは，イスラエルに起こった飢饉のためヨセフの兄弟たちが穀物を買いに，ヨセフがすでに重要な支配者となっていたエジプトに行かなければならなかったという事実に依存しているのである．イスラエル人はナイル川がもたらすエジプトの肥沃さを知っていた．ヨセフが解き明かしたファラオの夢の中で，肥えた雌牛とやせた雌牛がナイル川から出て来るが，これは豊作と不作がこの川によっていたことを象徴している．ナイル川で毎年定期的に起こる氾濫は，エレミヤにとって（46：7－8）エジプトを戦闘に召集する象徴となった．いわく，

> ナイルのように湧き上がり
> 大河のように逆巻く者は誰か．
> エジプトはナイルのように湧き上がり
> 大河のように逆巻く．
> 彼は言う．
> 「わたしは湧き上がって大地を覆い，都とその住民を滅ぼし尽くす．」

ナイル川が航行に用いられ，パピルス葦で作られた舟がその水面に見られたことは，北からの共通の敵を迎えて手を結んだユダとエチオピアの代表が会ったことを描くイザヤ書 18：1－2 にある箇所から明らかである．

> 災いだ，遠くのクシュの川のかなたで
> 羽の音を立てている国は．
> 彼らは，パピルスの舟を水に浮かべ
> 海を渡って使節を遣わす．
> 行け，足の速い使者たちよ．
> 背高く，肌の滑らかな国
> 遠くの地でも恐れられている民へ．
> 強い力で踏みにじる国
> 幾筋もの川で区切られている国へ．

エジプトの地名への具体的な言及はかなり多くの重要な都市についてなされており，上・下エジプトの区別が知られている．エゼキエル書 30：13－19 は，テーベ，メンフィス，シン，ヘリオポリスを含む少なくとも 8 都市に言及している．

エジプトが同盟国として信頼がおけなかったことは，聖書の中でしばしば断言されている．最も顕著なまとめは，前 701 年にエルサレムを包囲したアッシリア軍の司令官の口から発せられている．彼は，ヒゼキヤが「あの折れかけの葦の杖を頼みにしているが，それはだれでも寄りかかる者の手を刺し貫くだけだ」（王下 18：21）としてあざける．イザヤ書 30：7 は「エジプトの助けは空しくはかない．それゆえ，わたしはこれを『つながれたラハブ』と呼ぶ」と断定する．しかし，エジプトが信頼のおけない同盟国であったとしても，その知恵と行政能力は認められていた．ソロモンの知恵が称賛されたのは，それがエジプトの知恵を越えていたからである．ダビデは，征服によって得た帝国の支配を確立する必要が生じた時，エジプトの熟練技術に目を向けたらしい．最近の研究は，旧約聖書の知恵文学の一部（たとえば，「箴言」）とエジプトの知恵文学との類似性を強調しているのであり，「アメン・エン・オペの知恵」は箴言 22－23 章に著しく似かよっている．要するにエジプトは，聖書の読者と筆者にとって，両面価値を持つ象徴であった．エジプトは，その偉大な川に沿って延びる富裕・豊穣かつ強力な国土にして，知恵と知識を有する国家であった．そもそもイスラエルはその起源を出エジプトの時に起こったさまざまな出来事に負っていたのであり，エジプトは，たとえ徒労に終わることがあったとしても

イスラエルを囲む諸帝国

救助を求める場所であり，彼らが逃げ込むところであった．その文化は異国的であった．エチオピア人との接触が確立すると特にそうであった．長身で黒い肌をした彼らの風貌は関心の的であった．しかし，預言者にとってみれば，エジプトは常に叱責の対象だったのであり，「わたしはナイル川を干上がらせ，この国を悪しき者たちの手に売り渡し……」(エゼ30：12)と宣言したエゼキエルのことばはその最も強烈な審判である．

アッシリア

アッシリアは旧約聖書ではエジプトほど頻繁には言及されていない．さらに，聖書の読者が，その領土がどのようなものであったかについて何らかの考えを持っていたことを示すものはほとんどない．これは，ヘブライ人の先祖が北メソポタミアから来たことを示す伝承 (創11：27－30)に照らした場合，まさに驚くべきことである．メソポタミアが大河チグリスとユーフラテスによって支配されているということは明らかであった．しかし，この点を除けば，挙げられている地名はほとんどなく，預言者はエジプトとバビロンに対するほどの叱責の託宣をアッシリアに対しては発していないのである．小預言書のうちの2書が，アッシリアの大都市の一つニネベに関心を払っているが，これらの著者が実際にこの町に行ったことがあるかとなると全く不明である．ヨナ書は，この預言者がニネベを訪れ，この町が悔い改めなければただちに破壊されると警告したことを主題とするが，この町は「非常に大きな都で，一回りするのに3日かかった」(ヨナ3：3)と述べる以外，詳細は何もない．ヨナ書4：11はニネベの人口として12万人を数えている．

上 木材を運搬するのに，アッシリア人は奴隷を使った．この浮彫りは，ホルサバードのサルゴン2世の宮殿からのもの．サルゴンは，前722/1年に北王国イスラエルの首都サマリアを最終的に滅ぼしたと主張した．

右 ライオン狩りの姿がここで記念されているアッシュルバニパル (前699－629年) は，アッシリア帝国最後の，あるいは最後から2番目の王であった．治世中，彼は反逆に悩まされた．その死後，ユダの王ヨシヤ (前649－609年) は，アッシリアの弱体化を利用して独立を達成した．

イスラエルを囲む諸帝国

イスラエルを囲む諸帝国

これまたニネベに関するナホム書も均衡に欠ける。「戦車は通りを狂い走り、広場を突き進む。……将軍たちは召集されるが、途中でつまずく。人々は城壁へと急ぎ、防御車を据える」(ナホ2：5, 6) といった節句は、書き手にとっても読者にとっても、この町を知っていることを要しない。ナホムがもっと具体的なのは、彼がアッシリア人の戦争のしかたを描写する時である。イザヤ書5：27-29の箇所がアッシリアの描写であるなら、読者がその名を耳にした時に感じた背筋の凍るような光景である。いわく、

疲れる者も、よろめく者もいない。
まどろむことも、眠ることもしない。
腰の帯は解かれることがなく
サンダルのひもは切れることがない。
彼らは矢は研ぎ澄まし
弓をことごとく引き絞っている。
馬のひづめは火打ち石のようだ。
車輪は嵐のように速い。
彼らは雌獅子のようにほえ
若獅子のようにほえ
うなり声をあげ、獲物を捕らえる。
救おうとしても、助け出しうる者はない。

バビロン

前597年と前587年にユダの住民がバビロンに捕囚とされ、彼らの子孫の一部が後にユダに戻ったのであるなら、多くの言及がバビロンについてなされていると考えても当然であろう。実際には、バビロンへの言及はエジプトに対するよりもはるかに少ないのであり、さらにバビロンにおける場所と生活のしかたについて何らかの詳しいことが述べられている場合でも、それらはバビロンだけでなく、他の場所にもあてはまる一般的描写以上のものではない。本書の読者にとって最もなじみ深い箇所は詩篇137章の冒頭にある。すなわち、

バビロンの流れのほとりに座り
シオンを思って、わたしたちは泣いた。
堅琴は、ほとりの柳の木々に掛けた。

ここで言及されている川とは、バビロン市自体もしくはバビロニア国内の運河と川のことである。しかし、ここで強調されているのは川と運河が灌漑と輸送にとって重要であったということである。ケバル川という名の運河で(エゼ1：1)、エゼキエルの活動開始の大きな幻が起こり、捕囚民と共にある神の臨在と栄光がこの預言者に明らかにされたのであった。

物語は、バビロン市そのものについてのほうが、その国についてよりも多くのことを知らせてくれる。しかし、この場合でも、そこで語られている事柄を十分に理解するためには、物語のなんらかの説明が必要であったに違いない。今日では、年毎の神々の行進はバビロンの年中宗教行事のハイライトの一つであったことが知られているのであり、神々を表わす像が、動物に挽かせた車両に乗せられて町を通った。しかし、イザヤ書46：1-2にあるこの出来事への言及は皮肉に満ちている。預言者は、動物に挽かれなければならない偶像を、選ばれた自らの民を保護してきたイスラエルの神と比較して言う、

ベルはかがみ込み、ネボは倒れ伏す。
彼らの像は獣や家畜に負わされ
お前たちの担いでいたものは重荷となって
疲れた動物に負わされる。

イザヤ書45：2bが下記のように宣言する時にも、読者は、バビロン市の門と城壁への言及を理解するためにはいくばくかの助けを必要とするのである。

〔わたしは〕青銅の扉を破り、
鉄のかんぬきを折る。

ニムロドは、現在のモースルの南のチグリス河畔にある。旧約聖書ではカラと呼ばれている(創10：11)。前9世紀前半から王宮があった。ロバート・カー・ポーター卿がスケッチした1930年代には(左)、それがバベルの塔であると考えられた。A・H・レヤードによってなされた1845年からの発掘はその秘密を明らかにした。上に示してあるのは彼による宮殿の復元。

右　メソポタミアのもう一つの大河ユーフラテス川は数千年間のうちに一度ならず流れを変えた。旧約聖書の時代には、バビロンはユーフラテス川の主流の一つのほとりにあった。現在では主流は20kmほど西を流れている。

イスラエルを囲む諸帝国

ダニエル書の最初の5章はバビロンに置かれているが、この町自体についての詳しいことは物語の中でほとんど何も語られていない。

バビロンについての情報が少ないことは、たぶん、驚くにはあたらないであろう。捕囚民が新しい居住地に初めて到着した時、彼らは眼前に見る物によって目をくらまされたに違いない。6世紀初頭のバビロンそのものは古代世界の奇蹟の一つだったのであり、今日、東ベルリンの中近東〔ペルガモン〕博物館にある参道とイシュタル門の見事な復元のおかげで、その壮麗さの一部を伺うことができる。ふつうのイスラエル人がバビロンの壮麗さに感銘を受けたとしても、預言者はそうではなかった。バビロンは、その偶像崇拝、その占星術師と宝物に頼るがゆえに、常に非難されている。バビロンに関してはエレミヤ書の中に顕著な変化が認められる。神が自ら選んだ民を罰するために高められた国家が今や叱責の的となるのであり、この町にとって偉大とされるすべての事物は破壊されると警告されるのである。エレミヤ書50：36—38に見られる非難は、聖書の読者がバビロンに結びつけ、審判を宣言したはずの主たる特徴を列挙している。

> 剣が大言壮語する者らに臨み
> 彼らは笑いものになる。
> 剣が勇士たちに臨み、彼らは砕かれる。
> 剣が軍馬と戦車に
> また、バビロンの雑多な傭兵に臨み
> 彼らは女のように弱くなる。
> 剣が宝の倉に臨み、倉はかすめられる。
> 日照りがバビロンの水に臨み、水は干上がる。
> バビロンは偶像の国で
> おぞましいものに狂っているからだ。

上　前580年ごろ、ネブカドネツァルによってバビロンに建てられたイシュタル門の復元。

左　多彩釉れんがで作られているイシュタル門の雄牛の浮彫り。

右 現在のイランのパサルガダエにあるキュロス大王の墓.メディア人とペルシア人の王キュロスは,前540年にバビロンを征服し,ユダヤ人がエルサレムに帰ることを許したが,帰った者は少数であった.

イスラエルを囲む諸帝国

右 スサのダレイオス王の宮殿にあったペルシア軍兵士の浮彫り.前500年ごろ.ペルシア人はバビロニア人から多彩釉れんがを作る技法を学んだ.

ペルシア

ユダヤ人は前540年から333年までペルシア人の支配下にあった.ペルシア時代を最も強く反映しているのがエズラ記,ネヘミヤ記,エステル記である.このうち最後のエステル記は首都スサに置かれているが,この町について語っているのは,ただそこに広場があったこと,王宮の庭には「純白の亜麻布,みごとな綿織物,紫の幔幕が一連の銀の輪によって掛けられていた.また,緑や白の大理石,真珠貝や黒曜石を使ったモザイクの床には,金や銀の長いすが並べられていた」(エス1:6)ことだけである.

ペルシアのことが聖書の中にある物語に登場するのは,その国土の自然的特徴に関するよりは,その行政に関することのほうが多い.その結果生み出された印象は,広大な領土が多くの官吏によって支配されているということであった.エステル記9章は127州に送付された書簡について語り,その前の章ではこれら127州がインドからエチオピアにまで及び,大臣,総督,知事によって支配されていたことを示唆している.王室の種馬から特別に育養された早馬に騎乗した伝令を用いた有効な交信手段がこの背後にある.エズラ記では,記録されているペルシアの諸種の公的書簡は,領土の遠い片隅に至るまでの政治および行政の細かな点までが首都において関心の的であったことを示す.

ギリシアとローマ

ダニエル書を別にすれば,旧約聖書の中には,前333年のイッソスの戦いに続くアレクサンドロス大王によるシリア,パレスティナおよびエジプトの征服の結果についてはほとんど全く言及がない.アレクサンドロスの抬頭,彼の死後行なわれた国土の割領,そして子孫たちの間に生じた紛争へのあいまいな言及がダニエル書11章の中に含まれている.アンティオコス5世の抬頭と彼によるユダヤ人の迫害が,ダニエル書7章の表象の背景にある.しかしながら,ギリシア帝国の細部を描写しようとの企ては全くなされていないし,そのようなことを要望する声すらあげられていない.

ギリシア諸都市への言及は新約聖書にあり,それは特に使徒言行録と黙示録に集中される.これらの都市のうちで最も有名なものに,異教徒宣教のための本拠地となったアンティ

イスラエルを囲む諸帝国

オキア，アルテミス（ディアナ）に捧げられた有名な神殿を持つエフェソ，パウロがアレオパゴスで説教したアテネ，そしてパウロが18カ月にわたって滞在したコリントがある．

ギリシア都市への最も明瞭な言及は黙示録の最初の三章にある．ここでは，7都市のうちのいくつかについての情況と特徴についての知識が，そこにある言及を理解するには必要である．たとえば，勝利者は神の神殿の柱とされるというフィラデルフィアの教会への約束は，この地域をしばしば破壊した地震とのよく考えられた対比で作られた契約であるとの示唆がある．まったく同一の地点でわずか数カ年のうちに撮られた最近の写真は，1回の地震によっていかに地景が破壊されるか，そして，安全の象徴として神殿の柱とされた人物がいかにこの環境に合致しているか，をよく示してくれる．また，熱いか冷たいかのいずれかであるべきで，なまぬるくてはならないというラオディキアに対する咎めは，この町の水源にある温泉と冷泉に基づくたとえなのである．

ローマ市自体は使徒言行録の最終部だけで叙述されており，その中ではっきりと名をあげられているのはアピイフォルムとトレス・タベルネの2カ所である（使28：15）．しかし，ローマ帝国そのものは常に新約聖書時代の日常生活の一部であった．ユダにいたユダヤ人は，ローマ兵士と親しく，カエサルに税を収め，ローマ政府発行の貨幣を使う義務があった．帝国内の陸上交通は，それ以前と同じく素速く，かつ安全だったのであり，タルソスのサウロのようなユダヤ人にもローマ市民としての権利を享受することができた．上述した他の帝国のいくつかの場合と同様に，新約聖書に見られるローマへの態度は二律背反的である．パウロが，権威者は神によって指名された者であるからこれらに従うようにとローマ人に忠告した時（ロマ13：1），彼の意中に，法と秩序を強制し，正義を維持するローマ帝国の力を持っていたのである．ローマに対する特別に異なった態度が黙示録のうちに見うけられる．ここでは，キリスト者たちへの迫害のゆえに帝国は悪魔として描写されるに至っているのであり，興味深いことには，ローマ帝国を指す暗号名はバビロンなのである．

以上に述べたことから一つの結果を引き出しうる．聖書全体を通じて，土地が強力な神学的象徴となっている．聖書の地それ自体が，神が支給したが，民がそれを拒絶したことの象徴であった．神はその民に彼ら自身の土地を与えたが，彼らは他の神々に目を向け，もとの神に頼ることを捨てたのであった．約束された土地が捕囚の際に失われたことは，神の主権と摂理の両者が示される最も効果的な方法の一つであった．捕囚後の約束の地への帰還が，約束の地に向けて荒野をさまよった最初の旅行の記述から借用したことばで述べられているのは偶然ではない．イスラエルを取り巻く諸国もまた強力な象徴であった．彼らがイスラエルの神を認めず，しばしば選ばれた民の存在そのものを脅やかしたという事実は，神の主権を描写するためのうってつけの材料となった．神は自分の民を叱責するために彼らを使うことができたし，逆に彼はこれら諸国民の運命を支配し，彼が用いた諸国民を罰することもできた．こうして，聖書世界の地理的理解でイスラエルが存在した世界の意味を語り尽くすことはできないのである．聖書においては，地理は神学へと次第に変化する．

左端　ローマにある古い聖ペテロ教会からのパウロのモザイク．伝承によれば，パウロは，ローマ市民として裁かれることを訴えて，ローマで打ち首にされた．

左　コリントの町は，パウロが数通の書簡を宛てた教会のあったところとして新約聖書の中で目立っている．古代ではこの町に，アポロンに捧げられた神殿があった．

左下　エフェソは，パウロが2年間住んで宣教した町であった．彼が宣教に成功すると，女神アルテミスのための礼拝所を作った人々の生活を脅かし始めた（使19章）．写真は，アルテミスの祭礼の時に行列が進んだ道路を示す．

下　エフェソ出土のアルテミス像．後2世紀のもの．

図版リスト

遺跡平面図は，在オックスフォードのジョン・ブレナンおよび同インクウェル・ステュディオズによる．

略記：t＝上，tl＝左上，tr＝右上，c＝中，b＝下，等々．PA＝写真保管所，エルサレム．BM＝大英博物館，ロンドン．WB＝ウェルナー・ブラウン，エルサレム．DH＝デイヴィド・ハリス，エルサレム．SH＝ソニア・ハリデイ，ウェストン・ターヴィル，バックシャー．RK＝ロルフ・クネラー，エルサレム．GN＝ガロ・ナルバンディアン，エルサレム．ZR＝ゼヴ・ラドヴァン，エルサレム．JF＝ジョン・フラー，ケンブリッジ．DB＝ディック・バーナード，ミルヴァートン，ソマセット．JB＝ジョン・ブレナン，オックスフォード．

見返しの図：エルサレム．ベルンハルト・フォン・ブライテンバッハによる聖地の地図．1483年．大英図書館，ロンドン（写真：Fotomas Index, London）．

頁
2-6（口絵） 預言者，受胎告知，使徒の浮彫り．バンベルク大聖堂（写真：Bildarchiv Foto Marburg, Marburg）．
8-9. JF.
13. 作業中の書記Eadwine. ユトレヒト詩篇のカンタベリー写本の細密画より. Master and Fellows of Trinity College, Cambridge MS R.17.1, f.283v.
14. 聖書の書物．DB.
15. 福音書記者ヨハネとリシエの大修道院長ウェドリック．イギリス人画家によって彩色された1146年のフランス写本の一葉．Musée de la Société Archéologique, Avesnes-sur-Helpe.
16bl. 初期の文字．JB.
16br. センナケリブの書記たち．アッシリアの浮彫り．BM（写真：Michael Holford）．
17tl. ジャムダト・ナスル出土の行政文書粘土板．前2900年ごろ．BM（写真：Michael Holford）．
17c. キュロスの円筒碑文．BM inv. no. 90920.
17tr. ローマのガラス製インク壺．第二神殿時代．Israel Museum, Jerusalem.
17bc. 70人訳の断片．後2世紀．John Rylands University Library, Manchester, Papyrus Rylands GK 458.
17b. 「神殿の山」出土の碑文．Dept. of Antiquities, Jerusalem（写真：ZR）．
18t. C. ティッシェンドルフ．Schnellerによる石版画．BM.
18c. コーデックス・シナイティクス．BM MS Add 43725.
18br. 聖カテリーナ修道院の書庫．シナイ．Jerusalem Publishing House.
19. 聖カテリーナ修道院．シナイ．WB.
20b. ナグ・ハマディ文書の一部．Institute for Antiquity and Christianity, Claremont, California.
20r. 聖トマス福音書の第1ページ．同上．
20cl. 聖ヨハネ福音書の断片．2世紀前半．John Rylands University Library, Manchester, Papyrus Rylands GK 457.
21. 聖マタイの第1ページ．リンディスファーン福音書．British Library, MS Cott. Nero Div. f. 27.
22tr. クラナハ兄によるルーテル．Uffizi, Florence（写真：Mansell Collection, London）．
22cr. ルーテルを非難する法王の教書．Contra Errores Martini Lutheri et Sequacium, 1520, より．
22l. 英語大聖書，1539年，のタイトル・ページ．British Library c. 18 d.l.
23. シナイ山上のモーセ．パリ詩篇 f.422. Bibliothèque Nationale, Paris.
43. 昇天．ステンド・グラス．Le Mans大聖堂．SH.
44tl. シナイ山上のモーセ．British Library MS. Add 54180 f. 5b.
44bl. 塩の柱に変えられたロトの妻．Sarajevo Haggadah, Sarajevo Museum より．
44-45. エジプトのイスラエル人．Sir Edward Poynter による．Guildhall Art Gallery, London（写真：The Bridgeman Art Library）．
44-45b. ヨセフ，兄弟たちを迎える．6世紀のウィーン創世記より．Osterreichishe Nationalbibliothek, Vienna, E1176-C cod. theo. graec. 31 f.37.
45br. イサクの犠牲．レンブラントによるエッチング．BM H. 283.
46-47. サムソン物語からの諸場面．13世紀フランスのMaciejowski Bibleから．Pierpont Morgan Library, New York, MS 638 ff. 14v, 15v, 15r.
48cl. ヤエルとシセラ．フレマーユの画家から．Herzog Anton-Ulrich Museum, Brunswick.
48t. ダビデとゴリアト．ロレンツォ・ギベルティによる．Baptistery の入口にある青銅製浮彫りの細部．Florence（写真：Phaidon Archives, Oxford）．
49t. ヨナとくじら．スペイン，コルンナのヘブライ語写本から．British Library, MS Kennicott 1, f.305.
48-49b. シェバの女王，ソロモンを訪問．ピエロ・デラ・フランチェスカによるフレスコ画．Church of San Francesco, Arezzo（写真：Scala, Florence）．
49tr. ユディト．ボッティチェッリによる．Uffizi, Florence（写真：Scala, Florence）．
50l. 受胎告知と生誕．オットーボイレンのマイスターによる木製飾板．Klostermuseum, Ottobeuren.
50t. 放蕩息子．レンブラントによるエッチング．BM H.147.
50b. 善いサマリア人．レンブラントによるエッチング．BM H. 101.
51t. キリストのエルサレム入城．ピエトロ・ロンゼッティによる．Lower Church, San Francesco, Assisi（写真：Scala, Florence）．
51b. キリストに対するあざけり．フラ・アンジェリコによるフレスコ画．San Marco, Florence（写真：Scala, Florence）．
52-53. マイエスタ．ドゥッチオによる．Museo dell'Opera del Duomo, Siena（写真：Scala, Florence）．
54-55. キリストの降架．ヴァン・デル・ウェイデンによる．Prado, Madrid（写真：Scala, Florence）．
55r. 悔悟するマグダレーナ．ドナテッロによる木彫．The Baptistery, Florence（写真：Scala, Florence）．
55tl. ペトロの悲嘆．「八書」の17世紀エティオピア語写本．British Library, Oriental MS 481f.104b.
56r. 聖霊降下．エル・グレコによる．Prado, Madrid（写真：Scala, Florence）．
56c. 聖パウロの物語．Carolingian MSから．9世紀．Phaidon Archives, Oxford.
57. マダバ・モザイク．Elsevier, Atlas of Israel, 1970, Jerusalem より．
64cl. 世界地図を示す新バビロニアの粘土板．BM.
64bl. マダバ地図．ヨルダン．Custodia Terra Sancta, Studium Biblicum Franciscanum Museum, Jerusalem.
64-65. Ebstorf 世界地図．1235年ごろ．Equinox Archive, Oxford.
65tr. 聖地の地図．マシュー・パリスによる．British Library Cotton MS. Nero DV.
65br. パレスティナ踏査基金による地図．Elsevier, Atlas of Israel, 1970, Jerusalem より．
66tr. くじゃく．Bodleian Library, Oxford, MS Ashmole 1511 f.72.
66cr. 3頭の犬．同上．
66cl. 鳥．同上．MS Bodley 764 f.73v.
66bc. ライオン．同上．MS Ashmole 1511 f.36v.
66br. 雄やぎ hyrcus. 同上．MS Bodley 764 f.36v.
67l. 神による動物の創造．同上．MS Ashmole 1511 f.6v.
67tr. 熊と仔熊．同上．MS Bodley 764 f.22v.
67cr. いわだぬき．同上．f. 50v.
67b. 蜜蜂．同上．MS Ashmole 1511 f.75v.
67r. 雄牛．同上．MS Bodley 130 f.84.
68-69. 聖書の植物．英国王室版権．Controller of Her Majesty's Stationery Office およびキュー王立植物園園長の許可により再録．
70-71. 漁師．ガリラヤ．SH.
72t. アクレ，デイヴィッド・ロバーツによる石版画．Fotomas Index, London.
72b. ハイファ．デイヴィッド・ロバーツによる版画．
72c. テラコッタ製妊婦小像．アクジブ．前8-6世紀．Israel Museum（写真：DH）．
74t. フェニキア式大理石製人型棺．Ny Carlsberg Glyptothek, Copenhagen.
74c. ローマの遺跡．ティルス．ZR.
75r. シドンの王タブニトの石棺．JF.
75c. ティルスの全景．French Archaeological Institute, Beirut.
75tl. メルカルトの鉢．JP.
76. カイサリアの沼地．PA.
78l. ドル．WB.
78c. ヘレニズム時代の男子頭像．ZR.
80. アシュドド出土のペリシテ女性小像．前12世紀．Israel Museum（写真：DH）．
81t. ガザ．聖書の風景．Barnet.
81b. ヨッパ．SH.
82-83. 水道．SH.
83br. カイサリアの空中写真．WB.
83tl. 貨幣．JF.
83c. アーチ．カイサリア．RK.
83tc. カイサリア海岸の石組み．RN.
84. ツォルアとエシュタオル．DH.
86. シェフェラ．聖書の風景．Barnet.
88ct. 「堀の神殿」出土のアヒルの頭部．ラキシュ．Israel Museum.
88cb. アッシリア軍の攻城用斜路．ラキシュ．University of Tel Aviv（写真：Weinberg）．
89b. ラキシュ．聖書の風景．Barnet.
89t. ラキシュ出土の土器．Lachish Expeditions, University of Tel Aviv（写真：A. Hay）．
89cr. ラキシュ書簡．Equinox Archive, Oxford.
90-91. ラキシュの復元．DB.
90. ラキシュの包囲．A.H.レヤードに基づく．
91. 貢物．A.H.レヤードに基づく．
92-93. A.H.レヤードがアッシリアの浮彫りに基づいて描いた挿図から．
94. ユダ丘陵．DH.
96. 砂漠の草花．RN.
98c. ヘブロン近くでの耕作．ZR.
98b. エイン・シニア村．ヘブロン．DH.
99. 族長たちの墓．ヘブロン．WB.
100-01b. W.Holman Hunt が描くベツレヘム．個人蔵．UK.
100cl. 聖誕教会．ベツレヘム．SH.
101r. ベツレヘム．GN.
101tc. ベツレヘムの街路．SH.
102. ヘロディウム．GN.
103. 上空から見たヘロディウム．Zefa Picture Library, London（写真：WB）．
104b. ユダの砂漠．ZR.
104tl. ユダの砂漠を進むベドウィン．GN.
106-07. 嵐．PA.
108. なつめやし．エン・ゲディ．Jamie Simpson, Brookwood.
109c. 牧草をはむ羊．RN.
109tl. 宝物の洞穴からの出土物．Israel Museum（写真：DH）．
109c. 滝．Prof. J. Rogerson, Shefield.
110-11. マサダの空中写真．SH.
110b. 発掘後のシナゴーグ．マサダ．Y.Yadin, Marada より．
111. フレスコ画．マサダ．同上．
111c. バリスタ〔から発射された〕弾丸．マサダ．Linda Proud, Oxford.
111b,br. サンダル，籠，鍋，小壺．JF.
112-13c. クムラン洞穴から見た眺め．Palphot, Jerusalem.
113cr. 壺．クムラン．後1世紀．Israel Museum（写真：DH）．
113br. イザヤ書の写本．後1世紀．Israel Museum.
115. シナイ山．RK.
116c. 砂漠の光景．DH.
116-17. 洞穴から見たシナイ砂漠．RN.
118c. 「ヤハウェの家」と書かれたオストラコン．Arad Excavation Report より．
118cb. 土器片．アラド．JF.
118b. 印章．アラド．JF.
119t. テル・アラド．WB.
119br. 至聖所．アラド．前9世紀．Israel Museum（写真：DH）．
119bl. アラドの模型．Israel Museum, Jerusalem.
120-21. テル・ベエル・シェバ．PA.
121c. 市場の風景．RK.
121bl. ベエル・シェバ出土の小像．Prof. Herzog, University of Tel Aviv.
122-23. カデシュ・バルネア．PA.
124t. ツィンの荒れ野．ZR.
124b. エツヨン・ゲベル．DH.
125cr. 銅の蛇．ティムナ．Dr. Beno Rothenburg, University of Tel Aviv.
125c. ハトホル女神の断片．ティムナ．同上．
125br. ティムナ．DH.
125bl. 銅鉱山．ティムナ．WB.
126-27. シナイ砂漠．WB.
127r. ジェベル・ムーサ．ZR.
128l. ダン．GN.
131. 下ガリラヤ．PA.
132-33. ティベリアス．デイヴィッド・ロバーツの石版画．Fotomas Index, London.
134b. テル・ハツォル．PA.
135t. ライオンのオルトスタット．Israel Museum（写真：

図版リスト

DH).	160ct. 香炉台. ZR.	194. ワディ・キルト. ZR.
135tr. ハツォルの仮面. 同上.	160bc. 石柱. ゲゼル. ZR.	195. 死海の塩の塊. WB.
135br. ハツォル発掘での仮面の出土状況. Prof. Y. Yadin.	160tr. 雄牛. Israel Museum (写真：DH).	196-97. アブ・エル・アライク. PA.
137. ナザレ. GN.	160br. 石柱の神殿. ハツォル. Israel Museum (写真：DH).	197tl. 新石器時代の塔. エリコ. DH.
138c. カファルナウムの空中写真. RN.	161l. 金製短剣. カナン時代. ゲゼル. Dept. of Antiquities, Jerusalem (写真：ZR).	197br. 頭像. 前16世紀. エリコ. DH.
138b. 契約の箱. GN.	161tr. 豊穣の女神. DH.	198-99. 誘惑の山にある修道院. SH.
139bl. オリーブ絞り器. SH.	161bc. ペリシテ人の人型棺. Dept. of Antiquities, Jerusalem (写真：GN).	200. ハトホル. 青銅と金箔. 前1500—1200年. Israel Museum.
139br. 石臼. DH.	161br. 悪魔の像. JF.	200-01. テル・ベト・シェアン. PA.
140. タボル山. RK.	164-65. オリーブ山から描くエルサレム. 1859年エドワード・ソアーによる. Christies, London (写真：The Bridgeman Art Library).	203. セイル・エル・モジブ. PA.
141t. タブガ・モザイク. GN.		204. ヘルモン山. WB.
141c. コラジン. WB.		205. 羊飼いと羊群. ZR.
142b. 脱穀. ガリラヤ. ZR.	166-67. ギブオン. PA.	206. モアブ王の石灰岩製立像. Custodia Terra Sancta, Studium Biblicum Franciscanum Museum.
142t. もみ殻の吹き分け. WB.	170-71. ワディ・スウェニト. PA.	
143bl. オリーブ畑での耕作. GN.	172-73. エルサレムの旧市街. RN.	209. ペトラ. Zefa Picture Library, London.
143tr. 羊飼い. GN.	174br. ダビデの町の空中写真. エルサレム. PA.	210. ジェラシュ. 同上.
143br. タブーン（パン焼きガマ）. ZR.	174tr. ダビデ王の墓. WB.	211. フィリポ・カイサリア. SH.
144tl. 油絞り器. DH.	174cl. 頭部像. ZR.	212-13. マケルス. PA.
144tr. オイル・ランプ. ヘレニズム時代. ZR.	174bl. 土器. ローマ時代. ダビデの町. ZR.	214. アッシリア王サルゴン. ホルサバードの浮彫り. Lovrre, Paris (写真：Scala, Florence).
144cl. 墓室への入口. SH.	176. アブサロムの墓. ZR.	
144cr. 納骨箱. 前50-後70年. Israel Museum (写真：DH).	178-79t. アナタ. ZR.	216-17t. 王ラメセス2世. アブ・スィムベル. David Roberts, *Sketches in Egypt and Nubia*, 1838から.
144b. 骨製サイコロ. ローマ時代. エルサレム. Hebrew University, Jerusalem (写真：ZR).	178-79c. シロアム碑文. Dept. of Antiquities, Jerusalem (写真：ZN).	
		216c. エレファンティネ島. A. A. M. van der Heyden, Amsterdam.
145tl. 硬貨の鋳型. ローマ時代. エルサレム. Dept. of Antiquities, Jerusalem (写真：ZR).	179b. ヒゼキヤのトンネル. SH.	217. ナイル川の舟. 同上.
	181t. アイン・カレム. GN.	218. サルゴンの奴隷. ホルサバードの浮彫り. Louvre, Paris (写真：Scala, Florence).
145tc. 化粧具. 粘土・石および骨製. ローマ時代. マサダ. Hebrew University (写真：ZR).	181b. モザイク. アイン・カレム. Custodia Terra Sancta, Studium Biblicum Franciscanum Museum, Jerusalem.	
		218-19. アシュルバニバルのライオン狩り. British Museum, London.
145tr. 粘土製ビール飲用器. ペリシテ時代. テル・カシラ. Dept. of Antiquities, Jerusalem (写真：ZR).	182-83. ヘロデの神殿. DB.	
	184-85t. オリーブ絞り器. ベタニア. SH.	220t. ニムルードの宮殿. A. H. Layard, *Monuments of Nineveh*より (写真：Ashmolean Museum, Oxford).
145cl. ティルス・デナリ貨. Custodia Terra Sancta. Studium Biblicum Franciscanum, Jerusalem.	185tr. ベタニア. Custodia Terra Sancta, Studium Biblicum Franciscanum Museum, Jerusalem.	
		220b. ニムルードの光景. Sir Robert Ker Porterによる. British Library, London.
145c. 石製の重り. DH.	186tc. 嘆きの壁. Camerapix-Hatchison, London.	
145cr. ラキシュ出土のフライ・パン. JF.	186tr. 石組の道路. エルサレム. SH.	221. バビロンのユーフラテス川. Robert Harding Picture Library, London.
145bl. 沐浴する婦人小像. カナン時代. Dept. of Antiquities, Jerusalem (写真 DH).	186cr. ダマスコ門. Prof. J. Rogersonのコレクションにある19世紀のスライド写真から.	
		222t. イシュタル門. バビロン. State Museum, East Berlin.
146. イズレエルの谷：RK.	186bc. シロアムの池. SH.	222b. 雄牛. 浮彫り. 同上.
150t. ワディ・ファリア. PA.	186br. ダビデの町の発掘. Israel Exploration Society (写真：Prof. Avigad).	223t. キュロス大王の墓. E. Bohm, Mainz.
150b. ナブルスへの入口. デイヴィッド・ロバーツによる石版画. Equinox Archives, Oxford.		223l. ペルシア兵. 浮彫り. State Museum, East Berlin.
	186bl. ベトザタの池. SH.	
153. 頭部像. カナン時代. ZR.	186b. 貨幣. ZR.	224tl. 聖ペトロの地下堂にある聖パウロのモザイク. ローマ. Scala, Florence.
154-155t. サマリア. ZR.	189. 金の門. エルサレム. H. G. Gray, *Jerusalem : The City Plan*, 1948による水彩画より.	
155tr. ロートゥスの茂みの中のスフィンクス. アハブの宮殿から出た前9世紀のサマリア象牙細工. Israel Museum, Jerusalem.		224tr. アポロン神殿. コリント. SH.
	190cr. 石組み層. GN.	224bl. マグネシアの門に至る道路. エフェソ. W. Wilkinson, London.
	190bl. ヴィア・ドロロサ. SH.	
155b. ベイティン. RK.	190-91bc. 聖墳墓教会. デイヴィッド・ロバーツによる石版画.	224br. エフェソ出土のアルテミス像. SH.
156. 有角祭壇. DH.		
157cl. 遠征の後に勝ち誇る王. 象牙. Dept. of Antiquities, Jerusalem (写真：DH).	191tr. 十字架の第3ステーション. Jerusalem Publishing House.	
157cr. 印章. メギド. ZR.	191cr. 回転石を備えた墓. SH.	
157b. メギド. PA.	193b. ネビ・ムサ. WB.	
157br. 雄羊と猿. ZR.	193t. 空から見たヨルダン川. GN.	
157cr. メギドのトンネル. GNM.		
159. サマリア人. WB.		

謝辞

われわれは次にあげる在イスラエルの方々の援助に感謝申し上げたい. ミケレ・ピッチリッコ, フランシスコ聖書学研究所, エルサレム. ヨシュ・ガフニ, エルサレム出版会社. ハロルド・ハリス, ゼファ会社. ワーデン首席司祭とそのスタッフ, 聖ジョージ教会堂, エルサレム.

参考文献

以下の参考文献には，本書本文で直接触れた著作と，一般の方々の役に立つと思われる本をあげた．

他の聖書地図

L. H. Grollenberg, Atlas of the Bible (London & Edinburgh 1956). たぶん，これまでに出版されたうちで最良のもの．オランダ語の原著からの翻訳．その地図と図表はすばらしい．写真が白黒での印刷になっていることが惜しまれる．

Y. Aharoni and M. Avi-Yonah, The Macmillan Bible Atlas (rev. edn., New York 1972) (邦訳「マクミラン聖書歴史地図」池田 裕訳，原書房，1988年) ．カルタ社(エルサレム)による数版の聖書地図に基づくこの不可欠の著作は，聖書に現れるすべての重要な出来事，および聖書の歴史に影響を与えた他の事件を例証している．その重点は主として歴史的側面にある．

L. H. Negenman, New Atlas of the Bible (London 1969). 上記グロレンベルクの追編である本書はカラー写真を使うことができたが，地図作成と解説ではグロレンベルクの水準に及ばなかった．

Oxford Bible Atlas, ed. Herbert G. May (2 nd edn., Oxford 1974). この聖書地図(OBA)は，グロレンベルクのものを使うことのできなかった学生にとっても，低価格であり，長期間にわたり最良の聖書地図である．J. Day 博士によって改訂された新版は本書の参考とするには間に合わなかった．

Reader's Digest Atlas of the Bible. An Illustrated Guide to the Holy Land (Pleasantville, New York, 1981). 美しい挿絵の多い本であり，その良例にはカイサリア，ヘロデ時代のエルサレム，マサダの再現図がある．その重点は地理よりも歴史に置かれている．

Student Map Manual, Historical Geography of the Bible Lands (Jerusalem 1979). この便覧は，「写真保管所」のカラー・スライドと極めて大規模な学生用地図と併せて使用されるべきものである．しかしこれ自体で極めて有益な本であり，該当する聖書の箇所に地図を連結させ，その「主要名称索引」は各遺跡の占住時期を示してくれる．この本が採用している東西方向を上下に取る作図に慣れるには困難がある．

G. E. Wright and F. V. Filson, The Westminster Historical Atlas to the Bible (rev. edn., Philadelphia 1956). この本は北米の学者にとって，英国の学生のOBAにあたり，基本的に欠かせない歴史的アプローチをそなえた学生用の優れた便覧である．

聖書の地理および歴史地理についての一般書

Y. Aharoni, The Land of the Bible. A Historical Geography (London 1967). 1962年にヘブライ語で初版が出されたこの本は，古代イスラエル史を地理的・考古学的文脈から扱う．著者はイスラエルの指導的考古学者の一人であった．

D. Baly, The Geography of the Bible (rev. edn., London 1974). 特に聖書に関係したイスラエルの地理について書かれた英語の著書ではたぶん最良のもの．地域的・地理的な関心を主にして書かれており，多くの図表と図版を含む．

D. Baly, Geographical Companion to the Bible (London 1963). 聖書の物語に影響を及ぼし，これを解明してくれる聖地の多くの特徴に関する貴重な叙述．

Y. Karmon, Israel, a Regional Geography (London 1971). 専門家・非専門家の両者にとってたぶん最も有益な本．自然地理，住民，土地利用を論じ，これらすべてを歴史的視点から見る．

O. Keel, M. Kuchler, C. Uehlinger, Orte und Landschaften der Bibel (Zurich and Gottingen 1982 vol. 2, 1984 vol. 1). 企画においては4巻からなるこの著作は聖地訪問者のための旅行案内書である．第1巻は歴史地理を，第2巻はユダヤ，ヨルダン河谷と南部海岸平野の一部，ネゲブおよびシナイを扱っている．第3巻はサマリアとガリラヤを，第4巻はエルサレムを主として扱うことになっている．これは，聖地での多年の旅行と専門的文献の苦労に満ちた研究に基づく記念碑的著作．この著作は聖書を真剣に学ぶためには不可欠の書である．

G. Dalman, Sacred Sites and Ways: Studies in the Topography of the Gospels (London 1935). これは，Orte und Wege Jesu (3 rd edn., Gutersloh 1924) の翻訳である．本書は，これまで書かれたイエスの宣教の時代の地勢に関する最も広範な研究の一つであり，出版されてから長年月がたつが今でも有益な著作である．

E. Orni and E. Efrat, Geography of Israel (Jerusalem 1964). カーモンのものよりも専門的であるが，有益な本．しかし，非専門家にとってはたぶんカーモンほどおもしろくはないであろう．

Encyclopaedia Biblica (Jerusalem 1964-82). 8巻本(ヘブライ語)．必要不可欠な参考書．古代イスラエルの歴史，地理，考古学，地勢といったあらゆる主要な側面についての事項を載せている．

H. Shanks, The City of David. A Guide to biblical Jerusalem (Washington, D.C., 1973). ダビデの也に残っているものを詳細に調べようとする者にとって，すばらしくよく書けた専門的案内書．

T. L. Thompson, The Settlement of Sinai and the Negev in the Bronze Age (Beihefte zum Tübinger Atlas des vorderen Orients, Reihe B Nr. 8, Wiesbaden 1975); The Settlement of Palestine in the Bronze Age (Beihefte zum Tübinger Atlas des vorderen Orients, Reihe B Nr. 34, Wiesbaden 1979). これら2著は，実は，知られていたすべての青銅器時代の遺跡を，出土物についての簡単な説明とそれらの出典を付して，まとめた著作である．私は本書で，2千年紀における定住と私が大雑把に呼んだ事柄を描写する上で，これら測り知れない価値を持つ2著を詳細に検討した．

M. Zohary, Plants of the Bible (Cambridge 1982). 故ゾハリー教授はこの分野における研究の古参だったのであり，一般向けに書かれたこの彼の最後の著作は，研究と出版の生涯を示す．

Y. Ben-Arieh, The Rediscovery of the Holy Land in the Nineteenth Century (Jerusalem and Detroit 1979). 豊富な挿図を配した調査と発見の記述．トムソン，トリストラムや多くの人々の研究を歴史的観点から見る．

初期の時代における聖地についての記述

H. Donner, Pilgerfahrt ins Heilige Land. Die altesten Berichte Christlicher Palastinapilger (4-7. Jahrhundert) (Stuttgart 1979). 後333年から680年の間になされた8回の聖地巡礼についての記述のドイツ語訳．この時代の聖書の地についての極めて広範な情報を含む．

J. P. Peters, Early Hebrew Story. Its Historical Background (London 1908). 現代の標準からすると，これはヘブライ語伝承の起源についての古風な記述である．しかしそれには，本書で言及しているベテルの記念すべき叙述が含まれている．

G. A. Smith, The Historical Geography of the Holy Land (26 th edn., London 1935). たぶん，英語で書かれた古典的著作のうちの最大冊．1894年に初版が出されて以来，1931年にその最終的改訂版が完了した．専門的研究には今でも不可欠であるが，一般読者にとって，こっちのほうがトムソンのものより使いこなすのが難しいであろう．

W. M. Thomson, The Land and the Book; or, Biblical Illustrations drawn from the Manners and Customs, Scenes and Scenery of The Holy Land (London 1859). トムソン自身による，1857年1月から5月の間になされたベイルートからエルサレムへの旅行記．これは，19世紀のイギリス聖書学界で最大の評価を受け，しばしば引用される著書となった．これは，トムソンによる25年間以上にわたってなされた数多くの遺跡訪問に依拠し，挿図が豊富であり，風景を生き生きと描写しているが，以降，そのうちのいくつかはあらゆる面から見て変化してしまった．

H. B. Tristram, The Land of Israel: a Journal of Travels in Palestine, undertaken with special reference to its Physical Character (3 rd edn., London 1876). 書名が示唆するように，トリストラムの本は，トムソンの本よりも専門的である．これは1863-64年の10カ月間の調査結果の成果であり，いくつかのすばらしい版画を載せている．古典的書籍と呼ぶにふさわしい．

C. Wilson and C. Warren, The Recovery of Jerusalem. A Narrative of Exploration and Discovery in the City and the Holy Land, 2 vols. (London 1871). これは，エルサレム，ガリラヤの海，ハウランおよびシナイを科学的に調査した初期の人々の寄稿になる1864-65年から1868年までに執筆された論文集である．内容は，遭遇した種々の困難を生き生きと描写しており，特にヒゼキヤのトンネルの中を通る話はおもしろい．

F. J. Bliss (with plan and illustrations by A. C. Dickie), Excavations at Jerusalem 1894-1897(London 1898). 古いにもかかわらず，今でもしばしば参照に付される本．その後の多くの研究の基となった．

S. Runciman, A History of the Crusades, 2 vols. (Cambridge 1951-52). 11-12世紀のパレスティナの地の状態に関する多くの言及を含む．

特定の地域を扱ったもの

Y. Ben-Arieh, The Changing Landscape of the Central Jordan Valley (Scripta Hierosolymitana, vol. 15, Studies in Geography, Pamphlet no. 3, Jerusalem 1968). パンフレットというよりは専門論文，ガリラヤの海の南にあるヨルダン・ヤルムク三角地帯についてのこの価値ある研究は，旧石器時代から現代までのこの地域の歴史と土地利用をたどる．

N. Glueck, The Other Side of the Jordan (New Haven, 1945); The River Jordan, Being an Illustrated Account of Earth's Most Storied River (Philadelphia 1946). これらの研究は，今ではそれ以降の調査でいくぶん古くなってはいるものの，扱っている地域についての古典書であることに変わりはない．

K. M. Kenyon, Jerusalem. Excavating 3,000 Years of History (London 1967). 1960年代にダビデの町でなされた重要な発掘の記録．

E. Otto, Jerusalem — die Geschichte der Heiligen Stadt (Kohlhammer/Urban-Taschenbucher No. 308, Stuttgart 1980). 特に最近の発掘を扱った専門文献についての膨大な知識に基づいて，エルサレムの最初期からラテン(十字軍)王国までのエルサレムを扱う．

J. Wilkinson, Jerusalem as Jesus knew it (London 1978). 新約聖書時代のエルサレムと現代人が見る今日のエルサレムとの関係について，多くの有益な図版を用いながら述べるできのよい，平明な本．

聖書の歴史についての案内書

J. Bright, A History of Israel (London 1981) (邦訳「古代イスラエル史」新屋徳治訳，聖文社，1968年，ただし原著第1版1959の訳本)．初歩の者にとっては，たぶん今でも最良の大著になる旧約時代史．記述のしかたはほとんど旧態のままであるが，現代の考古学および他の分野の発見が適所に配されている．

S. Herrmann, A History of Israel in Old Testament Times (rev. edn., London 1981). 分量ではブライトのものに類似．本書はドイツ人側からの有益な貢献である．

M. Noth, The History of Israel (rev. edn., London 1960) (邦訳「イスラエル史」樋口 進訳，日本キリスト教団出版局，1983年)．この大著は，古代イスラエルの伝承史，考古学，そして地勢学に関するノートの生涯をかけた学究の総仕上げである．この本は，前のほうの章は少し古くなっているものの，ソロモン時代以降については不可欠のものである．

F. F. Bruce, New Testament History (rev. edn., London 1971). これは，福音書，使徒言行録，そして書簡の中に腹蔵されている歴史についての英語での本として基本的著書となっている．

監修者のことば

たいがいの方が「聖書」("The Holy Bible")という名称を知っておられるが，すぐに「新約聖書」を連想される方が多いようで，「聖書」とは「旧約聖書」と「新約聖書」の総称だという認識はどうも不十分である．またクリスチャンの方でさえ，新約には精通しているが，旧約はあまり読んでいないという方が少なくない．その原因はいろいろあろうが，一つには「イエス・キリストはクリスチャンであった」という錯覚があるのではないかと思う．

イエス・キリストは信仰深き「ユダヤ教徒」であった．新約「マタイによる福音書」の第5章は「山上の説教」として有名な箇所であるが，17節に次のようなイエスの言葉がある．「わたしが来たのは律法や預言者を廃止するためだ，と思ってはならない．廃止するためではなく，完成するためである．」

ここにいわれた「律法」とは，旧約の創世記・出エジプト記・レビ記・民数記・申命記（一名「モーセの五書」）のことであるし，「預言者」とは，やはり旧約のヨシュア記・士師記・サムエル記・列王記・イザヤ書・エレミヤ書・エゼキエル書のほか12の預言者の書をさしている．それゆえイエスの言は，いいかえれば「旧約の神の言葉の実践」ということにほかならない．その事実を把握していれば，旧約を軽視するクリスチャンはいなくなるはずである．

また Abraham Lincoln とか，Benjamin Franklin とかいう名前は，小学生でも知っているにちがいない．前者は奴隷制廃止に身を捧げたアメリカ合衆国の第16代大統領であるし，後者は凧をあげて雷雲の荷電を調べ避雷針を発明したアメリカの科学者である．とはいえ "Abraham" や "Benjamin" が旧約に出てくる部族名に由来することまでは学校でも教えないと思うが，今から3千年ほど前に書かれた旧約の影響が現代にまでおよんでいるのを知れば，ちょっと旧約を読んでみようという気がおきるかもしれない．

そもそも個人は人間社会の中に生存し，社会は自然環境の中で発展する．したがって，個人は人間社会と自然環境との双方から影響を受ける．自然環境とはもちろん気候風土のことである．旧約聖書——中国語の「旧約全書」のほうが内容に合致している——は，約一千年の間に，パレスティナを中心として，東はメソボタミアやイラン，北はシリアやアナトリア，南はエジプトやアラビアを舞台として活動した多くの民族のドラマの集大成ともいえる．新約聖書は旧約に比べればはるかに少ない約1世紀の間にまとめられたものとはいえ，その舞台はパレスティナからギリシア・ローマ世界にまで広がっている．

このような聖書を，地理学的背景を無視して理解できるはずはない．もちろん，以前から聖書地理学や聖書考古学は盛んであったし，それに関する論文や書物もたくさん出版されている．しかし本書ほど地理的観点を明確にし，最新の研究成果をとりいれ，厖大なカラー写真とイラストを駆使し，詳細にしてしかも包括的に著述編集された書物は類をみない．

本書を翻訳していただいた小野寺幸也氏は，国際基督教大学および青山学院大学大学院を卒業した後，米国ジョンズ・ホプキンズ大学大学院に留学した聖書学者である．現在は財団法人・中近東文化センターの主任研究員として，古代西アジアを担当しておられ，とくに旧約と関係の深いウガリト学に関しては，本邦でも数少ない権威である．

従来から聖書関係の著述の翻訳で常に問題になったのは固有名詞の片仮名訳であった．ことにカトリックとプロテスタントでは訳語が違っていたし，ヘブライ語の原音に近づけようとする欲求と慣用音を尊重しようとする気持ちとがいつも相剋をくりかえしていた．

さいわいにも両教派による共同訳聖書が出版されることになり，翻訳開始の時点にはその固有名詞のリストが公表されていたのでそれによったが，共同訳の進行にともなって改訂がおこなわれたりしたため，訳者も編集者もよけいに困難な仕事を課される結果となった．また細かい地図の上に書かれたたくさんの地名や歴史上の事実を一々小さい字で挿入していき，それを印刷し，また校正するという作業にいたっては，考えただけでもぞっとするほどであった．

ここに監修者として，翻訳者，編集関係者，そして印刷関係者各位の長期間にわたったご労苦に対し衷心より感謝の意を表するとともに，本書が一人でも多くの読者を得，わが国における聖書に対する関心と興味が増大し，ひいては聖書の歴史・地理学的研究が深められることを切に願ってやまない．

1988年10月　三笠宮崇仁

訳者のことば

　本書は，John Rogerson, The New Atlas of the Bible, 1985, の全訳である．本書を訳者が翻訳するにいたったきっかけは，1985年11月，訳者が勤務する研究機関の総裁であらせられる三笠宮崇仁殿下が，一葉のパンフレットをお持ちになったときであった．それは，その時すでになじみ深くなっていた朝倉書店の「図説 世界文化地理大百科」の既刊本および内容紹介を盛ったものであった．殿下は，「このシリーズのうちの『新聖書地図』の監修を頼まれたのですよ……．ところであなたは今お暇がおありですか」と語られた．やがて，訳者の研究室にその原書が届けられた．初見であったが，その中の見事な写真に魅入られてしまった．

　訳者のスケジュールは混んでいたが，この美しく，かつ内容豊富な本をそのまま手ばなすのはいかにも惜しかったので，即刻，翻訳を担当する意思のあることを殿下に表明し上げたのであった．

　殿下のご反応は速やかであられ，その後の適切なご指示によって，訳者の作業はおおいに助けられた．

　翻訳作業開始にあたり，監修者，編集者，訳者の間で，聖書に出てくる語句の表現および固有名詞の表記は，原則として，当時進捗中で，完成間近かと伝えられた『聖書 新共同訳』に準拠することで合意した．「共同訳聖書実行委員会」のご同意によって寄せられた資料に基づいて本書の翻訳作業は順調に進み，1987年夏に訳了した．しかし，その後に出版された共同訳聖書の用語との可能なかぎりの一致を計るために，思わぬ時間を費やしてしまった．しかし『聖書 新共同訳』の将来的意義を考慮に入れた場合，たとい本書の出版が遅れようとも，この作業は不可欠であると判断した．

　しかし，後者との可能なかぎりの「一致」とはいっても，結果的に，これに背かざるをえなかった場合が少なくない．たとえば，列王記上10：22に出てくる動物のうちの一種は，本文批判学的には，「ひひ」なのであろうが，原著者が「くじゃく」の絵を出している以上これを採用せざるをえないわけである（もっとも，この点については原著者自身明確に認識している．p.66参照）．だが，読者にとっても，そして訳者にとっても，もっと厄介な問題は，訳者が共同訳聖書とは異なる表現・表記をしようと考えるときであった．（聖書からの引用ではない）訳者の地の文では，訳者の用法に依った場合が多く，その例は枚挙に暇がない．現段階においては，（とくに，聖書の域を越えて，広くオリエントにまたがる固有名詞において）ある点で妥協せざるをえないことは，読者諸氏も認めて下さることであろう．

　ここで，原著者について一言すると，ジョン・ロジャーソンは，英国シェフィールド大学の聖書学教授である．著書にはMyth in Old Testament Interpretation〔旧約聖書解釈における神話〕(1974年)，The Supernatural in the Old Testament〔旧約聖書における超自然〕(1976年)，Cambridge Bible Commentary: Psalms (with J. M. Mckay, 3 vols.)〔ケンブリッジ聖書注解「詩篇」3巻（共著）〕(1977年)，Anthropology and the Old Testament〔人類学と旧約聖書〕(1978年)，Old Testament Criticism in the 19th Century〔19世紀における旧約聖書批評学〕(1984年)がある．

　本書の特色は，書名そのものにふさわしく，聖書の地の地理に的を絞って記述されていることである．

　地理調査は，種々の目的——政治・軍事・学術等々——から，古今東西で常になされ続けてきた．中近東の場合も例外ではない．

　中近東の場合，それが聖書の世界であったため，ことさら上述の事実が目立つ．東インド会社赴任後の帰途にあったヨーロッパ官・民の人々が，聖書に記述されてある事柄の検証のため，アッシリア・バビロニア，エジプトの——それぞれの精密さにおいては差があるものの——詳細な地理的・歴史的調査を行なった．また，エジプトの場合，ナポレオンの遠征の成果たる，いわゆる『エジプト誌』を忘れてはなるまい．

　聖書の地に話を戻せば，前世紀末に英国軍人キッチナーによってまとめられた7巻からなる『西部パレスティナ調査』は，その後の同地の地理・地勢研究の基本的資料となった（そのごく一部が本書のp.65右下に例示されている）．

　先に，本書の目標は地理にある旨を記した．しかし，歴史上の出来事から離れてこの種の書物を著わしても意味がない．この点で，本書巻末にある参考文献第2項の最近邦訳出版された本（池田 裕訳）は，本書と相互に補完し合うものと思われる．

　ここで凡例に類することを書いておかなければならない．

1) 本書で扱っている地域に特徴的なものとして，雨季には川の様相を呈し，乾季には道路の役を果たす谷がある．これには「ナハル」，「ワディ」，「小川」，「川」など各種の呼び名が付されているが，それらの区別はかなり主観的なものであり，厳密な定義づけは不可能である．
2) 旧・新約聖書の各書名とそれぞれの略語については，p.14を見られたい．また，「新共同訳」には，「旧約聖書続編」が収載されているが，そのうち本書に引用されているものの書名とその略語は次のとおりである．
　　ユディト記…ユディ，マカバイ記1…1マカ，
　　マカバイ記2…2マカ，
　　エズラ記（ギリシア語）…エズ・ギ
3) 章節の数えかたについて： 旧約聖書において「新共同訳」と「口語訳」で章・節の数えかたに相違がある場合には，前者に従う（「新共同訳」，付録pp.37-38参照）．

　本書の翻訳作業は，苦労も多かったが実に楽しいものであった．監修にあたられた三笠宮殿下には心からお礼を申し上げる．しかし，特筆しておかなければならないのは，終盤にさしかかっての訳者の体調異変により，通常のお仕事以上のお世話になった朝倉書店の編集担当の方々に関してである．以上の方々への，感謝申し上げるべき適当なことばもない．

　　1988年の秋を窓外に見て　　小野寺幸也

地名索引

聖書の中で言及されている場所で，その位置が特定できるすべての地名が，以下に列挙してある．ボールド体の数字と文字は，第3部の地勢図にある経緯度内の地点のうち，最初に言及されている所を示す．次に続く数字は，その地点が地図と一緒に登場する頁を指す．別称も示してある．

ア 行

アイ(アヤ) **148 C4** 25, 28
アイラ →エイラト
アイン →エン・リモン
アイン・リモン →エン・リモン
アエノン **192 B2**
アカイア **214 D3** 40
アクジブ(海岸平野) **73 B3** 29, 59
アクジブ(ケジブ)(シェフェラ) **85 C3** 29
アクシャフ **129 A3 A4** 28
アクラバ(アクラバタ, アクラバテネ) **148 D3** 37, 38
アクラバタ →アクラバ
アクラバテネ →アクラバ
アコ(プトレマイス) **73 B4** 28, 32, 37, 38, 41, 59, 63
アコルの谷 **105 C1** 59
アジア **214 E3** 41
アシェル(部族) 29, 30, 32
アシャン **114 B1**
アシュケロン(アスカロン) **79 B4** 28, 30, 34, 35, 37, 38, 63
アシュケロン(ベ・エシュテラ) **202 D2** 59
アシュタロト・カルナイム →カルナイム
アシュドド(アゾト) **79 B3** 28, 29, 30, 32, 33, 34, 37, 38, 41, 59, 63
アシュナ(シェフェラ) **85 C3 D2**
アシュル **215 H3** 24, 34, 35
アスカロン →アシュケロン
アズノト・タボル **129 C4**
アズマベト(ベト・アズマベト, ベト・アスモト) **163 E2**
アゼカ **85 C2** 28, 30, 35
アソス **214 E3** 41
アゾト →アシュドド
アゾル →アソル
アソル(アゾル) **79 C1**
アダサ **162 D2**
アダマ **129 D3** 29
アダマ →マドン
アダミ・ネケブ **129 C4** 29
アダム **192 B2** 31
アタリア **214 F3** 41
アタロト(イズレエルの谷) **147 B5** 29
アタロト(モアブ) **202 C3**
アタロト(ヨルダン河谷) **192 A2**
アッカロン →エクロン
アッシリア **214 H3** 24, 34, 35
アツモン **114 A2**
アディダ →ハディド
アディタイム **148 B4**
アテネ **214 D3** 40
アドダ →アロエル
アドラ →アドライマ
アドライマ(アドラ) **95 C2** 37, 38
アドラミティオン **214 E3**
アドラム **85 D3** 28, 30
アドリア海 **214 C2**
アトリト **77 B1**
アトロト・アダル **163 D2**
アナト **163 E3** 33
アナネヤ →ベタニア
アナハラト **129 C5**
アナブ **95 B3** 28, 29
アニム **95 C3** 29, 32, 59
アバリム山 **202 C1** 59
アビイフォルム **214 B2** 40
アビム →アヤト
アビレネ **202 C1**
アファイレマ →オフラ
アフェカ **95 C2**
アフェク →アフェク
アフェク →エベン・エゼル
アフェク(アフィク)(アシェル) **73 B4** 28, 29, 32
アフェク(アンティパトリス)(海岸平野) **79 D1** 28, 30, 59, 63

アフェク(トランス・ヨルダン) **202 C2**
アフェク(フェニキア) **214 G4**
アブドン(エブロン) **73 B3** 29
アフラブ(マハレブ) **73 C2** 28, 29
アブロナ **114 B4**
アベル・ケラミム **202 C2 C3** 30
アベル・シティム(シティム) **192 B3** 28
アベル・マイム(アベル・ベト・マアカ) **129 D1** 33
アベル・メホラ **192 B2** 30, 32, 33
アポロニア(海岸平野) **77 A4** 37, 38
アポロニア(ギリシア) **214 D2** 41
アマトゥス 37, 38
アマトス →ハマト
アヤ →アイ
アヤト(アヤロン, アビム) **148 C4**
アヤロン →アヤト
アヤロン(エロン) **85 D1** 28, 29, 30, 32, 33, 59
アヤロンの谷 **85 C1 D1** 59
アラド **114 C1** 27, 28, 33, 38
アラバ **114 C3**; **192 B3** 27, 59
アラビア **215 H5 I5** 24, 34, 35, 36, 41
アラブ **95 C3**
アラム **95 C3**
アララト(ウラルトゥ) **215 H3** 34, 35
アリマタヤ(ラマ, ラマタイム・ツォフィム, ラタミン) **148 B3** 30, 37
アル **202 C3**
アルゴブ **202 C2 D2** 32
アルノン(川) **192 B4** 59
アルバタ **77 B2 C2**
アルバド **214 G3**
アルベラ **129 C4** 37, 38
アルボト **77 C3** 32
アルマ **148 C3** 30
アルモン(アレメト) **163 E3**
アルモン・ディブラタイム(ベト・ディブラタイム) **202 C3**
アルワド **214 G4** 34
アレクサンドリア **214 E4** 36, 40
アレマ →ヘラム
アレメト →アルモン
アロエル(アドダ)(ネゲブ) **114 B1** 29
アロエル(ギルアド) **202 C3** 29, 30, 32, 59
アロエル(モアブ) **202 C3** 29
アンティオキア(シリア) **214 G3** 41
アンティオキア(ピシディア) **214 F3** 41
アンティパトリス →アフェク
アンフィポリス **214 D2** 41
アンモン **202 C2 D2** 32, 33, 34, 59

イイエ・アバリム **202 C3** 27
イエシュア **95 B4**
イコニオン **214 F3** 41
イサカル(部族) 29, 30, 32
イスラエル **214 G4** 32, 33, 34
イズレエル(イズレエルの谷) **147 C3** 29, 32, 33, 59
イズレエル(ユダ丘陵) **95 C3**
イズレエル平野(大いなる野, エスドラエロンの野, メギドの野) **147 C3** 59
イタビリウム →タボル山
イタリア **214 B2** 36
イドマヤ **214 F4 G4** 37, 38
イトラ **162 B3**
イトレア →エトル
イフタ(トリコミアス) **85 D3** 29
イブレアム(ビレアム) **147 C4** 28, 29, 32, 59
イリリア(ダルマティア) **214 C2** 41
イルアラ **129 C4**
イルオン **129 C2**
イル・シェメシュ →ベト・シェメシュ
イルベエル **162 D2**

ウザル **215 H7**
ウゼン・シェエラ **114 B4**
ウツ →ホサ
ウラルトゥ →アララト
ウル **214 I4** 24, 25, 35

エイラト(アイラ) **114 C4** 32, 34
エカブツェエル(カブツェエル) **95 B4** 29
エクバタナ **215 I4** 35, 36
エグライム **202 C2** 37
エグロン **85 B3 C4** 28

エクロン(アッカロン) **79 D3** 28, 29, 30, 34, 37
エジプト **214 F5** 24, 25, 32, 34, 35, 36, 40
エジプトの小川 **115 A1 B1** 34, 35
エシャナ(エベン・エゼル) **148 C4** 33
エシュアン **95 B3**
エシュタオル **85 D2** 30
エシュテモア **95 C3** 29
エスドラエロンの野 →イズレエル平野
エタム **95 D1** 26
エチオピア →クシュ
エツェム **114 B1** 29
エツヨン・ゲベル **114 B4** 27
エテル **85 C3**
エデン **215 I8**
エデン →ベト・エデン
エドム **214 G4** 25, 26, 32, 33, 34, 35, 59
エドレイ **202 D2** 59
エバル山 **148 C2** 28, 59
エファ **214 G5**
エフェソ **214 E3** 35, 36, 41
エプス →エルサレム
エフド **79 D1** 29
エフライム →オフラ
エフライム(部族) 29, 30, 32
エフラタ →ベツレヘム
エフラト →ベツレヘム
エフロン **202 C2**
エフロン →オフラ
エブロン →アブドン
エベン・エゼル →エシャナ
エベン・エゼル(アフェク) **79 D1** 30
エマオ **162 A2 C2 C3**
エマオ(ニコポリス) **85 C1** 37, 38
エラサ **148 B4**
エラの谷 **79 C3 D3** 59
エラム **85 C3**
エラム(スシアナ) **215 I4** 35
エラレ **202 C3**
エルエルの荒れ野 **105 B2**
エルサレム(サレム, エブス, アエリア・カピトリーナ) **163 D3** 24, 25, 26, 27, 28, 30, 32, 34, 35, 37, 38, 41, 59, 63
エルテケ **79 D2** 34
エレク(ウルク) **215 I4** 35
エロン **85 C2**
エロン →アヤロン
エン・エグライム **105 C1**
エン・ガニム **85 C2**
エン・ガニム →ベト・ガン
エン・ゲディ(ハツェツォン・タマル) **105 C3** 29, 31, 37, 38, 59
エン・シェメシュ **163 E3**
エン・ドル **129 C5** 28, 29
エン・ハダ **129 C4**
エン・ハツォル **129 C2** 29
エン・ミシュパト →カデシュ・バルネア
エン・リモン(アイン, アイン・リモン, リモン) **95 B3** 29
エン・ロゲル **163 D3** 32

オノ **79 D1**
オフィル **215 G7 H7**
オフニ →ゴフナ
オフラ(海岸平野) **77 C4**
オフラ(アファイレマ, エフロン, エフライム)(ベニヤミン) **148 C4** 31, 33, 37, 38
オフラ(イズレエルの谷) **147 C3 D3** 30
オボト **114 C2** 27
オン →ヘリオポリス

カ 行

ガアシュ **148 B4**
カイサリア(ストラトンの塔) **77 B3** 37, 38, 40
カイン **95 C3**
カウダ(ガウドス) **214 D4** 40
ガウドス →カウダ
ガウラニティス 38
ガザ **79 A4** 24, 28, 29, 30, 32, 33, 34, 35, 36, 37, 38, 59, 63
ガザ **148 C2**

ガザラ →ゲゼル
カスピン →カスフォル
カスフォ →カスフォル
カスフォル(カスビン, カスフォ) **202 C2**
カダサ →ケデシュ
カタト →キトロン
ガダラ(デカポリス) **202 C2** 37, 38
ガダラ(ペレア) **202 C2** 37, 38
カデシュ **214 G4**
カデシュ・バルネア(エン・ミシュパト, マサ, メリバ) **114 A2 B2** 27
ガト →ギタイム
ガド(部族) 29, 30
ガト(メテグ・アンマ) **79 D3** 28, 30, 31, 32, 59
ガト・ヘフェル **129 B4**
ガト・リモン **79 C1** 29
カナ **129 B4**
カナ **129 B1** 29
カナの小川 **79 D1** 59
カナン 27
ガバタ **129 B4**
カバドキア **214 G3** 41
カファルサラマ **162 D2**
カファルナウム **129 D3** 38
カブツェエル →エカブツェエル
カフトル(クレタ) **214 D3 E3**
カブル **73 C4** 29, 32
カブルの地 32
カボン **85 C3**
ガマラ **202 C2** 37, 38
カモン **202 C2** 30
カラ →ニムロド
ガラテヤ **214 F3** 41
カリ **214 E3**
ガリム **163 D3**
ガリラヤ **129 C2 C4** 34, 37, 38, 59
ガリラヤの海(キネレト, ゲネサレトの湖, キネレトの海, ティベリアス湖) **129 D4**
カリロエ →ツェレト・シャハル
カルケミシュ **215 G3** 34, 35
カルタン **129 C2**
カルデア →バビロニア
カルナイム(カルニオン, アシュタロト・カルナイム) **202 D2** 33
カルニオン →カルナイム
カルネ →カルノ
カルノ(カルネ, カンネ) **214 G3**
カルメル **95 C3** 29, 30, 59
カルメル山 **147 B2** 33, 38, 59
カンネ →カルノ

キオス **214 E3**
キシュヨン **129 C5**
キション(川) **147 C3** 59
ギスハラ **129 C2** 37, 38
キスロト・タボル →ケスロト
ギタイム(ガト) **79 D2**
キティム(キプロス) **214 F3**
キトリシ **85 C3** 29
キトロン(カタト) **129 A4** 28
キドロン川 **163 E4**
ギネア →ベト・ガン
キネレト(キネロト, ゲネサレト) **129 D3** 28, 29, 33
キネロト →キネレト
ギブア **95 C1**
ギブア **163 D3** 30
ギブア →ゲバ
ギブアト・エロヒム →ゲバ
ギブオン **162 D2** 28, 29, 30, 32, 59
ギベトン **79 C2** 29
ギホン(泉) 187, 191
ギムゾ **79 D2**
キリキア **214 F3** 34, 35, 36, 41
ギリシア **214 D3**
キル →キル・ハレセト
ギルガル(海岸平野) **79 D1**
ギルガル(エフライム) **148 C3** 33
ギルガル(ヨルダン河谷) **192 A3** 28, 30
キル・ハレセト(キル) **202 C3** 33, 59
ギルボア **147 D4** 31
キルヤタイム **202 C3** 29
キルヤタイム →カルタン
キルヤト・アルバ →ヘブロン
キルヤト・エアリム(バアラ, マハネ・ダン) **162**

索　引

イタリック数字の頁は図版もしくはその説明文を指す．アラビア語の冠詞「エル」は，アルファベット化の際，無視した場合もある．

ア 行

アイ(ヒルベト・エッ・テル)　27,153, 164,196
アイン・カレム　181,181
アウグストゥス・カエサル(オクタヴィアーヌス)　38,39,137,158
アカバ湾　118,123
アカン　196
アキシュ(ガトの王)　31,119
アキラ　42
アクジブ　72,74
アコ(プトレマイス)　58,72,72,74–75
アサ(ユダの王)　119,136,178
アサヘル　172
アジア　42
アシェル
　部族　152
　領地　74,136
アシュケロン　81
　この地のサムソン　81
アシュドド　81,81,82
アシュルバニパル　218
アスカル　158–159
アスタルテの小像　161
アゼカ　86,87,88,89
アダド・ニラリ3世(アッシリアの王)　136
アダム　68
アタリア　42
アタルヤ　33
アタロト　208
アッシリア　33,92,158,208,216,218–221
　アッシリア軍　93
　ダマスコを滅ぼす　34,35
　バビロニア人による敗北　35,36
　肥沃な三日月地帯の一部　24
　——帝国　34,216
　——とイスラエル　33,34,134,178
　——とユダ　34,88,217
　「ラキシュ」の項をも見よ．
アッタラ＝ラマ盆地　150
アテネ　42,224
アドニヤ　177,179
アドマ　194
アドミム　→マアレ・アドゥミム
アドモン山　130
アドラム　87,88,109,173
　——の要害　87,109
アトリト　78,80
アナトト(アナタ)　179,179,180
アナニア(ダマスコの)　213
アニム　98
アハズヤ(ユダの王)　156
アハズ(ユダの王)　35,88,124,178
アハブ(イスラエルの王)　33,34,134,156,208
　シリア人と戦う　33,136,155
　——の死　92,155
　預言者たちとの対立　33,75,127,136,154,155,156
アビアタル　171,179
アビイフォルム　224
アビシャイ　103,177
アヒマアツ　177
アヒメレク　171
アビメレク(ギデオンの子)　152
アヒヤ(ゲラルの王)　119
アヒヤ　33,151,178
アビヤ(ユダの王)　178
アビラム　123
アフェク(アフィク)　74,81
　シリア人の敗北　155
　ペリシテ人の勝利　29,82,153
アブ・ゴシュ(エマオ？)　188
アブサロム　31,32,151,177,208
アブ・スィムベル神殿　216
アブネル　31,99,172,208

アフラ　152
アブラハム　194,195
　カナン同盟軍と戦う　24,134,195
　神による約束の地への召命　24
　その後継ぎ　24
　旅程　25,119,223
　シケムにおける——　24,151,153
　ベエル・シェバにおける——　120
　ベテルにおける——　153
　ヘブロンにおける——　98,98
　——の年代　17,24
アベル・ベト・マアカ　130,136,177
アポクリファ[外典]　18
アポロ　42
アマサ　177
アマツヤ(ベテルの祭司)　154
アマツヤ(ユダの王)　87–88,208
アマレク人　119,121,152
アメン・エン・オペの知恵　217
アモス　35,98,103,116,154
アモス書　98,116,154,156,196,204
アモリ人(カナン人と同一視されたる)　206
アヤロン　87,88,178
　——の谷　58,84,86,164,171
アラド　118,118–119,120,121
　——盆地　119,121
アラバ　→地溝帯
アラビア(ナバタイ王国と同一視される)　41,213
アラム語　216
アラム文字　16
アリストブロス1世(ユダヤの「王」)　37,134,137
アルケラオス　39
アルテミス　→ディアナ
アルノン川(セイル・エル・モジブ)　202,204,206,207,208,210
アルバタ　134
アルマ(ヒルベト・エル・ウルマ)　152
アレクサンドリア　21
アレクサンドロス大王　36,36,74,180,216,223
アレクサンドロス2世(ロシアの)　18
アレクサンドロス・ヤンナイオス　39,112,211
アレタス4世(ナバタイ人の王)　211,213
荒れ野
　象徴としての——　112,116–117,116
アロエル　121
アロニム丘陵　130,136
アロン　123
アンティオキア(シリアの)　21,41,42,224
アンティオキア(ピシディアの)　42
アンティオコス4世(セレウコス朝の王)　37,180
アンデレ(聖)　137
アンマン　198,210
　——出土の彫像　206
アンモン　202,204,206,209
　イスラエル支配ここまで延びる　31,208
　イスラエル人による定着　25
　ロトの子によって建設　25
アンモン人　180,207
　イフタによる敗北　207
　——はヤベジュ・ギレアド　29(→ナハシュ)
イエス　18,38,51–54,100,112
　非ユダヤ人に遣わされる？　42
　——とエッセネ派　112
　——とエルサレム　51,158,183,186,186
　——と神殿　183,184,188
　——の王権　177
　——の奇蹟　75,138,138,140,141,184,198,211
　——の子供時代　134
　——の受洗　39,198

　——の昇天　188
　——の宣教　39–40,138,183–184,198,211–213
　——の墓　188,190,191
　——の復活　188,190
　——の変貌　127,140,141
　——の誘惑　198,198–199,199
イエニン　→ベト・ガン
イエフ(イスラエルの王)　33,136,156,208
異教　36,37,89,156,160,161,179,207
　イゼベルが広める　75,136
　死者の祭儀　160
　豊穣の祭儀　72,160,160
　魔術　161
　「偶像崇拝」の項をも見よ．
イコニオン　42
イサカル(部族)　29,152
イサク　17,24,25
　ゲラルにおける——　119
　ベエル・シェバにおける——　120
　——の犠牲　45
　——の墓　98
イザヤ　35,137
　——書　66,69,76,112,116,130,137,142,145,152,161,176,178,196,217,221
イシュマエル(ゲダリヤの暗殺者)　36,180
イスラエル(北)王国　33,33,87,92,134,153
　アッシリア人による滅亡　33,34,35,149
　シシャクによる脅威　33,33,121,153,178
　——とユダ　33
　——の境界の拡大　136,137
　——の中心地域　149
イスラエルの12部族　26,29,32
　北の10部族と南の2部族への分裂　33(「イスラエル王国とユダ王国」の項をも見よ)
　政治的(不)統一　30,33,168
　ヤコブの子らによる創設　25
　個々の部族の項をも見よ．
イスラエルの地
　自然地理　58–60,58–59(個々の地域をも見よ)
　象徴としての——　224
　肥沃な三日月地帯の一部　24
　用法　12
　——とその近隣　25,216–224
　——における古代と現代の生活の比較　62
　——における古代の定住様式　62
　——の気候　60,60
　——の古代の景観　60
　——の植生　60,63,204
　——の地質　60
　——の地図作製　64,64–65
イズレエル　154–155,156
イズレエルの谷(または平野)　58,130,136,146,149,149,150,151,154,156,178,200
　イスラエル人対カナン人の戦場　136,151
　道路網について　149,150,194,200
　——における定住　151
イゼベル　33,75,126,136,154,156
イッソスの戦い　36,223
イドマヤ　38,39,39,103,210
犬　66,156
イフタ　207
イフタ(タルクミヤ)　84
イマレト・エル・ホレイシャ　123
イムワス　188
イヨン　136
イラ山　121
イロン丘陵　150
インク　17

ヴァティカーヌス写本　→コーデックス・ヴァティカーヌス
ヴィア・ドロロサ　→エルサレム，十字架の道

ウェイデン，ロヒール・ヴァン・デル　54
ウェスパシアヌス　158
ウェドリック，リエシエの大修道院長　14
牛　66
　「バシャン」の項をも見よ．
ウジヤ(ユダの王)　35,81,124,208
馬(戦争における)　→戦車
「海の道」　150
ウル　24

エイラト　118,124
エイン・エッ・トゥラバ　112
エイン・エル・グウェイル　112
エイン・エル・クデイラト　123,123
エイン・ケデイス　123
エクロン　81,82,87
エグロン　86,87
エグロン(モアブの王)　165,196
エサウ
　エドムを築く　25,206
　——とヤコブ　120,206
エジプト　92,126,134,216,217–218,223
　肥沃な三日月地帯の一部　24
　象徴としての——　217,218
　族長と——　24,25,25,119,120,153,217
　マダバ・モザイクにおける——　65
　——出土の聖書写本　20,20
　——とパレスティナ美術　153,154,156
　——におけるヘブライ人の束縛　26,44
　——におけるユダヤ人社会　18,36,216
　——の中心地域　149
　——へのイエスの逃亡　39
エシュタオル　84,87
エシュテモア　98
エステル記　17,223
エズラ　36
　——記　17,82,158,180,216,223
エゼキエル　36
　——書　36,67,75,143,200,217,218,221
　——の幻　176
エチオピア人　216,218
エッセネ派　112,113
エッ・トゥル　185
エツヨン・ゲベル　121,123–124,124
エドム　26,123–124,127,152,200,202,208
　イスラエルが支配する　31,208
　エサウによる創立　25,206
　モーセ，通過を求める　123,206
　——におけるナバタイ人　211
　——の気候　204
エドム人　87,103,124
　——とユダ　208,210
エトロ　125,126
エバ　68
エバル山(ジェベル・イスラミイェ)　149,151
エフェス・ダミム　87
エフェソ　42,224,224
　——の信徒への手紙　112,176
エブス(エルサレムと同一視される)　165
エブス人　31,165,172
エフド　165
エフライム
　部族　26,29,149,152,207
　ペリシテ人による攻撃　29
　領地　81,151,168
　「——の森」　151,208
エフロン　98
エマウス　188
エメク・ハミクメタト　→サヘル・マーネー
エラフメエル人(ネゲブの)　117
エリ　152
エリアシブ　118
エリエゼル　24
エリコ　194,196–198,199
　旧約聖書時代の町　196,197,198,

　198,199
　新約聖書時代の町　196
　「なつめやしの町」と呼ばれる　165,196
　ヨシュアと——　27,153,196,198
　——からエルサレムへの道　184
　——出土の壷　197
　——でのイエス　198
　——の近郊における洗礼者ヨハネ　112,138,198
　——の泉　194,194,196
　——の塔　197
　——付近の修道院　194,198–199
エリサベト　181,181
エリシャ　33,198,208
　オムリ王家に対立　136,154,156
　シュネム人の子を蘇えさせる　141,154
　無礼な子供たちを呪う　164
　——とエリコの井戸　194,196
　——とシリア人　156
エリメレク　103,204
エリヤ　33,75,126,127
　オムリ王家に対立　136,154,156
　バアルの預言者たちに挑戦　150,154
　——の昇天　194,198
エル・アザリヤ　184,185
エル・クベイベー　188
エルサレム　172–191
　アッシリア人によって攻撃される　35,88(「ヒゼキヤ」の項をも見よ)
　アブサロムの墓　178
　アントニアの砦　181,188,190
　岩のドーム　174,186
　エブス人の町として　164,165
　エブスとの同定　165
　エン・ロゲルの泉　176,177
　カイアファの邸宅　186
　ガリカントゥ内の聖ペトロ教会　186
　ギホンの泉　173,176,177,178,179,184,186
　サレムと同一か？　164
　「シオンの姉妹たち」尼僧院　190
　シオンの山　176
　シシャクによって脅やかされる　33,87,178
　宗教中心地として確立される　176,183(「エルサレム，神殿」の項をも見よ)
　十字架の道　188,190,191
　十字軍によって包囲される　164,178
　城砦(ヘロデの宮殿)　173,190
　シロアムの池　178,178,179,184,186
　シロアムの塔　184
　神殿　118,118,174,176,180
　　アラドの聖所との類似性　118,118
　　ギリシア人によって汚される　37,181
　　ソロモンの(第一)　31,33,177,182,182
　　バビロニア人による破壊　35,36
　　ローマ人による破壊　39,183
　　イエスと——　181,183
　　ヘロデの　39,180–181,182,182,183,186
　　捕囚後の——　17,36,180
　　——の構造　181,182,183
　　——の設備　178,182,183
　聖アン教会　183
　聖墳墓教会　188,191
　ダビデの首都　31,32,103,153,164,172,174,176,177(「エルサレム，ダビデの町」の項をも見よ)
　ダビデの墓　174
　ダビデの町　31,172–173,174,174,186
　眠れるマリア教会　173
　バビロニア人によって攻撃される　35,36,79
　復活教会　65

索　引

ベトサダの池　183,186
ヘロデによる再建　39,181
「ミロ」　173
鞭打ちの修道院　190
ヨアシュによって攻撃される　88
ヨシャファトの墓　178
ローマ人によって破壊される　39,186,190
古代地図上の——　64,64-65
サマリア人によって嫌われる——　158
象徴としての——　176,177
捕囚後の時代における——　36,158,180,216
——からエリコまでの道　184
——からベエル・シェバまでの道　98
——周辺の現代の開発　60
——で追害された使徒たち　41,42,159,189
——におけるイエス　39,40,158,183,185
——における初期キリスト教社会　40,41,189
——の位置　164,172-173,174
——の景観　165
——の使徒会議　42,189
——の城壁　173,178,179,180
——の水供給　173,178,181
——の門　186,189
——へ帰還するという捕囚民の希望　116
エルサレム丘陵(または鞍部)　27,58,60,94,98,149,162-163,178
ユダ/イスラエルの境界として　33
——における定住　163,164
——の交通網　163,164,184
——の植生　164
エル・ジブ　165,166-167
エル・ビレー　158
エル・マガタス　198
エル・リサン　194
エレファンティネ島　36,216
エレミヤ　17,36,179,180
——書　17,66,88,116,153,158,160,180,200,210,217,222
エロヒム　33
エン・ゲディ　98,108,109,112
——でのダビデ　108,109
エン・ハロド　152

王制
ギデオン、拒絶する　152
キリストの——　177
サウルと——　29,31
——の聖なる位置　177
オグ(バシャンの王)　207
オクタヴィアーヌス →アウグストゥス・カエサル
オットーボイレンのマイスター　50
オニアス3世　112
オボト　123
オムリ(イスラエルの王)　33,33,134,136,154,156,208
オメル　121
オリゲニウス　198
オリーブ　68,86,137
——絞り器　139,144,185
オリーブ山　165,173,177,185,188
オレブ　152
オン　123

カ行

カイアファの邸宅　186,190
海岸平野　58,178
カルメル山によって分けられる　58
カルメル山の北　72-75,73
カルメル山の南　76-83,77,79
交通網　81,120,150,155
古代の定住　74,80-81
植生　60
カイサリア　21,42,76,78,82,83,189
ユダの首都　39,82
——での水道　41,42,82
——の水道　82,83
——の港　82,83
カヴァデル、マイルズ　21,22,22
雅歌(ソロモンの歌)　17,108
ガザ　58,78,81,81,151
——におけるサムソン　46,81,82,86
ガダラ　210,213
家庭用品　17,89,111,118,145
カデシュ・バルネア　123,123
——とシナイ山の位置　126
ガト　81,82,87

ガド(預言者)　109,112
ガド
部族　29
領地　207,208
ガト・リモン　87
カナ(ガリラヤの)(カフル・カンナ)　141
カナの小川 →ワディ・カナ
カナン　25,25,26,28,60,99
アブラハムに約束された地　24,151
イスラエル人による征服「ヨシュア」の項を見よ
カナン人　121,153,200
——の同盟　136,153
ガバラ　141
カファルナウム　138,138-139,141,196
イエスの宣教の根拠地としての——　39,140,141
——出土の彫刻　183
——のシナゴーグ　138,140
——の建物　138,140
ガブリエル　181
カフル・カンナ →カナ(ガリラヤの)
貨幣　83,145,186,224
カー・ポーター、ロバート(卿)　221
ガラテヤ　42
——の信徒への手紙　42,213
ガリオン　42
ガリラヤ　38,39,39,40,60,128-129,130-141
アッシリア人による征服　35,134,137,208
上ガリラヤ　128,130
下ガリラヤ　128,130,130,146
シリアによる占領　136
部族間の分割　136
——という名称の意味　130
——におけるイエスの宣教　39,140-141
——における降雨量　130
——における定住の困難さ　128,130
——の自然的特徴　58,128,130
——の植生　128
——の地質　130
ガリラヤの海(湖)　39,58,60,130,130,132-133,140,141,193,193
イエスの宣教の中心地として　141
——近辺の人口　130,137
——産出の玄武岩製品　139
——を指す多くの呼称　130
カルカルの戦い　34
カルケミシュの戦い　36
カルメル(山地)　74,147,149,150-151
海岸平野を分ける　58,72,76
——の海岸　76
——の植生　60
——を通る道路　146,150,157
カルメル(ヘブロンの南東)　98,103
カルメル山　72,72,74,81,154
——でのエリシャ　154
——にある泉　82,83
——の角　150,154
カルモン、Y.　99,137
カレブ　87,99,123
木　68,69,78,151
いちじく桑(シコモア種いちじく)　86,98
イナゴマメ　58,86
常緑性オーク　60,63,74,86,94,94,128,130,151
植林　62,84
杉　86
あざみと——の寓話　88
聖書時代以後の喪失　60-62,62,63,80,98,164,165
なつめやし　108,108
バルサム　164,173
落葉性オーク(タボル・オーク)　58,60,80,130,151
ギヴァト・ハ・モレ　141,152
キション →ナハル・キション
キッチナー、H. H.(キッチナー卿)　65
ギデオン　152,200
キドロンの谷　174,177,178,185
——にある塔　184

ギブアト・エロヒム →ゲバ
ギブオン　87,163,164,165,166-167,172,174,177,178
サウルと——　171-172
聖なる所として　176
ヨシュアと同盟を結ぶ　28,86,164,171
——の池　172,180
——の巨石　177
キプロス　42
ギベルティ、ロレンツォ　48
ギュス、C.H.J. de　123
キュレネのシモン　191
キュロス(ペルシアの王)　17,35,36,180,216,223
——の円筒碑文　17
ギリシア語
——で書かれた新約聖書　36
——版の聖書　17,18
ギリシア人
ユダヤ人の文化への影響　36,180
デカポリスの——　210
ドルの——　78
——の帝国　223「アレクサンドロス大王」の項をも見よ
キリスト →イエス
キリスト教　36
起源　39
伝播　40,41
——とガリラヤの回宗者　40,42
——とユダヤ人回宗者　41
——に関する福音書の異なる記述　21
「聖週間の出来事」の項を見よ.
ギルガル　152,168,169,196,198
キル・ハレセト　208
ギルボア　149,150
ギルボア山　31,119,200
キルヤト・アルバ →ヘブロン
キルヤト・エアリム　29,165,178
——における契約の箱　172
——の意味　164
ギレアド　25,204,206,207,208
欽定(ジェームズ王)訳聖書　21,173
金の子牛 →偶像崇拝
偶像崇拝
金の子牛(の礼拝)　33,44,117,127,160-161
サマリアにおける——　156
バビロンにおける——　222
ユダにおける——　179
楔形文字　16
熊　62,66,103,134,164
クムラン　18,105,112,113,113
塩の町と同一か？　112,113
セカカと同一か？　112,113
クラウディウス　42
クラナハ、ルーカス　22,22
クランマー、トーマス　22
クルカルの尾根　76,80
クロムウェル、トーマス　22

契約の箱　82,126,138
ペリシテ人によって奪われる　153
エルサレムにおける——　176,183
キルヤト・エアリムにおける——　172
ベテルにおける——　152,153
ケイラ　86,87
ゲヴァト　130
ゲゼル　81,86,178
——出土の短剣　161
——の聖なる石　160
ゲダルヤ　36,153,180,210
ゲッセマネの庭　185,190,191
ケデシュ　130,136
ケデシュ・ナフタリ　136
ゲデラ　88
ケナアン山　130
ケニ人　196
——のネゲブ　117
ケバル川　36,221
ケモシュ　208
ゲラサ(ジェラシュ)　210,210
ゲラル　118-119
ゲリジム山(ジェベル・エッ・トゥール)　18,149,151,152
サマリア人にとって聖なる——　158,159,159
ケリトの小川　207
——でのエリヤ　208
賢者　103
建築(土着の)　98,138
玄武岩
ガリラヤでふつうに見られる　137,138,140,141

——製のひき臼　137,139
紅海　26,126
耕作　98,143
攻城具　90,93,111
ゴシェン　26,27
コーデックス・ヴァティカーヌス(ヴァティカーヌス写本)　18,20
コーデックス・シナイティクス(シナイ写本)　18,18,20
コーデックス・ベザ　21
コヘレトの言葉　17
ゴモラ　98,194,195-196
邪悪の象徴として　196,200
コラ　123
コラジン　141
コリント　42,224
コリントの信徒への手紙
1　40,42,117,143
2　41,112,213
コルネリウス(ローマの百人隊々長)　41,42
コンスタンティーヌス　100,190

サ行

ザアカイ　198
最後の晩餐　185,190
——と過越し　40
サイコロ　144
祭壇　118,156,176
サウル(イスラエルとユダの王)　29-31,168,169,207-208
王として選ばれる　29-31,168,169
ダビデを殺そうとする　82,87,103,108,112
ギブオン人　171-172
とペリシテ人　31,31,99,119,164,169
——の死　31,200
魚　72,74,134,137,141,141
ザカリア　181
ササ　130
サドカイ派　113
ザノア　88
サベル・アラベ →ドタンの谷
サベル・カフル・イストゥネ →シロの谷
サベル・マーネー(エメク・ハミクメタ)　149,151
サマリア(セバステ)　153,154,156,158
——出土の象牙　154
——にあるイスラエルの首都　33,134,154
——におけるアハブの戦争会議　155
——のアッシリア人による征服　35,154,156,218
——のシリア人による包囲　155,156
——の腐敗と偶像崇拝　156
——のヘロデ大王による再建　154,158
サマリア(地域)　39,39,158,159
ユダヤ人によって避けられる　158,159
ユダヤ人に併合される　158
——にキリスト教広まる　41,159
サマリア丘陵　58,60,134,146,149-150,149,178
——における古代の定住　150
——の性格　149
——を通る道路　149
サマリア人
別の宗教的社会として　18,158,159
ユダヤ人によって避けられる　158,159
——とイエスの宣教　158-159
——のエルサレムに対する敵意　158
「善いサマリア人」の項をも見よ
サムエル　29,152-153,168
——ダビデに油を注いで王とする　103
——とサウル　168,169
——とペリシテ人　168
——の子ら　121
サムエル記下　67,74,99,103,109,136,145,151,171,172,176,177,198,200

サムエル記上　17,29-31,48,82,87,98,103,108,109,112,117,119,120,121,152-153,164,168,169,169-171,200,207,208
サムソン　81,82,84,86,86,87
——の物語からの数場面　46-47
サラ　24,98
サルゴン2世(アッシリアの王)　218
サレプタ →ツァレファト
サレム
エルサレムと同一か？　164
サロメ・アレクサンドラ　39
山上の垂訓　141
サンバラト　158,180

シェアリムの地　168
ジェイムズ王訳聖書 →欽定訳聖書
シェシュバツァル　180
ジェバ(ゲバ)　170-171,172
シェバの女王　48
シェバ(ビクリの子)　136
シェフェラ　27,58,58,84-88,84-85,94,98,149
——と交通網　86,120
——における定住　86
——の意味　84
——の気候　84-86
——の景観　86
——の植生　86
——の地質　84
——の防衛　88
ジェベル・イスラミイェ →エバル山
ジェベル・エッ・サブハ　123
ジェベル・エッ・ティフ　127
ジェベル・エッ・トゥール →ゲリジム山
ジェベル・クルトゥル →誘惑の山
ジェベル・セルバル　126-127
ジェベル・ヘラル　27
ジェベル・ムーサ →シナイ山
ジェラシュ →ゲラサ
塩の海 →死海
塩の町　112
シオンの山 →エルサレム
死海(塩の海)　58,104,109,110,177,192,193,194,195,203
——での降雨量　194
——の塩分　194,195
死海写本　18,112,113,113
イザヤ書写本　113
銅の巻物　183
「クムラン」をも見よ
シカル　159
シケム(テル・バラタ)　98,152,153,158
ネアポリスとして再建される　158
破壊される　158
アビメレクと——　152
——におけるイスラエルの首都　33,153
——における族長　24,25,25,151,164,206
シケムの12誡　151
士師
——記　17,29,30,46,47,48,67,74,81,82,86,87,127,136,140,152,156,165,168,196,200,207,208
——の時代　29,30,152,200
シシャク(ファラオ・ショシェンク)　33,33,87,120,121
シセラ　29,48,136,152
使徒言行録　18,21,42,51,56,74,82,88,159,189,213,223,224,224
シドン　39,74,74,75,75,136
シナイ半島　115,117,126-127
シナイ写本 →コーデックス・シナイティクス
シナイ山(ホレブ山)　19,27,115,117,126-127,176
ジェベル・ムーサと同定される　117,126-127,127
——のモーセ　44,115,127
ジフ　103
詩篇　17,66,67,116,123,127,142,152,164,176,177,204,207,221
シホン(アモリ人の王)　204,206,207
シムイ　177
シムロン　134
シメオン　151
部族　26,29
シモン・マカバイオス　37,112,134
シモン・マグス　159
写本(絵入り)　15,20,45,46-47,49,56
ジャムダト・ナスル出土粘土板　16
シャリシャの地　168

索　引

シャロン　76, 80
宗教改革と聖書　21, 22
十字架刑の場所　188
十字架の道　→エルサレム
十字軍　64, 164, 178
主教聖書　21
受胎告知　50
出エジプト　25, 126, 127, 216, 216
　──記　17, 44, 116, 116, 126, 127, 160, 216
　──の行程　26-27, 27, 115, 117, 126
受難　→イエス
ジュネーヴ聖書　21
シュネム　141
シュルの荒れ野　116
しゅろの日曜日　39
巡礼　27, 64, 65, 138, 190
植物　68, 68
　果樹　68, 69, 72, 134, 137
　「木」の項をも見よ．
書法
　器材　17
　──の異なる体系　16, 16
　──の発明　14-17
シラス　42
シリア　92, 202, 223
　肥沃な三日月地帯の一部　24
　アコと──　72
　──とラモト・ギレアデ　204
　「ダマスコ」の項をも見よ．
シロ(セイルン)　152-153, 158, 168
　ペリシテ人によって滅ぼされる　29, 153
　──における聖所と祭　152, 168
　──の谷(サヘル・カフル・イストゥネ)　149, 152
箴言　17, 66, 217
浸食　60, 121, 123, 124, 193
申命記　116, 117, 123, 124, 126, 145, 151, 161, 207
　──にある部族表　26, 29

垂訓の山　141
スィルボニス湖　27
スエズ湾に沿う出エジプトの行程　26
過越し　26, 184
　──と最後の晩餐　40
　──のサマリア人による祝祭　159
スキトポリス
　「ベト・シェアン」の項をも見よ．
スコト　200, 206
スコプス山　173
スサ　180, 223, 223
ステファノ(聖)　41, 159, 189
スミス, G. A.　78, 84, 108, 204
聖カテリーナ修道院(シナイ山)　18, 19, 20
聖週間の出来事　39, 185
聖書
　構成　14-18
　内容　14
　美術における──　43, 44-56
　──と口伝伝承　17, 18
　──の異読　18, 21
　──の印刷テクスト　21
　──の英語版　21
　──のギリシア語版　17, 18
　──のサマリア版　18
　──のドイツ語版　22, 22
　──の写本版　18-21, 113
　──の販売　14
　──のヘブライ語版　16, 16, 17-18, 21
　──のラテン語版　21
　「写本(絵入り)」の項をも見よ．
聖地　→イスラエルの地
青銅の蛇　117, 123, 125, 126
セイル山　126
セイルン　→シロ
聖霊の降臨　56
ゼウス・オリュンピオスの祭儀　37
ゼエブ　152
ゼカリヤ書　185, 200
ゼデキヤ(ユダの王)　35, 36, 180, 198
セデ・ボケル　121
セトス1世　26
ゼバ　152, 200
セバステ　→サマリア
ゼフォリス　137, 141
ゼブルンの谷　72
ゼブルン部族　136, 152
ゼラ(エチオピア人)　119

セラ(エッ・セラ)
　ペトラと同一か？　208
セルキウス・パウルス　42
ゼルバベル　158, 180, 182
セレウコス朝　36
ゼレドの小川(ワディ・エル・ヘサ)　204, 210
戦車　88, 92, 93, 157
　イエフの──　156
　カナンの──　81, 136, 151, 200
　センナケリブ(アッシリアの王)　88, 120, 178
　ラキシを征服　86, 88, 91, 178
　──の書記たち　16
象牙　154, 156
創世記　17, 25, 26, 44, 45, 67, 98, 99, 119, 120, 123, 134, 151, 153, 160, 164, 168, 194, 195, 206, 207, 216, 217, 218, 221
　地理上の参考書として　64-65
　──にある部族表　29, 98
族長　24-25, 25, 60
　「アブラハム, イサク, ヤコブ」の項をも見よ．
ソコ　87, 88
ソドム　98, 138, 194
　邪悪の象徴として　196, 200
　──の位置　194, 195
　──の破滅　195-196
ソロモン　31, 81, 83, 120, 121, 123, 124, 130, 134, 156, 164, 216
　王位継承抗争に勝つ　177, 179
　シェバの女王による訪問　48
　神殿を建築　31, 74, 75, 177「エルサレム, 神殿」の項をも見よ．
　──と北の諸部族　153
　──の行政区画　32, 78, 157, 178, 200
　──の知恵　176, 217
　──の帝国　31, 123-124
　──の背教　33, 179

タ　行

大聖書　21, 22
ダウティ, C.M.　204
ダタン　123
脱穀　142
ダニエル書　17, 117, 222, 223
タバネス　36
ダビデ
　イスラエルとユダの王　31, 33, 86, 100, 103, 121, 138, 157
　エルサレムへ遷都　→エルサレム
　王となる　31, 99, 153
　──とイシュ・バアル　172, 208
　──とゴリアト　29, 43, 48, 87
　──とサウル　87, 103, 108, 171, 200
　──とペリシテ人　31, 31, 81, 82, 92, 103, 119, 164, 172, 173
　──とヨナタン　103
　──に対する反乱　32, 136, 151, 177, 178, 208
　──の侮られた僕たち　198
　──の帝国　32
　──の墓　174
タブガ
　5千人給食の場所　141
タブニト(シドンの王)　75
タボル山　130, 140, 141
　伝承上の変貌の場所　140, 141
ダマスコ　31, 58, 136, 208, 210
　アッシリア人による敗北　34, 35
　イスラエルと戦争　33, 33, 208
　ユダとの同盟　33, 208
　──での聖パウロ　41, 213
　「シリア」の項をも見よ．
タリカエア(マグダラ)　141
タルクミヤ　→イフタ
タルソス　41
タルソスのサウル　→パウロ(聖)
ダレイオス王宮の浮彫り　223
ダン
　部族　134
　ペリシテ人による脅威　29, 29, 87
　──の移住　165
　──の領地　81, 84, 87
ダン(町)　128, 134, 171
　約束の地の最北端として　120, 130
　──の聖所　33, 136, 160

知恵文学　217
チグリス川　24, 218
地溝帯　58, 58, 120, 123, 130, 149, 151

ツァドク　177
ツァルムナ　152, 200
ツァレファト(サレプタ)　75
ツィクラグ　119
ツィン山　123
ツィンの荒れ野　124
ツェボイム　145
ツェルツァ(ラケルの墓の場所)　169
ツォアル　194
ツォアラ　84, 87, 88
ツフの地　168

ディアナ(アルテミス)　42, 224, 224
ティグラト・ピレセル3世(アッシリアの王)　35, 88, 130, 134, 137, 208
ティッシェンドルフ, コンスタンティーン　18, 18
ティトゥスの凱旋門　183
ディナ　151
ティベリアス　130, 132-133, 137, 141
ティベリウスの貨幣　186
ディボン(ディバン)　206, 208
ティムサ湖　27
ティムナ　124, 125
　──のハトホル神殿　125, 125, 126
ティムナ　88
　──におけるサムソン　46, 87
ディモナ　121
デイル・シャラフ盆地　150, 154
ティルス　39, 42, 74, 75, 75, 82, 136
　──における聖パウロ　74
　──にソロモンが割譲した町々　31, 74-75
　──の貨幣　145
　──のネブカドネツァルによる包囲　75
　──の「はしご」　75
ティルツァ(テル・エル=ファルア)　152, 154
ティンデル, ウィリアム　21, 22, 22
デガニヤA　193
デガニヤB　193
デカポリス　39, 210, 211, 213
手紙　18, 20
　「コリント, エフェソ」などの項目をも見よ．
テコア　98, 103
テサロニケ　42
テベ(エジプトの)　217
テベツ　152
デボラ　29, 152
デビル　86, 87
デメトリウス　37
デリラ　87
テル・アビブ　78
テル・エル=ファルア　→ティルツァ
テル・エル・フル　→ギブア
テル・エル・ヘレイファ　123, 124
テル・エル・ナスベ　180
テル・セラ　119
テル・バラタ　→シケム
テル・ハリフ　119
テル・ハンナトン　130
デルベ　42
テル・マソス　120, 121
テル・マルハタ　118, 120

銅
　ティムナで採鉱　125, 126
　──の筒　109
　──の蛇　126
ドゥッチオ　51, 52-53
トゥトモシス3世　153
動物
　家畜　66, 66-67, 98, 142, 143, 213
　聖書における同定　66
　野生　42, 62, 66, 66-67, 103, 134, 164
　美術における──　66, 66-67, 88, 109, 125, 126, 135, 154, 157, 160, 222
　道路　58, 60, 81, 150
　それぞれの地域の項をも見よ．
土器　135, 137
ドタン　98
　──でのエリシャ　156
　──の谷(サヘル・アラベ)　149, 150, 154
ドナテッロ　55

トブの地　207
トマスによる福音書　20
トムソン, W. M.　76, 78, 130, 151
トーラー(ギリシア語訳)　17
トラヤーヌス・デキウスの貨幣　83
トランス・ヨルダン　25, 136, 141, 202, 203, 204, 206-213
　アッシリア人による征服　35
　──におけるイスラエル人　202
　──におけるギリシアの町々　36-37「デカポリス」の項をも見よ．
　──の気候　58
　──の山々　130
　「アンモン, エドム, モアブ, シリア」など個々の地域をも見よ．
トリストラム, H.B.　184
度量衡　145
ドル(タントゥラ)　78, 78, 81, 82
トレス・タベルネ　224
トロアス　42

ナ　行

ナイル川　216, 217
ナイン　141
ナグ・ハマディ　20
ナザレ　39, 136-137, 137, 138, 141, 181
　生誕告知教会　136
　──でイエス拒絶される　137
ナタナエル　137
「なつめやしの町」→エリコ
ナハシュ(アンモンの王)　169, 200, 207
ナバタイ王国　41, 213
ナハリヤ　72
ナバル　98, 103
ナハル・アヤロン　76
ナハル・アレクサンデル　80
ナハル・アロエル　121
ナハル・アンムド　130
ナハル・イロン　150
ナハル・エズヨナ　87
ナハル・エッ・ゼルカ　→ヤボクの小川
ナハル・エル・ヤルムク　→ヤルムク川
ナハル・オレン　150
ナハル・キション　72, 72, 74, 136, 150, 151, 152, 154
ナハル・ケサロン　164
ナハル・シクマ　76, 84, 118
ナハル・シケム　150
ナハル・ソレク　80, 81, 86, 87, 164
ナハル・ダウィド　108
ナハル・タボル　130
ナハル・タンニニム　58, 76
ナハル・ツィン　118, 123
ナハル・ディション　134
ナハル・トゥト　150
ナハル・ナアマン　72
ナハル・ナション　76, 86
ナハル・ハ・エラ　87
ナハル・ヒラゾン　72
ナハル・ベエル・シェバ　94, 119, 121
ナハル・ベソル　119
ナハル・ベト・ホロン　86
ナハル・ボレグ　80
ナハル・ミシュマル　109
ナハル・メイル　86
ナハル・ヤルコン　76, 80, 81, 87
ナハル・ヨクネアム　150
ナハル・ラキシュ　76, 86, 87, 98
ナハル・レファイム　88
ナフタリ
　部族　152
　領地　130, 136
　シリアによる奪回　136
ナブルス　58, 151
　かつてのネアポリス　158
　ナボトのぶどう園　155
ナホム書　221

苦い海　27
ニコデモ　183
ニネベ　218-221
ニブシャン　112
ニムロド　221
ニュー・イングリッシュ・バイブル　169, 173

乳香　69

ネアポリア(ギリシアの)　42
ネアポリス　→ナブルス
ネゲヴ　→ネゲブ
ネゲブ　58, 76, 115, 116-126, 151, 178
　──における交通網　118, 120, 121

　──における古代の定住　115
　──の意味　84, 117
　──の降雨量　118, 120
　──の地質　118, 121-123
　──を通る別のエジプトの行程　115
ネコ(ファラオ・ネコ2世)　36, 156
ネタヌヤ　78, 80
ネビ・サムウィル　172, 176, 180
ネブカドネツァル(バビロンの王)　36, 88, 180, 198, 208
ネヘミヤ　35, 36, 158, 180, 198, 216
　──記　88, 121, 180, 216, 223
ネボ(神)　17, 221
ネボ(町)　208
ネボ山　207

農業　60, 62, 72, 78
　ガリラヤでは困難　130
　その変わらざる技術　98, 142, 142, 143
　ユダでは制限　149
　現代の──　60, 63, 78, 134, 193
　古代の──　74, 80, 98, 194
　「放牧」の項をも見よ．
納骨箱　144
ナオミ　103
後の預言者　17

ハ　行

バアリス(アンモン人の王)　210
バアル　33
　──の預言者とエリヤ　150, 154
バアル・シャリシャ　168
バアル・ハナン　86
バアル・ペオル　207
ハイファ　72, 74, 76
　──湾　58, 72, 72, 73, 74
パウロ(聖)　18, 117, 189, 224, 224
　──の回宗　56, 213
　──の旅行　40, 41-42, 74, 82, 213, 224
墓　144, 178, 188, 191
幕屋　125, 176
ハザエル(シリアの王)　33, 136
バシャ(イスラエルの王)　136, 178
バシャン　204, 207
　──の牛　67, 156, 204
　──の山　164
ハスモン家　37, 38, 39, 78, 112
ハツォル　38, 130, 134, 135, 136
　──の石柱　160
ハトホル　125, 125
ハナニヤ　180
バニアス　211, 211
　「フィリポ・カイサリア」をも見よ．
ハヌカー(神殿再奉献の祝祭)　37
ハヌン(アンモンの王)　196
バビロニア(肥沃な三日月地帯の一部として)　24
バビロン　36, 92, 221-222, 221, 224
　アッシリアを破る　35, 36
　イシュタル門(復元)　221, 222
　この地へのユダヤ人の捕囚　17, 36, 112, 116, 180, 221
　ペルシアによる敗北　35, 36, 223
　魔術　161
　ユダの諸都市を攻撃する　35, 88, 89, 179
　象徴としての──　222, 224
　──帝国　35, 65
バフリム　177
バベルの塔　221
バラク　29, 152
バラク(モアブの王)　207
バラタ　158
バラム　207
ハラン　24, 120, 156
パリス, マタエウス　65
バルク　17
パルティア人　38
バルティマイ　198
バルナバ(聖)　42
　「──の手紙」　18
バルナバの手紙　18
パレスティナ　→イスラエル
パレスティナ踏査基金　65
ハレトの森　109, 142
ハロシェト・ハゴイム　136
ハロドの谷　151, 152, 154, 158
パン　143, 171
パン(フィリポ・カイサリアにあった聖所)　211
ハント, W. ホルマン　100

索　引

ハンナ　152
パン焼き　143
ヒエル（ベテルの）　198
ヒエロニムス（聖）（聖書を翻訳する）　21
美術（聖書における）　43, 44—56
ピスガ山　206
ヒゼキヤ　35, 81, 88, 178, 217
　　——とアッシリア人からのエルサレム防衛　178—179, 184
　　——のトンネル　178—179, 178
ピーターズ，J. P.　153
羊　66, 98, 103, 104, 104, 108, 109, 143, 154
　　失われた羊の譬　112
羊（シケムの豪族）　151
ビティニア　42
ピトム　26
ヒョウ　62, 134
肥沃な三日月地帯　24
ヒラム（ティルスの王）　74, 75, 130
ヒルベト・エル・フレイベー →ホルバト・セヴィ
ヒルベト・エル・マフジャル　196

ファリサイ派　113
フィラデルフィア　210, 224
フィリピ　42
フィリポ（聖）　41, 159
フィリポ（ヘロデ大王の子）　39, 138, 140, 211
フィリポ・カイサリア（バニアス）　39, 141, 211, 211, 213
フェストゥス　82
フェニキア　74
　　パレスティナ美術に対する影響　72
　　——出土の石棺　74
　　——の文字　16
　　——で書かれた碑文　75
　　「シドン，ティルス」の項をも見よ．
フェリックス　82
福音書　18, 20
　　「ヨハネ，ルカ，マルコ，マタイ」の項をも見よ．
豚　213
ぶどう　68, 86, 98, 137
　　キリスト者の地区に限定された——　142
プトレマイオス王朝　36, 216
プトレマイス　36, 216
フラ・アンジェリコ　51
フランチェスカ，ピエロ・デラ　48
フリギア　42
プリスキラ　42
フーレーの河谷　130, 134, 136
フレマーユの画家　48

平原の諸都市　194—196
　　「ソドム，ゴモラ」をも見よ．
米国改訂標準訳（RSV）　21, 169, 173
ベイティン　154
　　「ベテル」をも見よ．
ベエル・シェバ　98, 118, 119, 120, 126, 153
　　約束の地の南端として　120
　　——出土の小像　121
　　——での族長　24, 119, 120
　　——での定住　119—120
　　——での捕囚後の定住　120—121
　　——の古代テル　120, 121, 121
　　——盆地　94, 119
ベエル・ラハイ・ロイ　119
ベタニア
　　「ヨルダン川の向こうの」　198
　　——におけるイエス　39, 184, 185, 188
ベツレヘム　58, 94, 98, 100, 100, 101, 103, 104
　　エフラトとの同定　168—169
　　ダビデとイエスの生地　39, 100, 103
　　付近のラケルの墓　168
　　——で殺害された幼童　39, 103
　　——でのペリシテ人　87
　　——の聖誕教会　100, 101
ベテル丘陵　27, 29, 33, 58, 60, 149, 149, 163, 164
ベテル（ベイティン）　153, 154, 168
　　——での族長　24, 25, 153, 154, 160, 164
　　——の聖所　33, 136, 152, 153, 154, 154, 160
ベト・アナト　136
ベト・アベン　154
ベト・アラバ　112
ベドウィン　104, 121, 142

「放牧」の項をも見よ．
ベト・ガン（イエニン）　149, 156
ベド・サイダ　140, 141
ベト・シェアン　200, 200, 208
　　——出土の徽章　200
　　——の谷　151, 154, 158, 194, 200
ベト・シェメシュ　86, 87, 88, 136
ベトファゲ　185
ベト・ホロン　178
ペトラ　208, 208—209
ペトロ（聖）　42, 140, 189
　　イエスを否定する　56
　　イエスをメシアと告白する　39, 211, 213
　　カファルナウムにある——の家　138, 138, 140
　　——と宣教活動　41, 42, 159, 189
ペトロの手紙二　207
ベニヤミン
　　シロで女たちを捕える　152
　　部族　29, 152
　　ペリシテ人による攻撃　29
　　ユダ王国の一部として　33, 98, 149, 178
　　領地　165, 168, 178, 196
　　——とレビ人の妾　168
ペヌエル
　　——へ，イスラエルの首都の移転　33, 153
ベネ・ベラク　87
ヘブライ語
　　聖書　16, 16, 17—18, 21
　　——文字の古体形　16, 16
　　「死海写本」の項をも見よ．
ヘブライ人（イスラエル人，ユダヤ人）
　　「書物の民」　14
　　歴史における最初の登場　24 および諸所
　　——の口伝伝承　17
ヘブライ人への手紙　123, 137, 177
ヘブロン　98, 103, 153
　　サムソン（ガザの城門をここまで運ぶ）　46, 82, 86
　　——でのアブサロム　103, 177
　　——での族長　24, 25, 98, 98, 99, 103, 164
　　——とイスラエルの侵略　87, 99
　　——における王としてのダビデ　31, 99, 100, 103, 172
　　——のガラス器　98
　　——の村々　99
ヘブロン丘陵　94, 94, 98, 103, 117, 119, 120, 121, 149, 163, 164
　　エドム人による占領　103
　　——と交通網　98, 120
　　——の降雨量　94
　　——の植生　94
ペラ（デカポリスの）　210
ヘリオポリス　217
ペリシテ人　33, 81, 88, 119, 157, 172
　　契約の箱を奪う　152
　　ダン部族を脅かす　29, 29
　　——とサウル　31, 31, 99, 103, 164, 200
　　——とサムエル　168
　　——とサムソン　82, 87
　　——とダビデ　31, 31, 81, 87, 92, 99, 164, 172, 173
マハレブ　74
マラキ書　127
マリ　134
マリア（処女）　39, 181, 181
　　——の到来　181
　　——の豊穣儀礼　161
　　——の埋葬儀礼　161
マリア（聖）（マグダラの）　55, 141, 184
「マリアの賛歌」　181
マルクス・アントニウス　38, 39
　　——にちなむアントニアの砦　181
マルコ（聖）　15
　　——による福音書　21, 56, 66, 75, 112, 127, 130, 137, 138, 140, 141, 171, 177, 185, 198, 211, 213
マルジュ・サヌル　149, 150
マレシャ　86, 87, 88
ミカ書　88, 100, 103, 144, 156, 168, 176
ミカ・ベン・イムラ　155
ミクマス　169, 171, 172
ミツパ　168, 169, 178
　　行政府　36, 158, 180
ミディアン　112
ミフマス　172
ミレトス　42
民数記　26, 98, 99, 116, 117, 118, 121, 123, 125, 130, 206
ムスリム　142, 174
ムフラカ　150
メギド　146, 156, 157, 157, 156, 164
　　アッシリア領としての——　137
　　——でヨシヤ殺される　36, 156
　　——におけるアハブ勢力　155
メサダ・ラヘル　123
メシャ（モアブの王）　202, 204
　　——の碑文　208
メソポタミア　216, 217, 218
　　——と族長たちとの結びつき　24, 25
メダバ　206
メナヘム丘陵　146, 150, 151, 156
メノーラー　183
メリバ　116, 123
メルカルト　75, 136
メルキゼデク　177
メルネブタハ　26
メロム　136
　　——の「水場」　136
メロン山脈　130
メンザレ湖　27
メンフィス　217
モアブ　26, 103, 136, 152, 202, 202, 203, 204, 206, 208
　　イスラエルとの戦争　165, 207, 208
　　ロトの子によって建設される　25
　　イスラエル支配下の——　31, 33, 208
　　——における牧羊　202, 204
　　——にいるダビデの両親　109
　　——の野　207
　　——の宗教改革　177, 179, 182
黙示録　223—224
前の預言者　17
モザイク　65, 141, 181, 224
モーセ　44, 116, 117, 123, 127, 151, 204, 206
　　——とミディアン人との関係　125, 126
　　——約束の地を見る　207
モツァ　189
モレシェト・ガト　86, 88
モレの丘　152
モレの樫の木　151

ヤエル　48, 136
やぎ　66, 66, 98, 120
　　「放牧」の項をも見よ．
ヤコブ　17, 24, 25, 120, 151
　　ベテルにおける——　153, 160
　　——とエサウ　120, 206
　　——の子たち　25, 98
　　——の墓　99
マナセ
　　部族　26, 29, 152, 156, 200
　　——の領地　81, 151, 207
マナセ（ユダの王）　35, 179
マハナイム　172, 208
マハネダン　168
ヤッファ →ヨッパ
ヤノア　130
ヤハズ　206
ヤビン（ハツォルの王）　136, 152
ヤブネ　81
ヤベシュ・ギレアド　168
　　サウルによって救助される　29, 169, 200, 207
　　エッセネ派　112
ヤボクの小川（ナハル・エッ・ゼルカ）　194, 202, 204, 206, 207, 208, 210
ヤルコン川 →ナハル・ヤルコン
ヤルムク川（ナハル・エル・ヤルムク）　202, 204, 206, 210
　　三角地帯　193
ヤルムト　86, 88
ヤロブアム1世（イスラエルの王）　33, 136, 153, 154, 160—161, 178
ヤロブアム2世（イスラエルの王）　33, 35, 136, 208
「ヤロブアムのしもべ，シェマアもの」の印章　156

誘惑の山　198, 199
ユスティニアーヌス　19
ユダ
　　部族　26, 29, 98, 109, 112, 119
　　ペリシテ人によって脅かされる　29, 81, 87
　　——のネゲブ　117
　　——の領地　81, 98, 108, 112, 121, 164—165
ユダ王国（南）　33, 33, 33—35, 88, 92, 94, 172, 178
　　シシャクによる攻撃　33, 33, 87
　　バビロニア人による敗北　35
　　——とアッシリア　34, 35, 35, 88, 179
　　——とイスラエル　33, 178
　　——の首都としてのエルサレム　103
　　——の領地の性格　149
ユダス・マカバイオス　37, 103
ユダの丘陵　28, 60, 94—103, 94, 95
　　——における交通網　98
　　——における定住　98
　　「ヘブロン丘陵」をも見よ．
ユダの砂漠　94, 94, 96—97, 98, 103, 104—112, 104, 105, 149, 163, 164
　　——における降雨量　95, 104, 105, 109
　　——における洗礼者ヨハネ　198
　　——における定住　105, 108, 112
　　——の景観　95, 104, 104
ユダ平原　76
ユダヤ　38, 39, 82, 110, 134, 158, 224
ユディト　49
　　——記　49
ユーフラテス川　24, 218, 221
弓手　92, 93
ユリウス・カエサル　38, 39

ヨアシュ（ユダの王）　33, 87, 121, 136
ヨアハズ（イスラエルの王）　33, 136
ヨアブ　74, 99, 136, 172, 177
善いサマリア人　50, 158, 184
ヨエル記　69
ヨクネアム　150, 153
預言者　17
ヨシャファト（ユダの王）　124
ヨシヤ（ユダの王）　36, 121, 156, 218
　　——に関する預言　153
　　——の宗教改革　177, 179, 182
ヨシュア　123, 151
　　——記　26, 27—28, 28, 29, 32, 74, 81, 86—87, 88, 99, 108, 112, 113, 117, 121, 130, 134, 136, 151, 153, 156, 164, 165, 172, 184, 196, 198, 200, 207
　　——によるカナン征服　27, 28, 151, 196
ヨセフ（聖）　39, 181
ヨセフ　24, 26, 98, 99
　　エジプトにおける——　120, 216, 217
　　——と兄弟たち　45
ヨセフス　110, 113, 186, 211, 211
ヨタム　152
ヨッパ（ヤッファ）　81, 81, 82
　　——でのペトロ　41, 189
ヨナ　82
　　——書　49, 82, 218
　　——とくじら　49
ヨナタン（サウルの子）　103, 169—171, 200
ヨナタン（ダビデのスパイ）　177
ヨナタン・マカバイオス　37, 112
ヨハナン　180
ヨハネ（聖）　158, 159
　　——による福音書　18, 18, 20, 54, 55, 112, 117, 130, 140, 141, 158, 159, 180, 183, 184, 185, 188, 198
ヨハネ（洗礼者）　39, 112, 137, 181
　　——とエッセネ派　112
　　——の宣教　39, 198
　　——の投獄と死　211, 211
ヨハネ・ヒルカーヌス　37, 103, 112, 158, 210
ヨハネ・マルコ　42
ヨブ記　17
ヨヤキン（ユダの王）　36
ヨラム　35, 208
ヨルダン河谷　94, 130, 152, 178, 192, 193, 194
　　——における降雨量　194
　　——における定住　193, 194
　　——における「密林」　200
　　——の地勢　193
ヨルダン川　58, 193—194, 200, 202, 204
　　——のイスラエルによる渡河　196, 198
　　——のほとりの洗礼者ヨハネ　39, 198
　　——の源　128
　　——の流路　130, 193, 193

ライオン　46, 66, 103, 155, 156, 200, 218
ライシにおけるダン　87, 134

索　引

ライランズ(・パピルス)断片　17,20,
　　20
ラオディキア　224
ラキシュ　86,87,88,*88*,*89*,119,164
　アッシリア人によって征服される
　　88,*91*,92,178
　バビロニア人によって征服される
　　88
　ヨシュアによって征服される　86,
　　88
　──書簡　88,*89*
　──の浅浮彫り　88,*90*,92
　──の復元　*90*－*91*
ラクダ　*121*,142
ラケルの墓　168－169
ラザロ　184
ラバト・アンモン　210
ラバン　206
ラマ　168,169,171,178,180
ラマタイム・ツォフィム　168
ラマラ　94
ラメセス　26
ラメセス2世　26,*216*
ラモト・ギレアド　204,208
　──でアハブ殺される　33,155

──でイエフ油注がれる　156
ランシマン，スティーヴン　164,178

リアー，エドワード　165
リストラ　42
リタニ川　130
律法(トーラー)　17,*17*,25
　キリスト教に回宗した異邦人に適用
　　しうるか．　40,42
リブナ　86
リベカ　25,120
リンディスファーンの福音書　20

ルカ(聖)
　──による福音書　21,39,40,*50*,
　　103,112,130,17,*138*,140,141,
　　144,158,181,184,185,188,198,
　　211
ルジュミ・エル・バフル　112
ルツ記　100,204
ルーテル，マルティン　22,*22*
ルベンの領地　207

レカブ人　116
歴代誌　17

──上　86
──下　81,88,103,108,119,178,
　　179,208
列王記　154
　──上　33,*48*,*66*,75,86,87,*92*,
　　118,121,123,124,126,127,130,
　　136,153,154,155,156,*160*,164,
　　176,177,178,179,*182*,204,208,
　　216
　──下　81,87,88,124,130,136－
　　137,141,*144*,*145*,154,156,164,
　　168,177,194,196,198,204,208,
　　217
レバノン　87,130
レハブアム　33,121,136
　──と北の諸部族　153,178
　──ユダの町々を要塞化する　87,
　　90,103
レヒ　87
レビ　151
レビ記　181
レビ人　151
　──の妾　168
レファイムの谷　164,173
レプシウス，リヒャルト　126－127

レホブ　74
レヤード，A.H.　*90*,*91*,221
レンブラント　45,*50*

ロジャーズ，ジョン　22,*22*
ロシュ・ハ・ニクラ　72,74,75
ロト　98,134,153,194,195
　──の子たち　25
　──の妻　44,195
ロド　78
　──盆地　78,80,84,87
ロバ　66,185,207
ロバーツ，デイヴィッド　72,*151*,
　　191,*216*
ローマ　224
　──出土のモザイク　*224*
ローマ人　38,39,74,92,186
　──に対するユダヤ人の反乱　39,
　　110,*211*
　──の帝国　216,217
　「マサダ」の項をも見よ．
ローマの信徒への手紙　224
ロレンゼッティ，ピエトロ　*51*

ワ　行

ワディ・エル・ガル　98
ワディ・エル・クデイラト　*123*
ワディ・エル＝クブ　149
ワディ・エル・ハリル　98
ワディ・エル＝フムル　152
ワディ・エル・ヘサ →ゼレドの小川
ワディ・エル・ヤビス　207
ワディ・カナ　82
　カナの小川と同一か？　81
ワディ・キルト(ワディ・ケルト)　184,
　　194,196,*198*
ワディ・スウェニト　169,*170*－*171*,
　　172
ワディ・セイルン　149
ワディ・セレダ　94
ワディ・デイル・バルト　149
ワディ・ナブルス　150,151,154
ワディ・ファサイル　152
ワディ・ファリア　150,*151*,156,194,
　　206
ワディ・マックク　196
ワディ・マリフ　194

監修者
みかさのみやたかひと
三笠宮崇仁

1915年東京に生まれる.大正天皇第4皇子.学習院中等科から陸軍士官学校,陸軍騎兵学校,陸軍大学校卒業.1947年から東京大学文学部研究生として古代オリエント史を専攻.1955年から東京女子大学講師として教壇に立つ.日本オリエント学会会長（1954～1976年）をつとめ,現在,（財）中近東文化センター総裁.

訳 者
おのでらゆきや
小野寺幸也

1941年山形県に生まれる.1966年国際基督教大学卒業.1974年米国ジョンズ・ホプキンズ大学大学院博士課程修了.1975年青山学院大学大学院博士課程修了.（財）中近東文化センター主任研究員を経て1989年逝去.（北西セム語学専攻）

図説 世界文化地理大百科
新 聖 書 地 図（普及版）

1988年11月25日　初　版第1刷
1997年 9月10日　　　第4刷
2008年11月20日　普及版第1刷

監修者　三 笠 宮 崇 仁
訳　者　小 野 寺 幸 也
発行者　朝 倉 邦 造
発行所　株式会社 朝倉書店

東京都新宿区新小川町6-29
郵便番号　162-8707
電　話　03(3260)0141
FAX　03(3260)0180
http://www.asakura.co.jp

〈検印省略〉

© 1988〈無断複写・転載を禁ず〉　凸版印刷・渡辺製本

Japanese translation rights arranged with EQUINOX (OXFORD) Ltd., Oxford, England through Tuttle-Mori Agency Inc., Tokyo

ISBN 978-4-254-16868-6　C 3325　　　Printed in Japan

Tribus ruben

Jacob

Mors oliueti

Bethania
Betphage

Mons syon

Cenaculm i quo
x cena fecit et
spm stm misit
tij mathias elec
x fuit in aplm
miltā alia in
ieru fcā

Sepultura
pec noz

Sepulchru chrsti

S Iacobus mi
Hur duo latus

fotesmar

Galgala ubi
filij isr̃l transiut iordane diu morabant

locȳ ubi decapitat̃
fuit Iacob̃ mīnor

dom̃ ȝach ewnte

dom̃ v̄gis Marī

templ̃ symeonis

dom̃ annē

Vallis Iosaphat

CIVI

loc̃ ubi s̃t thō
mas cingulū accepit dum
v̄go maria assumēt in

Iaffa siue Ioppe portȳ ubi peregrini
applicant ad terrā s̃ctā de mari

Nota q̃ ubicũq̃ repent duplex ✠ crux signat̃
i eo loco est plenaria remissio oim peccatorum

Pars occidentis